新时代外国语言文学
新发展研究丛书

总主编 罗选民 庄智象

生态话语分析新发展研究

Ecological Discourse Analysis: New Perspectives and Development

何伟 高然 刘佳欢 / 著

清华大学出版社
北京

内 容 简 介

著作在厘定生态语言学学科发展历程及两大研究范式的基础上，将经过再发展的"韩礼德模式"界定为一种新兴的具有独立范式地位的话语分析模式——"生态话语分析"。以"多元和谐，交互共生"生态哲学观为指导思想，拓展并延伸系统功能语言学框架中的经验功能、人际功能、语篇功能和逻辑功能理论，描述了生态语言学视角下的及物性系统、语气系统、评价系统、主位系统、衔接与连贯系统、逻辑关系系统等，为新兴话语分析模式建构了一种具有普适性和可操作性的理论体系——"生态语法"。

版权所有，侵权必究。举报：010-62782989，beiqinquan@tup.tsinghua.edu.cn。

图书在版编目（CIP）数据

生态话语分析新发展研究 / 何伟，高然，刘佳欢著. —北京：清华大学出版社，2021.7（2022.8 重印）
（新时代外国语言文学新发展研究丛书）
ISBN 978-7-302-57392-0

Ⅰ. ①生… Ⅱ. ①何… ②高… ③刘… Ⅲ. ①话语语言学—研究 Ⅳ. ① H0

中国版本图书馆 CIP 数据核字（2021）第 018295 号

策划编辑：郝建华
责任编辑：郝建华　曹诗悦
封面设计：黄华斌
责任校对：王凤芝
责任印制：丛怀宇

出版发行：清华大学出版社
网　　址：http://www.tup.com.cn, http://www.wqbook.com
地　　址：北京清华大学学研大厦 A 座　邮　编：100084
社 总 机：010-83470000　邮　购：010-62786544
投稿与读者服务：010-62776969, c-service@tup.tsinghua.edu.cn
质量反馈：010-62772015, zhiliang@tup.tsinghua.edu.cn

印 刷 者：大厂回族自治县彩虹印刷有限公司
装 订 者：三河市启晨纸制品加工有限公司
经　　销：全国新华书店
开　　本：155mm×230mm　印　张：24.5　字　数：381 千字
版　　次：2021 年 8 月第 1 版　印　次：2022 年 8 月第 2 次印刷
定　　价：145.00 元

产品编号：088062-01

中国英汉语比较研究会
"新时代外国语言文学新发展研究丛书"
编委会名单

总主编

罗选民　庄智象

编　委

（按姓氏拼音排序）

蔡基刚	陈　桦	陈　琳	邓联健	董洪川
董燕萍	顾曰国	韩子满	何　伟	胡开宝
黄国文	黄忠廉	李清平	李正栓	梁茂成
林克难	刘建达	刘正光	卢卫中	穆　雷
牛保义	彭宣维	冉永平	尚　新	沈　园
束定芳	司显柱	孙有中	屠国元	王东风
王俊菊	王克非	王　蔷	王文斌	王　寅
文秋芳	文卫平	文　旭	辛　斌	严辰松
杨连瑞	杨文地	杨晓荣	俞理明	袁传有
查明建	张春柏	张　旭	张跃军	周领顺

总　　序

外国语言文学是我国人文社会科学的一个重要组成部分。自 1862 年同文馆始建，我国的外国语言文学学科已历经一百五十余年。一百多年来，外国语言文学学科一直伴随着国家的发展、社会的变迁而发展壮大，推动了社会的进步，促进了政治、经济、文化、教育、科技、外交等各项事业的发展，增强了与国际社会的交流、沟通与合作，每个发展阶段无不体现出时代的要求和特征。

20 世纪之前，中国语言研究的关注点主要在语文学和训诂学层面，由于"字"研究是核心，缺乏区分词类的语法标准，语法分析经常是拿孤立词的意义作为基本标准。1898 年诞生了中国第一部语法著作《马氏文通》，尽管"字"研究仍然占据主导地位，但该书宣告了语法作为独立学科的存在，预示着语言学这块待开垦的土地即将迎来生机盎然的新纪元。1919 年，反帝反封建的"五四运动"掀起了中国新文化运动的浪潮，语言文学研究（包括外国语言文学研究）得到蓬勃发展。中华人民共和国成立后，尤其是改革开放以来，外国语言文学学科的发展势头持续迅猛。至 20 世纪末，学术体系日臻完善，研究理念、方法、手段等日趋科学、先进，几乎达到与国际研究领先水平同频共振的程度，取得了令人瞩目的成绩，有力地推动和促进了人文社会科学的建设，并支持和服务于改革开放和各项事业的发展。

无独有偶，在处于转型时期的"五四运动"前后，翻译成为显学，成为了解外国文化、思想、教育、科技、政治和社会的重要途径和窗口，成为改造旧中国的利器。在那个时期，翻译家由边缘走向中国的学术中心，一批著名思想家、翻译家，通过对外国语言文学的文献和作品的译介塑造了中国现代性，其学术贡献彪炳史册，为中国学术培育做出了重大贡献。许多西方学术理论、学科都是经过翻译才得以为中国高校所熟悉和接受，如王国维翻译教育学和农学的基础读本、吴宓翻译哈佛大学白璧德的新人文主义美学作品等。这些翻译文本从一个侧面促成了中国高等教育学科体系的发展和完善，社会学、人类学、民俗学、美学、教育学等，几乎都是在这一时期得以创建和发展的。翻译服务对于文化交流交融和促进文明互鉴，功不可没，而翻译学也在经历了语文学、语言学、文化学等转向之后，日趋成熟，如今在让中国了解世界、让世界了解中国，尤其是"一带一路"建设、人类命运共同体构建，讲好中国故事、传递好中国声音等方面承担着重要使命与责任，任重而道远。

20世纪初，外国文学深刻地影响了中国现代文学的形成，犹如鲁迅所言，要学普罗米修斯，为中国的旧文学窃来"天国之火"，发出中国文学革命的呐喊，在直面人生、救治心灵、改造社会方面起到不可替代的作用。大量的外国先进文化也因此传入中国，为塑造中国现代性发挥了重大作用。从清末开始特别是"五四运动"以来，外国文学的引进和译介蔚然成风。经过几代翻译家和学者的持续努力，在翻译、评论、研究、教学等诸多方面成果累累。改革开放之后，外国文学研究更是进入繁荣时代，对外国作家及其作品的研究逐渐深化，在外国文学史的研究和著述方面越来越成熟，在文学理论与文学批评的译介和研究方面、在不断创新国外文学思想潮流中，基本上与欧美学术界同步进展。

外国文学翻译与研究的重大意义，在于展示了世界各国文学的优秀传统，在文学主题深化、表现形式多样化、题材类型丰富化、批评方法论的借鉴等方面显示出生机与活力，显著地启发了中国文学界不断形成新的文学观，使中国现当代文学创作获得了丰富的艺术资源，同时也有力地推动了高校相关领域学术研究的开展。

进入21世纪，中国的外国语言学研究得到了空前的发展，不仅及时引进了西方语言学研究的最新成果，还将这些理论运用到汉语研究的实践；不仅有介绍、评价，也有批评，更有审辨性的借鉴和吸收。英语、汉语比较研究得到空前重视，成绩卓著，"两张皮"现象得到很大改善。此外，在心理语言学、神经语言学和认知语言学等与当代科学技术联系紧密的学科领域，外国语言学学者充当了排头兵，与世界分享语言学研究的新成果和新发现。一些外语教学的先进理念和语言政策的研究成果为国家制定外语教育政策和发展战略也做出了积极的贡献。

习近平总书记指出："要着力推进国际传播能力的建设，创新对外宣传方式，加强话语体系建设，着力打造融通中外的新概念新范畴新表述，讲好中国故事，传播好中国声音，增强在国际上的话语权。"为贯彻这一要求，教育部近期提出要全面推进新工科、新医科、新农科、新文科等建设。新文科概念正式得到国家教育部门的认可，并被赋予新的内涵和定位，即以全球新技术革命、新经济发展、中国特色社会主义新时代为背景，突破传统的文科思维模式与文科建构体系，创建与新时代、新思想、新科技、新文化相呼应的新文科理论框架和研究范式。新文科具备传统文科和跨学科的特点，注重科学技术、战略创新和融合发展，立足中国，面向世界。

新文科建设理念对外国语言文学学科建设提出了新目标、新任务、新要求、新格局。具体而言，新文科旗帜下的外国语言文学学科的发展目标是：服务国家教育发展战略的知识体系框架，兼备迎接新科技革命的挑战能力，彰显人文学科与交叉学科的深度交融特点，夯实中外政治、文化、社会、历史等通识课程的建设，打通跨专业、跨领域的学习机制，确立多维立体互动教学模式。这些新文科要素将助推新文科精神、内涵、理念得以彻底贯彻落实到教育实践中，为国家培养出更多具有融合创新的专业能力，具有国际化视野，理解和通晓对象国人文、历史、地理、语言的人文社科领域外语人才。

进入新时代，我国外国语言文学的教育、教学和研究发生了巨大变化，无论是理论的探索和创新，方法的探讨和应用，还是具体的实验和实践，都成绩斐然。回顾、总结、梳理和提炼一个年代的学术发展，尤其是从理论、方法和实践等几个层面展开研究，更有其学科和学术价值及现实和深远意义。

鉴于上述理念和思考，我们策划、组织、编写了这套"新时代外国语言文学新发展研究丛书"，旨在分析和归纳近十年来我国外国语言文学学科重大理论的构建、研究领域的探索、核心议题的研讨、研究方法的探讨，以及各领域成果在我国的应用与实践，发现目前研究中存在的主要不足，为外国语言文学学科发展提出可资借鉴的建议。我们希望本丛书的出版，能够帮助该领域的研究者、学习者和爱好者了解和掌握学科前沿的最新发展成果，熟悉并了解现状，知晓存在的问题，探索发展趋势和路径，从而助力中国学者构建融通中外的话语体系，用学术成果来阐述中国故事，最终产生能屹立于世界学术之林的中国学派！

本丛书由中国英汉语比较研究会联合上海时代教育出版研究中心组织研发，由研究会下属29个二级分支机构协同创新、共同打造而成。罗选民和庄智象审阅了全部书稿提纲；研究会秘书处聘请了二十余位专家对书稿提纲逐一复审和批改；黄国文终审并批改了大部分书稿提纲。

本丛书的作者大都是知名学者或中青年骨干，接受过严格的学术训练，有很好的学术造诣，并在各自的研究领域有丰硕的科研成果，他们所承担的著作也分别都是迄今该领域动员资源最多的科研项目之一。本丛书主要包括"外国语言学""外国文学""翻译学""比较文学与跨文化研究"和"国别和区域研究"五个领域，集中反映和展示各自领域的最新理论、方法和实践的研究成果，每部著作内容涵盖理论界定、研究范畴、研究视角、研究方法、研究范式，同时也提出存在的问题，指明发展的前景。总之，本丛书基于外国语言文学学科的五个主要方向，借助基础研究与应用研究的有机契合、共时研究与历时研究的相辅相成、定量研究与定性研究的有效融合，科学系统地概括、总结、梳理、提炼近十年外国语言文学学科的发展历程、研究现状以及未来的发展趋势，为我国外国语言文学学科高质量建设与发展呈现可视性极强的研究成果，以期在提升国家软实力、构建人类命运共同体过程中承担起更重要的使命和责任。

感谢清华大学出版社和上海时代教育出版研究中心的大力支持。我们希望在研究会与出版社及研究中心的共同努力下，打造一套外国语言文学研究学术精品，向伟大的中国共产党建党一百周年献上一份诚挚的厚礼！

罗选民　庄智象
2021 年 6 月

前　言

《生态话语分析新发展研究》一书，又名《生态话语分析理论与实践》，系 2019 年国家社科基金重大项目"'一带一路'沿线国家语言资源数据库建设及汉外对比研究"（编号：19ZDA319）的成果之一。

"生态话语分析"系生态语言学学科领域的一个主要研究范式，发展自其中的"韩礼德模式"。自 Haugen 于 1970 年首次提出"语言生态"（ecology of language）概念以来，生态语言学发展至今已有 50 年的历史。1970 年至 1990 年间，"豪根模式"为生态语言学领域的一个主要研究范式，主要探讨语言及其环境之间的关系。1990 年，Halliday 在世界应用语言学大会上指出语言对于环境问题有着重要的影响，并倡导语言学界开展相关研究，进而在改善环境这一社会实践活动中担负起相应的社会责任。自此，生态语言学的另一个主要研究范式，即"韩礼德模式"兴起；该模式聚焦语言的生态性，与聚焦语言生态的"豪根模式"形成互补。"韩礼德模式"最初主要关注语言系统本身，尤其是词汇-语法层面的生态特征，但鉴于这方面的研究发现很难应用于生态问题的解决，因而学界的关注点逐渐转移至话语的生态性方面。至于如何揭示话语的生态性，学界目前主要借鉴批评话语分析、积极话语分析、多模态话语分析等在话语分析领域已比较成熟的范式来展开。然而，这些范式兴起的时代背景与当今社会之生态文明转型背景不同，适用的社会领域及要解决的问题也与当今社会发展阶段及面临的主要矛盾不尽一致。换言之，社会的发展以及学科的发展呼吁新的话语分析范式的诞生。

鉴于此，本书致力于新兴话语分析模式的发展，即在回顾生态语言学学科发展历程的前提下，在我们近期研究成果的基础上，阐明"生态话语分析"与"韩礼德模式"的关系，明确该新兴话语分析模式的哲学指导思想，描述和建构该话语分析模式的理论基础。在建构理论基础的过程中，本书在生态语言学视角下，结合"多元和谐，交互共生"生态哲学观，拓展和延伸了系统功能语言学框架中的经验功能、人际功能、语篇功能和逻辑功能理论，建构了生态语言学视角下的及物性系统、语气系统、评价系统、主位系统、衔接与连贯系统、逻辑关系系统等。可以说，本书对系统功能语言学理论进行拓展和延伸的过程，实际上是在为生态话语分析模式建构一种既具普适性又具可操作性的"生态语法"。该理论体系之于生态话语分析模式的作用就如同 Theo van Leeuwen 和 Gunther Kress 借鉴系统功能语言学三大元功能理论为多模态话语分析模式而建构的"视觉语法"。

除了奠定生态话语分析的独立研究范式地位，以及提供系统的理论体系外，本书的另一个突出特点是提供了丰富的例证分析。为说明从不同维度所建构的理论具有适用性和可操作性，本书在理论建构过程中，均选取真实的例子对理论观点加以阐明。在此基础上，本书另辟一章，选取比较完整的语篇对整个理论体系进行了验证。

概括地讲，生态话语分析范式是在生态哲学观指导下的，基于功能取向的语言学理论，对话语的生态性——生态有益性、生态破坏性、生态模糊性/中性——进行分析的一种模式，目的是通过揭示语言对自然及社会环境的影响，提高人们的生态意识，改善人们的生态行为，促进生态系统的良性发展，达到人与自然、人与社会及人与自身的和谐共生。

有关本书名称，需作以下说明：首先，本书是为话语分析的新兴范式，即"生态话语分析"，建构生态哲学观以及文本分析的理论体系，并辅以丰富的例证来支撑或验证，从这个意义上，本书称为《生态话语分析理论与实践》或《生态话语分析新发展研究》均较合理。其次，正如本书第 2 章所述，学界对于"生态话语分析"的理解有多种：一是指有关环境话语的分析；二是指有关人与自然环境及其他有机体关系的话语的生态性分析；三是指任何话语的生态性分析，既包括有关自然生态系统，也包括有关社会生态系统的话语的生态性分析。"生态话语分析"第三个阶段的内涵发展，主要源自本人及团队的相关研究工作，该阶段即本书所讲的"生态话语分析"是一种独立的话语分析范式，主要突出话语分析视角及目的，换言之，话语分析主要强调对生态学原理的借鉴，最终目的是促进生态系统的良性发展。鉴于此，该范式下的研究对象不囿于环境话语及有关人与其他有机体关系的话语，即该范式除了将人与自然关系的话语纳入研究范围以外，还将人与社会关系的话语也纳入研究范围。这是因为在生态学原理下，我们可将人类经验活动领域看作相互依存、相互制约、相互作用的一个整体，亦即一个巨大的生态系统。笼统地讲，将人类经验活动领域分为关涉人与自然关系的自然生态系统，以及人与社会关系的社会生态系统——此处需要指出，人与自身关系也可以从人与社会关系中分离出来，看作一个相对独立的心理生态系统，那么表征这些经验活动的话语都应是生态话语分析范式的研究对象。然而，目前学界鲜有研究将"生态话语分析"看作一个独立的话语分析范式，主要将其视为对研究对象的限定，从而也就鲜见对相关理论体系的构建。在这种情况下，本书通过对生态语言学两个模式总体发展历程的回顾（第1章），以及对"韩礼德模式"的具体梳理（第2章），阐释了"生态话语分析"这个名称在各个阶段的内涵，明确地指出当今时代背景下"生态话语分析"应为一个独立的话语分析范式。在此基础上，本书进一步提出和阐明了生态话语分析范式的哲学指导思想（第3章），建构和验证了其文本分析理论体系（第4章至第8章），并在对比视角下阐明了生态话语分析范式的特点与前景（第9章）。综上所述，本书主要是对生态话语分析范式内涵的进一步发展，因此称为《生态话语分析新发展研究》或《生态话语分析理论与实践》也都合宜。最后，为与丛书总体名称一致，本书的书名定为《生态话语分析新发展研究》。

作为基金项目的成果之一，本书的总体框架由本人设计，书中的主要观点由本人提出，主要内容是由本人与高然、刘佳欢两位课题组成员一起完成的。具体撰写情况如下：第1章、第5章、第6章的衔接与连贯部分、第8章的自然生态话语分析部分以及第9章由本人与高然共同撰写，第2章由本人单独撰写，第3章、第4章、第6章的主位部分、第7章、第8章的社会生态话语分析部分由本人与刘佳欢共同撰写。全书的定稿由本人负责。

本书的成稿，一方面得益于课题组成员之间愉快的合作，另一方面也得到了学界不少专家学者以及单位同事的支持和帮助。在此特别感谢黄国文教授和王文斌教授，没有他们对课题组在生态语言学研究领域的支持和指导，课题难以顺利实施，书稿也难以完成。此外，也特别感谢国际生态语言学学会会长 Arran Stibbe 教授，他一直鼓励和支持本人作为国际生态语言学学会系统功能语言学学界代表，在生态语言学学科发展中融入系统功能语言学成熟的理论观点，以加强该新兴学科理论体系的建构，并推动其跨学科以及超学科性质的发展。

限于作者水平，本书疏误在所难免，敬请广大读者和学界专家批评指正。

何　伟

2020 年 9 月

目　　录

第1章　绪论 ································· 1
 1.1　引言 ································· 1
 1.2　生态语言学缘起 ·························· 2
 1.3　生态语言学发展历程及研究现状 ··············· 5
  1.3.1　发展历程 ·························· 5
  1.3.2　研究现状 ·························· 9
 1.4　生态语言学研究现存问题 ··················· 15
 1.5　生态语言学学科体系的融合与发展 ············ 17
  1.5.1　学科体系构建 ······················ 17
  1.5.2　融合思路探讨 ······················ 19
 1.6　结语 ································ 21

第2章　"生态话语分析"："韩礼德模式"的再发展 ········ 23
 2.1　引言 ································ 23
 2.2　范式的内涵 ··························· 24
 2.3　"韩礼德模式"的兴起 ··················· 25
 2.4　"韩礼德模式"的发展：环境话语分析等 ······ 28
 2.5　"韩礼德模式"的再发展：生态话语分析 ······ 33
 2.6　结语 ································ 37

第3章　生态话语分析的指导思想：生态哲学观 ·········· 39
 3.1　引言 ································ 39

3.2	生态学原理	40
	3.2.1 生态系统的提出与建构	40
	3.2.2 生态系统的共性	44

3.3 生态哲学观的多样性与"多元和谐，交互共生"的普适性 ······ 46

3.4 生态语言学的生态性与"多元和谐，交互共生"的普适性 ······ 51

3.5 生态话语分析的系统性与"多元和谐，交互共生"的普适性 ······ 53

3.6 结语 ······ 55

第 4 章 生态话语分析的理论基础：经验功能 ······ 57

4.1 引言 ······ 57

4.2 经验意义生态取向判断标准与机制 ······ 57

4.3 生态语言学视角下的世界经验 ······ 60
    4.3.1 世界经验范畴 ······ 60
    4.3.2 过程类型系统 ······ 62
    4.3.3 参与者角色系统 ······ 63
    4.3.4 环境角色系统 ······ 65

4.4 生态语言学视角下的及物性系统 ······ 67
    4.4.1 动作类过程 ······ 67
    4.4.2 心理类过程 ······ 86
    4.4.3 关系类过程 ······ 104

4.5 经验功能理论在生态话语分析中的应用 ······ 126
    4.5.1 案例分析一：中文语篇 ······ 126
    4.5.2 案例分析二：英文语篇 ······ 130

	4.6	结语	133

第5章 生态话语分析的理论基础：人际功能 … 135

	5.1	引言	135
	5.2	生态语言学视角下的语气系统	136
		5.2.1 语气类别系统	136
		5.2.2 内在语势系统	167
	5.3	生态语言学视角下的评价系统	200
		5.3.1 态度系统	202
		5.3.2 介入系统	213
		5.3.3 级差系统	222
		5.3.4 案例分析	228
	5.4	人际功能理论在生态话语分析中的应用	232
		5.4.1 案例分析一：中文语篇	232
		5.4.2 案例分析二：英文语篇	237
	5.5	结语	241

第6章 生态话语分析的理论基础：语篇功能 … 243

	6.1	引言	243
	6.2	生态语言学视角下的主位系统	243
		6.2.1 参与者角色主位的生态性	246
		6.2.2 参与者角色主位的标记性	253
		6.2.3 主位系统理论在生态话语分析中的应用	255
	6.3	生态语言学视角下的衔接与连贯系统	261
		6.3.1 词汇–语法衔接手段	264
		6.3.2 音系衔接手段	283
	6.4	结语	284

第 7 章 生态话语分析的理论基础：逻辑功能 ………… 285
7.1 引言 ………………………………………………… 285
7.2 生态语言学视角下的逻辑关系系统 ………………… 286
7.2.1 逻辑配列关系系统 ………………………… 286
7.2.2 扩展逻辑语义关系系统 …………………… 288
7.2.3 投射逻辑语义关系系统 …………………… 294
7.3 逻辑功能理论在生态话语分析中的应用 …………… 299
7.3.1 案例分析一：中文语篇 …………………… 299
7.3.2 案例分析二：英文语篇 …………………… 301
7.4 结语 ………………………………………………… 303

第 8 章 生态话语分析理论与实践 …………………………… 305
8.1 引言 ………………………………………………… 305
8.2 生态话语分析理论体系 ……………………………… 305
8.3 自然生态话语分析 …………………………………… 308
8.3.1 经验意义分析 ……………………………… 311
8.3.2 人际意义分析 ……………………………… 314
8.3.3 语篇意义分析 ……………………………… 315
8.3.4 逻辑关系分析 ……………………………… 316
8.3.5 小结 ………………………………………… 317
8.4 社会生态话语分析 …………………………………… 318
8.4.1 经验意义分析 ……………………………… 321
8.4.2 人际意义分析 ……………………………… 324
8.4.3 语篇意义分析 ……………………………… 325
8.4.4 逻辑关系分析 ……………………………… 326
8.4.5 小结 ………………………………………… 328

8.5　结语 ··· 328

第9章　总结与展望 ··· 331
　　　9.1　引言 ··· 331
　　　9.2　对比视角下的生态话语分析 ································· 332
　　　9.3　生态话语分析前景 ··· 334
　　　9.4　结语 ··· 336

参考文献 ··· 337
附录　态度系统词汇取向 ··· 355
术语表 ·· 359
缩略语表 ··· 369

图 目 录

图 1-1　"豪根模式"研究路径 ··· 17
图 1-2　"韩礼德模式"研究路径 ··· 18
图 1-3　生态语言学学科体系 ··· 18
图 1-4　语言层次观及语境 ··· 19
图 3-1　生态系统结构的一般性模型 ·· 41
图 3-2　生态系统网络 ·· 43
图 3-3　生态哲学观与生态行为间的循环 ·································· 54
图 4-1　生态性出现情况概括 ··· 59
图 4-2　话语生态性判断与及物性系统运行机制 ························· 59
图 4-3　世界经验 ·· 61
图 4-4　世界经验与过程类型对应关系 ····································· 62
图 4-5　过程类型 ·· 63
图 4-6　参与者角色语义功能类型 ··· 64
图 4-7　参与者角色生态属性类型 ··· 65
图 4-8　环境角色类型 ·· 66
图 5-1　语气系统 ·· 137
图 5-2　英语语气类别判断 ··· 139
图 5-3　语气生态因子系统 ··· 140
图 5-4　生态语言学视角下的陈述语气系统 ······························· 146
图 5-5　生态语言学视角下的疑问语气系统 ······························· 154
图 5-6　生态语言学视角下的祈使语气系统 ······························· 160
图 5-7　情态系统 ·· 168
图 5-8　语气语势系统 ·· 170
图 5-9　生态语言学视角下的内在语势系统 ······························· 173

图 5-10	盖然语势的量值体现	176
图 5-11	生态哲学观与内在语势的关系	178
图 5-12	生态语言学视角下的态度系统	204
图 5-13	国际生态话语之介入系统	214
图 5-14	生态语言学视角下的介入系统	217
图 5-15	生态语言学视角下的级差系统	222
图 6-1	生态语言学视角下的主位系统	246
图 6-2	参与者角色主位的生态性	247
图 6-3	自然生态系统中参与者角色主位生态性判断	249
图 6-4	社会生态系统中参与者角色主位生态性判断	251
图 6-5	不同标记性参与者角色主位的生态性	254
图 6-6	生态语言学视角下的衔接与连贯系统	263
图 7-1	生态语言学视角下的逻辑配列关系系统	287
图 7-2	生态语言学视角下的扩展逻辑语义关系系统	289
图 7-3	生态语言学视角下的投射逻辑语义关系系统	295
图 8-1	生态话语分析理论体系	306

表 目 录

表 4-1　中文语篇过程类型统计 ·············· 128
表 4-2　英文语篇过程类型统计 ·············· 131
表 5-1　给予或寻求，信息或物品及服务 ········ 141
表 5-2　祈使语气类别的言语功能 ············ 158
表 5-3　非基本语势的常用表达 ·············· 171
表 5-4　借言方式典型表达 ·················· 215
表 5-5　中文语篇态度意义生态取向分析 ······ 236
表 5-6　英文语篇参与者角色涉及内容统计 ···· 239
表 5-7　英文语篇态度意义生态取向统计分析 ·· 240
表 6-1　中文语篇主位类别统计 ·············· 257
表 6-2　英文语篇主位类别统计 ·············· 260
表 6-3　逻辑语义关系分类及标记词示例 ······ 278
表 7-1　中文语篇逻辑语义关系统计 ·········· 299
表 7-2　中文语篇逻辑表征方式统计 ·········· 300
表 7-3　英文语篇逻辑语义关系统计 ·········· 302
表 7-4　英文语篇逻辑表征方式统计 ·········· 302
表 8-1　自然生态类语篇过程类型统计 ········ 312
表 8-2　社会生态类语篇过程类型统计 ········ 321
表 8-3　社会生态类语篇基本层过程类型统计 ·· 322
附表 1　积极情感和消极情感 ················ 355
附表 2　积极社会评判和消极社会评判 ········ 356
附表 3　积极社会制约和消极社会制约 ········ 357
附表 4　积极鉴赏和消极鉴赏 ················ 357

第1章
绪　论

1.1　引言

　　生态语言学发展至今已有50年的历史，随着全球生态问题的加剧以及人们生态意识的提高，生态语言学作为一门新兴学科受到国内外不同领域学者的广泛关注。背景各异的学者秉持对语言和生态环境问题的共同关注，将不同的语言学理论框架、研究方法与生态学原理和方法结合起来，尝试通过语言之间关系的研究以及语言系统及语言使用方面的研究，来解决语言象征环境、自然环境、社会文化环境、认知心理环境中的生态问题。这种多学科间的融合使生态语言学具备交叉性和开放性的特点，并逐渐呈现出超越生态学、生物学、语言学、社会学、哲学、心理学等多个学科的"超学科"特性（何伟，2018；何伟、魏榕，2018a），同时也为其学科内涵的定义、研究范畴的界定造成了一定困难。

　　自20世纪70年代以来，生态语言学研究的"豪根模式"和"韩礼德模式"逐渐形成。生态语言学研究呈现出地域不断扩大、范式趋于融合、理论基础与研究方法趋于多元化以及生态哲学观趋于统一的发展趋势。本章通过梳理生态语言学的缘起、发展历程及研究现状，对目前生态语言学作为一门学科的研究目的、研究对象、研究范围、研究内容、研究方法及研究路径等进行界定，从而为建构生态话语分析理论框架奠定基础。

1.2 生态语言学缘起

随着经济社会的不断进步和科学技术的不断发展，人类生活得到较大改善、生活水平逐渐提升，但与此同时，人口压力、气候变暖、环境恶化、资源短缺等全球性问题也日益凸显。在此背景下，研究生物与其有机及无机环境之间相互作用关系的科学——生态学（Ecology）（Haeckel，1866）——应运而生。随着研究的不断深入以及人们生态意识的不断提高，生态学的观点及视角开始广泛应用于自然科学及人文社会科学，"生态"这一概念也已从最初的生物生态、环境生态延展到语言生态、人口生态、社会生态、政治生态、经济生态等。可以说，任何与环境（包括生物环境及非生物环境）发生相互作用的活动都与"生态"二字密切相关。而语言作为人类社会生活中最重要的活动之一，同样也在生态系统中扮演着举足轻重的角色。

早在19世纪初期，普通语言学奠基人、德国哲学家和语言学家Wilhelm von Humboldt 在进行"总体语言研究"时，从哲学角度关注语言本质、语言内在形式及语言类型等问题，将"探究人类语言结构的差异"作为普通语言学所承担的重要任务之一（洪堡特，1836/1999）。他认为，人类语言的多样性是人类精神的内在需要，语言的特性差异实际上反映民族思维方式和活动感知方式的不同（洪堡特，1811/2001a，1829/2001b）；语言像人一样会经历产生和死亡的自然进程，但消亡的语言并非失去"生命"，而是通过混合产生新的语言（洪堡特，1836/1999）。由于Humboldt更多关注语言差异对人类认知层面及精神发展造成的影响，将语言的消亡看作是一种必然过程，因此并未产生对濒危语言的保护意识。一个多世纪后，受Humboldt语言和文化具有多样性观点的影响，美国语言学家和人类学家Edward Sapir（1912）对多种语言和文化进行进一步研究，超越语言在结构、语音系统以及词义等层级的描述，对语言与环境之间关系的建立进行了初步尝试。值得注意的是，Sapir所提及的环境（environment）没有停留于其生态意义（ecological meaning），而是更强调物理和社会环境（physical and social surroundings）。他认为，词汇是最能反映说话者环境特征的语言因素，它不仅能反映说话者所处环境的地形特征、文化背景的复杂性，还能

第 1 章　绪论

反映由地形和文化所影响的人们的兴趣倾向。无论是 Humboldt 关于人类语言的哲学思想，还是 Sapir 对于建立语言与环境关系的初步尝试，一百多年来，人们都在思考语言多样性以及语言与环境之间关系的问题，这些努力为语言学家进行语言生态研究以及积极探索语言在解决环境问题中所发挥的作用奠定了思想基础。

1970 年，Einar Haugen 在奥地利举办的一次学术会议上作了题为"On the Ecology of Languages"的学术报告，用动物、植物与其生存环境的关系来类比语言与其周围环境之间发生的相互作用，并用 ecology of language 一词——也称 language ecology——来表示语言生态，即对语言与多语社团（multilingual community）间的相互作用关系进行的一种新型生态学研究。1972 年，Haugen 将这一术语收录进其论文集 *The Ecology of Language: Essays by Einar Haugen*，并进一步将 language ecology 定义为"任意一种语言与其环境之间相互作用的研究"（Haugen，1972：325），这里的"语言环境"指语言实际被使用、被解码的社会环境。Haugen（1972）认为，语言生态的一部分是心理的，表现在双语者和多语者思想中语言之间的相互作用关系；一部分是社会的，指语言与社会的相互作用关系。然而，Haugen 并不是第一位将生态概念与语言现象联系在一起的学者（Fill，1993；Steffensen，2007；Eliasson，2015）。在此之前，美国语言学家和人类学家 Voegelin 等人（Voegelin & Voegelin，1964；Voegelin et al.，1967）曾使用 linguistic ecology 一词表达"语言生态"概念，认为语言生态是"从独立存在的单一语言转向相互联系的多种语言的研究"（Voegelin & Voegelin，1964：2），强调对一个特定地区中所有语言的全面关注，如 Voegelin et al.（1967）对美国西南部多种语言之间的复杂关系进行研究，以及 Mühlhäusler（1995）对殖民化、西化与现代化影响下的澳大利亚和太平洋地区的语言与生物的多样性进行考察等。

1985 年，法国语言学家 Claude Hagège 从达尔文生物进化论角度研究语言的多样性、语言的演变与进化以及语言的退化与消亡等问题，并发现 19 世纪的许多语言学者被生命科学激发的强劲思潮所吸引，开始将生物学研究的模型和术语运用到人文科学中（克洛德·海然热，2012）。Hagège 在《语言人：论语言学对人文科学的贡献》一书中提出

écolinguistique（ecolinguistic）一词，认为其"专门研究经过文化加工的'天然'参照物怎样进入语言，例如方向、地理特点、人类的栖居方式或宇宙因素等"（克洛德·海然热，2012：261），即探索自然现象与语言、文化之间的关系，之后被翻译为"环境语言学"。这也是学界最早使用 ecolinguistic 这一术语来表述与语言和自然相关的研究。

值得注意的是，Hagège 认为，人们在用语言谈论世界的同时，也是对世界加以再造。这一观点与系统功能语言学家 Halliday（1990）所提出的"语言建构世界"的观点不谋而合。在 1990 年的世界应用语言学大会上，Halliday 针对语言系统与生态因素发表了题为"New Ways of Meaning: The Challenge to Applied Linguistics"的主旨报告，对语言系统之于某些生态现象的不合理表述进行了批评，关注语言学研究在解决生态问题中所发挥的重要作用。他将语言对世界的影响描述为"系统与事件之间的辩证法"（Halliday，1990/2001：186），认为语言并不是被动地反映现实，而是"语言主动建构现实"（Halliday，1990/2001：196），强调增长主义（growthism）、等级主义（classism）、物种歧视（speciesism）、环境污染等不只是生物学家和物理学家的问题，同样也是语言学家应该关注的问题。同时期在国内，李国正（1987，1991）将语言置于自然生态系统中进行考察研究，开始运用生态学原理研究汉语问题，在了解多层次、多功能的语言基础上，引入生态系统的基本原则，继而提出"生态语言系统"概念（李国正，1991：35）。他将语言系统的生态环境分为外生态环境系统和内生态环境系统，将汉语分为五种不同的生态类型，并提出了生态汉语学的研究方法，如系统分析法、实验法等。这一时期还出现了一些以"语言生态学"（language ecology 或 ecology of language）或"生态语言学"（ecolinguistics 或 ecological linguistics）为主题的著述，如此一来，生态语言学的学科理论框架逐渐丰富起来（范俊军，2005）。

此外，一些德国学者（Mackey，1980；Finke，1983；Fill，1987；Tramp，1990；Mühlhäusler，1992，1995）将此类生物生态学与语言学的概念、原理相结合的研究称为 ecological linguistics。国内也有学者（范俊军，2005；韩军，2013）将"生态语言学"与"语言生态学"这两个概念等同起来，认为它们指代同一学科（黄国文，2016）。在第九届世界应用语言学大会上,有学者提出使用 eco-linguistics 作为语言与生态关系问题研究的统称(何伟,2018:11)。这表明,无论是"语言生态学"还是"生态语言学",尽管在不同研究范式中各有侧重,但"生态语言学"(ecolinguistics)一词更能体现该类研究是一个具有超学科属性的、统一的学科。

1.3　生态语言学发展历程及研究现状

生态语言学发展至今的历程可分为两个阶段:第一个阶段是1970—2001 年,以 Haugen 首次提出"语言生态"为起始点,至 Fill 和 Mühlhäusler(2001)为推动学界进行更深层次的研究,系统回顾 30 年来不同领域的生态语言学思想而主编的 *The Ecolinguistics Reader: Language, Ecology and Environment*;第二个阶段是 21 世纪以来至今,随着经济社会的飞速发展,科学技术发展日新月异,许多新兴学科的出现为生态语言学的发展注入了新的生命力,加之生态语言学在各个领域的探索有了一定的进展,不少语言学家也开始思考更深层次的问题,比如哲学思想在生态语言学研究中所起的作用,因此这一时期的生态语言学研究呈现继往开来的特点。

1.3.1　发展历程

"生态语言学始于一个隐喻"(王晋军,2007:54)。Haugen(1972)提出的"语言生态"概念开创了语言学与生态学研究相结合的新模式。20 世纪 80 年代,基于 Haugen 的语言生态隐喻思想,许多学者开始将生物生态学的概念和原理以不同的方式用于心理语言学和社会语言学现象研究(Fill,1998),少数民族濒危语言逐渐成为语言学家关注的热点,尤其表现在太平洋地区少数民族语言以及"语言帝国主义"(linguistic imperialism)问题的研究中。例如,Mackey(1980)将 Haugen 的"语言的生态学"发展为"语言转用（language shift）[1]的生态学"，并提出语言学家区分语言形式和语言行为的做法是值得商榷的，因为语言和语言使用都与社会活动有着不可分割的关系。Dension（1982/2001）通过研究欧洲语言多样性及其近年来的生态变化，进一步证实了生态隐喻思想的适用性，明确提出语言生态离不开语言经济（language economy）(Weinrich，2001)，以及"语言种类的保护是否应与濒危自然物种的保护并驾齐驱"的问题（Dension，1982/2001：77）。此外，Dension还指出语言生态隐喻思想具有一定局限性：自然生态是有生物居住的，因此它们显然是有界的（bounded）自然种类，但语言的边界并不明确，且互通性很强，这就给语言的生态研究带来了不确定性。

　　Haugen的语言生态隐喻思想奠定了生态语言学的第一种主流研究范式，主要涉及生态学、社会学、心理学、语言学以及哲学等学科领域，被学界称为"豪根模式""隐喻模式"或"语言的生态学"（Fill，2001；范俊军，2005；韩军，2013）。在此研究范式之下，许多语言学家从语言与环境的关系入手进行了更深层次的研究：（1）对语言生态现象的原因进行剖析，如通过研究少数民族语言，阐述为何有些语言的生存受到威胁，而另一些语言却得以幸存（Krier，1996）；Bastardas-Boada（2018）还通过关注"语言可持续性"（linguistic sustainability），强调生物多样性与语言多样性之间的联系。（2）对语言环境、语言生态系统进行理论建构，如Haarmann（1980，1986）建立了生态语言学变量，其中包括种族人口统计、种族社会、种族文化以及其他方面的因子，它们共同构成了一种语言的"环境"；Finke（1983，1996）用生态系统（ecosystem）概念转指语言世界系统（language world system）和文化系统，将生物生态和语言进行比较，指出人类使用语言的方式就如同人类对待自然的方式，即人类对自然环境的破坏造成了对生命创造力的威胁，对语言的不合理使用造成了语言的濒危和消亡；Trampe（1990）赞同上述Finke的观点，指出语言的生态系统由语言、语言使用以及与之相互作用的环境构成。近年来，还有生态语言学家将语言与政治联系起来，认为政治活动也是一种象征性的语言生态环境（symbolic

---

[1] 指在一定社会条件下，一个民族或一个民族中的一部分人放弃了本族的母语而转用另一种语言的现象，是不同语言之间功能竞争的结果。

ecology of language）(Steffensen & Fill，2014）。他们（Skutnabb-Kangas & Phillipson，1995）关注语言人权（linguistic human rights）和语言权利（language rights），认为个人和团体有权利使用他们自己的语言进行交流和接受教育，语言像个人或团体一样具有"法律人格"（legal personality），同样也享有相应的权利。

20 世纪 90 年代，生态环境的恶化进一步推动了语言与生态的研究，语言学家开始探索语言在生态环境问题中所起的作用，尝试将语言作为解决环境问题方式中的一种。Halliday（1990/2001）首先关注到语言及语言学在环境问题中所发挥的作用，强调语言与增长主义、等级主义和物种歧视之间的关系，劝告语言学家不要忽视自己的研究对象（语言）在日益恶化的环境问题中所担当的角色。Halliday 认为，语言不仅能反映世界，还能够建构世界，同时也能帮助人们认识世界，人们对世界的许多不合理认知都来自于语言系统（或语法），这种"人类头脑中对世界的认知"被 Stibbe（2015）称为"故事"（story）：不同生存背景下的人类对于世界的认知不同，由此形成的生态理念和对待生态环境的方式也就不同。自然资源的无限性和人类享有特权地位的思想意识已经内化在语言系统中，这对人类形成良好的生态理念以及环境问题的解决产生了阻碍作用。

Halliday 对于语言在环境问题中作用的思考为生态语言学提供了新的研究路径，被称为"韩礼德模式""非隐喻模式""环境（的）语言学"（Fill，2001；范俊军，2005；韩军，2013）。"韩礼德模式"主要涉及生态学、语言学、经济学、环境科学、宗教研究、心理学、哲学以及其他多个领域，重点关注语言对生态所产生的作用，这种作用可能是积极的、和谐的，也可能是消极的、破坏性的。对待能产生积极、有益作用的语言需要鼓励和提倡，而对待产生破坏性作用的语言则需要抵制和改进。

基于"韩礼德模式"，语言学家开始对语言和语言实践（语言系统和语篇）的生态特征和非生态特征进行批评性分析。这些研究主要包括以下三种路径：

一是运用批评话语分析（Critical Discourse Analysis，简称 CDA）（Fairclough，1989，1995；van Dijk，1993；Weiss & Wodak，2003）

的理论框架，对有关环境的文本进行分析。例如，通过对文本中主动、被动、作格结构的分析（Gerbig，1993）或对施事、受事的分析（Alexander，2018），可以看出不同利益群体在描述环境问题时的侧重点和规避点。Goatly（1996: 555）指出，删除施事或受事可以通过名词化（nominalization）的方式来实现，以此来弱化人们对受影响对象的关注（Fill，1998）。

二是从生态角度对语言系统进行批评性分析。除 Halliday（1990）对语言系统的批判之外，Trampe（2001）通过对比工业化农业和传统农耕农业中的语言现象，对工业化农业语言中表现的"人类中心主义"（anthropocentrism）和"重商主义"（commercialism）进行批判，认为语言反映世界不能只从人类视角出发，还要关注自然对人类及其商业活动的作用。Goatly（1996）认为在欧洲通用语种中，分化的语言系统不符合现今世界整体化的生态思想，主要表现在：及物性分析将现实世界划分为施事、受事和环境角色，不适于表现当代科学理论或盖亚理论（Gaia hypothesis）[2]；参与者角色中对施事和受事的划分表现了一种错误的单向因果关系，不符合当代科学理论"多向""互为因果"的特点；将施事、受事的参与者角色与环境角色分化，由状语表达的环境角色通常被边缘化，暗示"环境"既没有能动性，也不会受到影响。因此，Goatly（2007）提出"协和语法"（consonant grammar），也称"绿色语法"（green grammar），即用作格分析法激活在及物性分析中被边缘化的自然环境，使其成为动作过程的参与者，从而加强人们对于自然环境的重视。

三是从生态角度对社会热点话题文章或环保类话题广告中的非生态特征进行批评性分析。例如，Fill（2000）通过分析 *Times* 和 *Newsweek* 中有关环境问题的广告发现，广告中使用越多"绿色"语言，实际大众对生态环境问题的关注度越低，从而揭示出部分广告语篇背后虚伪的环保意识；Kahn（2001）在描写动物实验的科学语篇中发现，该语篇全文仅在致谢部分使用代词 I、we 以及主动语态，正文均使用被动语态，这种语言使用习惯表明人们在潜意识中并没有将动物作为与人平等的生

---

[2] 指整个世界或盖亚宇宙（如生命、温度、氧气、岩石、大气和水等）组成一个完整的巨大机体，它们可以实现内部的自我平衡（Lovelock，1988）。

物对待。

在以上三种研究路径中,第一种和第三种属于生态批评话语分析,第二种属于批评生态语言学(critical ecolinguistics)研究内容。生态批评话语分析与批评生态语言学的不同之处在于,前者侧重于分析具体语言的使用,通过批判话语或文本中的词法、句法和语用,揭示话语背后所隐含的意识形态,这种意识形态表现在生态语言学中就是生态意识;而后者侧重于对语言系统中非生态特征的批判(Fill,1998;Fill & Mühlhäusler,2001;范俊军,2005;王晋军,2007),如名词的可数与不可数之分、代词的用法以及语法系统的描写等。Stibbe(2015)提出的批评生态语言学这一概念,从批评性角度研究人类"赖以生存的话语",通过改变语言系统的模式和语言使用方法,使其更加适合生态系统的和谐发展。

相比而言,"豪根模式"关注的是语言生态本身,"语言"与"生物"具有相似的发展历程,在生态系统中起到等同的作用;"韩礼德模式"则注重语言对生态环境造成的影响,对话语和行为的生态特征和非生态特征进行分析。虽然二者侧重点各有不同,但并不排斥,而是关系互补(Fill,1998),在促进不同生态系统的良性发展中都做出了各自的贡献,这也为二者的融合奠定了基础。

1.3.2 研究现状

自生态语言学兴起以来,通过国内外学界的共同努力,以生态语言学命名的学会组织、学术网站、学术期刊以及论文集大量涌现,国际学术会议定期召开,国内外高校也开始逐步推进生态语言学专业的本科、硕士研究生、博士研究生等多层次人才的培养。

以生态语言学命名的学会组织逐渐遍及全球。就国外而言,1990年,丹麦学者 Jørgen Døør 和 Jørgen Christian Bang 在丹麦创立了一个生态、语言和意识形态研究小组。自 2012 年起,该小组更名为"人类互动中心"(Centre for Human Interactivity),从认知科学和人文科学的视角研究人类的认知如何塑造事件以及人类行为的结果对生态产生的影响，其组织者也在积极思考如何将"生态语言学"作为组织名称的一部分；1996年，国际应用语言学协会成立生态语言学分会；21世纪以来，生态语言学的倡导者专门成立了国际应用语言学会语言与生态科学委员会，并每年定期召开生态语言学学术会议；2004年，Stibbe初步构建国际生态语言学学会组织框架，至2017年正式成立，目前拥有1000多名成员；此外，目前较为活跃的巴西"生态语言学团队"拥有220名成员，已出版12本生态语言学方面的书籍，并发表多篇期刊文章。在国内，中国生态语言学研究会于2017年4月成立，每年召开生态语言学战略发展研讨会及全国生态语言学研讨会或国际生态语言学研讨会，并组织生态语言学研修班、工作坊等。经过学界共同努力，该学会已于2019年11月加入我国一级学会"中国英汉语比较研究会"，并正式更名为"中国英汉语比较研究会生态语言学专业委员会"。

与此同时，有关生态语言学研究的网站也相继建立并完善，如语言与生态研究中心网站（http://www-gewi.uni-graz.at/ecoling/）、国际生态语言学学会网站（ecolinguistics-association.org）和中国英汉语比较研究会生态语言学专业委员会网站（http://ecoling.bfsu.edu.cn），国内外学者可以在网站查找有关生态语言学的参考书单、生态语言学发展最新动态，还可以进行生态语言学的在线课程学习。目前，国内外以生态语言学为主要研究内容的期刊相对较少，有在线网络期刊 *Language & Ecology*，致力于探索与生态相和谐的语篇，以及葡萄牙文期刊 *Ecolinguística: Revista Brasileira de Ecologia e Linguagem (ECO-REBEL)*（《生态语言学：巴西生态语言学学刊》）。与此同时，国内外不少期刊都致力于通过专刊或专栏的方式进一步推广生态语言学的研究成果，如 *Language Science*、*Journal of World Languages*，以及《中国外语》《外语与外语教学》等。此外，有两本论文集收录了自20世纪70年代以来有关生态语言学研究的文章，内容齐全，涉及生态语言学的多种研究方法：一是 *The Ecolinguistics Reader: Language, Ecology and Environment*（Fill & Mühlhäusler, 2001），二是 *The Routledge Handbook of Ecolinguistics*（Fill & Penz, 2018a）。

进入21世纪以来，生态语言学研究主要呈现出以下三个特点：（1）研究地域逐渐扩大。生态语言学研究始于欧美国家，现已扩展到澳大利亚、巴西、中国、尼日利亚等多个国家和地区，逐渐演变为一种全球性质的意识形态和活动（Fill & Penz，2018b）。（2）研究范式趋于融合。生态语言学目前拥有两个主要研究范式——Haugen 隐喻范式和 Halliday 非隐喻范式，而 Steffensen & Fill（2014）提出，生态语言学研究没有必要区分隐喻和非隐喻范式，两个范式可以通过自然化的生态语言观融合在一起，以解决人类生态问题。（3）理论基础及研究方法趋于多元化。生态语言学自兴起以来借鉴了多种理论，不同学科背景的语言学家为其提供了不同的研究路径。由于生态语言学以解决生态问题为出发点和落脚点，因此其借鉴的语言学理论是功能取向的，例如系统功能语言学、认知语言学、社会语言学等。研究方法的多元化表现在其研究手段从定性研究发展到定性与定量研究相结合，以及利用现代科学技术进行语言搜集和记录。

21 世纪的生态语言学具有更大的包容性和开放性，通过积极融合多种学科及研究领域，进一步发展了两大研究范式："隐喻模式"下发展了官场生态话语分析等，"非隐喻模式"下发展了"哲学模式"（philosophical model）（Fill & Penz，2018b）、"文化外交模式"（何伟、魏榕，2017a，2017b，2018a）、和谐话语分析（黄国文，2018a）以及生态话语分析（何伟、张瑞杰，2017；何伟、魏榕，2018b；何伟，2018，2021）等。研究方法逐渐从定性研究转向定性与定量研究相结合（Chen，2016；连佳欣，2018）。此外，Steffensen & Fill（2014）还关注到，由于语言生态环境的界限十分模糊，不同学者对语言生态环境有不同的解释，目前学界对此的研究可分为四类：（1）语言存在于象征性环境（symbolic ecology），即研究多种语言或符号系统在同一地理区域中或同一社会制度下的共存关系；（2）语言存在于自然环境（natural ecology），即研究语言与生物或生态系统（如气候、地形、动物等）的关系；（3）语言存在于社会文化环境（sociocultural ecology），即研究语言与塑造言语社团或说话者环境的社会和文化因素的关系；（4）语言存在于认知环境（cognitive ecology），即研究语言行为是如何通过生物有机体和环境之间的动态关系来实现的。Steffensen & Fill（2014）认为，语言的生态环境应涵盖以上四种类型，并提倡在此基础上建构一个"统一的生态语言科学"（unified ecological language science），即不区分"隐喻模式"和"非隐喻模式",将语言与自然看作统一融合的整体,并通过将价值观与意义融入生态结构来延展人类生态环境,因此也称为"延展性生态假设"(extended ecology hypothesis)。

基于"隐喻模式"的研究大多关注语言的生存发展状态,语言多样性及其与生物多样性的关系(范俊军,2007;张东辉,2009;文兰芳,2016),语言世界系统,语言的生存、发展及消亡,濒危语言的保护(徐世璇,2002;徐世璇、廖乔婧,2003;范俊军,2006;范俊军等,2006),以及语言进化等热点问题。还有学者(祝克懿,2013;祝克懿、殷祯岑,2014;殷祯岑、祝克懿,2015)采用"隐喻模式"对官场话语进行生态分析,从生态语言学视角分析官场话语的内涵、特征及特殊运作机制,并从生物环境、社会环境及精神环境三个方面勾勒出官场话语的生态位体系,为人们较为准确地理解官场话语提供了有效策略,同时也为生态语言学与话语分析的结合提供了有益参考。

基于"非隐喻模式"的研究大多关注语言生态性分析。Stibbe(2015)的研究将话语分为三类:有益性话语(beneficial discourse)、模糊性话语(ambivalent discourse)和破坏性话语(destructive discourse),话语分析的目的是推广有益性话语、改善模糊性话语和抵制破坏性话语,从而构建有益的、和谐的生态系统。在此基础上,生态语言学界主要发展了两种生态话语分析模式,即生态批评话语分析与生态积极话语分析。Goatly(2007)将生态批评话语分析分为传统的批评话语分析与替代性批评话语分析(alternative critical discourse analysis),后者更聚焦生态与环境,关注言语社团中的所有人,比前者具有更积极的态度。Goatly(2018)进一步提出了侧重文学批评研究的"生态文体学"(ecostylistics),运用语言学理论分析文学话语中对自然或人与自然关系的表征,对其中不合理的表征进行批判,进而建构人与自然和谐平等的关系表征体系。Alexander(2018)还将批评话语分析与语料库语言学相结合,通过分析大型跨国商业机构关于环境问题的语篇,揭示其话语中的非生态因素以及对环境产生的消极影响。Stibbe 对批评话语分析和积极话语分析(Positive Discourse Analysis,简称 PDA)的生态语言学模式都进行了探索。他(Stibbe,2014,2018a)认为,生态语言学家在用传统批评话语分析框架进行话语分析时对话语的语境进行了扩展:不仅考虑到人与人之间的关系，还关注到人与其他所有生物赖以生存的更大的生态系统之间的关系；不仅考虑到社会层面的不合理现象，还考虑到生态层面的不和谐之音。此时人与自然环境的关系就如同压迫者（oppressor）和受压迫者（oppressed）之间的关系。Stibbe（2018b）进一步提出，生态语言学界不应只对语言进行消极的批评，还应关注对生态持积极态度的话语，提倡"盲目增长不如稳定发展""征服自然不如尊重自然"等积极有益的生态理念。Stibbe 将 Martin（2004）积极话语分析的理论运用到生态语言学研究中，同时为传统话语和地方话语（如自然写作话语和诗歌）分析奠定了理论基础。从生态语言学视角来看，批评话语分析与积极话语分析的动机不同，前者旨在揭露隐藏在语言背后不公平、不可持续的破坏性现象，这种现象不仅存在于生态环境保护中，还存在于政治、经济、社会、人际交往等各种生态系统中，从而引导人们抵制破坏性话语；后者旨在倡导并鼓励对生态系统有益的话语和行为，从而引导人们推广有益性话语。在此之前还有许多学者进行过生态积极话语分析，如 Goatly（2000）对比诗歌和新闻报道两种文体关于自然的语言表征，Alexander（2003）对环保运动者的演讲进行积极话语分析，以判断其中生态特征的表征。

生态语言学视角下的话语分析经历了从对生态话语的分析（analysis of ecological discourse）到对任何话语的生态分析（ecological analysis of discourse）的发展过程（Alexander & Stibbe，2014）。何伟、魏榕（2018b）以及何伟（2018）指出，尽管批评话语分析、积极话语分析和多模态话语分析（Multimodal Discourse Analysis，简称 MDA）模式可以应用于话语的生态分析，但是生态话语分析应自成体系，且应被界定为一种新的话语分析范式。与其他话语分析范式相比，生态话语分析有着宏大的目标与明确的价值观导向（何伟、魏榕，2018c），其研究对象既可以是与环境相关的话语（赵蕊华，2016；郑红莲、王馥芳，2018），也可以是对其他任何话语生态取向的分析，如诗歌话语（黄国文，2018b）、小说话语（尹静媛，2016）、广告性话语（戴桂玉、仇娟，2012；何伟、耿芳，2018）、政治话语（常军芳、丛迎旭，2018）以及媒体话语（杨阳，2018；袁颖，2018）等。换言之，生态话语分析的范围既包括"人与自然"类型的话题，使语言学家逐渐意识到自身所承担的社会责任，为环境保护提供了新的研究视角；还涵盖"人与社会"类型的话题，尤其为国际关系研究提供了新的研究范式（何伟、魏榕，2017a，2017b，2018b），以促进国际社会生态系统的良性发展。

在"非隐喻模式"内部，许多学者还尝试将自己研究的学科领域与生态语言学结合起来，从而进行理论框架的建构。例如，辛志英、黄国文（2013）以及黄国文（2017a）将具有普适性的系统功能语言学与生态语言学联系起来，尝试在系统功能语言学视域下建构生态话语分析模式。此后，生态话语分析模式（何伟、张瑞杰，2017）、国际生态话语及物性分析模式（何伟、魏榕，2017a）、生态语言学视角下的人际意义系统（张瑞杰、何伟，2018）等相继构建起来，为生态语言学的应用研究提供了坚实的理论基础。

此外，从 Stibbe（2015）用"我们赖以生存的故事"（the stories we live by）来表示人类对于世界的认知来看，生态语言学与认知语言学之间也存在可相互借鉴之处（王馥芳，2017）：认知语言学能够为生态语言学提供理论分析工具，从而夯实生态语言学的理论基础；生态语言学也在一定程度上丰富了认知语言学的意义构建研究。

值得注意的是，生态哲学观对人们的生态理念、生态话语与行为有着指导作用，是语言影响思维和行动的内在机制（deeper mechanism）。因此，无论是"隐喻模式"还是"非隐喻模式"的生态语言学研究，都需要在生态哲学观的指导下进行。针对各种生态系统，学界有不同的生态哲学观表述。比如针对国际社会生态系统的"和平观"（Mowat, 1935），针对农业生态的"天人合一"生态观（张壬午等，1996），针对自然-社会生态的"可持续发展观"（Baker, 2006），针对语言象征生态系统的"语言生态伦理观"（潘世松，2014），针对人与自然关系的"生活"（living）哲学观（Stibbe, 2015）、"和谐生态场所观"（何伟、张瑞杰，2017），针对中国语境下政治、经济、文化等活动系统的"和谐"生态观（黄国文，2017b）等。这些观点的提出都是为了特定生态系统的良性发展，而生态系统的良性发展应有基本的共性。因此我们认为，生态哲学观的表述应会逐渐统一。何伟、刘佳欢（2020）在何伟、魏榕（2018c）有关国际生态话语之生态哲学观建构的基础上，通过阐释生态学原理，吸取中国优秀的传统文化、哲学思想以及外交理念，同时融合马克思主义生态观,进一步明确和发展了"多元和谐,交互共生"生态哲学观,指出该价值观符合生态系统良性发展所要求的多种生态要素相互作用、和谐共生的特点,具有高度概括性和普适性,适用于整个生态系统网络(详见本书第 3 章)。

1.4 生态语言学研究现存问题

通过以上对生态语言学缘起、发展历程的回顾以及研究现状的综述,我们可以说,生态语言学已成为一门学科,不过,其仍然存在以下三个问题:

(1)研究对象不尽明确。传统的两大主流研究范式都有各自明确的研究对象,"隐喻模式"的研究对象主要集中于社会热点问题,如语言多样性,语言世界系统,语言的生存、发展、消亡,濒危语言保护,语言进化,语言活力,语言规划,语言与现实世界的互变互动关系,语言多样性与生物多样性的关系,生态系统与文化系统等(黄国文,2016)。"非隐喻模式"主要通过研究语言或语言系统来探寻其在生态环境问题中所发挥的作用,尤其是 21 世纪之后的研究突破了环境问题的局限,转而关注语言在人类与其他生物及环境之间生命可持续关系中的作用,因此涵盖了影响生命可持续关系的所有问题(何伟,2018)。然而,这两种研究范式之间存在割裂现象,即二者研究对象之间的关联性还没有得到学界的关注。另外,Steffensen & Fill(2014)提出的"延展性生态假说"以及 Cowley(2017)提出的"根性生态语言学"(Radical Ecolinguistics)并没有明确的研究对象,难以展开具体研究。

(2)研究方法不系统。"隐喻模式"通常使用录音、录像等方式来记录和研究语言,然后对所获数据进行转写、建档、评估和分析,近年来科技的飞速发展为语言生态的研究提供了许多现代仪器,如超声仪、核磁共振仪、电子声门仪等。"非隐喻模式"主要通过描写和分析对语言进行定性研究,也有一些学者通过定量分析对生态语言学研究进行综述。Steffensen & Fill(2014)将语言和自然当作统一的整体,将符号生态学、自然生态学、社会文化生态学以及认知生态学这四种研究路径进行融合，倡导语言生态研究整体化。Cowley（2017）主张通过语言研究提高人们的生物生态意识，将语言世界和非语言世界通过"语言行为"（languaging）连接起来。由此可见，目前生态语言学缺乏系统的研究方法，如何厘清不同研究方法之间的内在逻辑关系以及如何利用这种关系对其进行融合，是生态语言学学科发展的重要任务。

（3）研究范围边界不清。由于"生态"概念的泛化，任何能够发生相互作用关系的要素都能构成一种"生态系统"，由此推动了许多学科的生态学化，例如生态翻译学、生态教育学（或教育生态学）、生态美学、生态诗学、生态心理学等。然而，不同学科领域对于"生态化"学科术语的理解不同：生态翻译学被界定为一种具有跨学科性质的翻译理论形态，是一种生态途径的翻译研究或生态学视角的翻译研究，并不是一个独立的学科（胡庚申，2008）；生态美学被看作是生态学和美学相结合而成的新型学科，但由于其尚在形成过程中，还不具备一个学科的特点，只是一种发展中的"生态存在论美学观"（曾繁仁，2002）；教育生态学被看作是教育学的边缘学科，运用生态学方法关注教育生态系统的整体性、可持续性（范国睿，2000）。由此可见，学界对于生态化学科是属于一门独立学科、下位学科还是研究理论或方向的看法不一。我们认为，生态语言学是一门独立的学科，虽然其具有超学科属性（何伟、魏榕，2018a），但是研究范围应该是有界的，目前能够确定的研究范围涉及"从生态的视角探讨环境对语言的影响以及从生态的视角揭示语言对环境的影响"（何伟，2018：12）。"生态"作为一个概念可以被泛化，但"生态语言学"作为一门学科是不能被泛化的。

鉴于上述问题，我们认为，生态语言学目前仍是一门年轻的学科，需要学界共同关注和努力：在统一的生态哲学观的指导下，通过对研究范式、研究方法以及研究范围的进一步探讨，逐步确立适合生态语言学研究的统一框架、系统的研究方法以及清晰的研究范围，并致力于各种生态问题的解决，促进生态系统的良性发展。

1.5 生态语言学学科体系的融合与发展

生态语言学作为一门学科仍存在研究范围边界不清、研究方法不系统以及研究维度较为单一等问题。由此，我们在明确生态语言学不同范式之间研究对象、研究内容、研究范围及研究路径的内在逻辑关系的基础上，尝试建构一个统一的、能够适用于各种生态问题解决的学科体系。

1.5.1 学科体系构建

通过对"豪根模式"及"韩礼德模式"的梳理，我们发现，尽管这两种范式侧重点不同，造成了目前生态语言学学科内部的割裂现状，但是二者之间并不排斥（Fill，1998），且在多个研究维度上密切相关：（1）二者都从基本相同的生态哲学观出发，都以促进不同层次生态系统的和谐、可持续发展为目的，这种相同的出发点及落脚点使得不同研究范式之间存在必然的关联，为生态语言学学科内涵的统一及学科体系的融合与发展奠定了基础。（2）二者的研究对象都是围绕环境和语言这两大因素，只是路径不同。"豪根模式"侧重从环境因素对语言的影响看语言生态的发展状况，目的是保持语言的多样性，而语言作为文化的重要载体和组成部分，语言多样性能够促进人类文化的多样性，这也是推动整个生态系统良性发展的重要路径，如图 1-1 所示。

图 1-1 "豪根模式"研究路径

"韩礼德模式"则倾向于从词汇-语法及话语的生态性特征看其对环境的影响，目的是通过对词汇-语法及话语的优化与改造，提高语言使用者的生态意识，继而促进生态系统的良性发展。而这正是保持人类文化多样性发展的路径，如图 1-2 所示。

图 1-2 "韩礼德模式"研究路径

由此可见,"豪根模式"和"韩礼德模式"虽从不同路径研究环境和语言,但二者都以促进生态系统和谐、可持续的良性发展为研究目的,为语言多样性以及涵盖人类生存方式的文化多样性的保持做出了各自的努力。以上述共通之处作为切入点,我们尝试对生态语言学学科体系的融合与发展提出以下思考。

首先,生态语言学学科体系需要具备统一性和普适性的特点。生态语言学的研究目的是促进不同生态系统的良性发展,研究对象为环境和语言,研究范围既包含符号生态、自然生态、社会文化生态与认知生态环境对语言活力、濒危语言、语言多样性等的影响,也包括词汇-语法及话语对上述环境的影响,研究内容包括语言的生存发展状况及环境问题,以及环境和语言的相互作用,如图 1-3 所示。

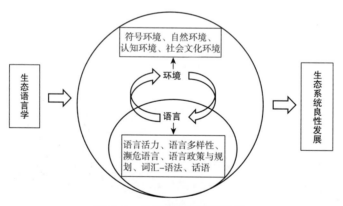

图 1-3 生态语言学学科体系

从系统功能语言学层次思想(stratification)(Halliday,1994/2000)来看,语言系统本身可区分为音系层/字系层、词汇-语法层、语义层三个层次,语言系统之外是语境层次,各个层次间存在"体现"(realization)关系,如图 1-4 所示。研究者既可以依照系统功能语言学"意义为中心"的思想自上而下对话语的语义进行分析;也可以自下而上探究下层如何体现上层，例如分析词汇-语法如何体现语义；还可以围绕同一层次进行研究。

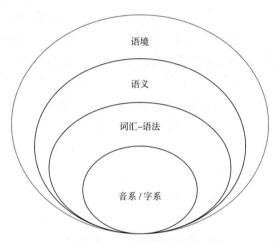

图 1-4 语言层次观及语境

受此"三维视角"的启发，我们认为，在生态语言学学科内部，研究者既可以自上而下看环境对语言生态的影响；也可以自下而上看语言对生态环境的影响；还可以将两种范式进行融合，选择同一个出发点和落脚点进行研究。即可从环境入手，按"环境-语言-环境……"的路径进行研究，也可从语言入手，按"语言-环境-语言……"的路径进行研究。并且，我们相信，随着人们生态文明意识的增强和生态语言学的发展，生态语言学研究范式将会越来越趋于融合，其学科的统一性将愈发凸显。

1.5.2 融合思路探讨

融合思路 1：以"生态语言学视角下的方言保护研究"为例。对于这个话题，研究者可基于社会环境对一定地域范围内的方言进行动态跟踪与田野调查，获得相应的事实材料与数据，在此基础上对数据进行分析和测定，继而对该方言的生存发展态势、语言活力状况等进行评估

（肖自辉、范俊军，2011），由此分析得出影响方言生存、发展的环境因素，例如地形特征、历史人文、经济发展、人口流动、语言接触、言语者心理等。就其中的一个环境因素"语言接触"来说，比如在推广普通话过程中，研究者还应探究该方言是否能与普通话相互渗透，即其是否一方面能够很好地吸纳普通话中的词汇，融通普通话中的句法特点等；另一方面又能将自身的一些词汇及句法特点融入普通话，这也是方言保持自身特点的一种方式，例如陕西方言"好得很"、四川方言"雄起"、粤语"打的"等都逐渐融入了普通话。除此之外，研究者还应探讨该方言的使用能否对自然与社会生态系统产生积极影响，这也是考量其未来生存空间和发展潜势大小的一个十分重要的因素。具体而言，即对该方言的词汇-语法及话语生态性特征进行分析，判断其是否符合我国生态文明总体建设的要求，能否对我国经济发展、民族团结、社会和谐产生积极的推动作用，继而采取相应措施，对其中的有益性词汇-语法及话语予以提倡和鼓励使用，对破坏性词汇-语法及话语进行抵制并加以改造。综上，对方言的保护研究，可从"豪根模式"入手，基于环境对方言的生存和发展有着重要影响的假说，首先对方言的现状进行数据统计分析，然后再对各种环境影响因素进行总体描写，最后拓展到环境影响因素作用于该方言的内在缘由和机制，最后一个阶段的拓展研究其实就是"韩礼德模式"的研究。

融合思路2：以"生态话语对比分析"为例。研究者可选取政府工作报告、媒体报道、法律文件或大众语篇等话语类型，对该类话语在我国侧重追求经济发展时期与现今经济发展与生态保护并重时期的生态性特征进行对比。例如，通过分析两个时期的话语在词汇选择或搭配上的演变，可能发现现今话语中"快速增长"类等经济方面的词汇减少，而"稳定""科学""可持续"等环境和资源保护方面的词汇增加。这种话语生态取向的变化将逐渐对生态环境的改善产生积极的影响，生态系统的良性发展将促进人类文化的多样化，最终将推动语言的多样化发展。综上，对话语生态取向的研究，可从"韩礼德模式"入手，基于语言的使用对环境有着重要影响的假说，首先对话语的生态性语言资源进行分析，得出其生态性特征，然后观察和探讨有益于生态系统良性发展的话语是如何促进生态环境改善的，最后探究生态环境的改善是如何促进语言及文化的多样化发展的，最后一个阶段的研究其实就是"豪根模式"的研究。

1.6 结语

由于生态话语分析范式是在"韩礼德模式"下发展成熟的，因此Halliday（1994/2000）所提出的系统功能语法与生态话语分析范式的功能取向有着密切联系。有鉴于此，本书在系统功能语言学对语言功能界定的基础上，将经验功能（experiential metafunction）、人际功能（interpersonal metafunction）、语篇功能（textual metafunction）及逻辑功能（logical metafunction）拓展为适于生态话语分析的理论。在"多元和谐，交互共生"生态哲学观的指导下，通过分析判断话语经验意义、人际意义、语篇意义、逻辑意义的生态性，继而判断其对于自然生态系统及社会生态系统产生了何种影响，这种影响可能是积极的、有益的，也可能是中立的、模糊的，还可能是消极的、破坏的，最终对不同生态取向的话语提出相应的使用建议。

由此可见，我们撰写本书的目的正是为"生态话语分析"范式建构一个具有普适性的理论框架，使研究者在选择分析框架时有更加清晰明确的方向。本书共分为9个章节，其中第2章通过梳理"韩礼德模式"的发展来对生态话语分析进行界定；第3章为生态哲学观的建构；第4章至第7章为生态话语分析理论基础建构，分别对应语言的经验功能、人际功能、语篇功能及逻辑功能，具体包括生态语言学视角下的及物性系统、语气系统、评价系统、主位系统、衔接与连贯系统以及逻辑关系系统；第8章则将以上理论基础付诸语篇分析实践；第9章为总结与展望。其中，理论基础部分（第4章至第7章）的每章内容都以构建生态语言学视角下的理论系统为主，理论应用于语料分析为辅，以便读者更为直观地了解生态话语分析的理论建构与实践过程。

本章将何伟、高然（2019，2020）两篇文章的主体内容进行整合，在梳理生态语言学发展历程及现状的基础上，对生态语言学学科进行融合与发展性的建构，以期解决目前该学科在研究对象、研究方法、研究范围等方面的问题。

第 2 章
"生态话语分析":"韩礼德模式"的再发展

2.1 引言

自 20 世纪下半叶,随着经济的快速发展,世界生态环境遭到了严重的破坏和影响。气候的剧烈变化、水土资源的污染与流失、物种的消失、语言的濒危、新型疾病的暴发及传播等,使得人们逐渐意识到人类对工业发展和经济的过度追求给自身带来了严重的生态危机。相应地,人类社会开启了生态文明转型,人文社科领域发生了生态转向,一些新的学科随之诞生,生态语言学就是一门这样的学科。该学科自 1970 年起至 1990 年主要关注环境对语言的影响,研究范式为聚焦语言生态的"豪根模式"(Haugen,1970,1972);1990 年以后,增加了一种新的关切,即关注语言对环境的影响,研究范式是聚焦语言生态性的"韩礼德模式"(Halliday,1990/2001)。

作为生态语言学学科的一种主流研究范式,Halliday 本人提给学界的命题与学界对"韩礼德模式"的演绎与发展不尽一致,本章从范式应有的内涵出发,来界定发展至今的"韩礼德模式",并给予其一个明确而自足的名称——"生态话语分析"(Ecological Discourse Analysis,简称 EDA)。

2.2 范式的内涵

在梳理"韩礼德模式"之前，我们首先需要明确范式的内涵。"范式"（paradigm）是 Kuhn（1962）在其科学哲学著作 *The Structure of Scientific Revolution* 中提出的一个概念，指某一学科领域所共有的基本世界观和方法论，也就是说，范式为"科学研究提供典型问题和解决范例"（Kuhn，1962，1970，1996：x）。Crane（1972）受 Kuhn 的影响，在探讨科学领域知识的传播时，将范式界定为"特定问题的研究方式"（Crane，1972：7，29）。Babbie（1975，2010）在 Kuhn 的基础上，专注社会科学范式的探讨，提出范式与理论不同，"理论用以解释，范式并非如此，而是用来提供观察的方式"，他将范式界定为"观察和认识的模型或框架"（Babbie，2010：32–33）。Hermans（1999）同样受 Kuhn 的影响，他结合翻译研究，将范式界定为"为科学研究提供指导原则的模型"，简单地讲，就是"全新的观察方式"（Hermans，1999：9）。郭纯洁（2015：16）概括了 Kuhn 对范式的看法，指出某一学科领域的研究范式"通常由该领域的基本假设、概念体系和研究方法构成"。

基于上述学者的看法，并结合生态语言学学科的发展历程，我们认为可以将研究范式看作某一学科领域的研究者在从事研究时所遵循的基本观点和方法论，通常由该领域特有的观察角度、基本假设、概念体系和研究方法四个要素构成。换言之，研究范式体现了既定学科领域的研究者认识和解释世界的基本方式。对于一门学科而言，研究范式的重要性不言而喻。一门学科成熟的标志是该领域的研究者基本形成了共同的研究范式（Kuhn，1970：180，1996：11；Hermans，1999：10），也就是当一门学科的研究者们对学科研究对象所采纳的观察角度，对学科研究内容所持有的基本假设，对学科研究对象、研究内容、研究路径、研究步骤等所构建、认可和使用的概念体系，以及对学科研究所采取的主要研究方法基本一致时，这门学科才能称为一门科学。

第 2 章 "生态话语分析":"韩礼德模式"的再发展

2.3 "韩礼德模式"的兴起

在生态语言学学科领域,"韩礼德模式"源自1990年系统功能语言学创始人 Halliday 在希腊举行的第九届世界应用语言学大会上题为"New Ways of Meaning: The Challenge to Applied Linguistics"的发言,该发言于同年发表。在此论文中,Halliday 指出语言系统本身存在生态破坏性,比如:(1)欧洲通用语(Standard Average European,简称 SAE)中对表示事物的名词有可数与不可数之分,那些表征包括 air、water、oil 等在内的自然事物的词被认为是不可数的。这种语法特点影响了人们的认知及行为,使得人们潜意识中认为这些事物是取之不尽、用之不竭的,并造成人们对这些事物的过度使用,从而导致各种生态危机。事实上,地球上的多数资源是不可再生的、有限的,这与语言系统的表征不尽一致。(2)在描述事物的性质时,语言系统蕴含了体现增长主义的词语为常规选项的特点,即语言系统本身把这类词语看作所谓积极的词语。比如在描述一个事物的大小、长短、远近时,一般会说"How big/long/far is it?",不说"How small/short/near is it?"。语言的这种内在特点使得人们认为,事物的向好发展是"增长",而非"减少、降低、缩小"或其他。这也就可能造成人们对事物发展的无节制追求,从而引发各种环境问题。(3)在表征事物的能动性上,语言系统一般情况下把人看作施事,把非人事物看作受事等。这强化了人的主观能动性而弱化了其他事物的作用,不符合生态系统中生态因子之间相互依存的原则,可能助长人类中心主义思想。(4)把"有意识"的事物用 he/she 来指代,把"无意识"的用 it 来指代,并且表现出无意识的事物不能用作思想行为的主体参与者等特点。语言语义层次的这种内在特点突出了人类对其他事物的主导作用,忽视了世界万物之间的互动与联系,使得人们对世界万物之间关系的认知存在很大的局限性,从而可能导致人与其他事物之间的割裂,人们对其他事物的不关心、不敬畏也就造成了各种生态危机。

如上所述,Halliday 就语言学研究在应对生态问题的作用上,聚焦的是语言系统本身的特点,指出"语言在语法上具有一定的综合特征,这些特点使得我们使用语言识解世界时,表达方式不再有益于人类的健康"（Halliday，1990/2001：193），"这样的语法很难让我们认识到我们所居住的星球是一个有生命的实体"（Halliday，1990/2001：195）。对于语言系统本身对环境造成的负面影响，Halliday 本人（1990/2001：196）也承认，"鉴于语法的固有特性是不可规划的，语言研究者对此也无能为力"。比如，英语研究者不可能取消名词的可数与不可数区分，也不可能将 air、water、oil 等表达自然事物的名词改为可数名词；在表征事物性质时，也不大可能将表示向好发展的词语改为目前被看作消极的词语；在人与其他事物的语义能动性角色上，很难改变语言常将非人事物描述为受事、范围、现象、环境等角色的特点。即使有的语言能够表达一个更加生态的世界，人们也很难推广这种语言或将该语言中的某些表达引入其他语言。比如 Aiwo 语中存在一个比较生态的名词性分类词 nu，该词表示依赖其他事物而存在的事物。对此，Stibbe（2018b：167）指出"即使 Aiwo 语把人类、动物、植物、自然环境都看作这类名词，前面都使用 nu，也就是把它们都看作相互依存的生命体，从而可能起到鼓励人们保护维持生命的更大的生态系统，然而鉴于 nu 归属 Aiwo 语的深层语法系统，所以也不可能将其引入英语语言系统中。"Mühlhäusler（2001：37）在研究 Aiwo 语后也指出，这种语言的语义区分特征不应该、也不可能通过语言规划而引入英语。

对于上述"韩礼德模式"，Alexander & Stibbe（2014）、Stibbe（2018b）认为其有以下两点不足：（1）主要描述了英语语法是如何阻碍人们从生态视角看待世界的，以及英语语法是如何阻碍人们谨慎使用语言的，这对于语言的建构作用而言是一种消极的认识；（2）主要研究内容局限于语言系统本身，即语法兼或词汇特点，这是人们所不能或很难改变的，因此其研究对于实际生态行为而言无所裨益。

从研究范式的内涵之一"观察角度"看，最初的"韩礼德模式"关注的是语言对环境的影响，不过聚焦的是语言系统的内核对环境的影响，而非语言的使用即话语对环境的影响。从观察角度上看，由语言看环境是"韩礼德模式"的本质特征；然而从观察维度上，只从语言系统固有的特点看环境，未能充分体现功能主义语言学所坚持的语言建构主义观。

从研究范式的内涵之二"基本假设"看，最初的"韩礼德模式"认为语言系统影响人们对世界经验的识解以及人们的认知及行为，从而可

第2章 "生态话语分析":"韩礼德模式"的再发展

能引发环境问题。这种假设源自 Halliday 的建构主义语言观,即语言一方面能够描述世界经验、逻辑语义、人际关系等,另一方面也能建构这些内容。基于此,Halliday(1990/2001)呼吁语言学界重视语言对环境的影响的研究,并肩负起相应的社会责任,以引起人们对生态破坏性语言特征的警觉。从基本假设上,语言识解并建构人与环境之间的关系是"韩礼德模式"的根本出发点,但其出发点仅立足在语言系统本身对环境识解的缺失上,未能充分体现语言的能动性。

从研究范式的内涵之三"概念体系"看,最初的"韩礼德模式"没有针对语言对环境的影响提出研究对象、研究内容、研究路径、研究步骤、成果使用等方面的概念,没有架构起生态语言学的研究体系。Halliday 关注的主要是语言的固有语法属性,而这种内在的属性很难为人所左右,因此他对生态语言学在应对社会可持续发展问题的能力上,抱有比较悲观的态度,如此一来,也就没有提出相关概念。

从研究范式的内涵之四"研究方法"看,最初的"韩礼德模式"主要采取的是观察、举例说明和解释的方式方法,以引起人们对语言语法特点的关注。可以说,这些基本的研究方法在任何一门学科中都会用到,谈不上对一个研究范式起到重要的支撑作用。

从上述内涵看,最初的"韩礼德模式"还不能称为一个研究范式,针对语言之于环境的影响,其观察维度、假设立足点、研究对象、研究内容、研究路径、研究步骤、成果使用和研究方法,均比较狭窄或存在缺失,未能真正体现语言建构主义观,没有形成一种独立的有关语言对环境影响的研究体系。

从学界的反应看,与 Halliday(1990/2001)类似的,或受到其影响的研究也不少见。比如 Goatly(1996)指出英语语法割裂了施事与受影响参与者之间的互动关系,把施事表征为独立的、自主的、不受动作行为影响的参与者角色,这实际上蕴含了一种生态破坏观,即施事对环境造成了破坏,而环境问题又不能对施事施加任何影响。由此,Goatly(1996)认为割裂参与者互动关系的及物性小句不适合表征生态世界。Chawla(1991/2001)认为语言对集体事物进行碎片化,对无形的以及想象的事物进行量化,把时间区分为过去、现在及将来等,都使得人们很难对自然环境有整体性的认识。Mühlhäusler(2001)也认为英语乃至其他欧洲通用语种在对环境问题的表征上都存在不足。何伟、马宸（2020a）通过对比汉英名词数量范畴的表征形式，指出英语对名词事物可数与不可数的区分，将某些事物数之不尽的概念根植于人们的认识中，这很可能对人们的生态行为产生不利的影响。尽管语言系统本身存在这些问题，但鉴于语法的稳定性及其不可规划性，人们对于完全属于语法功能关系的语言因素可以说是无计可施。

有的学者认为我们可以采纳纠错办法，即改变相关词语表达，来消除语言对环境的负面影响。比如在表征森林清理行为时，Schultz（2001）建议使用 native vegetation removal 来代替 clearing。Dunayer（2001）提供了一个优选词语列表，比如使用 free-living nonhumans 来取代 wildlife，以强调这些生命的独立性。这种纠错方式看起来是对"韩礼德模式"所指出的语言生态性问题的一个解决办法。此办法从一个角度看是比较积极的，通过建议人们使用生态保护型的词语，来增强人们的生态意识；但从另一个角度看，这种办法很难对语言系统的生态性产生较大的影响，因为它只针对词语表达，几乎不涉及语法，且所提出的比较生态的新词语的涉及面较窄；再者，如果这些词语的使用不是强制性的，人们一般不会选用这些不太符合语言经济性原则的表达。

无论是从研究范式的四个要素看，还是从受其影响的后续研究看，最初的"韩礼德模式"因其研究内涵上的不足，学界对其发展有限，不能称为一个独立的研究范式。

2.4 "韩礼德模式"的发展：环境话语分析等

尽管最初的"韩礼德模式"在生态语言学领域的推广潜势有限，然而其对语言学界的影响十分显著。自从 Halliday（1990/2001）谈及语言系统对环境问题的潜在影响，并提倡学界重视语言对环境的影响的研究之后，生态语言学领域逐渐兴起了通过话语分析来揭示语言生态性的研究模式。

起初，学界主要开展生态话语的分析，也就是有关环境话语的分析。环境话语分析一方面关注语法及用词特点：Gerbig（1993）、

第2章 "生态话语分析":"韩礼德模式"的再发展

Schleppegrell(1996)在环境话语分析中,发现名物化可以省略或掩盖施事这一特点,比如 killing of wild animals 就没有表明此行为的责任主体;Goatly(2000)通过环境话语分析,指出人们对 environment 一词的使用,暗示了人类中心主义这一观点;Schultz(2001)通过环境话语分析,指出如果人们继续使用具有剥削性质的词语,比如使用 harvest forest 而非 log forest,环境保护就无从谈起。另一方面则关注综合表征方式:Glenn(2004)、Stibbe(2012)、Mitchell(2013)通过分析跨国农副产品综合企业话语,指出这些企业使用了鼓励剥削动物、破坏农业生态的词语及语法结构;Gare(1996)、Goatly(2002)、Carvalho(2005)、Stamou & Paraskevopoulos(2008)、Stibbe & Zunino(2008)、Alexander(2009,2013,2018)、Grundman & Krishnamurthy(2010)、Plec & Pettenger(2012)、Wild et al.(2013)采取批评话语分析模式,对新闻媒体、旅游广告、新古典经济学等有关环境与气候危机的话语进行定性或定性结合定量的分析,揭示了当今主流话语是如何建构一个不公正、非可持续发展的社会,即通过识别分布在大量文本中典型的蕴含生态破坏观的语言模式,来批评环境因素边缘化、人类中心主义、增长主义、等级主义、话语"漂绿"化等意识形态及相关做法。

之后,随着生态危机的加剧,学界逐渐认识到不仅仅是环境话语蕴含了破坏性的生态价值观,任何话语都有可能关涉人们对生态认识的片面性。这种认识与学界对环境的界定有密切关系。Alexander & Stibbe(2014: 105)对生态语言学进行界定时,指出"该学科研究语言在维系人类、其他有机体和自然环境之间生命关系上的影响"。从其定义看,他们对环境的界定包括人类生存所依赖的自然环境以及其他有机体,这也正是 Jacobs & Goatly(2000)、Stibbe(2003,2004,2015)、Slater(2007)、Xiong(2014)、Poole & Spangler(2020)等采取批评话语分析模式对教材、猪肉行业、动物制品、消费电子杂志、广告、男性健康杂志、新古典经济学、金融机构、电子游戏等话语进行分析的原因所在。比如,就教材话语而言,Jacobs & Goatly(2000)对1990年以来出版的英语教材中的环境相关问题进行分析,判断教材中有关环境的内容或活动是否关涉环境保护,并通过教学方法论以及联合国环境教育目标对二语教材之环境问题的处理进行了讨论;Stibbe(2004)同样关注英语为二语的教材，他选择日本使用的 26 部英语教材为分析对象，通过提出假设揭示教材主要关注造成或解决环境问题的表层因素，却忽视了深层的文化、政治、心理等缘由，Xiong（2014）在此基础上对中国英语教材进行了研究。通过对关涉人类以及其他有机体或经济发展话语的分析，这些研究指出当今社会的主流话语往往忽视人类的活动对环境可能造成的负面影响。

除了批评话语分析模式，学界也借鉴由 Martin（1999，2004）、Bartlett（2012）等提出和发展起来的积极话语分析模式，对另外一个类别的话语进行分析，目的是为社会提供一些新的能够促进环境改善的"故事"（Stibbe，2015）。比如 Goatly（2000）比较了 William Wordsworth 的诗歌 The Prelude 和 The Times 报纸中对自然元素的语言表征，发现前者中自然元素的施动性明显强于后者，由此提出 William Wordsworth 的诗歌为人们提供了一个更好的生存模式，并建议人们重新思考人类在自然中所扮演的角色。Alexander（2003）分析了一位科学家兼环保活动家 Vandana Shiva 的演讲词，展示了 Shiva 是如何通过解构全球化重要公司等的语言，来抵制当今社会的一些主导话语，比如新自由主义话语，并提出了一个重视共享、强调可持续性、尊重弱小的世界观。Stibbe（2012，2015）分析了日本俳句的语言特征，目的是寻找对动物的积极表征方式，以替代主流话语中具有生态破坏作用的相关表达。他发现俳句中所描述的动物遵循天性，能动性突显，也就是说，没有被表征为人类活动的目标，比如被看作猎物、资源、财产等。如上所述，生态语言学领域开展积极话语分析的目的是找出能够鼓励人们关心和保护生命所依赖的生态系统的语言特点及"故事"。

此处值得一提的是，Bednarek & Caple（2010）通过分析 The Sydney Morning Herald 对有关环境事件的报道，分别从积极话语分析与批评话语分析视角探讨了这种带有标题和说明、以图像为核心的环境报道方式的利与弊，指出该报的报道方式能够引起读者对环境的关注，然而其戏谑的报道立场也淡化了相关事件的严重性及其潜在的人为原因。

同时，也有学者采纳由 O'Toole（1994）、Kress & van Leeuwen（1996，2001）、O'Halloran（2004）等发展起来的多模态话语分析模式，对企业话语、广告话语进行生态性分析。Maier（2011）探索了 CNN（美

第 2 章 "生态话语分析":"韩礼德模式"的再发展

国有线电视新闻网)有关企业绿化的宣传方式;Chen(2016)探讨了中国汽车广告图片融入"自然"概念的方式。另外,也有学者采纳认知语言学中的隐喻理论、框架理论,以及社会语言学中的身份建构理论,对相关话语进行分析,比如 Stibbe(2015)。

通过上述梳理,我们发现经学界演绎和发展的"韩礼德模式",主要是通过话语分析来探讨语言的生态性,发展路径是从环境话语分析到批评话语分析,又扩展到积极话语分析以及多模态话语分析,同时还有从认知语言学及社会语言学视角开展的话语的生态性分析。下面我们从范式的四个要素出发,来考察经学界演绎和发展的"韩礼德模式"是否已成为一个独立的研究体系。

从研究范式的内涵之一"观察角度"看,经学界演绎和发展的"韩礼德模式"关注的也是语言对环境的影响,但聚焦的是语言的具体使用,亦即话语对环境的影响。

从研究范式的内涵之二"基本假设"看,经学界演绎和发展的"韩礼德模式"认为,话语蕴含人们的生态价值观,这种价值观影响人们的认知及行为,从而可能引发环境问题。反过来,该模式认为对话语的生态性分析,能够揭示话语背后的生态价值观以及对应的语言表征特点,可警示人们对蕴含生态破坏性价值观的"故事"的传播以及对相应语言表征的使用,或鼓励人们对蕴含生态有益性价值观的"故事"的推广以及对相应语言表征的使用。

从研究范式的内涵之三"概念体系"看,经学界演绎和发展的"韩礼德模式"提出了环境话语分析、话语的生态性分析、生态话语分析、批评生态话语分析、积极生态话语分析、多模态生态话语分析、生态价值观/哲学观、生态有益性话语、生态破坏性话语、生态模糊性话语等概念,提出了话语分析的三个步骤——明确理论手段、开展文本分析及采取生态行动。

从研究范式的内涵之四"研究方法"看,经学界演绎和发展的"韩礼德模式"主要采取观察、描写、分析、解释、比较、语料库语言学等研究方法,在设计上主要采纳定性和定量两种研究方式。这些研究方法和研究方式主要用来考察蕴含生态价值观的语言综合特征,以及生态价值观本身或"故事"。

从研究范式的上述内涵看，较之最初的"韩礼德模式"，学界演绎和发展后的模式已具有独立研究范式的基本架构。也正因如此，近年来生态语言学领域内语言对环境影响的研究发展迅速，研究对象从有关环境的话语扩展到凡是关涉人与环境，以及人与其他有机体关系的话语，这方面的研究成果可参见近年来 Language and Ecology、Critical Discourse Studies 等期刊发表的文章，以及 The Routledge Handbook of Critical Discourse Studies（Flowerdew & Richardson，2018）、The Routledge Handbook of Ecolinguistics（Fill & Penz，2018a）等文集收录的文章。

然而，从缘起及概念体系看，该模式尚存一定的问题：（1）最初的"韩礼德模式"关注的是语言系统本身，尤其是语法特点，对环境的潜在影响；然而，演绎和发展后的模式关注的是语言的使用，即话语，对环境的影响。由此可以看出，演绎和发展后的模式在观察的维度上发生了转变，相应地带来了研究对象及研究内容上的变化。（2）演绎和发展后的模式没有形成一个稳定的框架体系。一方面，概念名称不稳定：有的学者称之为"环境话语分析"；有的称之为"话语的生态性分析"；有的称之为"生态话语分析"。另一方面，研究路径突显：有的学者将生态语言学的理论框架与批评话语分析模式结合起来，称之为"批评生态/生态批评话语分析"；有的与积极话语分析模式结合起来，称之为"积极生态/生态积极话语分析"；有的与多模态话语分析模式结合起来，称之为"多模态生态/生态多模态话语分析"，等等（参见 Carvalho，2005；戴桂玉、仇娟，2012；黄国文，2018a）。概念名称的不稳定以及研究路径的突显表明，从生态语言学视角下开展的话语分析尚未形成一个比较成熟的体系。（3）上述种种路径的话语分析对生态价值观/哲学观的界定不一致，对其重视程度也不一样：有的将其界定为"Living"（Stibbe，2015），有的界定为"harmony, sustainability and wellbeing"（Poole & Spangler，2020），等等；有的在文本分析前首先阐明生态哲学观（Stibbe，2015），有的在结语中说明所持的生态哲学观（Poole & Spangler，2020）；而多数则与批评话语分析以及积极话语分析一致，主要关注话语是否公平、公正，是否积极等，并没有明确生态哲学观。（4）上述种种路径的话语分析大多没有完全按照生态语言学的分析框架来进行，比如多数话语分析明确了理论手段，也开展了详细而充分的分析，揭示了文本背后的生态价值观，但并没有提出生态行为建议或采取其他生态行动。最后两项中提及的两个特点也表明，学界大多学者仍然是从其他视角来看待有关生态系统的话语，或批评的视角，或积极的视角，或多模态的视角，或认知的视角，等等；换言之，他们主要是扩大了其他话语分析模式研究对象的范围，而尚未整体上从生态视角看待有关生态系统的话语。

从以上四个方面看，学界演绎和发展后的"韩礼德模式"还没有发展成一个成熟稳定的研究范式。

2.5 "韩礼德模式"的再发展：生态话语分析

"生态话语分析"一词于 2014 年进入学界，在 Alexander & Stibbe（2014）的文章 "From the Analysis of Ecological Discourse to the Ecological Analysis of Discourse" 中首次出现，并且仅限一次。他们使用该词的目的是强调作为生态语言学的一个主要研究路径，生态语言学框架中的话语分析即"生态话语分析"在研究对象兼或研究内容上，与"生态话语的分析"和"语言生态"不同。"生态话语分析"指的是对话语的生态性分析，不仅包括对生态话语即环境话语的分析，也包括有关人与其他有机体关系话语的分析，不涉及语言作为种系之间的生态关系。这个词的出现给学界带来的影响是，人们在探讨语言对环境的影响时，不再局限于环境话语，也就是说，研究对象扩大了。但是，该词在国外至今没有成为研究范式的名称，这一点可见证于 2014 年以后，仍然鲜有文献提及它，即使是论述话语生态性分析发展路径的 Stibbe（2018a），或是进行具体话语生态性分析的 Alexander（2018）、Poole & Spangler（2020）等，全文也似不见该词的使用。此处需要指出，"生态话语分析"一词首次出现在国内研究成果中的时间比国外早一年，但其英文名称以及所指不一样。辛志英、黄国文（2013）在探讨系统功能语言学的社会责任时，提出要从系统功能语言学视域下开展有关生态话语分析，其"生态话语分析"的英文名称是 eco-discourse analysis；也就是说，他们的用法与国外当时开展的环境话语分析基本一致，还不是一个具有研究范式意义的话语分析模式，只是研究对象除了有关气候等环境的话语以外，还可以是有关其他自然生态系统的话语。

在 Alexander & Stibbe（2014）提出"生态话语分析"一词以后，国内学界相关研究有两种情况，一种是尽管文章也提及"生态话语分析"一词，但主要是笼统地指生态语言学框架中的话语分析，而并未将其看作一种独立的话语分析范式，比如赵蕊华（2016），黄国文、陈旸（2017），黄国文、赵蕊华（2017），黄国文（2016，2017b，2018a）。为区别生态语言学框架中的话语分析与"批评话语分析""批评生态话语分析""积极话语分析"，黄国文（2016，2018a）在中国语境下提出了"和谐话语分析"概念。另一种情况有所不同，即丰富了"生态话语分析"的内涵，将其发展为一个独立的话语分析模式，具体情况如下。

在国内，何伟、魏榕（2018b）通过与学界已熟知的"批评话语分析""积极话语分析""多模态话语分析"等话语分析模式，在研究缘起、研究目的、研究对象、理论基础、研究步骤等方面的比较，提出"生态话语分析"应为一个独立的研究范式，主要因为：（1）从研究缘起上，它兴起于人类社会及人文社科的"生态转向"时期；（2）从研究目的上，它旨在揭示语言的使用对环境的影响，以此提高人们的生态意识，从而促进人们生态行为的改善；（3）从研究对象上，它不局限于当今社会的主流话语，也不局限于关涉人与自然环境及其他有机体的话语，而可以是关涉任何生态系统的或消极或积极的话语，包括人与环境及其他有机体的话语、人与社会（人与人、人与社会、组织与组织、社会与社会、国家与国家等）的话语、人与自身的话语，这些研究对象可以是单一模态的，也可以是多模态的；（4）从理论基础上，它可以借鉴任何功能取向的语言学理论，这一点与其他话语分析范式一致；然而，在哲学指导思想上，它与其他话语分析范式有明显的不同，正如何伟（2018）指出的那样，它有着明确的生态哲学观的指导；（5）从研究步骤上，它分三步走：理论、分析和行动，第三步是一种实践，也是与其他话语分

第2章 "生态话语分析":"韩礼德模式"的再发展

析范式的一种不同之处。

本章从研究范式的内涵再度审视"生态话语分析",以进一步明确其作为独立的话语分析范式的地位。从研究范式的内涵之四"研究方法"看,"生态话语分析"与学界之前演绎和发展的"韩礼德模式"基本一致,此处不再赘述。

从研究范式的内涵之一"观察角度"和内涵之二"基本假设"看,"生态话语分析"与学界之前演绎和发展的"韩礼德模式"存在观察维度与基本假设蕴含在研究对象上的差异,尽管二者都聚焦语言的使用即话语对环境的影响,但其对"环境"的界定不一致。我们认为,既然生态语言学是基于生态学原理来探讨语言对环境的影响,那么环境就应与生态系统的外延相一致。生态系统有自然生态系统与社会生态系统之分,相应地,环境也就有自然环境与社会环境之别。这种界定也源自对当今社会生态问题的思考,当今世界存在种种危机,不仅自然环境问题愈演愈烈,而且社会问题也层出不穷,这些危机的出现不能说与人们的言语方式及其背后的价值观没有关系。因此,我们认为对语言之于环境的影响的研究,应涵盖有关人与自然的话语(人为自然的一部分)以及人与社会的话语(人为社会的一部分)。可以讲,"生态话语分析"的研究对象为涉及任何生态系统的话语。

从研究范式的内涵之三"概念体系"看,较之学界演绎和发展后的"韩礼德模式","生态话语分析"作为一种独立的话语分析模式已比较成熟。(1)该模式对于生态语言学有了更为明确的界定,认为它是一门有关语言与环境之间关系的学科,这种影响关系可以是正向、反向或双向的(何伟,2018;何伟、高然,2020)。(2)该模式对话语的生态性分析有着清晰的外延及内涵认识,认为生态语言学框架中的话语分析是在生态哲学观指导下的,基于功能取向的语言学理论,对话语的生态性,即生态有益性、生态破坏性、生态模糊性或中性,进行分析的一种模式,目的是通过揭示语言对自然环境、社会环境以及人内心世界的影响,提高人们的生态意识,改善人们的生态行为,促进生态系统的良性发展,即达到人与自然、人与社会及人与自身的和谐共生。由此,学界之前提及的"环境话语分析""批评生态话语分析""积极生态话语分析""多模态生态话语分析"等都涵盖在"生态话语分析"中,这些名称也就没必要作为术语而存在。更为重要的是,"生态话语分析"名称蕴含的,一是研究视角的统一,即从生态视角下看待语言对环境的影响;二是研究目的的明确,即对语言之于环境的影响的研究旨在提高人们的生态意识,促进人们生态行为的改善,服务社会生态文明的建设,维护生态系统的良性发展。(3)对于哲学思想而言,"生态话语分析"模式所依据的生态哲学观与学界之前演绎和发展的"韩礼德模式"有所不同。Stibbe(2015)认为,话语分析者每人都有自己的生态哲学观,在进行话语的生态性分析时,将话语所蕴含的生态价值观与之比对,从而来判断话语的生态取向。我们认为,作为一种独立的有潜在推广价值的话语分析模式,其指导思想不应突出个人化特点,而应强调其社会性,也应重视其国际性。Stibbe(2015)之所以把生态哲学观界定为个人化的一套观点,主要是因为他关注的是西方的生活话语,其观点在很大程度上具有西方文化特质。何伟、刘佳欢(2020)在何伟、魏榕(2018c)有关国际生态话语之生态哲学观建构的基础上,通过阐释生态学原理,并基于我国优秀的传统文化、哲学思想以及外交理念,同时融合马克思主义生态观,进一步明确和发展了"多元和谐,交互共生"生态哲学观,指出该价值观符合生态系统良性发展所要求的多种生态要素相互作用、和谐共生的特点,具有高度概括性和普适性,应适用于整个生态系统网络。(4)"生态话语分析"模式有着明确的研究步骤:第一步,在生态哲学观的指导下,结合一定的理论手段,确定分析框架;第二步,开展话语分析,找出语言综合特征,揭示话语的生态取向,即蕴含的生态意识或价值观,并阐释其背后的原因;第三步,采取生态行动,包括提出生态行为建议兼或实施具体的生态行为。在这一点上,学界之前演绎和发展的"韩礼德模式"仍然不够明确,不少研究成果中并没有明确生态哲学观,并且过于突显研究路径或选用的语言学理论手段,忽视了生态视角,同时也没有提出生态行为建议等。

从研究范式的内涵看,"生态话语分析"已成为一个独立的话语分析模式,既体现了生态语言学学科在生态问题应对上的应用性,以及学理上的跨学科性,也体现了该学科体系中一个主要研究范式在观察角度、基本假设、概念体系、研究方法上的统一性和稳定性。我们认为,该模式为当今社会的话语分析实践提供了一个具有操作性的框架体系。

第 2 章 "生态话语分析":"韩礼德模式"的再发展

2.6 结语

本章基于研究范式的四个要素梳理了生态语言学领域一个主要范式的发展历程,指出最初的"韩礼德模式"在观察角度、基本假设、概念体系、研究方法上存在较大的局限性,没有形成一个独立的研究体系。经学界演绎和发展后的"韩礼德模式",在观察角度上与最初的模式一致,但观察维度有了变化;在基本假设上较为充分地体现了语言建构主义观;在概念体系上也有着较大的发展,然而概念之间存在割裂,体系性不强;在研究方法上种类已比较丰富。作为一个研究范式的名称,同时鉴于最初 Halliday 提给学界的命题与学界演绎和发展的模式有着较大的区别,我们提出应给予发展至今的"韩礼德模式"一个明确而自足的名称,那就是"生态话语分析"。从研究范式的四个要素看,"生态话语分析"具备了作为一个独立范式的条件。它在学界之前演绎和发展的"韩礼德模式"的基础上,观察角度和基本假设发生了一定的变化,蕴含了更大范围的研究对象以及更丰富的研究内容,建构了比较成熟的概念体系,包括对"生态语言学""生态话语分析""生态哲学观"以及"研究步骤"的清晰界定。

我们认为,作为一种独立的研究范式,"生态话语分析"与"批评话语分析""积极话语分析""多模态话语分析"不是并行关系,而是一种包含与被包含的关系,整体与部分的关系。在话语的生态性分析中,后三种话语分析模式也有借鉴价值,可以解决部分问题,然而它们兴起的时代与当今生态文明转型与建设背景不同,要解决的问题与当今社会发展所面临的主要矛盾不尽一致,因此适用性上存在一定的不足。这与 Crane(1972)对科学领域知识传播特点的认识以及 Babbie(1975,2010)对范式特点的看法是一致的,时代发展了,范式也会出现新的变化。为系统地揭示语言对自然与社会环境的影响,提升人们的生态意识,促进人们生态行为的改善,服务于生态文明建设,我们提倡学界采纳"生态话语分析"模式,对话语的生态性及语言综合特征进行研究。

本章对何伟(2021)一文的个别地方进行了拓展,即对个别文献进行了较为详细的说明。

第 3 章
生态话语分析的指导思想：生态哲学观

3.1 引言

生态哲学观（ecosophy）概念由 Arne Naess 于 1973 年首次提出，他在 1989 年的论作中对其进行了详细的解释，指出 ecosophy 一词是由 eco- 与 -sophy 组合而成，其中 eco- 意为"生态"，-sophy 则是源自希腊语 sophia 一词，意为"智慧"（Naess & Haukeland，2002：100）。生态哲学观在生态语言学中的地位不言而喻。生态语言学指基于生态学原理对语言进行研究的学科，包括对世界语言系统与环境之间关系的研究，以及语言系统本身、语言使用现象与环境之间关系的研究。换言之，生态语言学是一门在价值观指导下对语言与环境关系进行研究的学科。价值观，即生态哲学观，是生态语言学内在的一项重要议题，也是生态语言学区别于其他语言学学科的一个重要维度（何伟，2018）。何伟、魏榕（2018c）针对国际生态话语提出了"多元和谐，交互共生"生态哲学观，该生态哲学观不仅能反映自然生态系统良性发展的需要，也能反映社会生态系统良性发展的需要，有助于揭示各类话语的生态意义，与生态语言学的宏观目标不谋而合。鉴于此，本章试图通过对生态系统理论的阐释，以及对生态系统良性运作共性的揭示，来论证"多元和谐，交互共生"生态哲学观的普适性，并阐明此哲学观的特点。

3.2 生态学原理

3.2.1 生态系统的提出与建构

早在远古时期，人类就拥有了一定的生态知识。为了生存，人类基于实践不断总结出人类活动与自然环境之间关系的知识，人类对生态环境认知能力的不断增强促进了人类文明的发展。"生态学"（Ecology）概念首次出现在德国生物学家 Ernst Haeckel 的 *Generelle Morphologie der Organismer*（《普通生物形态学》）一书中，其定义为有机体与外部世界环境之间相互关系的科学（转引自 Stauffer，1957：140）。自此，学界出现了不少有关生态学的研究。英国动物生态学家 Elton（1927）指出生态学是研究生物如何生存以及为何按照自己方式生存的科学。Odum（1953）将生态学看作研究生物或者生物群落与环境之间关系的科学，同一地域中同种生物个体（individual）组成一个生物种群（population），同一地域的不同种群组成一个生物群落（community），而生态系统（ecosystem）则是对生物群落与生态环境之间关系的概括，既包括了生物个体，又包括了非生物环境，且彼此相互影响、相互作用。

上述三个定义表明，学界对生态学的认识基本一致，该学科主要探讨生态系统内生态因子的情况和其间的相互关系，以及生态系统在生态环境中的功能。也就是说，"生态系统"是生态学的研究基础，是基本功能单位。

"生态系统"概念最早由英国生物学家 A. G. Tansley 提出，他（1935）认为生态系统主要由两大部分组成，即地球上的生物复合体以及生态环境的各种自然因素的复合体，并认为生态系统内部处于接近平衡的状态，生物与其所处环境相互作用得以保持平衡。换言之，自然生态系由自然界中的生物及其环境两部分组成，其生物组成成分包括生产者（producer）、消费者（consumer）和分解者（decomposer），环境由

第 3 章 生态话语分析的指导思想：生态哲学观

无机环境、有机环境和能量环境组成，是生态系统物质和能量的来源，系统内部通过"相互物质转化、能量流动和信息传递"实现生态系统的功能（邹冬生、高志强，2013：16-17），如图 3-1 所示。

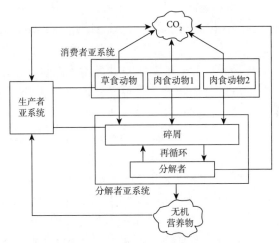

图 3-1 生态系统结构的一般性模型（转引自李博，2000：201）

自然生态系统可根据地理位置、地形、气候、土壤等因素分为两大类：陆地生态系统（terrestrial ecosystem）和水域生态系统（water ecosystem），每大类又可区分为小的类别，如图 3-2 所示（蔡晓明，2001）。学界针对各生态系统下的子系统进行研究，如 Odum（1959：13-16）研究了池塘生态系统，他认为该系统由无生命物质（abiotic substance）、生产者生物（producers organisms）、大型消费者生物（macroconsumer organisms）以及腐养者生物（saprotrophic organisms）组成，这些生态因子在池塘生态系统中产生了相互影响和作用，形成了物质能量的循环。

随着科学技术的发展，人类与自然的关系急速变化，人口、资源、环境等问题日益突出，美国生态学家 Ricklefs（2007：1）认为："人类对自然世界的影响日益加剧，这已经成为生态学的研究焦点了。"这表明生态学已成为一个大学科，与理学、文学、政治学、经济学、社会学等相关联；生态学规律应运用到人类生存、社会发展及全球战略等问题解决中，因此 20 世纪 60 年代人类生态学开始发展（罗顺元，2015：

3）。也就是说，生态学不仅仅关注自然环境，也应关注人类社会经济环境（邹冬生、高志强，2013：1）。与人类生态学相同，生态系统生态学（ecosystem ecology）也在相同的背景下开始发展，将生态系统原理与社会科学理论结合起来，这样一来，生态系统的适用领域就得到了扩展。叶峻、李梁美（2016：5-9）指出，生态系统是"生命子系统和其环境子系统在特定时空的有机结合"，可以分为自然生态系统和社会生态系统。社会生态系统是人类社会子系统与其环境子系统在特定时空的有机结合，其结构要素可以分为两大基本单元：社会要素和环境要素，社会要素分为社会生产群体、社会管理群体和社会败坏群体，环境要素分为无机环境、有机环境和社会环境。根据物质属性的不同，社会生态系统被分为实体系统和概念系统（邹冬生、高志强，2013：11）（图3-2），其中实体系统指由物质实体构成的系统，根据其环境类型，又分为自然环境、自然-社会环境和社会环境三类（叶峻、李梁美，2016：11-12），自然环境类包括无机型复合生态系统和有机型复合生态系统，自然-社会环境类为人文型复合生态系统，社会环境类包含实业生态系统、运载生态系统、文化生态系统、民居生态系统、军兵生态系统和管控生态系统（邹冬生、高志强，2013；叶峻、李梁美，2016）。此处需要解释的是复合生态系统，它指"以人为主体的社会经济系统和自然生态系统在特定的区域内通过协同作用而形成的复合系统"（郝欣、秦书生，2003：23），因此复合生态系统是自然与社会的综合，是人与自然相互依存共生的形式之一。概念系统指的是由人类思维认知建构出的系统（邹冬生、高志强，2013：11），根据社会环境的人文因子，可将其表述为五类：人际关系状态、文化传统习俗、科学技术信息、伦理道德观念和政治法律制度（叶峻、李梁美，2016），其中人际关系状态类体现为人际关系生态系统，文化习俗传统类体现为文化传统生态系统，科学技术信息类包括科技生态系统、技术生态系统和信息生态系统，伦理道德观念类包括伦理生态系统和道德生态系统，政治法律制度类包括政治生态系统、法律生态系统和制度生态系统。

第3章 生态话语分析的指导思想：生态哲学观

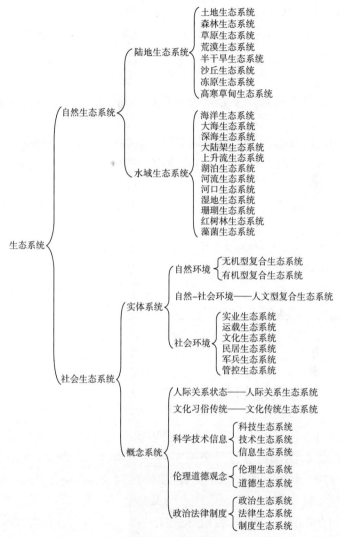

图 3-2　生态系统网络[1]

鉴于生态学原理的普遍适用性，人文和社会科学学科也纷纷通过与生态系统理论的融合，来解决各种社会问题，如此一来，学界就出现了

---

[1] 本图中的大括号意为"囊括"，即生态系统包含了哪些子生态系统，与后面章节图中大括号表示"合取"意义不同。

政治生态系统下的执政生态系统（车辚，2016）等；实业生态系统下的产业生态系统（李晓华、刘峰，2013）、商业生态系统（范颖、周庆山，2014）、网络生态系统（王刚等，2018）等；文化传统生态系统下的文化生态系统（董晓峰等，2014）、语言生态系统（冯广艺，2013b）等；信息生态系统下的知识生态系统（黄小淋、李永先，2018）、数字档案生态系统（倪代川，2018）等。

我们以信息生态系统为例来说明生态系统的运作机制特点。信息生态系统是由人或社会与其信息环境之间不断地进行信息交流循环而成的（蒋录全，2003：140）。韩子静（2008）根据人类信息消费中的信息链将信息生态系统分为信息人和信息环境两大类，信息人又分为信息生产者、信息传递者、信息消费者和信息监督者；信息环境主要由信息基础设施、信息资源、信息技术和信息制度四个部分组成。信息生态系统是一个具有多样性、复杂性的动态系统，即信息人之间、信息人与信息环境因子之间、各信息生态环境因子之间存在相互作用。信息人之间通过人际信息交流产生互动，并获取与利用信息，从而通过实践活动改变信息环境，同时信息生态环境又影响着信息人。

3.2.2 生态系统的共性

通过对上述自然生态系统和社会生态系统的回顾，我们可以得出，世界上的经验活动可看作一个或多个生态系统。原则上，生态系统是无法穷尽的，从不同的视角就会有不同的生态系统范畴；每个生态系统内部都是有机平衡的，生态系统之间又都是相互关联的。换言之，生态系统之间存在交叉性与差异性，这也是不同生态系统存在的合理性之所在。社会生态系统是由人类社会要素和环境要素有机组合而成的（叶峻、李梁美，2016）。其中，人类要素具有双重性，即自然性与社会性。人类是自然生态系统中的生物群落之一，具有自然属性；同时，人类也是社会活动的主导，在社会生态系统中扮演着不可或缺的角色，具有社会属性。相同的是，环境要素在自然性与社会性上也有重合之处，即生存环境，分为无机环境、有机环境和社会环境三个部分，二者都将上述三

第3章 生态话语分析的指导思想：生态哲学观

种环境包括其中。因此自然生态系统是社会生态系统的基础，社会生态系统是自然生态系统的延伸，二者关系紧密，相辅相成。社会生态系统可以囊括所有非自然活动，自然生态系统则囊括一切自然活动，二者所涉范围不同，其结构也就有所差异：自然生态系统的组成部分较为单一，其在自然范畴内受到自然规律的控制较大；社会生态系统的结构较为复杂，原因在于人类的社会文化属性和主观能动性使得社会生态系统具备了丰富的功能，但正是由于其结构的能动性大，较自然生态系统而言缺乏稳定性，导致其自我修复完善能力和可持续发展能力相对较差。

根据对自然与社会生态系统的研究（叶峻，1999a：83-84；叶峻、李梁美，2016：5，10），生态系统的运作特点可以分为三方面：自身特征、横向特征和纵向特征，其一，自身特征是指生态系统自身的代谢功能与调节功能，这些基本的功能维持着生态系统的动态平衡，是生态系统的基础；其二，横向特征指的是生态系统本身与一定范围内空间的联系，空间内也存在着其他的生态系统，这就要求生态系统之间的和谐共处，例如自然生态系统中的水平结构、层次结构、多维结构等，社会生态系统中同级的平行结构、异级的层次结构、交叉的复合结构等；其三，纵向特征指的是生态系统在一定时期内，其功能会与时间一起变化，随着时间的流逝而发展和演替，例如自然生态系统的幼年期、生长期、成熟期，社会生态系统的初始期、成长期、强盛期、衰亡期。因此两类生态系统的特征都体现出了可持续发展的必要性，自然生态系统与社会生态系统应协调发展。

世界环境与发展委员会（World Commission on Environment and Development，简称为WCED）将"可持续发展"一词定义为"一个资源利用、投资取向、技术发展以及政策变化都协调一致，不断满足人类现在和将来需求之潜力的变化过程"（WCED，1987：32），也就是说在满足人类基本需要的情况下，发展是有限度的，必须要考虑环境的承载力，如果没有环境的可持续，实现长期的经济增长和社会发展的可持续是不可能的。因此，可持续发展是生态系统良性发展的目的和保障。

那么，如何保持生态系统的可持续发展，即良性发展？这需要从生态系统的良性发展需求谈起。如上所述，自然生态系统与社会生态系统的良性发展需求可以概括为三个方面，即自然与自然、人与自然、人与人。自然与自然之间的良性运转主要体现为各自然生态系统之间的平衡发展，人与自然之间的良性运转主要体现为人类社会与自然界的协同发展，人与人之间的良性运转体现为人与人、人与社会、社会之间的和谐相处。也就是说，无论是自然与自然、人与自然还是人与人的运转机制都强调两个或多个群体间的和谐共生关系。

结合学界对自然生态系统和社会生态系统的保护和建设观点（祝廷成、董厚德，1993：122–123；叶峻、李梁美，2016：40），我们认为，要达到生态系统的可持续发展，需要做到以下几点：第一，基于生态因子之间相互作用、相互依存的关系，坚持生态因子在生态系统各个时段、各个维度、各个层级的多样性以及平衡性；第二，基于生态子系统之间的相互作用、相互依存的关系，坚持生态系统的一贯整体性原则，坚持各子系统的一贯协同发展；第三，基于社会生态系统是自然生态系统的延伸，以及社会生态系统的综合性、复杂性、不稳定性，坚持人类生态原理认识的重要性，并在此基础上发挥人类的能动性。

3.3 生态哲学观的多样性与"多元和谐，交互共生"的普适性

发挥人类在生态系统可持续发展中的能动性的前提是提高人类的生态意识，加强符合生态原理的生态哲学观的建构和发展。对于不同的生态系统，学界提出了不同的生态哲学观。针对社会与生态，Bookchin（1981）提出了"平等"（equality）生态哲学观；Naess（1989）提出了"特费嘎斯汀生态哲学观"（ecosophy Tvergastein），以"自我实现"（self-realisation）为焦点，不仅涉及自我和社会，还涉及现实整体性的变化，并且在政治与经济上也得到了运用；Larson（2011）提出"社会生态可持续性"（socio-ecological sustainability），展现了社会生态与自然生态的协同发展特点。针对经济与生态，王学渊、李忠建（2007）就市场经济现状提出了市场经济生态方面的"均衡观"；梁敬升（2016）通过黄河三角洲的生态资源，从生态的角度提出"生态经济价值观"以判断经济发展与生态平衡之间的关系。针对伦理与生态，郑高花（2011）

第3章 生态话语分析的指导思想：生态哲学观

提出了环境与伦理的"生态一体性价值观"，以实现人类价值观与生态价值观的共同发展。针对人与人的关系，Schroll（2013）从生态心理学（ecopsychology）角度提出了"超个人生态哲学观"（transpersonal ecosophy）。针对人与自然的关系，何伟、张瑞杰（2017）提出了"和谐生态场所观"，以促进生态环境保护。

我们认为，上述种种生态哲学观均在一定意义上体现了生态系统的运作机制特点，不过仍不够全面和准确。这些哲学观仅仅是针对某种单一关系提出的，比如社会与生态、经济与生态等。生态系统的良性运行机制特点之一是横向特征，即要求生态系统间相互和谐相处，也就是说，单一的关系是无法满足这一特征的，应该从更全面的角度对生态哲学观进行更准确地概括。对于自然生态系统来说，其子系统间的和谐相处体现了良好的自我调节能力，这种自我调节的能力"依赖于种类成分的多样性和能量流动及物质循环的复杂性"（邹冬生、高志强，2013：30）。对于社会生态系统来说，其子系统间的和谐相处依赖于多元化以及协同发展（叶峻，1999a：15）。自然生态系统和社会生态系统之间"通过作为自然和社会存在的人类这一'耦合器'耦合而成为复合生态系统"（赵景柱，1991：53），因此复合生态系统中的各子系统之间应相互依存、协调发展。

针对社会与社会之间的关系，何伟、魏榕（2018c）提出了"多元和谐，交互共生"生态哲学观，以促进国际社会生态系统的良性运转。可以讲，该生态哲学观是一个普适性的指导思想，符合生态学原理，可适用于所有的生态系统，其既有中国传统哲学渊源，又具备马克思主义思想特点，也与当代中国外交思想核心相一致。

以道家和儒家思想为代表的中国传统哲学对自然与自然、人与自然以及人与人之间的关系进行了探讨，认为自然界是人类生活、生存的基础。在探讨自然与自然的关系时，道家在《太平经》中提出"天地之意"（转引自安乐哲、Tucker，2008：87），即"天阳主生也；地阴主养也"（转引自王明，1960：221），将"天地之意"与"生养万物"相等同。"自然"在此意为天地之本质（同上：17），即万物皆因自然而成（同上：701），可以按照其内在规律而发展（安乐哲、Tucker，2008：90）。儒家文化将自然界与生命等同起来，例如《易经》中提到"天地之大德曰生""生生之谓易",即自然孕育了生命,并且承载、维持着生命的延续(乔清举,2013:215),也就是说,整个自然界处于一个生生不息的过程,按照其自身的规律不断发展着。此外,人和自然的关系问题也是生态哲学思想的重要内容之一。儒家的"天人合一"思想将人看作自然界的一部分,认为"天何言哉?四时行焉,百物生焉,天何言哉?"(孔子著,杨伯峻译,1980:186),因此在处理人与自然的关系时,只有追求人与自然的和谐统一,才能达到可持续发展的境界。从生态角度看,"天"即自然界是一个整体,"人"为自然万物之一,即为"天"的一部分,人类不能肆无忌惮、妄自尊大。"天人合一"的思想是"中庸"的代表,既不偏向于天的信仰,也不限于人的世俗功利,而统一于道或真理的认识与实践(张茂泽,2016)。同时,儒家在讨论人与自然资源的时候指出"子钓而不纲,弋而不射宿"(孔子著,杨伯峻译,1980:87),即强调"取物以顺时"和"取物不尽物"的思想,前者要求人类要按照自然界的运行规律,如动植物的生长周期和繁殖规律,来合理开发利用资源;后者提示人类要从大局着眼,根据事物的总量酌情利用资源。由此可见,儒家敬畏生命,尊重自然及其规律,认为要以可持续的眼光看待事物,以时取物,合理利用自然资源。在处理人与自然的关系时,道家的"道法自然"和"无为"思想体现了人应顺其自然,不能过度干预自然的做法,道家认为"道"是万物的起源,"道生一,一生二,二生三,三生万物"(老子著,黎重编著,2010:157),万物不断变化,相互转化,不应被外力所支配。此思想否定了以人类为中心的观点,主张人与自然的融合,从而实现人与自然间的平衡。据此,道家的生态思想要求人以万物的自然之态行事,顺应自然,实现人与自然的相互和谐(乐爱国,2010)。道家与儒家的思想也影响着人与人之间的关系,道家的"道法自然"思想提出"百姓自然",并希望以此处理人与人的关系,实现人与社会的和谐统一;老子强调统治者与百姓之间的"无为",即"天地相和也,以雨甘露。民,莫之命而自均安。"也就是说,统治者自守大道,百姓便会自己归于自然(陈大明,2005:61)。儒家则在《论语》中明确强调仁爱,且在《孟子·尽心上》中表明:"君子之于物也,爱之而弗仁;于民也,仁之而弗亲。亲亲而仁民,仁民而爱物",即人与人要相互亲近友爱,并将这份爱扩展开来,从而珍爱万物(乔清举,

第3章 生态话语分析的指导思想：生态哲学观

2013：284）。因此在处理人与人之间的关系时，儒家思想呼吁人要持有仁爱之心，与人友善共处，达到人与人之间的和谐。

在西方哲学中，机械唯物主义的中心观点是"自然界是绝对不变的"（恩格斯，1925/1971：10），并将人与自然的关系分开来谈，提出"强人类中心主义"（strong anthropocentrism），认为人具有理性，是道德关怀的对象，将非人类的自然物看作人类可以使用的工具和可以利用的资源，片面地将人类地位抬高，单独肯定了人类的内在价值，而无视非人类的自然物的价值，倡导人类征服自然、主宰自然，将人类与自然分离对立（单桦，2006）。随着全球性生态问题的日益加剧，这种思想已渐失关注。与机械唯物主义不同的是，马克思的唯物主义将人视为自然的组成部分之一，并将自然视为一个有机整体，是自然观与历史观的辩证统一（福斯特，2016：17）。根据辩证的唯物思想，马克思生态思想是自然生态与人文生态的辩证统一，从自然与人文双维度看待生态问题，分别构成了自然生态与人文生态，并表现为人与自然、人与人的关系（李旭华，2012）。由此可见，马克思主义的生态思想体现在三个维度，分别为人与自然、人与社会以及人与自身（陈墀成、蔡虎堂，2014）。其一，人与自然关系的思想，即"人是自然的一部分"。马克思（1844/2000）认为人类存在于自然界中，与自然不可分离，只有在自身融入自然时，才能合理地改造自然。换言之，人类在改造自然的过程中具有一定的目的性，但这并不代表没有限制性，人类需要在自然界的法则下进行活动。正如马克思、恩格斯（1979：95）所说："自然界，就它本身不是人的身体而言，是人的无机的身体。人靠自然界生活。这就是说，自然界是人为了不致死亡而必须与之不断交往的、人的身体。"可见人类只有在不断地合理地实践下才能继续生存下去。其二，人与社会关系的思想，即马克思对"资本逻辑"的批判。马克思批判了资本的存在目的，即追求利益最大化，认为"资本的合乎目的的活动只能是发财致富，也就是使自身增大或增值"（马克思、恩格斯，1979：236）。因此资本是资本家对劳动者的劳动及其产品的"私有权"和"支配权"（马克思、恩格斯，1979：392）。马克思批判资本主义社会中人与人间关系的本质是资本，这体现出人与人之间剥削与被剥削的不平等关系，会对人与社会关系的良性发展产生负面作用。其三，人与自身关系的思想，即马克思对异化劳动本质的批判。马克思认为，资本主义制度下的劳动者在劳动过程中感受不到劳动的满足感，异化劳动会限制劳动者的能动性。也就是说，劳动者在劳动过程中不能自由健康地发展（罗川、倪志安，2016：14），这就导致了人对自身价值的怀疑，对自身能力的否定，不利于人自身的发展，更不利于推动整个社会的进步，也不利于人与自然的生态平衡。综上，马克思主义揭示了人与自然、人与社会、人与自身之间相互依存、相互作用的关系，有利于正确处理人、自然、社会三者的关系，以实现"人类同自然的和解以及人类本身的和解"（陈墀成、蔡虎堂，2014：94）。

上述中国传统哲学思想和西方马克思主义思想均涵盖自然与自然、人与自然、人与人及社会的关系。有关社会与社会的关系，其主体表达应在于包括国家在内的社会之间的交往思想和原则。从古至今，中国文化一直提倡"多元和谐，交互共生"（何伟、魏榕，2018c；何伟，2018），主要表现在：（1）儒家、道家和墨家等学说主张"和谐"（肖刚，2006），中国外交新篇章的主旋律也是"和谐"（黄庆，2012）。"和谐"的前提是"和而不同"，也就是说，包括国家在内的社会与社会之间的关系应是崇尚多元，而不是强调"非此即彼"的二元文化的和谐相处（付启元，2015）。（2）社会之间多元和谐的状态蕴含在"交互共生"的过程中。儒家、道家、墨家学说均提及"交互"（何伟、魏榕，2018c），蒙培元（2010）指出，中国生态哲学的最高成就是"万物一体"，即"万物共生"思想。自党的十八大以来，中国的外交凸显了新特点、新变化和新趋势，主要包括"人类命运共同体""包容性发展""亲诚惠容""正确义利观""亚洲安全观"（徐进，2018：1），这些均是"多元和谐，交互共生"在新时期的体现。与哲学思想相同的是，外交核心价值观也影响着人与人、社会与社会的关系，王存刚（2015：4）将中国外交核心价值观总结为"共存、共享、共治、共赢、共进"。共存指尊重不同的文明、社会制度、发展道路等，开放包容，求同存异，体现了对多样性的维护；和平共处是共存的最低要求，和谐共生才是共存的理想状态（王存刚，2015：11）。共享是"寻求人类共同利益和共同价值的新内涵"（中华人民共和国国务院新闻办公室，2011：24），即中国要把自身发展与外部世界相联系，并且以积极的姿态参加国际事务，奉献中国智慧，主动承担国际责任。共治指积极开展国际合作，推动与各国的双边与多边发展，推动国际关系民主化、法制化（王存刚，2015：16）。共赢指坚持人类命运共同体意识，建构多元发展格局，树立双赢、共赢的新理念，适用于中国与各国之间的关系（徐进，2018）。共进是最高的目标，是国际社会关系发展的崇高使命，目前"一带一路"的建设就是"共进"的最好表现，沿线各国一起协同发展，共同进步，共享发展成果。中国特色大国外交是相互尊重、公平正义和合作共赢的体现（胡开宝，2019）。

如上所述，"多元和谐，交互共生"生态哲学观体现了自然与自然、人与自然、人与人、社会与社会之间的良性运行关系，也就是说，该生态哲学观不仅体现了自然生态系统良性运作机制特点，也体现了社会生态系统良性运作机制的特点，是所有生态系统良性发展原理的高度概括。在认识自然方面，人类应深刻领悟自然生态自身的发展规律、运作机制和方式。在对待人与自然之间的关系上，人类应遵循自然规律，将自身视为自然界的一部分，以发展的眼光对自然资源进行适度的开采利用。在处理人与人以及社会与社会之间的关系上，人与人、国家与国家、组织与组织等之间要相互尊重，崇尚多元化，在交流互鉴中达到和谐共生的目的。进一步讲，生态系统之间是相互交织的、相互作用的，人类作为具有主观能动性的生态因子，应在生态系统运作中发挥其主体作用，保持自然生态和社会生态间的协调，使自然界与人类社会协同发展。正如叶峻（1999b：74）所指出："应当坚持协同发展和全面治理的方针，即实施社会、生态（环境）、经济协同发展，并对政治的、经济的、文化的、社会的弊病全面治理，以确保社会生态平衡的持久与稳定。"

3.4 生态语言学的生态性与"多元和谐，交互共生"的普适性

目前，生态语言学主要研究"语言的生态"和"语言的生态性"（何伟，2018）两大主题，这两大主题涵盖在两个范式下，即"豪根模式"和"韩礼德模式"。Haugen（1970，1972）提出"语言生态"概念，将

其定义为"任何特定的语言与其环境之间的相互关系"（Haugen，1970，1972：325），这是一种"隐喻模式"，即将语言看作生物，将语言环境看作生物生态环境。由此，"豪根模式"下的研究从语言与环境的关系入手，主要关注语言多样性、语言濒危、语言活力、语言进化等问题（范俊军，2005）。"韩礼德模式"则是一种"非隐喻模式"，Halliday（1990）敦促语言学研究者关注语言和环境问题的关系，将语言与生态直接联系起来，凸显语言对自然与社会环境的影响（韩军，2013），聚焦语言对生态的积极和消极影响，鼓励与提倡对生态有积极作用的语言，抵制与改进对生态有消极作用的语言。因此，人们把语言看作反映和表达世界的中介，即通过语言来识解和建构世界。进一步讲，语言所嵌入的种种价值体现了人们的生态理念，而生态理念反作用于生态行为，故正确的生态价值观有助于促进自然及社会生态问题的解决，有助于自然及社会生态系统的良性发展。

  鉴于生态语言学自身的根本任务，无论是"豪根模式"，还是"韩礼德模式"，均需要生态哲学观的指导（何伟，2018），换言之，"多元和谐，交互共生"在生态语言学研究中起着不可或缺的作用。在"豪根模式"下，冯广艺（2009，2012，2013a）指出语言生态变异的两面性，即如果朝着好的方向发展会对生态文明建设起到积极作用，反之则会起到消极甚至是相反的作用，并认为在构建良好的语言生态环境过程中，注重语言生态对策是重中之重，要注意保持和保护语言的多样性、规范性、法律性、开放性、平等性和统一性。其中，语言的多样性可以说是"多元"思想的体现，规范性和法律性是"和谐"思想的体现，开放性是"交互"思想的体现，平等性和统一性是"共生"思想的体现。潘前颖（2015）同样肯定了语言生态环境的重要性，从语言的内、外生态以及语言的自为环境三个角度提出强势语种对汉语的影响，指出语言生态环境直接影响语言的发展存亡。可以说，潘前颖的研究也体现了"多元和谐，交互共生"思想，其在肯定多语种发展的同时，对强势语种与汉语之间的关系提出符合生态的主张，即二者交互兼容，互惠共生。潘世松（2012，2014，2017）认为语言种类的和谐共生可以促进生物的多样性及可持续存在，并在此基础上提出了"语言生态伦理"概念，讨论了其多元性、层级性、开放性、实践性、前提性和自律性特点。这些特点也是"多元和谐，交互共生"思想的体现，语言背景和层级的多元、语言自身的和谐以及语言间的交互共生是构建和谐语言生态系统的重要因子。在"韩礼德模式"下，围绕人与自然的关系，Stibbe（2015）提出了"生活"生态哲学观；黄国文（2017b，2018a）提出了"和谐"生态哲学观，并细化为"良知""亲近"与"制约"原则；何伟、张瑞杰（2017）提出了"和谐生态场所观"。围绕社会与社会之间的关系，亦即人与人之间的一个维度，Masamichi（2004）、Li（2010）、Katz et al.（2011）从静态角度分别提出了"多样化""和谐观""健康观"等生态哲学观；Jönsson & Hall（2003）、Alves（2013）从动态角度分别提出了"交流观"和"合作共赢观"；何伟、魏榕（2018c）结合静态与动态两个角度，针对国际生态系统提出了"多元和谐，交互共生"生态哲学观。总的来说，"多元和谐，交互共生"生态哲学观是一种概括性和抽象性的思想，对于不同的生态系统，可以将其具象化，通过其衍生的原则来操作。换言之，上述均为针对特定的生态系统从不同角度做出的具体表述，是"多元和谐，交互共生"生态哲学观的多层化体现。

综上所述，我们认为无论是"豪根模式"，还是"韩礼德模式"下的生态语言学，其哲学观应是一致的，都应该是促进生态系统良性运作的。"多元和谐，交互共生"生态哲学观在生态语言学研究中具有普适性，以此指导两种范式的生态语言学研究，其研究结果应有助于人们生态意识的提高，从而有利于相关生态问题的解决，最终促进自然生态系统和社会生态系统的良性发展。

3.5 生态话语分析的系统性与"多元和谐，交互共生"的普适性

生态话语分析是指基于一定的生态哲学观，从生态语言学角度对话语进行生态取向分析，目的是提倡对生态系统良性循环和发展有益的话语，改善模糊性话语，抵制破坏性话语。Stibbe（2015）指出，生态话

语分析可以借鉴系统功能语言学等语言学理论。结合系统功能语言学，何伟、魏榕（2018b）指出，生态话语分析应以功能为取向，即着重对使用中的语言及其潜在的运作系统进行描写建构，同时也聚焦意义驱动资源——词汇-语法的使用。我们认为，"多元和谐，交互共生"生态哲学观适用于话语生态性分析指导，这是因为其可融入对体现世界经验的各语义系统网络及词汇-语法形式的描写，从而帮助人们比较清晰地判定话语的生态取向，继而进一步促进其思想及行为的生态化。

生态哲学观对人们的话语与生态行为起到了方向性的指导作用，同时话语与生态行为也会反作用于生态哲学观，形成一个循环（图3-3）。在生态哲学观的作用下，人们的生态意识得以提高，话语更加和谐，继而引导人们实施生态有益性行为，最终促进生态系统的良好发展。同样，良好的生态行为也会反过来促进话语的改善，从而体现在生态意识中，反作用于生态哲学观。那么，"多元和谐，交互共生"生态哲学观如何指导话语生态取向的判断？我们将生态哲学观细化为以下四项细则：其一为数量性原则，要求话语所表达的因子的多样性既涉及生态系统的多元，也涉及生态系统内部因子的多元。单一的因子不能持续发展，因子的多样性在一定程度上保证了生态系统的可持续性发展。其二为质量性原则，在保证数量的同时，因子的质量也不可或缺。话语中所体现出的因子之间要和谐同步，生态系统之间以及生态系统内部因子之间的关系不能动荡失调。其三为多向性原则，要求话语表达的因子之间呈共生关系。生态系统之间与生态系统内部因子之间应是多方向互动交流，不能是单向的，要形成多向循环性交互。其四为动态性原则，指话语所体现的因子之间是交互关系，表明生态系统之间及生态系统内部因子之间应不断互动更新，不能停滞不前。

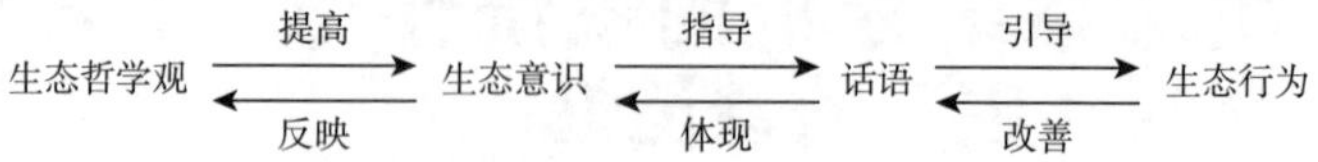

生态哲学观 —提高→ 生态意识 —指导→ 话语 —引导→ 生态行为
　　　　　　←反映　　　　　　　　←体现　　　　　←改善

图3-3　生态哲学观与生态行为间的循环

在后面的章节中，我们将结合"多元和谐，交互共生"生态哲学观及其四项细则对系统功能语言学理论中的经验功能、人际功能、语篇功能和逻辑功能进行生态语言学视角下的拓展，使其更好地适用于话语生态取向的判断，主要包括：（1）将表达语言经验意义的及物性系统进行扩展，就参与者角色类型细化生态属性分类，如自然类参与者角色、社会类参与者角色等；就环境角色类型补充生态属性标记，如自然类环境角色、社会类环境角色等；就过程类型增加生态属性维度，如自然动作类过程、社会心理类过程等。（2）将表达语言人际意义的语气系统和评价系统进行扩展，其中语气类别系统包括对言语角色、言语动机和言语目标物的生态性分析；语气内在语势系统包括对内在语势目标物、内在语势类别、内在语势量值及取向的生态性分析。评价系统中的态度系统包括对情感、判断及鉴赏的类别、取向分析以及对情感缘起、判断标准或鉴赏对象的判断；介入系统包括介入方式、取向、来源及内容的分析；级差系统包括对级差种类、取向及级差参考的分析。（3）在表达语篇功能之一的主位系统中，增加对主位选择生态性的关注度，即主张自然生态话语视人类为自然界中的一分子，倡导社会生态话语秉持多边主义生态观；衔接与连贯系统则注重对语言外部语域的一致性及语言内部词汇–语法衔接手段共同作用产生的连贯效果的生态性分析。（4）在表达逻辑意义的逻辑关系系统中增加扩展取向与缘起等特征，以考察话语中折射出的逻辑语义关系对于生态性的凸显。

综上所述，"多元和谐，交互共生"生态哲学观可以作为生态话语分析中一个普适的价值观，揭示话语背后隐藏的生态意识，指导人们的生态行为，从而促进各种生态问题的解决，最终达成人与自然、人与社会以及人与自身的和谐目标。

3.6　结语

本章通过对生态学原理的概述，对中国传统文化、西方哲学思想和中国外交核心价值观的阐述，论证了"多元和谐，交互共生"是一个具有高度概括性和普适性的生态哲学观，其体现了生态系统良性运作机制特点，符合生态学原理。此生态哲学观可指导包括 Haugen 与 Halliday 两种范式下的生态语言学研究，以及其他后续新兴范式的研究。以此生态哲学观为指导的语言生态研究,有利于语言种类的多样性存在以及语言政策与规划的合理制订与实施;以此生态哲学观为指导的语言系统或话语生态性分析可优化人类表征自然和社会的方式。如此一来,学界可通过语言研究提高人类的生态意识,改善人与自然、人与社会、人与自身的关系,最终有助于各种生态问题的解决,促进各生态子系统及整体生态系统的良性发展。

本章在何伟、刘佳欢(2020)一文的基础上对生态哲学观作了进一步阐述,完善了"多元和谐,交互共生"生态哲学观的理论和应用基础,并说明了该生态哲学观之于生态语言学,尤其是生态话语分析等研究的适用性。

第 4 章
生态话语分析的理论基础：经验功能

4.1 引言

经验功能指人们通过语言表征世界各种经验活动，主要手段为及物性系统（transitivity system），包括小句表述的过程类型（Process，以下缩写为 Pro）及其所涉及的参与者角色（Participant Role，以下缩写为 PR）和环境角色（Circumstantial Role，以下缩写为 CR）（何伟等，2017：1），不同的世界经验类型对应不同的及物性配置结构类型。从生态语言学视角来看，世界经验涉及人与自然、人与社会以及自然、社会中各要素之间的关系。人们对世界经验的表征由于受到不同生态因子的影响而表现出不同的生态性特征。同时，世界经验也是人们生态意识的反映，正确的生态意识会对生态系统起积极作用，而错误的生态意识会对生态系统产生危害。因此，通过及物性分析判断话语的生态取向是提高人们生态意识、改善人们行为的有效途径之一。

4.2 经验意义生态取向判断标准与机制

生态意识能够体现人们对主客观世界的看法和态度，反映人与世界之间的关系。积极正面的生态意识是主客观世界和谐发展的助推器，而消极负面的生态意识是主客观世界发展的挡路石。因此，对话语的生态性分析能够更全面地了解人们的生态意识，从而使其朝着有利于生态系统良性发展的方向提高。话语的生态性分为有益性、破坏性和模糊性三个类别（Stibbe，2015；何伟、魏榕，2017a）。生态有益性话语指能够促进人们保护生态系统的话语；生态破坏性话语指阻碍人们保护生态系统的话语；生态模糊性话语指既不促进也不阻碍人们保护生态系统的话语（何伟、魏榕，2017a：599）。话语生态性的判断有助于更加直接地对话语所体现的生态意识进行评价，从而呼吁人们更多地使用生态有益性话语，减少使用生态模糊性话语，避免使用生态破坏性话语。

话语的生态性可以通过系统的分析得出，其中一个维度为及物性分析（Stibbe，2015：38）。在判断话语所表征经验意义的生态性时，我们首先对其进行及物性分析，继而结合话语所处的情景语境与文化语境，判断过程类型、参与者角色、环境角色三者是否分别符合"多元和谐，交互共生"生态哲学观及其四项细则，最终辨别其为生态有益性话语，还是生态破坏性话语，或是生态模糊性话语[1]。在判断生态性过程中，以话语中出现的最低生态性[2]来判定该话语的生态性，这就是生态性判断机制原则——"一票否决"制。也就是说，当过程类型、参与者角色和环境角色三者全部都是生态有益性时，该话语才能被判定为生态有益性话语；反之，只要存在一者为生态破坏性或生态模糊性，那么该话语即可被判定为生态破坏性话语或生态模糊性话语。根据上述生态性判断机制，我们将可能出现的生态性情况进行概括，如图4-1所示。其一，生态有益性话语的出现情况为过程类型、参与者角色和环境角色均为生态有益性。其二，生态模糊性话语的出现情况为在三者之中没有出现生态破坏性的前提下，至少一者为生态模糊性。其三，生态破坏性话语的出现情况为三者中至少一者为生态破坏性。

---

1 此处的"生态有益性/模糊性/破坏性话语"为通过及物性系统运行机制判断而得出的，是仅从话语的经验意义出发所做出的判断，未考虑话语的人际意义、语篇意义及逻辑意义。本章皆同，不再赘述。

2 此处生态性由高到低的顺序为：有益性-模糊性-破坏性。

第 4 章 生态话语分析的理论基础：经验功能

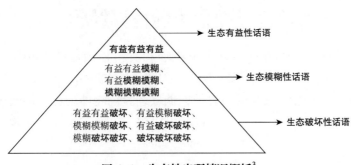

图 4-1 生态性出现情况概括[3]

综上所述，在对话语的生态性进行判断时，及物性系统运行机制如图 4-2 所示。首先通过及物性和所处语境对话语进行分析，然后根据"多元和谐，交互共生"生态哲学观及其四项细则和"一票否决"制对话语的生态性进行判定，从而辨别话语为生态有益性话语、生态模糊性话语或生态破坏性话语。

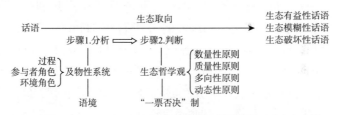

图 4-2 话语生态性判断与及物性系统运行机制

在判定话语的生态性后，对于生态破坏性话语，应避免其使用，并通过探索其语言特征来有效减少生态破坏性话语及其背后消极生态意识的传播。对于生态模糊性话语，应在保留其话语有益性成分的基础上，将其破坏性成分转化为有益性，从而将话语的整体生态性改良为生态有益性。对于生态有益性话语，应提倡其使用，并推广其语言特征与表达方式，传播积极正确的生态意识，最终促进生态系统的良性发展。

---

[3] 图中"有益有益有益"意为过程类型、参与者角色和环境角色分别为有益性、有益性、有益性，顺序不分先后。图中其余部分也是如此，不再赘述。

4.3　生态语言学视角下的世界经验

世界是客观存在的，是由无机物和有机物构成的综合体，包含"所有的生命、物质、能量和事件"（周国文、李霜霜，2013：66）。世界的格局是生态意识强弱的表现，世界经验范畴体现出人们通过话语所折射的生态意识。根据世界经验可以改善生态意识中的短板，因事为制。

4.3.1　世界经验范畴

小句及物性是对事物和事件的反映，是对世界中各类经验的表征。世界经验指存在于世界中的所有事物以及发生于世界中的所有事件，是连接世界和语言系统的中介（He，forthcoming）。按照经验类型和动作发出者，He（forthcoming）对经验进行范畴化，共划分了16种经验类型。参考He（forthcoming）的分类以及Halliday（1970，1985，1994/2000）、Halliday & Matthiessen（1999，2004/2008，2014）、Matthiessen（1995）、Li（2003，2007）、Fawcett（2011a，2013）和何伟等（即将出版）的研究，世界经验可划分为3个层次的经验范畴：上层、基本层和下层，如图4-3所示。

上层包括现实世界（physical and social world）、心理世界（mental world）和抽象世界（abstract world）。现实世界中的经验分为两部分，一部分主要涉及非生命体之间的事件活动，另一部分则主要涉及生命体与生命体或生命体与非生命体之间的事件活动；心理世界中的经验指人类对世界产生的所有心理现象和活动；抽象世界中的经验则是指两类或以上的事物或事件之间的关系。基本层是对上层经验范畴进行的细分，其中现实世界中的经验可以分为发生类（happening）、行动类（doing）、创造类（creating）和行为类（behaving），心理世界中的经验可以分为情感类（emotion）、意愿类（desideration）、感知类（perception）、认知类（cognition）和交流类（communication），抽象世界中的经验可以分为归属类（attribution）、识别类（identification）、

第 4 章　生态话语分析的理论基础：经验功能

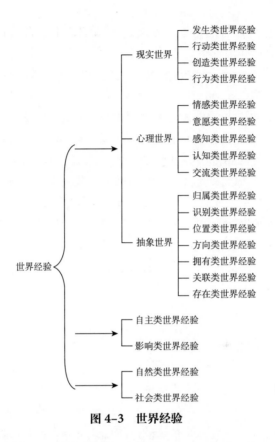

图 4-3　世界经验

位置类（location）、方向类（direction）、拥有类（possession）、关联类（correlation）和存在类（existence）。同时，根据观察者的视角，基本层中各类世界经验可分为自主类和影响类。自主类世界经验（autonomous experience of the world）是指从观察者即话语发出者视角，不受他人或他物影响的事物或事件；影响类世界经验（influenced experience of the world）则是指从观察者即话语发出者视角，受到其他因素影响的事物或事件。再者，结合世界经验的发生范围，我们区分了自然类世界经验和社会类世界经验。自然类世界经验（experience of the natural world）是指在自然生态系统中发生的事件或存在的事物；社会类世界经验（experience of the social world）是指发生或存在于社会生态系统中的事件或事物。下层世界经验是对基本层世界经验的细化,而过度的细化会导致分类过于精细,不符合人们的日常思维习惯和认知方式(何伟等,即将出版),所以本书不再逐一对下层世界经验进行范畴化。综上,根据经验活动类型,世界经验可分为三类上层世界经验范畴以及 16 类基本层世界经验范畴,其中基本层经验又可根据观察者视角以及经验发生范围不同分为自主类或影响类、自然类或社会类。经验类型和观察者视角两类范畴化是合取关系,而经验类型范畴和观察者视角范畴内部则是析取关系。

世界经验范畴可以表示自然生态系统与社会生态系统之间及其内部各要素之间的关系,而这些关系均通过过程类型系统、参与者角色系统和环境角色系统进行表征。这意味着,这些系统中的潜式结构是建构世界经验的基础,系统中的潜式选择是世界经验的组成部分。不同类别的世界经验对应不同的过程类型、参与者角色和环境角色,从而分别组成了不同的系统。

4.3.2 过程类型系统

过程类型是及物性的核心组成部分之一。根据何伟等(即将出版),经验范畴与过程类型之间存在一一对应的关系,世界经验与过程类型之间的关系也是如此。上层世界经验包括现实世界经验、心理世界经验和抽象世界经验,它们分别对应上层过程类型的动作类过程、心理类过程和关系类过程,如图 4-4 所示。

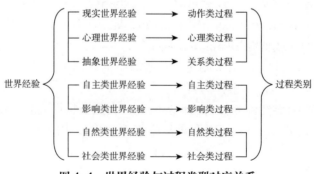

图 4-4 世界经验与过程类型对应关系

第 4 章　生态话语分析的理论基础：经验功能

同时，基本层世界经验也与过程类型一一对应，比如自然自主发生类经验映射自然自主发生类动作过程、社会自主情感类心理经验映射社会自主情感类心理过程、社会影响归属类经验映射社会影响归属类关系过程等。由此，根据世界经验范畴，过程类型系统如图 4-5 所示。

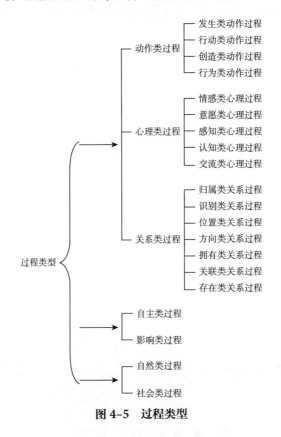

图 4-5　过程类型

4.3.3　参与者角色系统

除过程类型外，参与者角色也是及物性系统的核心组成部分之一，二者相辅相成，相互匹配。根据语义功能，参与者角色分类如图 4-6 所示。这些参与者角色关涉相应的过程类型，比如动作类过程中可有施事、受事、创造物等,心理类过程中可有情感表现者、意愿表现者、感知者等以及关系类过程可有载体、属性、标记等。

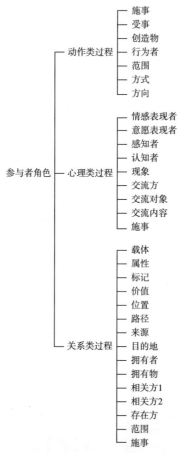

图 4-6 参与者角色语义功能类型

虽然上述系统将参与者角色进行了归类,但分类仍比较概括,不能具体体现出参与者的生态特点。因此,基于何伟、张瑞杰(2017)的描述,我们对参与者进行细化归类,如图 4-7 所示。首先,根据存在(或发生)的场所,参与者可分为自然类参与者和社会类参与者,以凸显参与者的场所性特征。自然类参与者指存在于自然界中的自然性因素,如山岭、河流、树木等。社会类参与者则指存在于人类社会中的社会性因素，如国家政策、投资贸易、文化习俗等。其次，我们根据参与者的数量和性质分别将其区分为个体和群体、生命体和非生命体，以凸显参与者在生态系统中的角色特征。此外，生命体参与者又进一步分为人类参与者与非人类参与者，以显示生命体有无人为意识与认知的影响。最后，根据观察者的视角，参与者角色可分为自主类和影响类，以区分过程的责任承担者。自主类参与者角色不受他人或他物的影响自主承担行为动作、心理活动等，影响类参与者角色则是在受到他人或他物的影响下做出动作、产生情绪等。

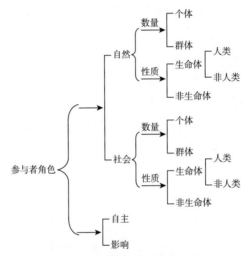

图 4-7　参与者角色生态属性类型

综上所述，参与者角色的语义功能与生态属性能够反映事物或事件关涉参与者的生态特征，从而更加直观地反映小句经验意义的生态取向，对于揭示小句所蕴含的生态观是至关重要的。

4.3.4　环境角色系统

及物性系统的第三个核心成分为环境角色。在小句中，环境角色对过程和参与者角色所表达的信息进行补充，三者融合使话语经验意义的生态性得以全面体现。环境角色对小句中的背景信息进行表征，表述过程发生的背景，相当于句法上的状语成分。参考何伟、王敏辰（2019）对状语的分类，我们根据语义范畴上的功能将环境角色分为经验、人际、语篇和逻辑四个主要类别，如图 4-8 所示。其中，经验类分为时间、地点、方式、状态、比较和程度，人际类分为有效性、情感、礼貌、反问、观点和言语方式，语篇类分为推论、话题和接续，逻辑类分为因果、目的、条件、让步、转折和增减。同时，为使生态性更加显著，我们又根据话语发生场所的不同将环境角色分为自然类和社会类。自然类环境角色涉及自然生态系统，比如"森林中"是自然地点类环境角色，"像鸟儿一样"是自然比较类环境角色。社会类环境角色则是涉及社会生态系统，比如"和民众一起"是社会状态类参与者角色，"通过交流"是社会方式类参与者角色。

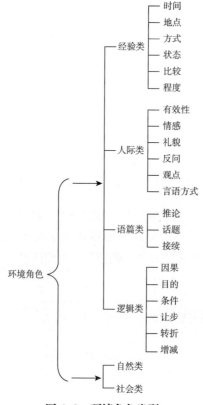

图 4-8 环境角色类型

综上所述，上文归纳总结的过程类型系统、参与者角色系统和环境角色系统是组成及物性系统的核心要素。为更加系统、全面地展现经验功能所体现的生态观，下一节将对及物性系统的不同语义配置结构进行阐释，并结合语料进行示例分析。

4.4 生态语言学视角下的及物性系统

及物性是世界经验的反映，表征世界中发生或存在的事件或事物，涉及不同的活动类型、参与者角色和环境角色，映射在及物性系统中分别表现为过程、参与者角色和环境角色。过程、参与者角色和环境角色通过组配成为及物性结构，也称语义配置结构。因过程类型、参与者角色、环境角色类型和数量的不同，每类基本层及物性过程的语义配置结构也不尽一致，所表征的生态性也会随之变化。本节以实际语料为例对及物性系统关涉的语义配置结构进行说明，同时结合生态因子对其表征的生态性加以分析。需要强调的是，由于环境角色在小句中出现的位置较为灵活多变，故下文描述的语义配置结构主要涵盖过程类型和参与者角色两部分，而环境角色的生态性主要在示例的生态性分析处提及。

4.4.1 动作类过程

动作类过程是现实世界经验中事件或事物的表征，可以细化为发生类、行动类、创造类和行为类。

1. 发生类动作过程

自主发生类动作过程是指自然界或社会中直接发生的经验活动。在此类过程中，通常没有参与者角色或者只存在一个参与者角色，这个参与者角色多为受事（Affected，以下缩写为 Af），少数为施事（Agent，以下缩写为 Ag），一般用来表征一个自然或社会现象。值得说明的是，"(It/It's +) Pro (+ PrEx⁴)" 配置是对天气现象的表征，因此此配置仅选择自然类话语进行示例分析。

（1）(It/ It's +) Pro (+ PrEx)

例1. <u>好久（CR）没下雨（Pro）了</u>，⁵ 爽、凉快！⁶

例2. It rains (Pro) a lot (CR) in the summer (CR), so the grass grows fast (CR), but for the rest of the year we have to move the livestock every month or so to keep the animals from eating every blade of grass in sight (CR).⁷

例1是对昆明久旱逢雨事件的描述。在划线小句中，"下雨"是自然自主发生类动作过程，由语境可知，下雨缓解了昆明的森林火险、干旱及高温情况，是一种对环境有利的积极表征；"好久"为环境角色，表示时间间隔之长，体现出市民对"下雨"动作过程的期盼，展现出人类对自然现象的积极态度，是对自然与人之间关系的积极引导，属于生态有益性话语。与例1相同的是，例2的过程也是rains，无参与者角色。小句描述的是夏季雨量大对草原及放牧产生的影响，作者在句中用表示状态、时间、因果和转折的环境角色描述下雨这一现象及其产生的影响，但这一影响并不是积极的，因为人类和家畜需要不停地挪换草地，以防治荒漠化。作者在后文指出导致这一后果的真正原因为过度养殖和过度放牧，但此处将下雨事件作为负面后果的责任承担者，模糊真正的缘由，不利于使读者认识到环境破坏的真正原因所在，属于生态破坏性话语。

（2）Af + Pro (+ PrEx)

例3. <u>草原（Af）干（Pro）了</u>，腾格里就不下雨，我们这些家的草场

4　PrEx 是过程延长成分 Process Extension 的缩写，为小句中过程的补充，以下皆同，不再赘述。文中未交代的缩略符号，请见本书术语缩略表。

5　为使读者能够更好地在语境中理解生态话语分析理论的应用，本书大多示例以语段方式呈现，目标分析小句用下划线标出；当示例小句自成语段（即长度较长）或语境自足时，则整体作为分析对象，不再进行划线标记。本书皆同，不再赘述。

6　选自《下雨了！降温了！"幸福得想哭！"》，人民网，2019年5月23日。

7　选自 Wolf Totem 一书中的第十七章。

第 4 章　生态话语分析的理论基础：经验功能

也一年不如一年了。[8]

例 4. <u>This (Af) cannot happen (Pro) again (CR)</u>. If there are any more hunts like this, the wolves will disappear, and the gazelles, the ground squirrels, the rabbits, and the marmots will rise up.[9]

例 5. 巨幅国旗（Af）飘（Pro）起来（PrEx）![10]

例 6. Smoke alarm (Af) occurred (Pro) 26 times on electric multiple units of the Chengdu Railway Bureau in Sichuan province within 10 days after the Spring Festival travel peak started on Jan 8 (CR).[11]

例 3 划线小句中的"干"为自然自主发生类动作过程，"草原"为受事，根据原文背景，由于人类的过度干预，草原干枯，该生态系统内的生物、土壤等的平衡遭到破坏，此处是对破坏环境后果的描述，能够提醒后人提高草原保护意识，属于生态有益性话语。例 4 小句中 happen 为自然自主发生类动作过程，受事为 this，指大批猎人在草原上猎捕狼群，导致狼群数量锐减，食草动物数量激增，草原生态系统被破坏。该句表达了阻止此类行为之意，呼吁保护草原生态，属于生态有益性话语。在例 5 中，"飘"为社会自主发生类动作过程，"巨幅国旗"为受事，意为国旗飘扬，爱国情愫油然而生。此句通过描写国旗的动作状态，激发读者的爱国情怀，有利于国家与人民之间建立和谐的关系，属于生态有益性话语。例 6 的过程为 occur，是社会自主发生类动作过程，受事为 smoke alarm，表征列车报警器发出的烟雾警报，环境角色提供频次、时间、地点等信息，表征烟雾报警事件短时间内出现多次。根据语境得知，造成烟雾报警的原因为乘客在列车中吸烟，这会对相关部门和人员造成损失，所以句中动作过程所表征的为负面事件，参与者角色所表征的为负面事物，会对社会与个人的和谐发展造成不良影响，体现了话语者对此事件的批判，从而达到警戒他人不要效仿的目的，属于生态有益性话语。

8　选自《狼图腾》一书中的尾声部分。

9　选自 *Wolf Totem* 一书中的第十三章。

10　选自《巨幅国旗飘起来! 张艺谋团队详解其中"黑科技"》，新浪网，2019 年 10 月 1 日。

11　选自 "Smoke alarm occurs on EMU"，*China Daily*，2012 年 1 月 27 日。

（3）Ag + Pro（+ PrEx）

例7. 这雪（Ag），下（Pro）得挺给力（PrEx），带来了美丽雪景和清新空气，滋润了北方干渴的冬小麦。[12]

在例7中，施事为"雪"，"下"为自然自主发生类动作过程，过程延长成分"得挺给力"对下雪的影响程度进行描述，说明此次降雪的益处。该句描述了华北地区人工降雪的事件，作者将清新空气、滋润小麦的"功劳"归功于自然类参与者角色"雪"，表征了自然对人类的重要作用，有利于人与自然之间和谐共处，因此属于生态有益性话语。

影响发生类动作过程表征自然和社会生态系统中受到某事件或事物的影响而发生的经验活动。此类过程中通常有两个参与者角色，一个为施事，一个为受事。

（4）Ag + Pro + Af [[Af + Pro]]

例8. 全球气候变暖（Ag）导致（Pro）(Af)[[冰川（Af）融化（Pro）]]。[13]

例9. Warmer temperatures (Ag) cause (Pro) (Af) [[water (Af) to expand (Pro)]]。[14]

例10. 在南极跑马拉松？他（Ag）不仅跑了，还让（Pro）(Af) [[国旗（Af）高高（CR）飘扬（Pro）]]。[15]

例11. "I am so much more aware of the past and the world. I think the audience benefits from seeing the play by being reminded that it is imperative that we look to the past and not forget," Olson said. "We can't forget what happened because we (Ag) can't let (Pro) (Af) [[it (Af) happen (Pro) again]]."[16]

[12] 选自《专家谈人工增雪催化剂：不会造成污染，不会危害人体健康》，澎湃新闻网，2019年2月17日。

[13] 选自《喜马拉雅山冰川融化　全球变暖致海平面上升　马尔代夫将消失》，中研网，2019年8月9日。

[14] 选自"Protect the trees"，BNC语料库。

[15] 选自《在南极跑马拉松？他不仅跑了，还让国旗高高飘扬》，中国新闻网，2019年5月27日。

[16] 选自"Crimes of Hirohito: 'We can't let it happen again'"，China Daily，2014年4月9日。

第 4 章　生态话语分析的理论基础：经验功能

例 8 关涉自然生态系统，其中"导致"属于自然影响发生类过程，受事"冰川融化"事件是在施事"全球气候变暖"影响下发生的。与例 8 相似，例 9 描述了气候变暖导致海平面上升的事件，其中 warmer temperatures 为施事，cause 为自然影响发生类动作过程，water to expand 事件为受事。结合两例的语义背景，我们得知生态环境恶化导致的全球变暖会使冰川融化，海平面上升，给自然和社会带来巨大危害，语篇作者选择破坏自然环境的严重后果作为受事，以呼吁人类采取行动，保护环境，均属生态有益性话语。例 10 中的"他"为施事，指在南极跑马拉松的一名男子，"让"为社会影响发生类动作过程，"国旗高高飘扬"为受事，强调了人的主观能动性，突出了其在国家生态系统中的重要作用。此外，由于国旗是国家的象征，环境角色"高高"描述国旗的状态和位置，表征国家的地位至高无上，进一步渲染了爱国之情。同时小句中还使用连接词语"不仅……还……"加强其情感程度，有利于国家内部的和谐稳定，因此属于生态有益性话语。在例 11 中，let 为社会影响发生类动作过程，受事 it happen again 所指的事件是第二次世界大战时期的南京大屠杀事件，作者通过使用影响类动作过程 let 和群体参与者角色施事 we，呼吁人们铭记历史，共同维护和平，有利于国家生态系统之间的和谐运行及发展，属于生态有益性话语。

2. 行动类动作过程

自主行动类动作过程表征自然和社会中直接行动的事件。这类过程一般会包括一个至三个参与者角色：存在一个参与者角色时，通常为施事；存在两个参与者角色时，通常为一个施事，一个受事；存在三个参与者角色时，通常为一个施事，两个受事，其中两个受事一般为复合参与者角色（compound participant role）（何伟等，2017），表示事件中行动与其他事件的综合关系。

（1）Ag + Pro

例 12. 如果猿猴（Ag）光（CR）会劳动（Pro）不会战斗（Pro），它们早就被猛兽吃光了，哪还轮得上劳动创造以后的"一切"。[17]

例 13. A research by the Thai Ministry of Natural Resources and Environment found that <u>rubbish thrown into the sea (Ag) can travel (Pro) all over the world (CR)</u>.[18]

例 14. 内塔尼亚胡：中国的"一带一路"倡议无论哪里需要以色列，<u>以色列（Ag）都将全力（CR）投入（Pro）</u>。以色列在通信、交通、医疗等诸多领域都拥有丰富而先进的技术。[19]

例 15. And G20 nations must establish an effective common framework to address the global challenges of our time, especially in pandemic prevention, sustainable financing, and addressing climate change. As an optimist, I am confident that <u>we (Ag) can recover (Pro) together (CR)</u>, we can recover stronger.[20]

例 12 中的划线部分包含两个小句，施事"猿猴"是过程"劳动"和"战斗"的动作发出者。话语者将"猿猴"与"猛兽"表述为对峙的状态，用行动类动作过程表征猿猴需要提高技能以保证生存权利。作者在描述行动的同时，对"适者生存"这一符合自然规律的生存法则进行了肯定，体现了生态哲学观中的质量和动态原则，即自然界对存在物有着质量要求，同时也要求存在物与存在物之间的交流互动，以及自然界与存在物之间的交互，从而保证生态系统的动态更新，故例 12 属于生态有益性话语。在例 13 中，rubbish thrown into the sea 是行动类动作过程 travel 的施事，小句将行动发出者归结为非生命体参与者 rubbish，隐藏动作真正发出者——随意向海中扔垃圾的人，模糊事件的实际情况，且使用表示地点的环境角色 all over the world，强调了海洋垃圾的危害范围之广，加深了小句中施事的"罪证"，不利于唤起人们保护生态的意识，因此为生态破坏性话语。例 14 的语境为以色列总理内塔尼

17　选自《狼图腾》一书中的第二十章。

18　选自"Sustaining Mother Earth for future generations"，*China Daily*，2019 年 5 月 25 日。

19　选自《内塔尼亚胡：'一带一路'倡议哪里需要以色列 以色列都将全力投入》，新华网，2017 年 3 月 23 日。

20　选自"Recover together, recover stronger"，*China Daily*，2021 年 12 月 6 日。

第 4 章　生态话语分析的理论基础：经验功能

亚胡在对中国进行访问期间对中国"一带一路"发表看法。在划线小句中，说话人用"以色列"作为施事发出"投入"这一行动类动作过程，表征其对于中国"一带一路"倡议在实际行动上的支持，加之环境角色"全力"更突出了说话人的支持程度之大。中国的"一带一路"倡议旨在打造国家之间政治互信、经济融合、文化包容的利益共同体、命运共同体和责任共同体，本身就遵循"多元和谐，交互共生"生态哲学观，有利于国际社会生态系统的良性发展，该例小句通过及物性手段表征了以色列总理对此生态有益性事件的支持，属于生态有益性话语。例 15 的语境为印度尼西亚财政部长兼气候行动财政部长联盟联合主席在 G20 峰会上的发言，说话人将 we 即所有 G20 国家作为施事，用行动类动作过程 recover 表征各国在应对疫情、可持续经济以及气候变化等方面的发展趋势，加之环境角色 together 突出了国家之间相互依存、休戚与共的关系，体现了各国团结起来应对全球性挑战的积极态度与向好发展的信心，有利于国际社会的平衡与稳定，属于生态有益性话语。

（2）Ag + Pro（+ PrEx）+ Af

例 16. 草原大狗和猎狗也一天天消瘦下去……<u>所有新来的汉人（Ag）在吃狗肉上（CR）结成（Pro）统一战线（Af）</u>，把凶手藏得像被异族追捕的英雄一样。[21]

例 17. They (Ag) left (Pro) prodigious amounts of litter (Af).[22]

例 18. 此次全国残疾人职业技能大赛暨残疾人展能节的举办（Ag），将再次展示（Pro）残疾人的奋斗风采（Af）。[23]

例 19. Under the leadership of the CPC (CR), the past few generations of women (Ag) have contributed (Pro) greatly (CR) to (PrEx) social construction, reform, and development (Af).[24]

21　选自《狼图腾》一书中的尾声部分。
22　选自 "Escaping indoors"，*World Literature Today*，2019 年第 93 卷第 3 期。
23　选自《李克强就提升残疾人职业技能促进残疾人就业创业工作作出重要批示强调帮助更多残疾人实现就业创业梦想和人生价值　王勇参加相关活动》，人民网，2019 年 10 月 27 日。
24　选自 "Equality, development and sharing: progress of women's cause in 70 years since New China's founding"，The State Council Information Office of the People's Republic of China，2019 年 9 月 19 日。

例16中的施事为"所有新来的汉人",受事为"统一战线",环境角色为"在吃狗肉上",对受事的发生范围进行了补充。作者通过"统一战线"表征两个对峙方——新来的汉族人和内蒙古人,内蒙古人熟悉草原环境,生态保护意识较强,其行为和思想有益于自然的可持续发展;而新来的汉族人却吃狗肉,即发出了不利于草原生态系统良性发展的破坏性动作,作者借此告知读者这类行为的不和谐之处,故为生态有益性话语。例17中的施事they指游客,为群体类参与者角色,表征多数游客旅游时在景点留下很多垃圾,句中用left这一过程表明游客行为是有意识的,对这一生态破坏性行为进行了批评,属于生态有益性话语。例18中,施事意为残疾人展能节的举办,受事为"残疾人的奋斗风采",表征展能节活动使残疾人的努力奋斗得以展现,有助于社会更多了解和帮助残疾人,使残疾人群与其他群体在社会生态系统中能够和谐共生,属于生态有益性话语。例19中,施事为the past few generations of women,行动类过程为contributed,受事为social construction、reform、development,表征过去几代女性对社会建设做出贡献。同时,说话人运用表示方式和程度的环境角色,凸显了全体女性是在党的正确领导下做出了很大的社会贡献。换言之,全体女性在党的领导下一起努力,才能最高效率地发挥作用,推动社会各方面的稳定发展,故为生态有益性话语。

(3) Ag + Pro + Af + Af

例20. 有狼的风景(Ag)会带给(Pro)你(Af)怎样的震撼与冲击(Af)?这是一部关于狼的著作,一部对中国历史进行解读的小说,一部可以给包括商界、文化界、学术界带来震撼的作品。[25]

例21. I contend, furthermore, that we have allowed these chemicals to be used with little or no advance investigation of their effect on soil, water, wildlife, and man himself. Future generations are unlikely to condone our lack of prudent concern for the integrity of the natural world that supports all life... In the words of Jean Rostand (CR), "The obligation to endure (Ag) gives (Pro) us (Af-Posr) the right to know (Af-Posd)."[26]

25　选自《狼图腾》一书中的内容简介部分。
26　选自 Silent Spring 一书中的第二章。

第 4 章　生态话语分析的理论基础：经验功能

例 22. 我今天之所以来到这里，是因为奥巴马总统和我本人受到了你们……政府（Ag）赋予（Pro）人民（Af-Posr）权利（Af-Posd）的鼓舞。[27]

例 23. When we travel to other places, we know little about the locals, but the people we meet on the road are always willing to offer a helping hand when needed and also give (Pro) us (Af) an enthusiastic welcome (Af), he said.[28]

例 20 中的行动类过程为"带给"，施事为"有狼的风景"，受事为"你"（指读者）和"怎样的震撼和冲击"。说话人通过行动类动作过程"带给"表征读者可能会得到的感受，拉近了人与自然的距离。此外，结合语境，全书讲述草原狼与人的故事，作者将此形容为"风景"，体现出其对人与自然之间交互关系的赞赏。因此，该例属于生态有益性话语。在例 21 中，施事为 the obligation to endure，过程 give 本身具有两层含义，即给予和拥有，施事将权力给予受事，受事便拥有了给予物，故受事 us 和 the right to know 又分别为拥有者和拥有物。结合语境，作者在对读者进行发问：是要继续使用杀虫剂破坏环境，还是选择一条环保的道路？作者将生态破坏、人身伤害表征为施事"忍耐的义务"，体现出作者对于杀虫剂的态度，故该句是作者警示人类，化学制品的过度使用不仅会破坏环境还会毁坏身体，人类忍受化学制品越久，就会越发地明白这些制品的危害性。作者通过该句表述了其保护生态的观点，属于生态有益性小句。在例 22 划线小句中，施事"政府"为受事"人民"赋予了受事"权利"，从而"人民"作为拥有者获得了拥有物"权利"。该句表征缅甸政府与人民之间的和谐关系，属于生态有益性话语。例 23 中施事省略，根据上下文推断为 people we meet on the road（指骑手志愿者），受事分别为 us（指游客）和 an enthusiastic welcome，表征外地游客来到当地，受到骑手志愿者们的热情接待与帮助。作者使用行动类动作过程，将骑手志愿者作为施事表征服务授予方；将游客作为一个受事表征服务接收方；将"热情的欢迎"作为另一个受事表征服

27　选自《希拉里仰光宴请昂山素季　缅甸政府被称不太热情》，《新京报》，2011 年 12 月 2 日。

28　选自 "Two-wheeled safety advice offered by volunteers"，*China Daily*，2020 年 10 月 7 日。

务。这些人际互动是良性社会关系的体现，有利于社会生态系统的和谐发展，属于生态有益性话语。

影响行动类动作过程是指事物或事件对现实世界产生的影响。这类过程将产生影响的动作者作为施事，而被影响的事件与自主类及物性配置结构相同，因此这类过程强调发出影响类过程的施事。

（4）Ag + Pro + Af [[Ag 或 Af + Pro]]

例 24. 我进一步要强调的是：<u>我们（Ag）已经允许（Pro）（Af）[[这些化学药物（Af）使用（Pro）]]</u>，然而却很少或完全没有对它们在土壤、水、野生生物和人类自己身上的效果进行调查。[29]

例 25. Dozens of loons will be outfitted with transmitters and tracked to their winter grounds in the oil-choked Gulf of Mexico to study the spread of a deadly avian disease, scientists said on Friday… <u>Loons have greater bone density than other birds (Ag), allowing (Pro) (Af) [[them (Ag) to dive (Pro) as deep as 250 feet in search of prey (CR)]]</u>.[30]

例 26. 近日，中共中央、国务院印发了《新时代公民道德建设实施纲要》，并发出通知，<u>要求（Pro）(Af)[[各地区各部门（Ag）结合实际认真贯彻落实（Pro）]]</u>。[31]

例 27. They keep their hair long, <u>letting (Pro) (Af) [[it (Af) grow (Pro) since childhood (CR)]]</u>… Most of these traditions have now become tourist attractions… The fast development of tourism and popularity of local agricultural products in recent years have helped lift many Qucun residents out of poverty.[32]

例 24 中的施事"我们"对受事"这些化学药物使用"这一事件产生了影响。根据语境得知，化学制品的使用会带来环境破坏，作者将表征破坏环境的事件作为受事，选择人类参与者角色作为发出影响类过程

29　选自《寂静的春天》一书中的第二章。

30　选自 "Loons provide clues to avian disease—and oil spill", *China Daily*, 2010 年 7 月 26 日。

31　选自《中共中央　国务院印发〈新时代公民道德建设实施纲要〉》，新华网，2019 年 10 月 27 日。

32　选自 "Road opens up a new Shangri-La", *China Daily*, 2020 年 10 月 6 日。

第4章　生态话语分析的理论基础：经验功能

的施事，使用"允许"这一影响类过程，体现人类自身的决定对环境的破坏，属于生态破坏性话语。例25的语境为科学家将发射器配备在潜鸟的身上，以研究一种禽类疾病在被石油污染的墨西哥湾中的传播。在划线小句中，说话人将"潜鸟的骨密度比其他鸟类高"作为施事，将"潜鸟能够潜入250英尺深的水中"这一事件作为受事，表征潜鸟所具备的生理特性对其行动能力的影响，这也是科学家选择潜鸟获取信息以辅助研究的原因，一方面体现了自然生态系统内部的多样性，另一方面体现了人与自然的和谐共生，属于生态有益性话语。例26中的施事为"中共中央、国务院"，被影响事件中的施事为"各地区各部门"，事件内容为"贯彻落实《新时代公民道德建设实施纲要》"。表征我国政府要求各地区各部门加强公民道德建设，而公民道德建设能够促进社会生态系统的和谐运转，属于生态有益性话语。例27中施事省略，根据上下文推断为they（指瑶族女孩），被影响事件中受事为it（指头发），过程为grow，环境角色since childhood补充事件发生的时间信息，表征瑶族女孩根据当地习俗从小开始留长发。小句中的过程类型、参与者角色以及环境角色本身并无显著的生态性特征，但结合语境，小句描述的事件属于瑶族文化的一种体现，由于保护得当渐渐变成旅游资源，同时反哺了经济发展。由此，该句过程类型、参与者角色以及环境角色表征瑶族文化的传承与保护行为，有益于社会生态系统的正向发展，属于生态有益性话语。

（5）Ag + Pro + Af [[Ag + Pro + Af]]

例28. 千百年来，狼和人畜配合默契，有效地抑制了鼠害。由于老鼠采集的草堆，延长了牧草变黄的时间（Ag），使得（Pro）(Af) [[牲畜（Ag）多吃了（Pro）近十天的绿草和好草（Af）]]……[33]

例29. The dog's wildness was greater, nothing (Ag) was going to make (Pro) (Af) [[him (Ag) go of (Pro) his victim's throat (Af) until the wolf was dead (CR)]].[34]

例30. ……白宫（Ag）打算要求（Pro）(Af) [[所有联邦政府机构（Ag）

33　选自《狼图腾》一书中的第三十四章。
34　选自 Wolf Totem 一书中的第十二章。

不再（CR）订阅（Pro）纸质版《纽约时报》和《华盛顿邮报》(Af)]]。美联社 24 日报道，美国总统唐纳德·特朗普公开"不待见"这两家报纸。[35]

例 31. With the recording (CR), we (Ag) will help (Pro) (Af) [[people (Ag) to learn (Pro) ... the art (Af)]] ...[36]

例 28 中的划线小句通过影响类过程表征"老鼠采集草堆延长牧草变黄时间"对牲畜的影响，体现了自然生态系统内部"多元和谐，交互共生"的发展态势。根据语境，这首先得益于狼与人畜配合默契，表明在了解并遵循自然规律的前提下，人与自然都得以可持续发展，因此属于生态有益性话语。在例 29 中，被影响事件中的施事 him 指草原上的一条看护羊群的黄狗，过程表征黄狗拼死与狼斗争到底的状态；发出影响过程的施事 nothing 是对后面受事事件的否定，表征"没有什么"能使黄狗放开狼的脖子，既强调黄狗趋向自然本性的释放，又体现出黄狗忠于自己的职责，有利于人与自然的和谐相处，属于生态有益性话语。例 30 发生的背景为美国总统特朗普公开表明对两家报纸的厌恶情绪，划线小句的施事为"白宫"，表征"要求联邦政府机构不再订阅两家报纸"的责任承担者为美国政府，这种从个人角色到政府角色的转变将事实模糊化，不利于政府与报纸媒体之间的关系，属于生态破坏性话语。例 31 描述相关文化从业者通过 help people to learn art 对文化进行保护和发扬，这样的行动对文化生态系统的发展非常有利，在保持文化生态系统稳定性的同时，也为文化生态系统增加了新鲜的因子，同时小句使用 people 这一群体角色作为被影响事件中的施事，表明受众范围之广，增强了话语的生态有益性。

（6）Ag + Pro + Af [[Ag + Pro + Af + Af]]

例 32. ……它就会像受到虐待的烈性囚犯那样疯狂抗议：拼尽全身力气冲拽铁链，冲拽木桩，<u>要求（Pro）(Af) [[陈阵（Ag）给（Pro）它（Af）增加铁链长度的待遇（Af）]]</u>。[37]

---

[35] 选自《白宫要取消订阅〈纽约时报〉和〈华盛顿邮报〉》，新华网，2019 年 10 月 26 日。

[36] 选自 "Using innovation to save culture"，*China Daily*，2019 年 10 月 26 日。

[37] 为便于示例分析，在原文句意不变的情况下对划线处语料进行修改，原句为"要求给它增加铁链长度的待遇"。该例选自《狼图腾》一书中的第三十五章。

第 4 章　生态话语分析的理论基础：经验功能

例 33. Though there was precious little edible grass for them out there (CR), the relative absence of mosquitoes (Ag) allowed (Pro) (Af) [[Bilgee (Ag) to... give (Pro) them (Af) a brief respite from the ravaging insects (Af)]].[38]

例 34. 王毅强调，此次历史教科书问题的始作俑者是一小撮极右势力，同时日本政府也负有不可推卸的责任。<u>中方（Ag）再次（CR）要求（Pro）(Af) [[日方（Ag）……给（Pro）中国人民（Af-Posr）一个满意的交待（Af-Posd）]]</u>。[39]

例 35. <u>I (Ag) will ask (Pro) (Af) [[cook (Ag) to bake (Pro) you (Af-Posr) a little cake (Af-Posd)]]</u>, and then you shall help me to look over your drawers.[40]

例 32 描述小狼被人类驯养的过程，施事为"它"（指小狼），被影响过程的施事为"陈阵"，两个受事为"它"和"增加铁链长度的待遇"。作者使用影响类动作过程"要求"赋予小狼主观能动性，表征小狼渴望自由的天性，虽然被人类禁锢但其自然的野性仍无法磨灭。由此可见，草原人对狼的驯服在一定程度上违背"多元和谐，交互共生"生态哲学观，但作者在本例中对狼状态的描述反映了尊重自然规律的重要性，有利于人与自然的和谐发展，属于生态有益性话语。例 33 中施事为 the relative absence of mosquitoes，被影响事件中施事为 Bilgee，受事分别为 them（指马群）和 a brief respite from the ravaging insects，表征牧民和马群为逃离蚊灾而深入沙地暂时居住。对于配置结构的选择，一方面，作者将"蚊子较少"这一事件作为施事，表征其将此次"逃难"行动的"罪魁祸首"归结为蚊子；同时第二个受事 ravaging insects 描述蚊子的破坏性，这样的表征不利于人与自然之间的和谐关系。另一方面，由于夏季蚊灾确实危害草原生物的生命，阻碍草原生态系统的发展，因此作者对蚊灾持负面态度表征了其对马群和草原生态的保护。由此，该句所表征的经验意义既不违背也不遵循生态哲学观，属于生态模糊性话语。例 34 的背景为日本修改教科书中有关侵华战争的表述，施事"中方"对日方提出要求。其中参与者角色"中方""日方"为社会类参与者

38　选自 *Wolf Totem* 一书中的第二十九章。
39　选自《中国再次要求日本严肃认真处理教科书问题》，中国新闻网，2001 年 4 月 12 日。
40　选自 *Jane Eyre* 一书中的第四章。

角色，代表中国与日本政府，说明该事件的严峻性。句中的受事分别为"中国人民"和"一个满意的交待"，表征二者之间的拥有关系，体现出此要求有助于中日两国关系生态系统的和谐运行，并且话语者对此表示认可，故属于生态有益性话语。例35施事I让厨师烘焙一个蛋糕，从而两人可以共进下午茶。由于cake是为受事you准备的，因此you为拥有者参与者角色，cake为拥有物参与者角色，作者通过行动过程拉近句中二者的人际距离，有益于建立良好的人际关系，属于生态有益性话语。

3. 创造类动作过程

自主创造类动作过程表征事物或事件从无到有的过程。这类过程一般会涉及一个到两个参与者角色，分别为创造物（Created，以下缩写为Cre）、施事。

（1）Cre + Pro

例36. 人（Cre）诞生了（Pro）。究竟是万物的创造主，为创始更好世界，以神的种子创造人；还是为了大地，新近才从高高的太空坠落，保持了一些天上的同类种族。[41]

例37. Chen assumed that wolves on the other side of the mountain were waiting for the main body to drive the gazelles toward where they lay in wait, and the slaughter (Cre) would begin (Pro).[42]

例38. 冯秀云带头，由社区党支部成员、居民党员等组成的"星火之家"党员志愿服务队（Cre）诞生了（Pro）。[43]

例39. ... value (Cre) can be created (Pro) through innovation and the use of new technologies (CR).[44]

例36背景是作者在思考人类诞生的意义，作者将"人类"作为创造物，表现出人类生而为天地以创造更美好的自然，说明人类来源于天

---

41 选自《瓦尔登湖》一书中的《春天》一章。
42 选自 *Wolf Totem* 一书中的第二章。
43 选自《居民认可 干活不累——记克拉玛依市银河路街道北斗社区党支部书记冯秀云》，人民网，2019年10月22日。
44 选自"Creating value through innovation"，*China Daily*，2014年9月10日。

第 4 章　生态话语分析的理论基础：经验功能

地，是天地万物的一部分，并以保护自然为宗旨，有益于自然生态系统的发展，故属于生态有益性话语。例 37 中过程 begin 产生的创造物是 the slaughter，指草原狼对于黄羊的屠杀。作者使用 slaughter 一词，将草原狼的动作行动视为"屠杀"，其评价意义属于负面的、破坏性的，但在该语境下，这样的过程是有利于草原生态系统平衡的：狼会将羊群中较弱的个体消灭，为草原生态系统带来新陈代谢，对自然生态系统的可持续发展有利，因此该句属于生态模糊性话语。例 38 中过程"诞生"的创造物是"党员志愿服务队"，结合语境可知，该队是为社区人民服务的，有利于社区生态系统内部的和谐发展，属于生态有益性话语。例 39 中过程 created 的创造物是 value，环境角色 through innovation and the use of new technologies 补充方式、路径信息，表征通过高新技术手段创造出的价值。结合语境可知，这些高新科技手段会减少人力的投入，同时也会有效促进经济生态系统的发展，对社会生态系统的良性运作是积极正向的，因此该句属于生态有益性话语。

（2）Ag + Pro + Cre

例 40. ……这项法案（Ag）对于动物研究者的行为产生了（Pro）影响（Cre），防止了一些严重的虐待，或许还挫败了一些本来要进行的动物实验。[45]

例 41. Some of the elements of this environment (Ag) created (Pro) hazards to which life had to adjust or perish (Cre).[46]

例 42. 中缅双方（Ag）正共建（Pro）中缅经济走廊（Cre）……[47]

例 43. Shenzhen (Ag) has again embarked on (Pro) a trailblazing journey (Cre).[48]

例 40 中的施事为"这项法案"，指防止动物虐待和动物实验，属于生态有益性参与者角色；环境角色"对于动物研究者的行为"补充

---

[45] 选自《动物权利》一书中的第七章。
[46] 选自 *Silent Spring* 一书中的第四章。
[47] 选自《中国企业看好缅甸投资环境　愿双方积极合作共同发展》，人民网，2019 年 10 月 26 日。
[48] 选自 "Shenzhen sets off on a new journey"，*China Today*，2014 年 9 月 10 日。

创造物"影响"的对象范围，具体指动物研究者对动物进行实验和虐待，属于生态破坏性环境角色；结合施事与环境角色可以判断，创造物为对动物生存发展有利的参与者角色，能够促进人与动物之间的平等友好关系，故此句属于生态有益性话语。例 41 创造物为 hazards to which life had to adjust or perish，施事为 some of the elements of this environment，该句的句意为某些自然界的因素导致了灾难，在灾难中有些物种会存留，有些物种会消失。根据适者生存的自然法则，物种更迭遵循自然规律，这样的动态循环可以促进生态系统的发展，但是此句中的创造物为 hazards，即将物种与自然界对立起来，这不利于自然界中物种的发展，也不利于读者正确认知自然，属于生态破坏性话语。例 42 中的施事为"中缅双方"，创造物为"中缅经济走廊"，指中缅双边合作的建设项目，属于"一带一路"建设中的重要举措之一，对于中缅两国的外交发展与经济建设都有着深远的意义。该句将"中缅双方"作为施事，凸显中缅两国对外交、经济建设的通力协作，将"中缅经济走廊"作为创造物，强调了"一带一路"建设项目及有效成果。这样的合作成果有利于加强"一带一路"沿线项目之间的互联互通，深化中缅双边外交关系，推动人类命运共同体的构建，属于生态有益性话语。例 43 意为深圳开启了转型之旅，此处由于深圳之前没有进行过类似的转型，故"转型之旅"为创造物。根据语境，深圳开始向国际化科技创新中心发展，这样的转型有助于科技生态系统的发展，同时可以推动经济发展，助力中国经济生态系统的更新，属于生态有益性话语。

影响创造类动作过程表征事物或事件导致某物从无到有的过程。与自主类不同的是，影响类主要是强调导致动作产生的施事。所以在及物性配置结构上，影响类过程会比自主类过程多一个施事，其余部分则相同。

（3）Ag + Pro + Af [[Ag + Pro + Cre]]

例 44. 是狼的狡黠和智慧、狼的军事才能和顽强不屈的性格、草原人对狼的爱和恨、狼的神奇魔力（Ag），使（Pro)(Af) [[姜戎（Ag）与狼（CR）结下了（Pro）不解之缘（Cre）]]。[49]

49　选自《狼图腾》一书中的编者荐言部分。

第 4 章　生态话语分析的理论基础：经验功能

例 45. This was my curious labor (Ag), —to make (Pro) (Af) [[this portion of the earth's surface (Ag)... produce (Pro) instead this pulse (Cre)]].[50]

例 46. 我们所发现的症结总是惊人相似：领导者们未能使企业对市场需求或机遇做出快速反应……让我们重新思考如何（CR）从根本上（CR）使（Pro）(Af) [[企业（Ag）创造（Pro）和释放更大价值（Cre）]]。[51]

例 47. We (Ag) will do our best to help (Pro) (Af) [[them (Ag) produce (Pro) whatever it is they want to see (Cre)]].[52]

例 44 描述《狼图腾》一书的创作缘起，影响过程中的施事为狼的各种特征以及草原人与狼的感情，被影响事件中的施事为"姜戎"（《狼图腾》作者），过程为"结下"，创造物为"不解之缘"。说话人通过影响类过程表征作者通过在草原上与狼近距离接触，被狼的品性所吸引，体现出人从了解自然到亲近自然的过程，属于生态有益性话语。例 45 为作者对自己湖边田园生活的记录，句意为作者的劳动促使大地开始产出，作者将 labor（劳动）作为施事，表征其亲身体会自然、又得到自然的回馈，有利于人与自然之间建立良好的关系，属于生态有益性话语。例 46 通过影响创造类动作过程对企业创造价值的方式进行表征，句中施事为"我们"，被影响事件中的施事为"企业"，创造物为"更大价值"。说话人赋予了"我们"主观能动性较强的角色，强调企业内部的人们在创造企业价值中的重要作用，有利于企业内部生态系统的良性发展，继而也有利于整体经济生态系统的良性发展，属于生态有益性话语。在例 47 中，施事为 we，即服务者；被影响事件中的施事为 them，即被咨询者；创造物为 whatever it is they want to see，即咨询者任何所需，表征服务者竭尽所能为咨询者提供一切咨询服务，体现了服务者与咨询者之间的友善关系，属于生态有益性话语。

50　选自 *Walden* 一书中的"The bean field"一章。
51　选自《懂得组织革新的企业，凭什么占据全球独角兽的半壁江山？》，澎湃新闻网，2019 年 10 月 25 日。
52　选自"Ideas in Action programmes (03): radio broadcast"，BNC 语料库。

4. 行为类动作过程

自主行为类动作过程表征现实世界经验中的行为，指身体机能的外部体现，比如呼吸、咳嗽、做梦等（Halliday & Matthiessen，2004/2008：71）。这类过程主要描述人类等有生命体的无意识的生理行为，通常只有一个参与者角色出现——行为者（Behaver，以下缩写为 Behr）。

（1）Behr + Pro

例 48. 人和狼（Behr）在草原（CR）生过（Pro）、活过、战过、死过（Pro）。[53]

例 49. Chen no longer worried about the mother wolves coming for the cub; now he wished they'd come and take him north across the border... Chen (Behr) couldn't sleep (Pro) that night (CR).[54]

例 50. 我们的国家承担不起失去电影院提供的社会、经济和文化价值，电影院观影体验在美国人的生活中有着中心地位。去年，北美有 2.68 亿人（Behr）去电影院大笑（Pro）、哭泣（Pro）、做梦（Pro）、一起感动。[55]

例 51. ... I (Behr) breathe (Pro) when I (Behr) sleep (Pro) ...[56]

例 48 中有两个包含行为类动作过程的小句，作者将"人和狼"共同作为动作过程"生"和"死"的行为者，环境角色"在草原"补充范围信息，表征人和狼在草原上经历生死，虽然双方不是和平共处，但是世世代代依然保持草原生态平衡，体现出作者将人与狼放在同等位置上，属于生态有益性话语。例 49 中行为者为 Chen，过程为 couldn't sleep。结合语境，在草原大规模灭狼后，狼群都已离去或死去，陈阵由于担忧自己养的小狼无法回归狼群而难以入睡。此处通过行为类过程表征出行为者对自然的尊重及与小狼之间的和谐关系，属于生态有益性话语。例 50 中有三个行为类过程，分别为"大笑""哭泣""做梦"，其

53　选自《狼图腾》一书中的第二十一章。
54　选自 *Wolf Totem* 一书中的第三十二章。
55　选自《卡梅隆、诺兰、李安等导演联名写信，要求美政府帮助电影产业》，澎湃新闻网，2020 年 10 月 2 日。
56　选自 *Alice's Adventures in Wonderland* 一书中的第七章。

第 4 章　生态话语分析的理论基础：经验功能

行为者均为"2.68 亿人"，表征北美大众在看电影时的反应。根据语境，该句出自多位导演上书美国政府寻求资助的信件中。说话人通过行为类动作过程以及数量可观的群体类参与者角色，表征电影业对美国大众生活的影响之大，体现出电影业的稳定运行对社会生态系统稳定的重要作用，属于生态有益性话语。例 51 描述行为者 I（指榛睡鼠）的梦呓，作者将榛睡鼠拟人化，赋予其较强的主观能动性，体现出作者将人与动物放在平等的地位上。同时，该书为童话故事，目标受众为儿童，作者将生理知识以童话形式进行普及，拉近了人与动物之间的关系，体现出其非人类中心主义视角，故属于生态有益性话语。

影响行为类动作过程表征某些其他因素导致了现实世界中生命体的无意识生理行为，强调发出影响类过程的施事参与者角色。

（2）Ag + Pro + Af [[Behr + Pro]]

例 52. 陈阵终于看清了这片边境草原美丽的处女地，这可能是中国最后一片处女草原了，美得让（Pro）(Af) [[他（Behr）几乎（CR）窒息（Pro）]]，连使他魂牵梦绕的哥萨克顿河草原都忘了。[57]

例 53. The sound of mosquitoes (Ag) was enough to make (Pro) (Af) [[his hair (Behr) stand (Pro) on end (CR)]].[58]

例 54. 再往前，遇见一个面带笑容的尼泊尔小男孩。我上前跟他打招呼，他跑过来……逗（Pro）(Af) [[我（Behr）笑（Pro）]]。[59]

例 55. When you are inquisitive, Jane, you (Ag) always (CR) make (Pro) (Af) [[me (Behr) smile (Pro)]].[60]

例 52 描述主人公在看到自然景色的美丽后产生的无意识行为，用"窒息"这一行为类动作过程来形容自然景色太美以至于无法呼吸，既是对自然景色美丽程度的描写，也体现了作者对自然的热爱之情，属于生态有益性话语。例 53 影响过程的施事为 The sound of mosquitoes，

57　选自《狼图腾》一书中的第十六章。
58　选自 *Wolf Totem* 一书中的第十六章。
59　选自《尼泊尔的美，在那些抹不去的记忆里》，人民网，2015 年 5 月 4 日。
60　选自 *Jane Eyre* 一书中的第二十七章。

该句描述主人公在听到蚊子叫声时会有毛发竖立的生理行为，作者通过此行为类过程表征人对自然现象的消极反应，可能会使读者产生对自然的负面认知，不利于自然生态系统的良性发展，故属于生态破坏性话语。例54影响类过程的施事为"他"，被影响事件中的行为者为"我"，行为类动作过程"笑"表征说话人受到小男孩的影响而产生高兴、愉悦的生理行为，体现了二者间和谐的人际关系，属于生态有益性话语。例55影响类过程的施事为you，被影响事件中的行为者为me，过程为smile，根据语境得知，男主角在向女主角表达爱意，作者通过行为类动作过程smile表征男主角的喜悦与幸福之情，有利于和谐人际关系的构建，属于生态有益性话语。

4.4.2 心理类过程

心理类过程是心理世界经验的表征，与人或人格化事物的内心世界相关，描述心理活动的发生和发展，在自然生态系统和社会生态系统中可细化为情感类、意愿类、感知类、认知类和交流类。

1. 情感类心理过程

自主情感类心理过程表征人或人格化事物在认知事物时产生的主观感情。该过程强调人的感情态度，包含一个到两个参与者角色，分别为情感表现者（Emoter，以下缩写为Em）和现象（Phenomenon，以下缩写为Ph）。

（1）Em + Pro（+ PrEx）

例56. 陈阵（Em）心里一阵剧烈的疼痛（Pro），就好像他的灵魂也狠狠地挨了一鞭子……照这个样子，小狼肯定是活不了了……[61]

例57. I (Em) was (Pro) myself excited (PrEx) somewhat even as if they had been men.[62]

---

61 选自《狼图腾》一书中的第三十五章。
62 选自 Walden 一书中的"Brute neighbors"一章。

第 4 章　生态话语分析的理论基础：经验功能

例 58."我们国家从一穷二白发展到如今的制造大国，看到这么多中国'第一'，每一步都着实不易，<u>我（Em）打心底里（CR）自豪（Pro）</u>。"[63]

例 59. I tell you, <u>I (Em) feel (Pro) sorry (PrEx) for the Han Chinese (CR)</u>. We built the Great Wall and crowed about what an achievement it was, considering ourselves to be the center of the world, the central kingdom.[64]

在例 56 中，"陈阵"是情感表现者，"心里一阵剧烈的疼痛"是情感类心理过程，表征陈阵对小狼即将死亡表现出心疼的感情，反映出陈阵对小狼的用情至深，表达了人与动物之间亲密、友好的关系，属于生态有益性话语。例 57 中的情感表现者为 I，情感类心理过程为 excited，此处背景为作者看到红蚂蚁和黑蚂蚁的战斗后心情十分激动，感觉受到了大自然的鼓舞，表征作者在观察大自然后油然而生的喜爱之情，有利于人与自然和谐相处，属于生态有益性话语。在例 58 中，情感表现者"我"对于中华人民共和国成立 70 年来的成就产生了"自豪"的情感心理过程，表现出作者的爱国情愫。此外，说话人还用环境角色"打心底里"强调自豪之情的强烈程度，增强情绪的感染性，有利于国家生态系统内部的和谐，属于生态有益性话语。例 59 情感表现者为 I，情感类心理过程为 feel sorry，环境角色 for Han Chinese 补充情感表达的对象，表征说话人对汉人的遗憾之情。结合语境可知，说话人认为蒙古族人要优于汉族人，蒙古族文化也优于汉族文化，而其产生此类感情的原因是由于内心过于狭隘，没有接受文化的多元性，不符合"多元和谐，交互共生"生态哲学观，属于生态破坏性话语。

（2）Em + Pro + Ph

例 60. 负责公共健康的官员们已指出：化学药物对生物的影响是可以长期积累的，并且对一个人的危害取决于他一生所获得的摄入总剂量。正因如此，这种危险很容易被人忽视。<u>人们（Em）一贯（CR）轻视（Pro）那些看来可能给我们未来带来危害的事物（Ph）</u>。[65]

---

[63] 选自《〈光明日报〉刊文：70 年 150 个第一，铸就创新中国梦》，澎湃新闻网，2019 年 10 月 26 日。
[64] 选自 *Wolf Totem* 一书中的第三章。
[65] 选自《寂静的春天》一书中的第十二章。

例 61. There too I (Em) admired (Pro), though I did not gather (CR), the cranberries (Ph)...[66]

例 62. 无论是垃圾分类志愿者、分拣员，还是前来投放垃圾的居民 (Em)，都惊讶 (Pro) 于我们偌大的垃圾箱房、几十个垃圾桶，站在旁边居然没有闻到一点臭味 (Ph)，直呼"好神奇！"[67]

例 63. Wang Helin (Em) ... feels (Pro) ashamed (PrEx) for remembering only a dozen of operas from both the forms now (Ph). A member of Pingli Opera Troupe, Wang, who is now in his 70s, performed the opera forms-both designated as intangible cultural heritage—for decades before audiences had become scarce.[68]

在例 60 中，"人们"作为情感表现者对带来危害的事物表现出轻视的感情。结合语境，给未来带来危害的事物指农药等化学制品，这些化学制品不仅会对自然环境产生危害，还会危及人类的身体健康。在面对这一生态破坏性事物时，作者选用表达消极情感的过程"轻视"，以及表示时间持续程度的环境角色"一贯"，以表示人类对环保问题的重视程度之低、持续时间之久，呼吁人们要提高环保意识，属于生态有益性话语。例 61 中的情感表现者为 I，情感为 admire，现象为 cranberries，表征作者对自然及自然中事物的喜爱，有益于人与自然的和谐相处，属于生态有益性话语。例 62 中的情感表现者指垃圾分类志愿者、分拣员以及前来投放垃圾的居民，情感类心理过程为"惊讶"，现象为垃圾箱房、垃圾桶周围竟然没有臭味。结合语境，这一现象得益于垃圾分类的实施以及街道党总支书记为垃圾箱房安装的植物酶除臭设备。句中用社会群体类角色作为情感表现者，相较于个体，群体的感受更具可靠性，说明公众不仅是对"垃圾桶旁边没有臭味"这一现象予以认可，还表达了对书记这一创新举措的赞美，既有利于人与自然的和谐，也有利于群众与居民区干部的和谐，属于生态有益性话语。例 63 关注戏曲文化遗产的保护问题，小句情感表现者是 Wang Helin，为从事相关行业的

---

66 选自 Walden 一书中的"House-warming"一章。
67 选自《太神奇！这么多垃圾竟没一点异味，上海这小区是怎么做到的？》，澎湃新闻网，2019 年 6 月 5 日。
68 选自"Using innovation to save culture"，China Daily，2019 年 10 月 26 日。

第 4 章　生态话语分析的理论基础：经验功能

退休人员，对于文化遗产保护问题十分看重，现象为 remembering only a dozen of operas from both the forms now，表征主语为自己只能记着少量的戏曲而感到惭愧。忘却戏曲一事对戏曲文化的传承和保护并无推动作用，作者通过表征消极的情感类过程以表现此类现象，意在提醒大众要传承和发扬传统文化，积极保护文化生态系统，故属于生态有益性话语。

影响情感类心理过程表征在外力的影响下人或人格化事物产生的心理情感。该过程强调导致此类情感的原因，所以比自主情感类心理过程多一个施事参与者角色，即导致情感的因素。

（3）Ag + Pro + Af [[Em + Pro]]

例 64. ……这（Ag）比一锹挖出一个西汉王墓（CR）更（CR）让（Pro）(Af) [[他（Em）激动（Pro）]]。碎土砂砾中，一窝长着灰色茸毛和黑色狼毫的小狼崽，忽然显露出来。[69]

例 65. He'd had a premonition that Erlang and Yellow (Ag) would make (Pro) (Af) [[him (Em) proud (Pro) that day (CR)]].[70]

例 66. 回首一路走来的外交岁月，"我能感受到我所做的事情真的是实实在在为国家，这（Ag）让（Pro）(Af) [[我（Em）感到（Pro）骄傲（PrEx）]]。"[71]

例 67. If I could see them and hear them express their gratitude for what I done for them, it (Af) would make (Pro) (Af) [[me (Em) feel (Pro) better (PrEx)]].[72]

在例 64 中，导致情感表现者"他"表现出"激动"的原因是挖出一窝小狼这一事件。作者使用"激动"这一情感程度较高的表达，体现出对生命和自然生态的喜爱，属于生态有益性话语。例 65 中的施事为 Erlang and Yellow，是主人公驯养的两只狗，结合语境，这两只狗勇敢

---

[69] 选自《狼图腾》一书中的第十章。
[70] 选自 Wolf Totem 一书中的第十二章。
[71] 选自《国家大使 ④ | 施燕华：进入联合国是最自豪的时刻》，澎湃新闻网，2019 年 9 月 26 日。
[72] 选自 Strictly Business: More Stories of the Four Million 一书中的"A Night in New Arabia"一文。

地与狼斗争，这件事令情感表现者表现出骄傲的情感，体现出主人公对动物天性的尊重，故属于生态有益性话语。例 66 中的施事"这"指外交大使感受到自己所做的事情是实实在在为国家，被影响事件中的情感表现者为"我"，即外交大使，情感类过程为"感到骄傲"。由此可见，使说话人表现出"骄傲"情感的原因是为国付出，表征了其对国家的无私奉献及爱国之情，属于生态有益性话语。在例 67 中，it 为导致情感的施事，指说话人看到或听到别人对他的所作所为表示感谢，被影响事件中的情感表现者为 I，情感类心理过程为 feel better，表征上述现象能使说话人感到开心，这样良好的人际互动体现出人际关系的和谐，有利于社会生态系统的稳定运行，属于生态有益性话语。

（4）Ag + Pro + Af [[Em + Pro + Ph]]

例 68. 他低下头用自己的鼻子碰了碰小狼的湿鼻头，小狼竟像小狗一样地舔了一下他的下巴，这（Ag）使（Pro）(Af) [[他（Em）兴奋而激动（Pro）于小狼对他的信任（Ph）]]。[73]

例 69. You know, you (Ag) are starting to make (Pro) (Af) [[us (Em) worry (Pro) about you (Ph)]]. The day you can get control of a fine horse without bandages all over you is the day you've finally arrived.[74]

例 70. ……"贫穷让人卑躬屈膝，富贵（Ag）让（Pro）(Af) [[人（Em）看不起（Pro）别人（Ph）]]"……[75]

例 71. Studies have shown that the US benefited tremendously from the flow of talent from China to the United States to work on AI (artificial intelligence). If we (Ag) make (Pro) (Af) [[people (Em) afraid (Pro) to (PrEx) come to work on AI (Ph) because of potential criminal prosecutions (CR)]], we also hurt the US economy.[76]

---

73 为便于示例分析，在原文句意不变的情况下对该句进行修改，原句为"他低下头用自己的鼻子碰了碰小狼的湿鼻头，小狼竟像小狗一样地舔了一下他的下巴，这使他兴奋而激动。这是小狼第一次对他表示信任……"。该例选自《狼图腾》一书中的第十八章。

74 选自 *Wolf Totem* 一书中的第二十章。

75 选自《〈你想活出怎样的人生〉：这本书影响宫崎骏的一生》，澎湃新闻网，2019 年 8 月 27 日。

76 选自 "China Initiative called harmful to US economy"，*China Daily*，2020 年 10 月 2 日。

第 4 章　生态话语分析的理论基础：经验功能

例 68 中施事为"这",指小狼对主人公的亲近行为作出回应,情感表现者为"他",指主人公,情感类过程为"兴奋而激动",现象为"小狼对他的信任"。由于主人公与小狼在相处过程中感情逐渐加深,在主人公与小狼亲昵时,小狼对他的回应使主人公产生兴奋而激动的情感,表征人狼之间亲密、友好的互动关系,有利于人与自然和谐发展,属于生态有益性话语。在例 69 中,情感表现者为 us,情感心理过程为 worry,导致这一情感的原因为施事 you,表征说话人对因驯马而受伤的听话人产生担忧的心情,也就是说,听话人现阶段尚未在草原上成长起来,使"我们"产生了担心的情感,体现出二者之间友善的人际关系,为生态有益性话语。在例 70 中,情感类过程"看不起"意为"小看、轻视不如自己的人",本身不利于人与人之间建立平等、和谐的关系,属于生态破坏性情感过程。并且,导致这一情感过程发出的施事为"富贵",属于抽象的非人类参与者角色,表征说话人试图虚化"人"在此影响过程中的主导作用。此外,"别人"一词使富贵的人与他人产生对立,不利于社会生态系统内部的稳定,故该句为生态破坏性话语。例 71 中施事为 we,指美国政府及其司法部门;被影响事件中的情感表现者为 people,指在美华人技术人才;情感过程为 afraid,现象为 come to work on AI。由表示原因的环境角色 because of potential criminal prosecutions 可知,造成情感表现者产生"害怕"情感的原因是美国政府发出排挤中国人才的倡议,这不仅会制约经济的发展,还会破坏中美关系,因此属于生态破坏性环境角色。说话人选择较为负面的情感词汇 afraid 对这一倡议可能造成的消极后果进行预测,表征其对该破坏性事件的反对态度,故属于生态有益性话语。

2. 意愿类心理过程

自主意愿类心理过程表征人或人格化事物对世界经验的愿望类活动。该过程强调人的心意、愿望,一般包含两个参与者角色——意愿表现者(Desiderator,以下缩写为 Desr)和现象。

(1) Desr + Pro + Ph

例 72. 一只袋鼠已经在动物园舒适的拘禁状态下生活了数年。自被拘禁以来，它与心爱的伙伴们离别的悲伤感觉已经渐渐地逝去了。<u>它（Desr）不再（CR）希望（Pro）逃离动物园（Ph）</u>。[77]

例 73. ...<u>he (Desr) hoped (Pro) to move half the village out to the grassland (Ph)</u>.[78]

例 74. ……<u>中资企业（Desr）愿（Pro）积极探索与勃固省合作方式（Ph）</u>，助力当地经济发展。[79]

例 75. "<u>I (Desr) hope (Pro) that the rest of the world is able to see universality through our stories (Ph)</u>," she says. "I hope that a white guy in Middle America will watch it and see his own relationship with his own grandmother in Billi's relationship with her grandma."[80]

例 72 中的意愿表现者为"它"，指动物园里的袋鼠，意愿表现为"逃离动物园"，环境角色为"不再"，既是对后文的否定，也表明之前曾经存在过这种状态。动物生来属于自然而不是动物园，但袋鼠却由于长期被拘禁在动物园中而失去了对天性的向往。作者在此处使用意愿类心理过程，表征原本遵循自然规律的事情现在却成为袋鼠已经放弃的意愿，既不利于动物自身良好的生长发展，也不利于人与自然的和谐共处，属于生态破坏性话语。例 73 中的意愿表现者为 he，指提倡开辟新的草场负责人，现象为 move half the village out to the grassland，该句是说新的草场负责人一味对草原进行占用、开发而不在意草原生态环境是否受到影响，不利于草原生态系统的稳定，所以句中表示意愿的现象不利于生态系统的保护，故该小句为生态破坏性话语。例 74 中，"中资企业"作为意愿表现者，表现出与缅甸经济合作助力发展的意愿，不仅有利于两国经济发展，也推动了国际经济生态系统良好运行，属于<u>生态有益性话语</u>。例 75 中的 I 是意愿表现者，现象为"世界其他国家能够通过我们的故事看到普遍性"，表征说话人希望通过好莱坞电影让各国之间展开对话，从而拉近文化距离。作者选用意愿类心理过程，表征对

77　选自《动物权利》一书中的第四章。
78　选自 *Wolf Totem* 一书中的第二十三章。
79　选自《中国企业看好缅甸投资环境　愿双方积极合作共同发展》，人民网，2019 年 10 月 26 日。
80　选自 "Hollywood's great Chinese story"，*China Daily*，2019 年 10 月 4 日。

第 4 章　生态话语分析的理论基础：经验功能

加强不同文化间交流的愿望，有利于文化生态系统内部的融合与发展，符合"多元和谐，交互共生"生态哲学观，故该小句属于生态有益性话语。

影响意愿类心理过程表征在外力影响下产生的人的心理愿望活动。此类过程涉及的参与者角色包括施事、意愿表现者和现象。

（2）Ag + Pro + Af [[Desr + Pro + Ph]]

例 76. 另一方面，在水生动物展览馆中收养海豚似乎不可能满足提供大致相同生活的要求。海豚的海洋生活习惯、它们远距离游泳的嗜好，以及它们丰富的社会组织形式，<u>这些（Ag）都（CR）使（Pro）（Af）[[它们的生活（Desr）需要（Pro）某种特定的环境（Ph）]]</u>……[81]

例 77. Each flock will be smaller, <u>which (Ag) will likely (CR) make (Pro) (Af) [[them (Desr) want (Pro) to raise more (Ph)]]</u>.[82]

例 78. 他对于专业的热爱、坚持，他内在的力量和拼搏的勇气（Ag）让（Pro）（Af）[[我（Desr）想要（Pro）追随他（Ph）]]。[83]

例 79. Man's addiction to smoking (Ag) makes (Pro) (Af) [[wife (Desr) want to (Pro) divorce (Ph)]].[84]

例 76 中，施事"这些"指海豚的生活习惯、嗜好及社会组织形式，意愿表现者"它们"指海豚，现象指在某种特定的环境中生活。结合语境，由于人类的捕捞，海豚被迫背井离乡，导致它们失去天然的生存环境，转而需要人工创造出适合它们生存的条件，作者将这样的事件用意愿类心理过程来表征，体现出海豚失去自由，受人类支配的现状，不利于动物自身的生存发展，故属于生态破坏性话语。例 77 中，被影响事件中的意愿表现者为 them，指牧民，意愿现象为 raise more，指饲养更多的羊；结合上文，发出影响过程的施事为"Each flock will be smaller"这一事件。从语境中可知，由于草原人口的增多，每家分到羊

81　选自《动物权利》一书中的第六章。
82　选自 *Wolf Totem* 一书中的 "Epilogue" 一章。
83　选自《从蔡徐坤到李易峰，当流量明星遭遇"直男篮球"》，澎湃新闻网，2019 年 8 月 27 日。
84　选自 " Man's addiction to smoking makes wife want to divorce"，*China Daily*，2011 年 1 月 7 日。

的数量也就增多，这导致许多羊还未长大便被分到各家，且数量逐渐供不应求。由此可见，意愿现象会导致过度放牧，逐渐增加草原的压力，而造成这种不良后果的施事实际为人类，说话人在此处将其模糊化，选用非人类参与者角色来表征对草原生态系统的破坏行为，因此属于生态破坏性话语。例 78 中，施事表征"他"的一些正能量品质，而意愿表现者"我"正是受到这种正能量的影响对"追随他"产生了意愿，表征说话人对于追求优良品质的积极态度，有利于促进自身良好发展，属于生态有益性话语。例 79 中的施事为 Man's addiction to smoking，这一事件不仅危害人自身发展，也不利于良好人际关系的建立，意愿表现者 wife 由此产生了离婚的意愿。也就是说，说话人正确揭示了生态破坏性事件不利于建立或维持良好人际关系这一事实，从而便于问题的解决，故属于生态有益性话语。

3. 感知类心理过程

自主感知类心理过程表征人或人格化事物通过感官对外部世界进行认识而产生的心理活动。这类过程涉及人的主观感知能力，通常包括两个参与者角色，一个是感知者（Perceiver，以下缩写为 Perc），另一个是现象。

（1）Perc + Pro + Ph

例 80. 我（Perc）遭逢了（Pro）几次快乐的风雪（Ph）。[85]

例 81. I (Perc) had previously seen (Pro) the snakes in frosty mornings in my path with portions of their bodies still numb and inflexible, waiting for the sun to thaw them (Ph).[86]

例 82. 当你来到一个城市，对它一无所知，嗅觉、听觉、视觉反倒变得异常灵敏，无意中（CR）闻到（Pro）一股气味（Ph），听到（Pro）一段对话（Ph），看到（Pro）一番景致（Ph），突然让你感动兴奋，对这座陌生城市有了某种感觉。[87]

---

[85] 选自《瓦尔登湖》一书中的《旧居民；冬天的访客》一章。
[86] 选自 Walden 一书中的"Economy"一章。
[87] 选自《重庆街拍》，澎湃新闻网，2019 年 10 月 21 日。

第 4 章　生态话语分析的理论基础：经验功能

例 83. As the center of classical music in New York City and a coveted platform by artists, <u>Lincoln Center (Perc) witnessed (Pro) another wonderful cultural exchange between the East and the West (Ph)</u>.[88]

例 80 中，"我"作为感知者，感知了"风雪"这一现象，作者在此使用"遭逢"一词来表征感知类心理过程，体现出作者对自然现象的感知，暗含惊喜之意，同时结合现象的表述"快乐的风雪"，表达作者对大自然的喜爱之情，属于生态有益性话语。例 81 为感知类心理过程，其中感知者为 I，感知到的为蛇冻僵的自然现象，表征作者善于观察并主动了解自然，有利于人与自然之间和谐相处，属于生态有益性话语。例 82 中的感知类心理过程为"闻到""听到""看到"，与上文中"嗅觉、听觉、视觉反倒变得异常灵敏"相对应，感知者为"你"，即听话人或读者，表征说话人呼吁大家开启所有的感知器官以感受新城市的新鲜感。这种对新城市的主动感知过程有利于社会生态系统的良性发展，属于生态有益性话语。例 83 中，作者将 Lincoln Center 这一地点人格化，将其作为感知者对"东西方文化精彩的交流"进行"见证"，表征林肯中心汇聚了来自不同国家的艺术。此外，此句中的现象是对两种文化生态系统融合与发展的表述，属于生态有益性话语。

影响感知类心理过程表征人或人格化事物在其他因素的影响下对外部世界进行认识的心理活动。这类过程在自主类及物性配置结构的基础上增加了一个施事参与者角色，强调影响的来源。

（2）Ag + Pro + Af [[Perc + Pro + Ph]]

例 84. 老人用马靴尖轻轻点了点陈阵的小腿，<u>让（Pro）(Af) [[他（Perc）看往（Pro）小河右边第三个河弯（Ph）]]</u>……在一个大半圆的河弯的岸边，有两只落水的黄羊正在费力地登岸，后半身浸在水里，后蹄好像是陷在泥里，前蹄扒着岸，但已无力纵跃。在这个河弯的草地上躺着十几只大黄羊，肚膛已被豁开……[89]

例 85. Yes, and <u>brigade headquarters (Ag) has ordered (Pro) (Af) [[me

---

[88] 选自"Overseas Chinese celebrate 40th anniversary of China-U.S. relations with concert in Lincoln Center"，*China Daily*，2019 年 9 月 9 日。

[89] 选自《狼图腾》一书中的第十六章。

(Perc) to see (Pro) that it's done (Ph)]], with Bilgee in charge of the move itself.⁹⁰

例 86. 它（Ag）能让（Pro）(Af) [[我们（PCR）看到（Pro）旧史料告诉我们的历史以外新的面向（Ph）]]。⁹¹

例 87. I wish I (Ag) could make (Pro) (Af) [[you (Perc) see (Pro) how much my mind is at this moment like a rayless dungeon (Ph)]]...⁹²

例 84 中，施事为"老人"，被影响事件中的感知者为"他"，现象为"小河右边第三个河弯"，具体指发生在该地点的事件或现象。也就是说，感知者通过看到狼群对于年老无力的黄羊的捕食，感知到了适者生存的自然法则。作者在此处用感知类心理过程来表征"他"通过自然现象认识自然的经验活动，有利于加深人类对自然的了解及尊重，属于生态有益性话语。例 85 施事为 brigade headquarters（指生产大队总部），感知者为 me（指包顺贵），感知的现象为开辟新草场的状态。此小句表征从施事到感知者都急功近利地开辟牧场进行生产，忽视了草原生态保护问题，不利于草原的生态平衡，故该小句属于生态破坏性话语。例 86 中的施事"它"指新的史料，作者选用感知类心理过程描述了解史料的过程，表征对新的历史面向的感知，有利于文化生态系统内部的多元化发展，属于生态有益性话语。例 87 中的施事为 I，感知者为 you，现象为 " how much my mind is at this moment like a rayless dungeon."（我的心此刻有多像一个没有光线的地牢），表征说话人想让听话人感知到其思念之苦。说话人通过影响类心理过程建立与听话人之间的情感联系，有利于建立或维持良好的人际关系，属于生态有益性话语。

4. 认知类心理过程

自主认知类心理过程表征人类或人格化事物在感受到外界事物后而产生的认知心理活动。相较于感知类，这类过程更加凸显经过大脑的加工而产生的认知。这类过程涉及两个参与者角色——认知者（Cognizant，以下缩写为 Cog）和现象。

90　选自 *Wolf Totem* 一书中的第十七章。
91　选自《史学沙龙 | 一个家族与三块石刻：历史田野中的消逝与永恒》，澎湃新闻网，2019 年 10 月 9 日。
92　选自 *Jane Eyre* 一书中的第三十四章。

第 4 章　生态话语分析的理论基础：经验功能

（1）Cog + Pro + Ph

例 88. 他（Cog）相信（Pro）小狼会教给他更多的东西（Ph）：勇敢、智慧、顽强、忍耐、热爱生活、热爱生命、永不满足、永不屈服、并藐视严酷恶劣的环境，建立起强大的自我。[93]

例 89. Buck (Cog) had accepted (Pro) the rope (Ph) with quite dignity (CR)... he had learned to trust in men he knew...[94]

例 90. 课题组（Cog）认为（Pro），示范区建设要充分发挥自身的独特优势（Ph）。[95]

例 91. I (Cog) always (CR) remember (Pro) how much I was shocked when I saw the lacquerware unearthed from the tombs (Ph).[96]

例 88 中，认知者"他"对现象"小狼会教给他更多的东西"进行认知，表征主人公在与小狼的相处过程中相信自己会从小狼身上学到许多正面的品质，表现了其对狼品性的赞美，有利于人与动物之间的和谐共处，属于生态有益性话语。例 89 的认知者 Buck 是一只原本被饲养在富有人家的大型犬。一方面看，此句描述的现象为 the rope，指有人为 Buck 戴上绳子以便将它卖掉，表征人类对 Buck 的禁锢和背叛；另一方面看，认知类心理过程 accepted 表征 Buck 对禁锢它的绳子的认知，即选择相信熟悉的人。由此，此小句既表征人类对动物的不平等对待，又表征动物对人类的单向友好，不符合"多元和谐，交互共生"生态哲学观，属于生态破坏性话语。例 90 的语境为长三角生态绿色一体化发展示范区建设，认知者为上海市为此专门成立的"课题组"，具有专业性和权威性；认知现象为"示范区建设要充分发挥自身的独特优势"，这一现象本身对我国生态文明建设具有推动作用。由此可见，该句表征了上海政协对生态有益性事件的正确认知，有利于长三角生态系统的良性发展，属于生态有益性话语。例 91 中，认知者为 I，认知过程为

---

[93]　选自《狼图腾》一书中的第二十二章。

[94]　选自 *The Call of the Wild* 一书中的第一章。

[95]　选自《上海政协专题协商议政：建设长三角生态绿色一体化发展示范区》，澎湃新闻网，2019 年 10 月 30 日。

[96]　选自 "Traditional craftsmanship of cultural heritage continues to sew success"，*China Daily*，2019 年 10 月 25 日。

remember，现象为文物出土时的震撼，环境角色为表征时间持续程度的 always。由此可见，说话人始终记得漆器出土时带给他的感觉，表现了其对于文化遗产的尊崇，有益于文化生态系统的发展，属于生态有益性话语。

影响认知类心理过程表征在认知外部世界时受到了外力影响而产生的心理活动，涉及的参与者角色包括施事、认知者和现象。

（2）Ag + Pro + Af [[Cog + Pro + Ph]]

例 92. 就送给兵团首长（Ag），也好（CR）让（Pro）(Af) [[他们（Cog）知道（Pro）这儿的狼有多大，狼灾有多厉害（Ph）]]。[97]

例 93. Have we fallen into a mesmerized state that (Ag) makes (Pro) (Af) [[us (Cog) accept (Pro) as inevitable (CR) that which is inferior or detrimental, as though having lost the will or the vision to demand that which is good (Ph)]]?[98]

例 94. 我每周都要飞来上海，外滩的建筑，和浦东的摩天大楼（Ag），会让（Pro）(Af) [[我（Cog）想起（Pro）上海金融中心的历史（Ph）]]，也（CR）会让（Pro）(Af) [[我（Cog）想到（Pro）上海活跃发展的动力（Ph）]]。[99]

例 95. ...books published between the 15th and 19th centuries (Ag) allowed (Pro) (Af) [[China and the West (Cog) to gain (Pro) insights into one another (Ph)]].[100]

例 92 中的施事"（狼皮）送给兵团首长"为一个事件，是说话人想导致认知者"他们"对现象"这儿的狼有多大，狼灾有多厉害"进行认知的缘由。说话人将草原狼大而多的状况描述为"狼灾"，并以此为借口掩盖其猎狼后剥皮贩卖的事实，体现了人类为经济利益强行破坏自然，这必将导致不可挽回的后果，属于生态破坏性话语。例 93 的施事

---

[97] 选自《狼图腾》一书中的第三十二章。
[98] 选自 Silent Spring 一书中的第二章。
[99] 选自《野村证券副社长：中国应该打造多层次资本市场，让效率更高》，澎湃新闻网，2019 年 10 月 27 日。
[100] 选自 "Books that speak volumes"，China Daily，2019 年 9 月 28 日。

为 a mesmerized state，认知者为 us，认知现象为"接受低劣、有害的事物是不可避免的，就好像'我们'失去了求善的意志和远见"，意为越来越多的化学制品污染着环境，人类承受着这样的命运，却不积极思考如何自救改进。根据句意可以看出导致人类对现象进行认知的"始作俑者"为人类自己，但是作者在此却使用非人类参与者角色，导致后果承担者不明确，属于生态破坏性话语。例 94 中包含两个认知类心理过程，其中施事都为"外滩的建筑，和浦东的摩天大楼"，说话人是来自日本的野村证券副社长，他通过上海标志性建筑这种客观事实对于上海的经济发展状态进行认知，这样客观积极的态度有利于双方经济贸易的合作及推进，属于生态有益性话语。例 95 中，施事 books published between the 15th and 19th centuries 是中西方交流的贡献者，认知者为 China and the West，但实际上指中西方人民，作者选择非人类参与者角色作为认知者，扩大了外围，更加强调经验范围而非经验承担者；同时以"15 至 19 世纪出版的书籍"作为施事，强调书籍这种文化产物在中西方交流过程中的重要作用，属于生态有益性话语。

5. 交流类心理过程

自主交流类心理过程表征人或人格化事物的言语交流活动。言语交流是人脑认知思考后的结果，属于心理活动的一部分。这类过程包含两个到三个参与者角色，分别是交流方（Communicator，以下缩写为 Comr）、交流内容（Communicated，以下缩写为 Comd）和交流对象（Communicatee，以下缩写为 Comee）。

（1）Comr + Pro + Comd

例 96. 小狼，小狼，腾格里（Comr）会告诉（Pro）你的身世和真相（Comd）的。[101]

例 97. In Louisiana (CR), farmers (Comr) complained (Pro) of loss in farm ponds (Comd).[102]

101　选自《狼图腾》一书中的第三十五章。
102　选自 *Silent Spring* 一书中的第九章。

例 98. 不少网友（Comr）看到视频后（CR）表示（Pro）：这才是交通事故的正确处理方式（Comd）……[103]

例 99. Each country (Comr) defines (Pro) what kinds of protections are needed and some have better tools than others (Comd).[104]

　　例 96 中的交流方为"腾格里"，交流内容为"你（小狼）的身世和真相"。结合语境，蒙古族人尊崇草原自然文化，他们认为"腾格里"代表大自然，此处作者以交流类心理过程描述小狼魂归自然，体现出万物生命都是自然的一部分，表征对自然法则的崇敬以及对生命的尊重，属于生态有益性话语。例 97 中的交流类心理过程为 complained，交流内容是渔场的损失。导致渔场出现损失的原因是过度使用化学制剂而导致水源污染，继而鱼群大量死亡，作者在此使用交流类心理过程表述农民对环境破坏事件消极不认可的态度，使受话者警醒，从而反思自身行为，属于生态有益性话语。例 98 描述奔驰车主在撞车后庆幸双方安全而与车合影的事件，其中"不少网友"作为交流方对此事发表观点，交流内容为支持并鼓励这种处理交通事故的心态与做法，表明公众对生态有益性事件持积极、提倡的态度，有利于建设和谐社会，故属于生态有益性话语。例 99 关注网络环境的保护问题，其中交流方为 Each country，交流内容为网络环境的保护与治理，表征各个国家十分重视网络安全问题，都对网络环境保护措施及方式进行了规定，既有利于网络生态系统的良好运行，也对社会生态系统的稳定发展具有推动作用，故属于生态有益性话语。

（2）Comr + Pro + Comee + Comd

例 100. 我（Comr）告诉（Pro）你（Comee）一个法子（Comd），能找到狼窝。[105]

例 101. Experience (Comr) tells (Pro) me (Comee) that the wolf pack could

---

103　选自《车主撞车后微笑与车合影等交警：车受损人没事　双方都挺高兴》，澎湃新闻网，2019 年 10 月 31 日。

104　选自" Protecting minors from harmful online content key for govt"，*China Daily*，2019 年 11 月 12 日。

105　选自《狼图腾》一书中的第八章。

第 4 章　　生态话语分析的理论基础：经验功能

be here tonight (Comd), so be careful, and don't let them take our cub away.[106]

例 102. 火普村党支部书记吉色次哈（Comr）告诉（Pro）记者（Comee），从 2016 年开始，村里修建彝家新寨，2017 年上半年全部完成，79 户贫困户全部易地搬迁，住进了客厅、厨房、卧室、洗手间一应俱全的新房子（Comd）。[107]

例 103. The Farewell (Comr) made (Pro) a loud announcement (PrEx) to the Western film industry (Comee) that Chinese-American audiences have complex humanities and diverse cultural needs (Comd).[108]

例 100 中的交流类心理过程较为简单明显，交流方"我"指毕力格老人，交流对象"你"指主人公陈阵，交流内容"一个法子"指掏狼窝的方法。掏狼窝这一行为本身会对狼群的生存发展产生威胁，但此例背景为狼群杀了草原上一大群马，因此人们不得不对狼群采取一些措施，在一定程度上能够维护草原生态系统稳定。由此，此小句既不违背也不遵循生态哲学观，属于生态模糊性话语。例 101 中的交流方为 Experience，属于非人类参与者角色，交流内容指狼群会在今晚袭击，提醒交流对象小心谨慎，交流对象为 me。从交流方与交流对象的联系来看，说话人经历过多次这种狼群与人之间的斗争，十分了解狼群的动态，表征草原人与狼之间的对峙状态已成常态，这一方面不利于人与狼之间建立和谐稳定的关系，但一方面也维持了草原的生态平衡，因此属于生态模糊性话语。例 102 描写贵州某村改造危房脱贫致富的相关情况，交流方为"火普村党支部书记吉色次哈"，其作为村委负责人，言语具有权威性，可信度高，同时能够代表村民的声音。交流内容描述村里脱贫后住进新房的景象，体现了政府与人民齐心协力的出色成果，有利于社会生态系统的稳定发展，属于生态有益性话语。例 103 中过程为"发出响亮的宣告"，体现出作者对交流内容及相关因素的强调；交流方指《霸王别姬》这部中国电影，交流对象为西方电影界，交流内容为"华裔观众有着复杂的人文和多元的文化需求"，表征中国电影使西方电

106　选自 *Wolf Totem* 一书中的第二十五章。
107　选自《总书记关心的百姓身边事 | 安居之下，好日子如歌》，澎湃新闻网，2019 年 10 月 30 日。
108　选自 "Hollywood's great Chinese story"，*China Daily*，2019 年 10 月 4 日。

影界对中国、中国观众以及有着中国血统的观众有了更深层次的了解，这种了解不仅有利于促进西方电影的多元化发展，也能够促进中西方的文化交流，属于生态有益性话语。

影响交流类心理过程表征受某人或某事的影响而进行的言语交流活动，通常涉及的参与者角色有施事、交流方、交流内容和交流对象。

（3）Ag + Pro + Af [[Comr + Pro + Comd]]

例 104. 他让八哥唱"多数米多"，让（Pro）(Af) [[鹦鹉（Comr）说（Pro）"您好""再见"（Comd）]]，或者故意惹它们发怒，让它们骂"甚么东西"等等，使得观众感到非常惊奇有趣。[109]

例 105. All these facts—storage at even low levels, subsequent accumulation, and occurrence of liver damage at levels that may easily occur in normal diets (Ag), caused (Pro) (Af) [[Food and Drug Administration scientists (Comr) to declare (Pro) as early as 1950 (CR) that it is "extremely likely the potential hazard of DDT has been underestimated (Comd)]]."[110]

例 106. 我（Ag）对于每一个作家（CR），都（CR）不仅仅（CR）要求（Pro）(Af) [[他（Comr）写（Pro）他听来的别人的生活（Comd）]]，还（CR）要求（Pro）(Af) [[他（Comr）迟早（CR）能简单而诚恳地（CR）写出（Pro）自己的生活（Comd）]]。[111]

例 107. In San Francisco's Chinatown I saw the slave girl Sing Yee dipped slowly, inch by inch, in boiling almond oil to make (Pro) (Af) [[her (Comr) swear (Pro) she would never see her American lover again (Comd)]].[112]

例 104 中的施事为"他"，指动物饲养员，交流方为"鹦鹉"，交流内容为"您好""再见"。在本句中，作者对饲养员驯养动物的事件进行描述，表征人类训练动物以取悦人类，这样的行为不仅剥夺了动物自由

---

[109] 选自《人民日报》1959 年 5 月 13 日文章，BCC（Beijng Language and Culture University Corpus Centre）语料库。

[110] 选自 Silent Spring 一书中的第三章。

[111] 选自《瓦尔登湖》一书中的《经济篇》一章。

[112] 选自 Strictly Business: More Stories of the Four Million 一书中的"A Municipal Report"一文。

第 4 章　生态话语分析的理论基础：经验功能

生存发展的权利，还体现出人类与动物的不平等关系，属于生态破坏性话语。例 105 中的施事是 all these facts，指农药伤害人类身体的事实，交流方为 Food and Drug Administration scientists，交流内容为"it is extremely likely the potential hazard of DDT has been underestimated"，环境角色 as early as 1950 补充时间，表征农药造成的严重后果（如肝损伤、危害环境、杀死生物等）使科学家承认低估农药的潜在危害。作者通过交流类心理过程表征专家对农药危害度的认识，这种认识对自然环境及人类是有利的。此外，作者还以滥用农药的后果作为施事，将不良影响前景化，能够引起读者对农药滥用危害度的重视，故属于生态有益性话语。例 106 中，施事"我"让交流方"作家"写出"别人的生活"和"自己的生活"，表征话语者通过影响类过程将作家与读者连接起来，形成交流互通，有助于人际关系的良好发展，属于生态有益性话语。例 107 语境为"奴隶女孩被慢慢地、一点儿一点儿地浸在滚烫的杏仁油里"这一事件，交流方为一个奴隶女孩，交流内容为保证其不再与美国情人约会，但说话人并没有写明该影响类过程的施事，也就是说，说话人将以残酷手段迫使小女孩发誓的人模糊化，在一定程度上是对实际施事的一种包庇行为，此类话语会损害人际关系，不利于社会生态系统的良好发展，故属于生态破坏性话语。

（4）Ag + Pro + Af [[Comr + Pro + Comee + Comd]]

例 108. 我（Ag）真想求（Pro）(Af) [[腾格里（Comr）告诉（Pro）母狼们（Comee），今晚千万别来，明晚也别来（Comd）]]。[113]

例 109. I wish I (Ag) could ask (Pro) (Af) [[Tengger (Comr) to tell (Pro) the mother wolves not to come tonight, not tonight or tomorrow night (Ph)]].[114]

例 110. 为避免精神紧张，郁恩庭制定了一套"鸵鸟战术"——不关注其他比赛，只（CR）让（Pro）(Af) [[别人（Comr）告诉（Pro）他（Comee）下一个对手是谁（Comd）]]。[115]

113　选自《狼图腾》一书中的第二十六章。
114　选自 Wolf Totem 一书中的第二十六章。
115　选自《乒乓球前世界冠军郁恩庭因病去世，享年 73 岁》，澎湃新闻网，2019 年 10 月 28 日。

例 111. There was a harshness on his face as he moved towards her, a determination to <u>make (Pro) (Af) [[her (Comr) tell (Pro) him (Comee) the answers he sought (Comd)]]</u>, and she looked away.[116]

例 108 和例 109 是相同语义下的英汉语版本，施事为"我"，交流方为"腾格里"（指草原最高的神），交流内容为主人公祈求狼群不要过来，否则人类会杀掉狼。两例通过交流类心理过程一方面表征主人公对狼的不舍；另一方面表征其为了维持草原各种关系的平衡而不得不对狼采取强硬措施，因此只能将不舍之情寄托神明。主人公对狼的不舍体现了人与自然之间的情感深厚，杀掉狼的决定又使人类与自然对峙起来，故这样的表达属于生态模糊性话语。由此可见，此小句的翻译版本遵循原句的生态性特征。例 110 中，施事为一名乒乓球运动员"郗恩庭"，在其影响的交流过程中，交流方为"别人"，交流内容为"下一个对手是谁"。从交流内容表面来看，施事与"对手"之间存在一定的对立关系，但此句实际表征施事为避免紧张而发生的交流过程，体现出其对比赛的专注和重视，这既有利于施事本身的发展状态，也有利于比赛的顺利进行，因此属于生态有益性话语。例 111 中的交流方为 her，交流对象为 him，交流内容为 the answers he sought，促使二人发生交流过程的施事根据句意推断为 a determination，指男主人公表现出的决心，表征男人对二人之间的交流作出努力，有利于推动二人关系的发展，属于生态有益性话语。

4.4.3 关系类过程

关系类过程是抽象世界经验的表征，体现两个事物或事件之间的联系，描述世界中事物或事件之间的抽象关系，可以细化为归属类、识别类、位置类、方向类、拥有类、关联类和存在类。

---

116 选自"Destined to Love"，BNC（British National Corpus）语料库。

第 4 章　生态话语分析的理论基础：经验功能

1. 归属类关系过程

自主归属类关系过程表征事物或事件具有某些特征。这类过程包括一到两个参与者角色，一个是载体（Carrier，以下缩写为 Ca），另一个是属性（Attribute，以下缩写为 At）。

（1）Ca + Pro-At

例 112. 再打多了腾格里就不让了，<u>腾格里（Ca）最公平（Pro-At）</u>。[117]

例 113. <u>Every leaf and twig and stone and cobweb (Ca) sparkles (Pro-At)</u> now at mid-afternoon as when covered with dew in a spring morning (CR).[118]

例 114. 小小年纪，竟如此博学，我应当说，<u>这个孩子（Ca）前程似锦（Pro-At）</u>。[119]

例 115. <u>Wuxi culture (Ca) shines (Pro-At)</u> in Israel (CR).[120]

例 112 中，说话人用"最公平"表述载体"腾格里"的属性，其中"腾格里"指草原最高的神，是自然的代表，作者用归属类关系过程表征大自然遵循一定的发展规律，对草原上的万物都很公平，表现出作者对自然的尊重与敬畏，属于生态有益性话语。例 113 中，载体为 every leaf and twig and stone and cobweb，归属类关系过程及属性为 sparkles，描述自然万物都在阳光的照耀下闪闪发光，是对大自然进行的积极评价，有益于人与自然之间和谐共处，属于生态有益性话语。例 114 中，载体为"这个孩子"，属性为"前程似锦"，作者通过归属类关系过程对孩子的美好前景进行表征，表明其对孩子博学多识的赞美，有利于人与人之间建立和谐友好的关系，属于生态有益性话语。例 115 背景为无锡代表中国参加以色列国际戏剧节，其中载体为 Wuxi culture，归属类关系过程及属性为 shines，环境角色 in Israel 补充事件发生的地点信息。作者通过归属类关系过程对无锡文化赋予了闪耀的积极属性，表征在以色列戏剧节中无锡的文化活动表现十分突出，得到大家的称赞

117　选自《狼图腾》一书中的第十三章。
118　选自 *Walden* 一书中的 "The ponds" 一章。
119　选自《死魂灵》一书中的第一章。
120　选自 "Wuxi culture shines in Israel"，*China Daily*，2015 年 10 月 10 日。

与欢迎。同时，无锡文化代表中国文化，无锡文化在国外的熠熠生辉也有利于扩大中国文化在世界的影响，属于生态有益性话语。

（2）Ca + Pro + At

例 116. 禁止海豚展览的理由（Ca）是（Pro）非常充分的（At）。[121]

例 117. The underground water (Ca) also (CR) became (Pro) contaminated (At), and arsenic entered the drinking water.[122]

例 118. 新型国际关系（Ca）是（Pro）中国提出的一个受到全世界关注的新词汇（At）。[123]

例 119. The city (Ca) has been (Pro) one of the pioneers and front-runners of reform and opening-up in China (At) since it was designated a special economic zone 40 years ago (CR).[124]

例 116 中，载体"禁止海豚展览的理由"的属性为"非常充分的"。海豚展览是一项人类训练动物进行表演的活动，通常会对动物的生活习性或行为动作等产生人为影响，不利于动物自身的生存发展。载体表征对此生态破坏性事件加以禁止的理由，属于生态有益性载体；属性表征对载体的肯定和充分性，更加强了载体的生态有益性，有利于动物正常的生存发展，属于生态有益性话语。例 117 中的载体为 the underground water，属性为 contaminated，此处作者选择归属类关系过程 became 表征地下水的污染过程。根据语境，是杀虫剂"砷"的过度使用使地下水源逐渐被污染，继而进入饮用水中对人体产生影响。这种关系过程的表述是对杀虫剂造成环境破坏结果的正确表征，能够加强读者对环境保护的认识，属于生态有益性话语。例 118 中载体为"新型国际关系"，结合小句背景可以得知，中国提出的新型国际关系主张与时俱进，所有国家都是命运共同体，符合"多元和谐，交互共生"生态

121　选自《动物权利》一书中的第六章。
122　选自 *Silent Spring* 一书中的第十四章。
123　选自《地球村应是共谋发展大舞台（新时代的中国与世界·梦想篇⑦）》，人民网，2019 年 10 月 26 日。
124　选自 "Shenzhen reflects the success of reform, opening-up"，*China Daily*，2020 年 8 月 27 日。

第 4 章　生态话语分析的理论基础：经验功能

哲学观。属性"中国提出的一个受到全世界关注的新词汇"表征中国提出的"新型国际关系"一词在世界范围内的影响力，有利于国际社会生态系统的良性发展，故可以判定为生态有益性话语。例 119 中的载体为 the city（指深圳），其属性为 one of the pioneers and front-runners of reform and opening-up in China，环境角色补充经验活动的时间信息。作者通过归属类关系过程对深圳进行属性赋予，肯定深圳改革开放 40 年来的突出发展与卓越成绩，有利于我国其他城市以深圳为榜样，全面实施改革开放，保持我国社会生态系统的平衡，因此属于生态有益性话语。

影响归属类关系过程表征载体受到某些因素的影响而具有一定的属性。这类过程涉及的参与者角色包括施事、载体、属性。

（3）Ag + Pro + Af [[Ca+ Pro-At]]

例 120. 狂猛的侧风也立刻减缓了马群的速度，削弱了马群抵抗狼群的武器。但是，侧风（Ag）却使（Pro)(Af) [[狼群（Ca）如虎添翼（Pro-At)]]。[125]

例 121. Wild cherry, the leaves of which are highly poisonous, has exerted a fatal attraction for cattle once its foliage has been sprayed with 2, 4-D. Apparently (CR) the wilting that follows spraying (Ag) makes (Pro) (Af) [[the plant (Ca) attractive (Pro-At)]]。[126]

例 122. 每位太太都已暗自发誓，一定要尽力使（Pro）(Af) [[舞姿（Ca）漂亮无比（Pro-At）]]，把自己身上最得意的地方淋漓尽致地展现出来。[127]

例 123. And they (Ag) are also more open to making (Pro) (Af) [[their hobbies (Ca) profitable (Pro-At)]]。[128]

例 120 描述狼群与马群为生存而争斗的场面，施事为"侧风"，被影响事件中的载体为"狼群"，过程–属性为"如虎添翼"。作者通过影响类过程表征自然条件"侧风"对狼马相争的影响，体现了不同生物之间弱肉强食的生存法则。此外，作者用"如虎添翼"这一积极属性来形

125　选自《狼图腾》一书中的第五章。
126　选自 Silent Spring 一书中的第六章。
127　选自《死魂灵》一书中的第八章。
128　选自 "Moonlighting shines"，*China Daily*，2019 年 10 月 17 日。

容受到侧风影响的狼群，表征了其对狼群战斗能力的肯定。由此，此例中的过程类型与参与者角色的表述符合自然规律，有利于自然生态系统的稳定与平衡，属于生态有益性话语。例 121 中载体为 the wilting that follows spraying，属性为 attractive，表征喷洒过杀虫剂后枯萎的植物（糖含量增加）对动物有很大的吸引力，导致动物食用后中毒生病或死亡。也就是说，此处"植物的吸引力"是具有生态破坏性的。此外，作者以"喷洒后的枯萎"作为"植物有吸引力"的施事，表明了其中的因果关系，却模糊了人类作为真正的"罪魁祸首"在喷洒杀虫剂事件中的作用，属于生态破坏性话语。例 122 施事为"每位太太"，被影响事件中的载体为"舞姿"，属性为"漂亮无比"。该句描述太太们通过舞姿"争宠"的心理，这样的攀比心理不利于人际生态系统的稳定，属于生态破坏性话语。例 123 施事为 they，被影响事件中的载体为 their hobbies，属性为 profitable，表征有些创业者将兴趣爱好（比如民间剪纸等）发展为可以挣钱的产业。作者为"兴趣"赋予"有利的"属性，表现出对文化生态系统与经济生态系统互动发展的态势，属于生态有益性话语。

（4）Ag + Pro + Af [[Ca+ Pro + At]]

例 124. 陈阵的心里一阵阵涌上来对小狼的宠爱与怜惜，他几乎每天都能看到小狼上演的一幕幕好戏，而且狼戏又是那么生动深奥，那么富于启迪性，使（Pro）(Af) [[他（Ca）成为（Pro）小狼忠实痴心的戏迷（At）]]。[129]

例 125. "I determined," Chief Harbar said, "that one large wolf (Ag) had leaned its front paws against the wall, rear legs on the ground, and made (Pro) (Af) [[its body (Ca) become (Pro) available as a springboard (At)]]…"[130]

例 126. 刘生认为美术不仅是现实生活的复制，其中更蕴含着人（Ag）通过努力（CR）使（Pro）(Af) [[世界（Ca）变（Pro）美（At）]]、

---

[129] 选自《狼图腾》一书中的第二十七章。
[130] 为便于示例分析，在原文句意不变的情况下对划线处语料进行修改，原句为"…and made its body available as a springboard…"。该例选自 Wolf Totem 一书中的第四章。

为现实添加的某种特殊情怀……[131]

例 127. Paper (Ag) made (Pro) (Af) [["iPads" and "iPhones" (Ca) become (Pro) popular offerings for Qingming Festival in China (At)]].[132]

例 124 中，导致载体"他"成为"戏迷"的原因为狼戏的丰富，根据语境得知，"狼戏"指主人公对小狼习性的观察，并从中学习小狼坚毅勇敢的精神，作者通过影响归属类关系过程将主人公崇拜自然并向其学习的经验进行表征，体现出作者热爱自然、尊崇自然的思想，属于生态有益性话语。例 125 描写狼群偷羊的过程，施事为 one large wolf，载体为 its body，属性为 available as a springboard，表征一头大狼将自己的身体作为其他狼过墙的跳板，赋予了狼主观能动性较强的角色，表明了自然生态系统中生物之间的协作互助。由此，作者对狼群的正面表征体现出其积极的生态意识，属于生态有益性话语。例 126 施事为"人"，载体为"世界"，属性为"美"。作者通过影响归属类关系过程表征人能够赋予世界以美好的属性，加之环境角色"通过努力"，表征"人"是"世界"中主观能动性最强的群体。作者在这一小句中表征的经验活动有利于世界生态系统的和谐发展，属于生态有益性话语。例 127 中的施事为 paper，载体为 ipads and iphones，属性为 popular offerings for Qingming Festival in China。作者通过影响归属类关系过程表征"纸"这一媒介使得平板电脑和手机成为中国清明节受欢迎的祭品，体现了传统文化与现代科技相融合，是文化继承与发扬的体现方式之一，有益于社会文化的发展，属于生态有益性话语。

2. 识别类关系过程

自主识别类关系过程表征通过一个事物或事件来识别另一个事物或事件的经验活动。也就是说，在二者之间一个是另一个的符号、名称，强调事物或事件的专有特征。这类过程涉及的参与者角色有两个，分别为标记（Token，以下缩写为 Tk）和价值（Value，以下缩写为 Vl）。

---

[131] 选自《寻找"唯心之美"，日本近现代油画大家岸田刘生辞世 90 周年》，澎湃新闻网，2019 年 8 月 29 日。
[132] 选自"'iPhone' becomes popular offerings for Qingming Festival"，*China Daily*，2014 年 4 月 5 日。

(1) Tk + Pro + Vl

例 128. 在汉人的眼里（CR), 狼（Tk）是（Pro）天下最坏最凶恶最残忍的东西（Vl）……[133]

例 129. ... they (Tk) may become (Pro) the real owners of their farms (Vl)...[134]

例 130. 和平发展（Tk）是（Pro）世界各国的共同追求（Vl）。[135]

例 131. It diversified the image of the Chinese in the Western world but unfortunately (CR), it (Tk) was (Pro) Lee's final completed film appearance before his death on July 20, 1973 at age 32 (Vl).[136]

例 128 将标记"狼"的价值表述为"天下最坏最凶恶最残忍的东西"，句首环境角色"在汉人的眼里"补充视角信息，此处作者通过极具生态破坏性的价值表征狼的形象，体现汉人与狼之间的对立，这种对动物的错误认知违背"多元和谐，交互共生"生态哲学观，不利于人与自然之间建立和谐关系，属于生态破坏性话语。例 129 中的标记为 they，指耕作的人，价值为 the real owners of their farms，结合语境，小句表述耕作的人祖祖辈辈在这片土地上耕作，作者通过识别类过程将他们标记为"农场真正的主人"，体现出耕作的人与土地之间情感深厚的意义，属于生态有益性话语。例 130 中，标记为"和平发展"，这一理念本身就有利于国际生态系统的良性发展，属于生态有益性标记；价值为"世界各国的共同追求"，表征说话人将世界各国看作"命运共同体"，只有生态系统内的每个生态因子和谐，才能保证整个生态系统的良好运转。话说人通过识别类关系过程将二者等同起来，表征和平发展对各国以及世界的重要性，属于生态有益性话语。例 131 对标记 it 进行价值界定，将它定义为"李小龙生前出演的最后一部电影"。结合语境，作者认为李小龙的电影使中国人在西方世界的形象多元化。该例通过识别类关系过程，加之环境角色 unfortunately，一方面肯定李小龙电

---

[133] 选自《狼图腾》一书中的第十八章。

[134] 选自 Walden 一书中的"Economy"一章。

[135] 选自《地球村应是共谋发展大舞台（新时代的中国与世界·梦想篇⑦）》，人民网，2019 年 10 月 26 日。

[136] 选自"Hollywood's great Chinese story"，China Daily，2019 年 10 月 4 日。

第 4 章　生态话语分析的理论基础：经验功能

影在中国文化传播过程中的重要作用，有利于文化生态系统的融合与发展；另一方面也表达对李小龙英年早逝的遗憾之情，体现了良好的人际关系。由此，该例属于生态有益性话语。

影响识别类关系过程表征一个事物或事件通过某种行为使另一事物或事件具有某种特征的经验活动。所以，在参与者角色方面，致使其他事物或事件发生变化的事物或事件充当施事角色，而另外一个事物则是标记，增加的特征则为价值。

（2）Ag + Pro + Af [[Tk + Pro + Vl]]

例 132. 我几乎四十年来都有这种梦想，想拥有一块小小的土地，把土地的四面围起来，让（Pro）(Af) [[它（Tk）成为（Pro）我私人所有的土地（Vl）]]。[137]

例 133. Wolves are intelligent, they're looked after by the gods, and they get help from all sorts of demons. That (Ag) makes (Pro) (Af) [[them (Tk) become (Pro) the most formidable enemy (Vl)]].[138]

例 134. ……此番获奖（Ag）令（Pro）(Af) [[他（Tk）成为（Pro）史上第一位有缘手捧小金人的美国印第安人（Vl）]]……[139]

例 135. There can be little doubt that if the Prussians and Germans (Ag) had not attempted to force (Pro) (Af) [[them (Tk) to become (Pro) Germans (Vl)]], then in time the Pomeranian Poles and probably the majority of Prussian Poles would have allowed themselves to become Germanised.[140]

例 132 中的施事为"我"，标记为"它"，即一块小小的土地，价值为"我私人所有的土地"，作者在此句中用影响类关系过程对土地的价值进行标记，体现出作者对这块土地的渴望，表达出作者渴望亲近自然

137　选自《昆虫记》一书中的《论祖传》一章。
138　为便于例示分析，在原文句意不变的情况下对划线处语料进行修改，原句为"That makes them a formidable enemy"。该例选自 *Wolf Totem* 一书中的第八章。
139　选自"大卫·林奇等四人领取奥斯卡荣誉奖小金人"，澎湃新闻网，2019 年 10 月 29 日。
140　选自"Gdansk: national identity in the Polish-German borderlands"，BNC 语料库。

的感情；但另一方面，说话人意图将自然类事物归为自己的所属物，在一定程度上体现了人类中心主义，因此属于生态模糊性话语。例 133 中的施事为 that，指狼聪慧的特性，被影响事件中的标记为 them，指狼群，价值为 the most formidable enemy。从句意上看，该句是对狼聪慧天性的肯定，但是从过程类型上看，作者选择影响类过程表征狼聪慧的特性导致的后果，并通过识别类过程将狼群标记为"最强劲的敌人"，将人类与狼群对立起来，不利于人与自然关系的和谐，属于生态破坏性话语。例 134 中的施事为"此番获奖"，被影响事件中的标记为"他"，即获奖人，价值为"史上第一位有缘手捧小金人的美国印第安人"。根据句意得知，获奖人获得奥斯卡奖是因为其作品优秀，说话人选择"此番获奖"作为施事，一方面是对获奖人的肯定；但另一方面模糊了其真正的获奖原因。此外，说话人在价值表述中强调获奖人"美国印第安人"的特征，在一定程度上体现出种族不平等的意识，属于生态破坏性话语。例 135 讲述普鲁士和日耳曼人对波美拉尼亚的侵略，其中施事为 the Prussians and Germans，被影响事件中的标记 them 指被侵略的人们，价值为 Germans。说话人用 force 一词表征施事与标记之间的地位不平等，赋予施事破坏和平的侵略者角色，也就是说，"普鲁士和日耳曼人侵略"这一事件属于破坏性事件，但说话人对此破坏性事件表达否定预测，再结合下文作者认为，如果没有发生侵略可能也会有同样的结果，表明其对和平的向往，属于生态有益性话语。

3. 位置类关系过程

自主位置类（也可称为处所类）关系过程表征事物与位置（或称为处所）的关系。位置可以指空间上的，也可以指时间上的（何伟等，2017：108）。这类过程通常包含两个参与者角色，即载体和位置（Location，以下缩写为 Loc）。

（1）Ca + Pro + Loc

例 136. <u>在人类出现很久以前（CR），昆虫（Ca）居住（Pro）于（PrEx）地球（Loc）</u>——这是一群非常多种多样而又和谐的生物。在人类出现以后的这段时间里，50 多万种昆虫中的一小部分以两种主要的方

第 4 章　生态话语分析的理论基础：经验功能

式与人类的福利发生了冲突：一是与人类争夺食物，一是成为人类疾病的传播者。[141]

例 137. "We (Ca) all (CR) live (Pro) under the haunting fear (Loc) that something may corrupt the environment to the point where man joins the dinosaurs as an obsolete form of life," says Dr. David Price of the United States Public Health Service.[142]

例 138. "毫无疑问（CR），全世界（Ca）都处在（Pro）大变局中（Loc）。"在日前举行的第九届北京香山论坛上，日本外务省前副大臣山中烨子在论及国际秩序与大国关系时指出，国家间尤其是大国之间要进行合作而不是竞争。[143]

例 139. The Loon Fung (Ca) is reasonably close to (Pro) Dalian House, a building reflecting Glasgow's ongoing twinning with Dalian (Loc).[144]

例 136 对昆虫的住处进行描述，其中载体为"昆虫"，位置为"地球"，环境角色为"在人类出现很久以前"。结合语境，作者将昆虫描述为"多种多样而又和谐"，表征昆虫在地球上"多元和谐，交互共生"的生存状态，赋予了载体生态有益性角色。然而，环境角色对事件发生时间信息的补充在一定程度上将昆虫与人类对立起来，且由下文可知，人类出现后确实与昆虫出现了一些冲突。由此，该小句属于生态模糊性话语。例 137 中的载体为 We，位置为 under the haunting fear，指人类对环境破坏后自己会像恐龙一样灭绝的恐惧。作者使用这种及物性配置一方面表达出人类对环境问题的担忧；但另一方面作者用 live 这一位置类关系过程表征人们"生活"在担忧之下，在一定程度上夸大了目前环境问题的压力，可能会导致人类与环境之间的对立，无益于自然与人类的关系。由此，该话语属于生态模糊性话语。例 138 中划线小句的载体为"全世界"，位置为"大变局中"，表征地球村目前的发展状态。作者

141　选自《寂静的春天》一书中的第二章。
142　选自 *Silent Spring* 一书中的第十一章。
143　选自"地球村应是共谋发展大舞台（新时代的中国与世界·梦想篇⑦）"，人民网，2019 年 10 月 26 日。
144　选自 "My fascination with China began in Scotland"，*China Daily*，2019 年 10 月 25 日。

以"全世界"为载体，表征其将世界各国看作一个共命运的整体，"大变局"的位置则是提醒世界各国更应在此环境下加强交流，互助合作，属于生态有益性话语。例 139 中的载体为 The Loon Fung（龙凤行），是华人开办的售卖东方美食的商店；位置为 Dalian House，一座反映格拉斯哥与大连亲密关系的建筑。说话人用位置类关系过程表征中华文化在英国的传播以及中英的交际互动，有利于中英两国之间以及两国人民之间建立良好的关系，因此属于生态有益性话语。

影响位置类关系过程表征在外力作用下事物处于某个位置的经验活动。在配置结构上，参与者角色包括施事、载体和位置。

（2）Ag + Pro + Af [[Ca + Pro + Loc]]

例 140. 另外一个地方他们还指给我看过，他们认为那是一个漏洞，湖水从那里漏出去，从一座小山下经过，到达邻近的一处草地，他们（Ag）让（Pro）（Af）[[我（Ca）待（Pro）在（PrEx）一个冰块上（Loc）]]，把我推过去看。[145]

例 141. Maybe it was the horse's extraordinary courage that summoned back Chen's departed soul, but when that spirit, which had hovered in the frigid air for a moment, returned to his body, he felt reborn and was extraordinarily tranquil. He (Ag) forced (Pro) (Af) [[himself (Ca) to sit (Pro) firmly (CR) in the saddle (Loc)]]. Taking his cue from the horse, he pretended not to have seen the pack, though nervously keeping them in sight.[146]

例 142. 资深军事记者亚历山大·高茨认为，土耳其在叙利亚的行动（Ag）"使（Pro）（Af）[[俄罗斯（Ca）处于（Pro）非常不舒服的位置（Loc）]]"。[147]

例 143. The annual Def Con hacking convention (Ag) has asked (Pro) (Af) [[the federal government (Ca) to stay (Pro) away (PrEx-Loc) this year for the first time in its 21-year history (CR)]], saying Edward Snowden's

---

145　选自《瓦尔登湖》一书中的《冬天的湖》一章。
146　选自 Wolf Totem 一书中的第一章。
147　选自《土耳其搅动叙利亚"棋局"，埃尔多安见普京喜忧参半》，澎湃新闻网，2019 年 10 月 21 日。

revelations have made some in the community uncomfortable about having feds there.[148]

　　例 140 是对作者一行人探索自然，感触自然的描述，其中施事为"他们"，指作者"我"的同伴，载体为"我"，位置为"一个冰块上"。由此可见，载体与位置分别为人类与自然事物，作者通过位置类关系过程表征其与自然的亲近，体现了作者对自然的求知与探索，有利于人与自然之间和谐共处，属于生态有益性话语。例 141 施事为 he，即陈阵，载体为 himself，即陈阵自己，位置为 in the saddle，该句通过位置类关系过程表征在面对狼群时陈阵的状态。结合语境可知，大青马的智慧与勇气感染了陈阵，使其对狼群的恐惧逐渐消减。作者通过位置类关系过程、位置参与者角色以及起强调作用的环境角色 firmly，体现出陈阵在受到大青马影响后展现出来的冷静，展现出自然对人类的积极作用，有利于凸显人与自然的交互关系，属于生态有益性话语。例 142 中的施事为"土耳其在叙利亚的行动"，载体为"俄罗斯"，位置为"非常不舒服的位置"。根据语境，俄罗斯想帮阿萨德收复领土，赶走叙利亚境内的一切外国势力，尽快帮助叙利亚启动国家重建进程，而土耳其则与美国联手想趁着叙利亚战争"开疆拓土"。也就是说，施事表征一种侵犯国家主权和领土完整的行为，违反生态哲学观，属于生态破坏性施事。并且，作者运用位置类关系过程表征俄罗斯在美土俄三方博弈中的困境，体现了三方的利益争夺，不利于国际社会生态系统的良性发展，因此属于生态破坏性话语。例 143 中施事为 the annual Def Con hacking convention，对载体 the federal government 的所处位置施加了影响，环境角色提示事件发生的频次。作者使用位置类关系过程对双方关系进行表征，即由于施事和载体双方关系不够良好，导致一方被要求远离，不利于人际关系的和谐，故该例属于生态破坏性话语。

4. 方向类关系过程

　　自主方向类关系过程表征事物与方向之间的关系，其中方向包括来

148　选自 "Hackers ask feds to stay away from meet"，*China Daily*，2013 年 7 月 12 日。

源（Source，以下缩写为 So）、路径（Path，以下缩写为 Pa）和目的地（Destination，以下缩写为 Des）（何伟等，2017：111）。方向类过程的参与者角色包括载体、方向（Direction，以下缩写为 Dir）。

（1）Ca + Pro + Dir

例 144. 十月中（CR），黄蜂（Ca）飞到（Pro）我的住所（Dir: Des）来（PrEx）。[149]

例 145. The underground water also became contaminated, arsenic (Ca) entered (Pro) the drinking water (Dir: Des).[150]

例 146. 将首先从 100 日元和 500 日元两种硬币开始制造，日本银行发行后，最早当月就能通过金融机构（Dir：Pa）流通到（Pro）市场上（Dir：Des）。[151]

例 147. Later, regularly travelling across the US and Canada, I (Ca) often (CR) headed (Pro) to the nearest Chinese restaurant (Dir: Des) knowing they would serve food I was familiar with![152]

例 144 中，载体为"黄蜂"，属于自然生态系统中的生命体角色；方向为"我的住所"，指人类的住所。作者没有指出载体移动的来源和路径，只是强调了目的地，也就是说，该例表征自然趋向人类的过程，体现了自然与人类的互动，属于生态有益性话语。例 145 中载体为 arsenic，即剧毒化学元素"砷"，属于生态破坏性载体；目的地方向为 the drinking water，表征杀虫剂的过量使用污染了饮用水。此处作者通过方向类关系过程表征杀虫剂喷洒对人类社会产生的后果，以警醒读者破坏自然环境最终还是会影响到自己，故该例属于生态有益性话语。例 146 中载体是隐藏的，通过语境可以推断为"令和元年硬币"，该句表述硬币到市场的路径方向，新硬币的流通有利于经贸系统的稳定

149　选自《瓦尔登湖》一书中的《室内的取暖》一章。
150　选自 Silent Spring 一书中的第十四章。
151　选自《"令和元年"硬币 7 月将开始制造，8 月可预约申购套装》，澎湃新闻网，2019 年 6 月 14 日。
152　选自 "My fascination with China began in Scotland"，China Daily，2019 年 10 月 25 日。

第 4 章 生态话语分析的理论基础：经验功能

运行，属于生态有益性话语。例 147 中的载体为 I，方向为 the nearest Chinese restaurant，结合原文背景，载体身份为喜欢中华文化和美食的英国人，作者通过方向类关系过程表征其对中国文化及美食的趋向，体现了中外文化的互动，故该例属于生态有益性话语。

影响方向类关系过程表征外力作用下载体的方向，其中参与者角色为施事、载体和方向。

（2）Ag + Pro + Af [[Ca + Pro + Dir]]

例 148. 另一个选择是，她可以用一个"人道的"捕鼠器，它里面装有奶酪，<u>能引诱（Pro）(Af) [[老鼠（Ca）进入（Pro）一个容器内（Dir: Des)]]</u>，当奶酪被触动时容器会关上。之后，她可以把容器中的老鼠带到野地里放走。[153]

例 149. Chen and Yang had also figured out how to <u>make (Pro) (Af) [[the cub (Ca) enter (Pro) the cage (Dir: Des)]]</u>.[154]

例 150. 鲁静拿肯尼亚举例称，肯尼亚希望自己成为东非的门户，要达到这个目标就需要<u>能够让（Pro）(Af) [[物流（Ca）通过（PrEx）肯尼亚（Dir: Pa）进入到（Pro）非洲（Dir: Des)]]</u>。而中国走过这条路，通过先修路和修建基础设施实现了互联互通，物流发展起来后就带来了贸易与资金流，整个服务业就会被带动起来。[155]

例 151. And the personnel manning one such checkpoint demanded that Wen show her "health code" —a digital pass that comes in green, yellow or red. <u>Green (Ag) allows (Pro) (Af) [[people (Ca) to travel (Pro) almost unimpeded (CR) across the city (Dir: Pa)]]</u>.[156]

例 148 中，施事为"奶酪"，被影响事件中的载体为"老鼠"，方向为"一个容器内"，此处作者用影响方向类关系过程仅表征老鼠被引诱后进入捕鼠器的路径。从语境可知，第一个选择是一个致命的捕鼠器，

---

[153] 选自《动物权利》一书中的第四章。
[154] 选自 *Wolf Totem* 一书中的第三十五章。
[155] 选自《渣打银行：正提高"一带一路"清洁能源、可持续能源项目比重》，澎湃新闻网，2019 年 10 月 22 日。
[156] 选自 "On the other side of the digital divide"，*China Daily*，2020 年 10 月 7 日。

能够使老鼠立即死亡。由此可见，虽然此处捕鼠器这一表明目的地的方向禁锢了老鼠的自由，但也是作者为了避免老鼠死亡而做出的选择，因此属于生态模糊性话语。例 149 中，载体 the cub 进入表示目的地的方向 cage 是由施事 Chen and Yang 影响的，表征引诱小狼进入笼子的过程。该过程一方面是对小狼自由的束缚，在一定程度上会扼杀其天性；但另一方面也是对小狼的保护；护其安全成长后再将其放逐，故该例属于生态模糊性话语。例 150 中，被影响事件中的载体为"物流"，路径为"肯尼亚"，目的地为"非洲"。结合语境，本句是说话人以中国为借鉴经验对肯尼亚成为东非门户提出的建议，因此施事为肯尼亚本国。此外，路径与目的地之间是所属关系，肯尼亚位于非洲东部，具有成为"东非门户"的位置条件；载体、路径与目的地的结合表征物流方面的互联互通，且从中国"一带一路"建设经验来看，这样的互联互通能够带来贸易和资金的流动，有利于国家和地区的经济发展，因此属于生态有益性话语。例 151 中施事为 green（指健康绿码），被影响事件中载体为 people，方向为 across the city，表征为防疫管控市民需凭健康绿码出行。首先，施事"绿码"表征市民的安全与健康，载体"人们"以及路径"全市通行"表征健康绿码所管控的对象及适用范围，体现出政府及相关部门从人民的根本利益出发为人民服务的工作意识，有利于城市的健康管理以及政府与人民之间的和谐关系，属于生态有益性话语。

5. 拥有类关系过程

自主拥有类关系过程表征事物与另一个事物之间的归属关系。这类过程的参与者角色包括拥有者（Possessor，以下缩写为 Posr）和拥有物（Possessed，以下缩写为 Posd）。

（1）Posr + Pro + Posd

例 152. ……森林（Posr）并不属于（Pro）我（Posd）所有……[157]

例 153. The battle of living things against cancer began so long ago that its origin is lost in time. But it must have begun in a natural environment...

---

[157] 选自《瓦尔登湖》一书中的《室内的取暖》一章。

第 4 章　生态话语分析的理论基础：经验功能

The environment (Posr) contained (Pro) these hostile elements (Posd) even before there was life (CR).[158]

例 154. 近日，在电信网络诈骗抓捕现场，民警发现骗子们的桌上放着心理学书籍。他们（Posr）拥有（Pro）多份话术（Posd)，还会定期修改、更新套路。警方提醒：不贪不信不转账，不给骗子可乘之机。[159]

例 155. The library (Posr) now (CR) houses (Pro) about 60,000 copies of ancient books in Western languages (Posd), not counting works in Russian.[160]

例 152 中的拥有物为"森林"，拥有者为"我"，表征自然生态系统中的事物与人类之间的拥有关系。作者认为，人与自然不是拥有与被拥有的关系，将自然与人放在两个平等位置上，这样的认知有利于人与自然的和谐共处，故该例属于生态有益性话语。例 153 中的拥有物为 the environment，拥有者为 these hostile elements，表征自然环境中本身就带有致癌物质，这些环境因素对人体具有潜在的危险，作者意在提醒人们不要用杀虫剂等化学药品再加重这种危险性，故该例属于生态有益性话语。例 154 中的拥有者为"他们"，指电信网络诈骗犯，拥有物为"多份话术"，指用来欺骗民众的说话技巧，二者均为不利于社会生态系统良性发展的生态破坏性参与者角色。作者使用拥有类关系过程对有关电信网络诈骗手段这一消极事件进行客观表征，是在警醒读者提高警惕、防止受骗，有利于维护社会的和谐与稳定，因此属于生态有益性话语。例 155 描述拥有者 the library 和拥有物 about 60,000 copies of ancient books in Western language 之间的拥有关系，其中拥有物表征文化的传承，是人类共同的精神遗产，不属于任何单独个体，而拥有者又是储藏书籍供公众借阅的场所，这样的话语符合生态哲学观，属于生态有益性话语。

影响拥有类关系过程表征在外力的影响下一个事物属于另一个事物，强调外力导致拥有关系发生变化，其参与者角色较自主类而言多一个施事。

158　选自 *Silent Spring* 一书中的第十四章。
159　选自《诈骗团伙桌上放着多本心理学书籍》，澎湃新闻网，2021 年 6 月 18 日。
160　选自 "Books that speak volumes"，*China Daily*，2019 年 9 月 28 日。

（2）Ag + Pro + Af [[Posr + Pro + Posd]]

例 156. 当时食品与药品管理处采取行动禁止（Pro）(Af) [[食物（Posr）含有（Pro）任何七氯及其环氧化物的残毒（Posd）]]……[161]

例 157. Mrs Talbot, when will you (Ag) allow (Pro) (Af) [[her (Posr) to keep (Pro) a cow (Posd)]]?[162]

例 158. 实习是为了培养学生，面对新的时代变化，校方有责任提供更加个性化的实习方案。可以在尊重学生专业和个人发展意愿的基础上……灵活安排实习时间，让（Pro）(Af) [[学生（Posr）拥有（Pro）更大的自主选择性（Posd）]]，实现良性循环。[163]

例 159. I do my own repairs, make (Pro) (Af) [[me (Posr) own (Pro) spares (Posd) when I need them (CR)]].[164]

例 156 中影响拥有者"食物"与拥有物"残毒"之间拥有关系的为施事"食品与药品管理处"。食物含有残毒的原因是由于杀虫剂的滥用，此例通过影响拥有类关系过程表征人类对自然破坏的后果需要人类承担，也需要由人类采取措施来减少其对自身的危害，表明作者对人类破坏环境带来的后果进行警示，故该例属于生态有益性话语。例 157 中的施事为 you，拥有者为 her，拥有物为 a cow，表征说话人在询问施事何时允许拥有者饲养一头奶牛，其中拥有者意在使奶牛生产牛奶，体现出其将动物作为工具的意向，是人类中心主义的表现，故属于生态破坏性话语。例 158 中的拥有者为"学生"，拥有物为"更大的自主选择性"，根据上下文，使这个拥有关系成立的施事为校方，表征学校应负担起相应的责任，为学生创造宽松的空间，使学生更好地选择自己未来的人生道路，这既有利于学校与学生之间建立和谐的关系，更有利于学生个人的良性发展，故该例属于生态有益性话语。例 159 中的拥有者为 me，拥有物为 spares，施事也为 I，表征说话者在未雨绸缪地进行准备，拥

161　选自《寂静的春天》一书中的第十章。
162　选自"Legacy of Love"，BNC 语料库。
163　选自《无奈的"注水"实习：考研复习与毕业实习时间冲突尴尬》，澎湃新闻网，2019 年 10 月 23 日。
164　选自"City of Gold and Shadows"，BNC 语料库。

有物能够解决说话人之后可能会遇到的问题和需求，体现了社会生态系统内部各要素之间和谐的互动关系，故该例属于生态有益性话语。

6. 关联类关系过程

自主关联类关系过程表征两个事物或事件之间的关联关系。这类过程涉及两个参与者角色，一个是相关方1（Correlator 1，以下缩写为Cor1）；另一个是相关方2（Correlator 2，以下缩写为Cor2），其主要强调二者之间的关联性，一般情况下二者之间地位平等。

（1）Cor1 + Pro + Cor2

例160. 这些重要的研究证实了这样一个事实，即使生物脱离了与杀虫剂的初期接触，<u>杀虫剂的毒性（Cor1）也能影响（Pro）下一代（Cor2）</u>。[165]

例161. <u>Don't compare (Pro) me (Cor1) with those Mongol sages (Cor2)</u>, or Tengger will be angry.[166]

例162. 从世界上实际存在的民族价值标准看，民族性格软弱是一个民族最致命的缺陷。因为，软弱的民族性格是万恶之源，<u>它（Cor1）将导致（Pro）一系列最可耻、最不可饶恕的罪恶（Cor2）</u>……[167]

例163. It is still far more common for <u>foreign men (Cor1) to marry (Pro) Chinese women (Cor2)</u>.[168]

例160中作者将相关方1"杀虫剂的毒性"与相关方2"下一代"联系起来，指前者对后者产生影响，其中"杀虫剂的毒性"属于对生态系统有害的破坏性相关方，表征化学制剂对生物及后代的危害，提醒人类应采取对生态系统有益的做法来对待害虫，故属于生态有益性话语。例161中的相关方1为me，即毕力格老人，相关方2为those Mongol sages。由语境得知，前文中有人将毕力格老人与蒙古族圣贤进行对比，

165　选自《寂静的春天》一书中的第八章。
166　选自 *Wolf Totem* 一书中的第十三章。
167　选自《狼图腾》一书中的后记部分。
168　选自"Marry me"，*China Daily*，2007年10月19日。

以表达对毕力格老人的崇拜之情，但是毕力格老人认为腾格里，即大自然，才是圣贤，人类只能了解而不能征服大自然，表征其对自然的尊重，属于生态有益性话语。例162中的相关方1为"它"，指软弱的民族性格，相关方2为"一系列最可耻、最不可饶恕的罪恶"，二者都属于对生态系统不利的破坏性参与者角色。由此可见，作者对阻碍民族发展的相关原因进行表征，认为一个民族应像狼群一般勇敢拼搏，反映了其对自然法则"优胜劣汰"的赞同，故该例属于生态有益性话语。例163中的相关方1为foreign men，相关方2为Chinese women，关联过程为marry。结合小句语境，中国女人嫁给外国男人要比中国男人娶外国女人的比例偏高，从中可以推断出国家背景的不同导致婚姻状况的差异。作者通过关联类关系过程表征"结婚"这一经验活动，体现出婚姻关系中的双方地位应是平等的，并且不受双方文化、经济背景的影响，这样的话语有利于人际关系的良性发展，故该例属于生态有益性话语。

影响关联类关系过程表征在外力的影响下两个事物产生关联的经验活动。这类过程涉及三个参与者角色，分别为施事、相关方1和相关方2。

（2）Ag + Pro + Af [[Cor1 + Pro + Cor2]]

例164. 人类、社会与自然环境是具有动态平衡的，但是，<u>人类、社会过快的进步带来了资源的快速枯竭（Ag），使（Pro）（Af）[[自然环境（Cor1）越来越不适合（Pro）人类的居住（Cor2）]]</u>。[169]

例165. It is an extraordinary fact that the deliberate introduction of poisons into a reservoir is becoming a fairly common practice. The purpose is usually to promote recreational uses, even though the water must then be treated at some expense to <u>make (Pro) (Af) [[it (Cor1) fit (Pro) for (PrEx) its intended use as drinking water (Cor2)]]</u>.[170]

例166. <u>可我（Ag）为啥就没把（Pro）（Af）[[我的小妹妹乌兰（Cor1）</u>

---

[169] 选自人文历史专栏"振宇平衡5. 人类与自然环境"，bilibili网站，2022年1月24日。

[170] 选自 *Silent Spring* 一书中的第四章。

第 4 章　生态话语分析的理论基础：经验功能

嫁给（Pro）你（Cor2）]]，要不，草原上打官司就有北京的大律师上阵啦。[171]

例 167. Appreciated were the experiences when <u>Chinese friends or organizations (Ag) would invite (Pro) (Af) [[me (Cor1) to join (Pro) them (Cor2) there (CR) on special occasions (CR)]]</u>.[172]

在例 164 划线小句中，表征被影响事件的小句将"自然环境"与"人类的居住"作为相关方 1、相关方 2，体现自然与人类、社会之间的紧密关联，在此基础上，说话人将"人类、社会过快的进步带来了资源的快速枯竭"作为施事，将"自然环境越来越不适合人类的居住"作为受事，表明说话人对"人类社会过快发展—生态破坏—人类居住"这三者之间的关系有一个正确认识，即对自然与人类社会之间相互影响、相互依存关系有一个正确认识。该例通过影响类过程强调人类在维持整个生态系统动态平衡中的重要作用，阐明人类活动对自然环境的破坏终会对其自身产生反噬作用，属于生态有益性话语。例 165 背景为人们为了增进水的娱乐作用（如钓鱼）无顾忌地将毒物引入水库，相关方 1 为 it，指花钱处理的水，相关方 2 为 drinking water。作者在此处将二者关联在一起，表征水库中的水在受到毒物污染后需要花钱处理才能饮用，这种将自然资源与金钱联系起来的理念本身就不符合生态哲学观，不利于人们提高保护生态环境的意识，故该例属于生态破坏性话语。例 166 中的施事为"我"，被影响事件中的相关方 1 为"我的小妹妹乌兰"，相关方 2 为"你"，关联类关系过程为"嫁"，说话人在此处使用影响类过程表征"婚嫁"这一经验活动，在一定程度上违背了婚嫁自由的意愿，不利于文化生态系统的良性发展。且结合语境可知，说话人意在利用听话人的身份地位，属于从"利本位"出发，故属于生态破坏性话语。例 167 中，施事为 Chinese friends or organizations，相关方 1 为 me，相关方 2 即为施事角色本身，结合语义背景，说话人身份为喜爱中国文化

171　选自《狼图腾》一书中的尾声部分。

172　选自 "My fascination with China began in Scotland"，*China Daily*，2019 年 10 月 25 日。

的英国人，经常受到华人的邀请参加聚会或活动。作者在此将文化背景不同的双方相互关联，表征两国人民的友谊及文化的交流融合，属于生态有益性话语。

7. 存在类关系过程

自主存在类关系过程表征事物存在于某一空间或时间上的位置，主要描述事物与某一位置之间长期或暂时的关系。其主要参与者角色一般有两个，一个为存在方（Existent，以下缩写为 Ext），另一个为位置。需要说明的是，（Loc +）Pro + Ext 配置在英语中一般不被看作存在过程，而 There + Pro + Ext（+ Loc）配置在汉语中并未发现，因此我们仅对前者的汉语语料以及后者的英语语料进行示例分析。

（1）(Loc +) Pro + Ext

例 168. 不过，在我们身体内部（Loc）也（CR）存在着（Pro）一个生态学的世界（Ext）。[173]

例 169. 由新华社主管、主办的《经济参考报》8 月 4 日发表了《青海"隐形首富"：祁连山非法采煤获利百亿至今未停》一文，揭露了祁连山南麓腹地的青海省木里煤田聚乎更矿区（Loc）仍（CR）存在（Pro）大规模、破坏性的煤矿露天非法开采问题（Ext）。[174]

例 168 中，表示存在位置的参与者角色为"在我们身体内部"，存在方为"一个生态学世界"。该句将人体视为一个有机的生态系统，这样的表述不仅可以加深人类对身体生态系统的认知，同时也会反哺人类对自然界的认知，从而使得人们将自然界视为和自身健康状况同等重要的事物，有助于人们生态意识的提高，故该例属于生态有益性话语。例 169 中的存在位置指青海省某矿区，存在方为"大规模、破坏性的煤矿露天非法开采问题"。从自然生态角度看，存在方属于资源过度开采，不利于自然生态系统的良性发展；从社会生态角度来看，存在方属于不

---

[173] 选自《寂静的春天》一书中的第十二章。
[174] 选自《多名领导被查后，青海海西州委班子陆续补充新鲜血液》，澎湃新闻网，2020 年 10 月 15 日。

第 4 章 生态话语分析的理论基础：经验功能

遵守法律的行为，不利于社会生态系统的稳定、和谐。由此，作者使用存在类关系过程表征青海某地区有破坏性存在物，揭示该位置目前存在的问题，属于生态有益性话语。

（2）There + Pro + Ext（+ Loc）

例 170. But there is (Pro) also an ecology of the world (Ext) within our bodies (Loc).[175]

例 171. If we combine the local art with tourism, there will be (Pro) more market value, which is also beneficial to the inheritance and spread of traditional local culture (Ext).[176]

例 170 为例 168 的英文表述，英文在表达存在意义时通常需要借助句首的 there，该小句传递的生态意义与例 168 相同，同为生态有益性话语。例 171 中的存在方为 market value，该小句将存在方的存在位置模糊化，只是用 there 来表达其位置意义，这样的表述弱化了市场价值的经济性，提高了其生态性；也就是说，该例更加强调市场价值在本土文化传播和文化遗产保护方面的功能，属于生态有益性话语。

影响存在类关系过程表征某处有某物是外力作用的结果。这类过程包含三个参与者角色：施事、存在方和位置。需要说明的是，Ag + Pro + Af [[Loc + Pro + Ext]] 配置在英语中一般不被看作存在过程，而 Ag + Pro + Af [[There + Pro + Ext（+ Loc）]] 配置在汉语中并未发现，因此我们仅对前者的汉语语料以及后者的英语语料进行分析。

（3）Ag + Pro + Af [[Loc + Pro + Ext]]

例 172. 爱（Ag）让（Pro）(Af) [[我们的脸上（Loc）挂（Pro）着（PrEx）特区的微笑（Ext）]]。[177]

---

175 选自 *Silent Spring* 一书中的第十二章。
176 选自 "Using innovation to save culture"，*China Daily*，2019 年 11 月 2 日。
177 为便于例示分析，在原句句意不变的情况下对语料进行修改，原句为 "用爱拥抱每一天，用心感动每个人，让我们的脸上挂着特区的微笑……"。选自《让我们脸上挂着特区的微笑的作文》，瑞文网，2019 年 3 月 27 日。

例 172 中，施事为"爱"，位置为"我们的脸上"，存在方为"特区（指深圳）的微笑"。作者通过存在类关系过程表征愉悦的心情，体现了和谐友善的社会关系，这样的认知有利于社会生态系统的良好运行，属于生态有益性话语。

（4）Ag + Pro + Af [[There + Pro + Ext（+ Loc）]]

例 173. (Ag) Let (Pro) (Af)[[there be (Pro) a tree (Ext)]] - and there will be one.[178]

例 174. God said "(Ag) Let (Pro) (Af)[[there be (Pro) light (Ext)]]."[179]

例 173 和例 174 涉及与宗教有关的生态系统。在《圣经》中，上帝拥有创造物体的神力。两例中的施事为隐藏施事，指上帝，存在方分别为 a tree 和 light。上述两句通过影响存在类关系过程表征上帝在创世的过程中分别创造了树和光，其中"树"是自然生态系统中不可或缺的角色，"光"是自然生态系统和社会生态系统发展的重要部分，因此上述两例对于两个存在物的表征有益于生态系统的良性发展，属于生态有益性话语。

4.5 经验功能理论在生态话语分析中的应用

4.5.1 案例分析一：中文语篇

共建"一带一路" 助力实现可持续发展目标[180]

日前（CR），[[由中国青岛市商务局与韩中人才开发院（Ag）联合主办（Pro：社会自主行动类动作过程）]]的"一带一路与可持续发展研讨会"（Af）在韩国首尔（CR）举行（Pro：社会自主行动类

---

178 选自 *The Holy Bible*。

179 同上。

180 选自《联合国前秘书长潘基文：共建"一带一路" 助力实现可持续发展目标》，人民网，2019 年 9 月 28 日。

第 4 章 生态话语分析的理论基础：经验功能

动作过程）。联合国前秘书长潘基文（Comr）在论坛上（CR）指出（Pro：社会自主交流类心理过程），[[[[共建（Pro：社会自主行动类动作过程）"一带一路"（Af）]]（Ag）助力（Pro：社会影响行动类动作过程）(Af) [[实现（Pro：社会自主行动类动作过程）可持续发展目标（Af）]]]]（Comd）。[181]

潘基文（Comr）说（Pro：社会自主交流类心理过程），[[[[中国政府（Ag）把 [[落实（Pro：社会自主行动类动作过程）联合国 2030 年可持续发展议程（Af）]]（Af）纳入（Pro：社会自主行动类动作过程）"十三五"规划（Af）]]，在国际社会上起到了突出的示范作用]]（Comd）。而 [[中国（Comr）提出（Pro：社会自主交流类心理过程）]] 的 [[共建（Pro：社会自主行动类动作过程）"一带一路"倡议（Af）]]（CR），其共商、共建、共享的理念及发展方向（Cor1），与 2030 年可持续发展议程（Cor2）高度契合（Pro：社会自主关联类关系过程）。作为一个重大区域性国际合作平台（CR），"一带一路"（Ag）为 [[推动（Pro：社会影响行动类动作过程）（Af） [[实现（Pro：社会自主行动类动作过程）可持续发展目标（Af）]]]]（CR）作出了（Pro：社会自主行动类动作过程）重要贡献（Af）。

青岛市商务局局长赵士玉（Comr）在研讨会上（CR）做了（Pro：社会自主交流类心理过程）关于 [["打造（Pro：社会自主行动类动作过程）'一带一路'国际合作新平台（Af）]]"的主旨演讲（Comd），其中关于青岛在"一带一路"战略中的"双节点"城市定位（Cor1）引发了（Pro：社会自主关联类关系过程）潘基文的关注（Cor2）。

潘基文（Comr）指出（Pro：社会自主交流类心理过程），[[可持续发展（Cor1）离不开（Pro：社会自主关联类关系过程）韩中间的经贸合作（Cor2）]]，[[青岛（Tk）是（Pro：社会自主识别类关系过程）在韩国知名度很高的城市（Vl）]]，[[是（Pro：社会自主识别类关系过程）[[韩国企业（Ag）在中国（CR）投资（Pro：社会自主行动类动作过程）最密集（CR）]] 的城市（Vl）]]（Comd）。作为 [[共建（Pro：社会自主行动类动作过程）"一带一路"战略（Af）]] 的重要节点城市（CR），青

---

[181] 本书首次对完整语篇进行分析，为呈现话语关涉的生态系统类型，在标注过程类型时，区分了自然与社会这一维度，而为表达经济，后文简化标注，即省略"自然 / 社会"这一维度，只是在具体分析中进行说明。

岛（Ag）应把握（Pro：社会自主行动类动作过程）历史机遇（Af），充分发挥（Pro：社会自主行动类动作过程）得天独厚的区位优势（Af），加强（Pro：社会自主行动类动作过程）与韩日等国家的经贸及文化交流（Af），带动（Pro：社会影响行动类动作过程）（Af）[[周边国家（Ag）也积极（CR）参与到（Pro：社会自主行动类动作过程）"一带一路"这个宏伟的世纪蓝图中（Af）]]。相信（Pro：社会自主认知类心理过程）[[青岛（Ag）在"一带一路"国际合作中（CR）将发挥（Pro：社会自主行动类动作过程）更大的作用（Af）]]（Ph）。

适逢（Pro：社会自主位置类关系过程）中国国庆佳节（Loc），潘基文（Comr）对新中国成立70周年（CR）表示（Pro：社会自主交流类心理过程）祝贺（Comd），并高度（CR）评价了（Pro：社会自主交流类心理过程）[[[[新中国（Cre）成立（Pro：社会自主创造类动作过程）以来]]（CR）取得（Pro：社会自主行动类动作过程）]]的巨大成就和 [[对世界和平与发展（CR）做出（Pro：社会自主行动类动作过程）]]的重要贡献]](Comd)。

此次研讨会（Tk）是（Pro：社会自主识别类关系过程）第20届世界知识论坛的组成部分（Vl）。[[9月25日至27日（CR）举行（Pro：社会自主行动类动作过程）]]的世界知识论坛（Ag）以"知识革命5.0——推进人类繁荣的洞察力"（Tk）为主题（Vl），共吸引了（Pro：社会影响行动类动作过程）（Af）[[[[来自（Pro：社会自主方向类关系过程）全世界30多个国家（Dir：So）]]的近5500名人士（Af）与会（Pro：社会自主行动类动作过程）]]。

表4-1　中文语篇过程类型统计

过程类型	在语篇中出现的次数（次）	所占比例（%）
动作类过程	27	61.3
心理类过程	9	20.5
关系类过程	8	18.2

本篇语料主要报道了在韩国召开的"'一带一路'与可持续发展研讨会"上，前联合国秘书长潘基文对于中国"一带一路"的建设表示肯定与支持。由于语料的主要内容为"一带一路"建设，涉及国家与国家之间的关系，其所有过程皆为社会类过程。从表4-1可以看出，在报道

第 4 章 生态话语分析的理论基础：经验功能

中，动作类过程话语出现次数最多，占比为 61.3%，心理类过程和关系类过程话语数量相差不大，分别占比 20.5% 和 18.2%。

具体来说，该语篇动作类过程主要体现为使用行动类动作过程和创造类动作过程对具体建设措施与成就进行表征。其中，行动类动作过程使用次数较高，为 26 次，比如"把握""落实""发挥"等，表征"一带一路"具体建设措施，赋予了中国及合作国在"一带一路"建设中主观能动性较强的角色，表明"一带一路"建设在提供国际合作平台，加强国际经贸、文化交流中发挥着举足轻重的作用，是提升国家之间关系、促进中国与世界互利共赢之路，有利于国际社会生态系统及其子系统的多元发展。

心理类过程主要体现为交流类心理过程和认知类心理过程。由于本篇报道聚焦前联合国秘书长潘基文对于"一带一路"合作的看法，所以交流类心理过程出现次数较高；同时也对其看法进行认知，所以认知类心理过程也有出现。交流类心理过程中的交流方多为"潘基文"，其他交流方为中国政府官员，对交流方的交代说明交流内容具有可信性。交流类心理过程中的交流内容和认知类心理过程中的认知现象多为对"一带一路"建设的肯定与支持，说明"一带一路"顺应当今世界形势新变化，符合国际社会的根本利益，能够促进形成互利共赢、多元平衡、安全高效的开放型经济体系，有利于各国生态系统内部因子的和谐运行。

关系类过程主要体现为识别类关系过程、关联类关系过程、位置类关系过程和方向类关系过程。其中，识别类关系过程是对"一带一路"建设中的具体事项进行识别表征，体现话语者对"一带一路"建设的界定与认知。关联类关系过程对中国与参与国之间的合作进行表征，体现"一带一路"建设中的各个国家地位上的平等，有利于维护世界和平。位置类关系过程和方向类关系过程是对报道中提及的会议参会者的位置及方向的描述，表明"一带一路"倡议的传播面之广，影响之深，有利于"一带一路"倡议的宣传。上述表征说明"一带一路"倡议是国际合作以及全球治理的一种新模式，致力于维护全球自由贸易体系和开放型世界经济，推动国家间的对话与合作，建立更加平等的新型全球发展伙伴关系，从而有利于各国生态系统之间的交流互鉴、互利共生。

同时，该语篇也使用了环境角色以丰富各类过程的信息。在三类过程中，环境角色主要对时间、地点、状态、程度、观点、目的进行补充，包括对"一带一路"相关活动的时间、地点信息的补充，对"一带一路"建设的行动状态和程度信息的补充，对相关活动视角信息的补充，以及对相关活动目的信息的补充。其中，表示时间和地点的环境角色，比如"日前""在韩国首尔""在国际社会上"等，属于新闻报道的语体特征，表征"一带一路"相关活动的日期和位置，使活动更加具体化；表示状态与程度的环境角色，比如"最密集""高度""积极"等，是对"一带一路"建设的方式、强度等进行表征，表明建设的范围与成果，增强了语篇效果；表示观点的环境角色，比如"作为一个重大区域性国际合作平台""作为共建'一带一路'战略的重要节点城市"等，表征"一带一路"相关活动的出发点；表示目的的环境角色，比如"为推动实现可持续发展目标"，表征"一带一路"建设的目的与意义。这些环境角色均对其所在过程表征的经验意义发挥了增强和推动作用，使话语的生态性更加突出。

综上所述，该新闻语篇的表征方式有利于各国生态系统内部与彼此间的和谐运转，以及国际生态系统的稳定发展，符合"多元和谐，交互共生"生态哲学观，故该语篇属于生态有益性语篇。

4.5.2　案例分析二：英文语篇

The Ponds[182]

Sometimes (CR), [[having had (Pro: 自主情感类心理过程) a surfeit of human society and gossip (Ph),]] (CR) [[and worn (Pro: 自主情感类心理过程) out (PrEx) all my village friends (Ph)]] (CR), I (Ca) rambled (Pro: 自主方向类关系过程) still farther westward (CR) [[than I (Ag) habitually (CR) dwell (Pro: 自主行动类动作过程), into yet more unfrequented parts of the town (Dir: Pa), "to fresh woods and pastures new (Dir: Des),"]] or, [[while the sun (Ag) was setting (Pro: 自主发生类动作过程),]] made (Pro: 自主

182　选自 *Walden*。

第 4 章　生态话语分析的理论基础：经验功能

行动类动作过程) my supper of huckleberries and blueberries (Af) on Fair Haven Hill (CR), and laid (Pro: 自主拥有类关系过程) up (PrEx) a store (Af) for several days (CR). The fruits (Ag) do not yield (Pro: 自主行动类动作过程) their true flavor (Af) to the purchaser of them (Af), nor to him [[who (Ag) raises (Pro: 自主行动类动作过程) them (Af) for the market (CR)]] (Af). There is (Pro: 自主存在类关系过程) but one way [[to obtain (Pro: 自主行动类动作过程) it (Af)]](Ext), yet few (Ag) take (Pro: 自主行动类动作过程) that way (Ma). [[If you (Cog) would know (Pro: 自主认知类心理过程) the flavor of huckleberries (Ph)]](CR) , ask (Pro: 自主交流类心理过程) the cowboy or the partridge (Comee). It is (Pro: 自主归属类关系过程) a vulgar error (At) [[to suppose (Pro: 自主认知类心理过程)[[that you (Perc) have tasted (Pro: 自主感知类心理过程) huckleberries (Ph)]] [[who (Ag) never (CR) plucked (Pro: 自主行动类动作过程) them (Af)]](Ph)]] (Ca). A huckleberry (Ca) never (CR) reaches (Pro: 自主方向类关系过程) Boston (Dir: Des); they (Cog) have not been known (Pro: 自主认知类心理过程) there (Ph) [[since they (Ca) grew (Pro: 自主位置类关系过程) on her three hills (Loc)]] (CR). The ambrosial and essential part of the fruit (Af) is lost (Pro: 自主发生类动作过程) with the bloom (CR) [[which (Af) is rubbed (Pro: 自主行动类动作过程) off (PrEx) in the market cart (CR)]], and they (Ca) become (Pro: 自主归属类关系过程) mere provender (At). [[As long as Eternal Justice (Af) reigns (Pro: 自主行动类动作过程)]](CR), not one innocent huckleberry (Ca) can be transported (Pro: 自主方向类关系过程) thither (Dir: Des) from the country's hills (Dir: So).

表 4-2　英文语篇过程类型统计

过程类型	在语篇中出现的次数（次）	所占比例（%）
动作类过程	11	42.3
心理类过程	7	26.9
关系类过程	8	30.8

　　本篇语料主要描绘作者对大自然的向往之情。语篇中第一小句所描述的内容关涉社会生态系统，故为社会类过程，其余小句皆为自然类过

程。从表 4–2 可以看出，在该选段中，动作类过程是主要过程类型，占比为 42.3%；其次为关系类过程，占比为 30.8%；最后为心理类过程，占比为 26.9%。

动作类过程集中体现为两个次类别。其中行动类动作过程出现次数最多，主要描述有关越橘的经验活动，比如 pluck、raise、rub 等，表征人类对自然的干预活动；其次为发生类动作过程，一次表征日出经验活动，另一次表征果味消散的过程。作者通过动作类过程，以自然类参与者"越橘"为焦点，从采摘越橘的人、卖越橘的人、吃越橘的人等不同视角，侧面对越橘的状态进行描写，表征作者对自然的喜爱和尊重之情。

心理类过程具体体现为情感、感知、认知和交流四个次类别。情感类心理过程的发生场所为社会，主要描述作者在社会生活中的心理状态，如厌烦等负面情绪，这样的情绪让作者想要回归大自然的怀抱，体现了作者对自然的依恋。感知类心理过程主要表征作者通过品尝越橘感知自然的过程，其认为越橘从被摘下的那一刻起味道会一丝丝消散，也就是说，自然性在离越橘远去。认知类心理过程表征作者在认知自然时的心理活动，其认为只有深入自然，体会自然，才能认知自然，城市里、市场里的自然属性都会渐渐消散。交流类心理过程表征认知自然时发生的交流活动。上述表征都是对作者热爱自然之情的体现，作者通过这些心理类过程呼吁人们放慢脚步，重返自然，感受自然，热爱自然。

关系类过程具体体现为归属、位置、方向、拥有和存在五个次类别。其中，归属类关系过程对越橘的自然性进行属性归类，位置类关系过程对越橘的生长方位进行描述，方向类关系过程对越橘从自然到城市的路线进行表征，拥有类关系过程描述作者存储果子的经验活动，存在类关系过程提示体验自然的方法。这些关系类过程都强调了越橘的自然属性，表达了作者对大自然的热爱，有益于人与自然之间良好和谐关系的建立。

此外，文中的环境角色起到增强润色的效果，主要对时间、地点、因果、目的、条件等信息进行补充。其中，表示时间、地点的环境角色，比如 for several days、on Fair Haven Hill、in the market cart，主

第 4 章　生态话语分析的理论基础：经验功能

要表征与越橘相关的事件的时间和地点，描述了越橘的生长环境以及成熟后的售卖情况；表示因果的环境角色，比如 since they grew on her three hills，是对越橘的生长环境进行描述，由此解释了越橘的自然性；表示目的的环境角色，比如 for the market，对越橘的种植意义进行补充，体现出越橘由自然到社会的过程；表示条件的环境角色，比如 if you would know the flavor of huckleberries，是对比意义的体现，表达出自然性逐渐消失的遗憾之情。上述环境角色对与越橘相关的事件进行了信息补充，起到了增强语篇生态性的作用。

综上所述，该语篇体现了人与自然之间的和谐共处，符合"多元和谐、交互共生"生态哲学观，属于生态有益性话语。

4.6　结语

本章首先对话语经验意义的生态性判断依据进行阐述，提出话语生态性判断机制——"一票否决"制。在此基础上，对世界经验进行了范畴化，主要分为三大类：现实类、心理类和抽象类。根据经验范畴，过程类型可以分为动作类、心理类和关系类；根据参与者存在的场所，参与者角色可分为自然参与者和社会参与者；根据语义范畴，环境角色可以分为经验类、人际类、语篇类和逻辑类。不同的语义配置表征不同的世界经验，具有不同的生态性，从而也会对生态系统产生不同的影响。此外，语言表达也会影响人际关系、组篇形式及逻辑语义，三者是从不同的方面对话语的生态性进行体现的。由此，话语最终的生态取向要在"多元和谐，交互共生"生态哲学观指导下，从语言的经验功能、人际功能、语篇功能及逻辑功能等维度进行综合分析和判断。

第 5 章
生态话语分析的理论基础：人际功能

5.1 引言

语言可以用来建立并维持人际关系，包括人际互动和个人评价（Halliday & Matthiessen，2014：30）。人际关系不仅可以指人与人之间的关系，还可扩展至人与自然、人与社会，以及自然、社会内部个体或群体之间的关系。在第 4 章中我们提到，小句（clause）可以表征世界中存在的所有事物以及发生的所有事件。在小句交换过程中，事件中的各个参与者之间必然会通过语言产生一定关联。由此可见，小句中存在可以表征世界中所有人际关系的要素。

语言的人际功能（Halliday，1994/2000）指小句作为"交换"（exchange）的功能，说话者（speaker，包括言者与作者）通过语言表达自己的态度、推断、评价，从而建立和保持与听话者（addressee，包括听众与读者）之间的人际关系。人际功能在词汇-语法（lexico-grammar）层面主要由语气（mood）系统、情态（modality）系统及评价（appraisal）系统体现，其中语气系统主要起到维持社会关系的作用，包括给予（giving）或寻求（demanding）信息（information）或物品及服务（goods & services），使说话者与听话者之间建立某种关联；情态系统主要指说话人通过不同程度的情态词向听话人表达其对言语内容的态度，包括说话人对命题可能性的判断，即"情态"，以及说话人对命题中义务或意愿的判断，即"意态"（Halliday，1994/2000；Thompson，1996）；评价系统（Martin，2000；Martin & White，2005）表征语言用来协商和调节社会关系的功能，说话人通过使用评价性词汇表达其态度、情感、立场等。

从生态语言学视角来看，即把世界看成生态系统，人际功能可以表征言语角色在生态系统中的身份（包括生命体及非生命体话语者）、地位、关系及态度或判断（即生态意识）等，对话语所表征的人际意义进行生态性分析，有助于判断通过语言建立或维持的人际关系对自然及社会生态系统的影响。

5.2 生态语言学视角下的语气系统

语气系统和情态系统在系统功能语言学发展过程中逐渐呈现出由并行（Halliday，1994/2000）到融合（Halliday & Matthiessen，2004/2008，2014；Fawcett，2011b，2017）的趋势。何伟等（即将出版）在此基础上，结合对英汉语气系统的研究，将情态系统扩展为语势系统，并纳入到语气系统中。由此，语气系统包含语气类别及语气语势两个子系统，前者主要表征言语角色之间信息或物品及服务的交换，包括直陈与祈使两大类别；后者主要表征言语者对言语内容的判断、情感、情绪以及信息或物品及服务在交换过程中的程度、速度等，包括内在语势（即情态系统）与外在语势。语气类别系统与语气语势系统为并行的合取关系，整体构建的语气系统网络如图 5-1 所示。

以下我们在此系统网络的基础上，尝试建构生态语言学视角下的语气系统。

5.2.1 语气类别系统

言语交际主要有陈述、疑问、命令和提供四种功能（Halliday，1994/2000），由语气类别系统体现。语气类别主要分为直陈语气和祈使语气两大类，直陈语气指信息的交换，祈使语气指物品及服务的交换。其中，直陈语气又包括陈述语气及疑问语气，前者由陈述句和感叹

第 5 章　生态话语分析的理论基础：人际功能

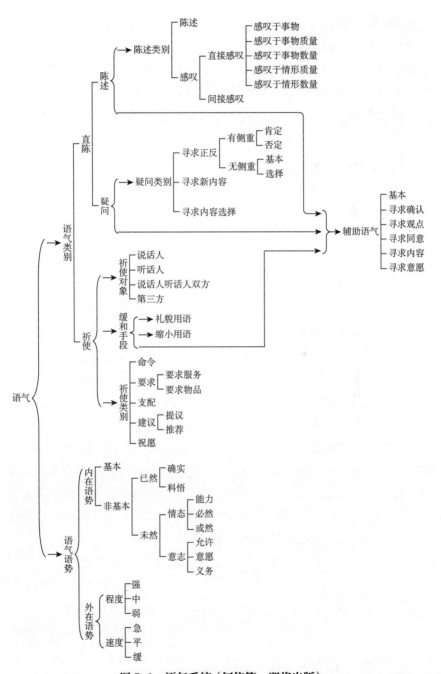

图 5-1　语气系统（何伟等，即将出版）

句体现，后者由正反问句和内容问句体现。一般情况下，陈述功能由陈述语气实现，疑问功能由疑问语气实现，命令功能由祈使语气实现，提供功能则可由多种不同的语气类别实现。也就是说，语义层的言语功能与词汇-语法层的语气类别并不是一一对应的关系（Thompson，1996：174），比如例1、例2[1]，命令功能既可由祈使语气实现，也可由疑问和陈述语气实现。

例1. (a) 请节约用水。（祈使语气）
　　 (b) 你可以节约用水吗？（疑问语气）
　　 (c) 你应该节约用水。（陈述语气）
例2. (a) Save water.（祈使语气）
　　 (b) Can you save water?（疑问语气）
　　 (c) You should save water.（陈述语气）

对话语语气类别的判断通常看其语气成分的构成方式。在英语中，语气成分主要包括主语（Subject）和限定成分（Finite）两部分。主语使命题具有有效性，承担小句进行互动、交际的责任，通常由名词词组或人称代词体现，例如，在"提供"小句 " I'll open the door." 中，主语 I 负责实施"提供"这一功能。限定成分则用来限定命题，将命题与其在言语事件中的语境联系起来，通常由表达归一度（polarity，即肯定或否定）与时态（即说话时间）或情态（即说话者的判断）的动词词组体现，例如，在小句 " He won't go there." 中，won't 表达否定及将来时态，在小句 " You should save water." 中，should 表达肯定及中等情态意义（Halliday，1994/2000：76）。根据主语与限定成分的有无及构成方式，英语语气类别的一般判断标准如图5-2所示。

---

[1] 若无特别说明，本章所用中文语料均来自BCC语料库及CCL（Center for Chinese Linguistics）语料库，英文语料来自BCC语料库。

第5章 生态话语分析的理论基础：人际功能

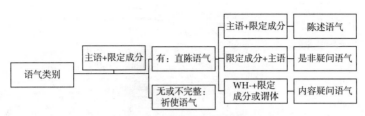

图 5-2 英语语气类别判断

汉语中，"能够""应该""必须""可能"等可作为表达情态意义的限定成分，没有表达时态的限定成分。因此，对汉语语气类别的判断除了分析其语义对应的言语功能外，还可根据以下三种词汇-语法特征进行判断：（1）语调，例如疑问语气通常用升调表示；（2）语气词，例如"啊""吧""了""呢""吗""嘛"等通常表示疑问或感叹语气；（3）标点符号，例如"？"通常表示疑问语气，"！"通常表示感叹语气等。

虽然汉语与英语的语气表达方式不同，但二者所承担的言语交际功能是一致的。直陈语气表达信息的交换，其中陈述语气主要用来向听话人提供信息，在此基础上，说话人对某一事物或事件加以感情的抒发，为感叹语气；疑问语气则主要用来向听话人寻求信息，包括寻求信息的正反或新内容。祈使语气指说话人与听话人之间物品及服务的交换，通常表示命令、要求、支配、希愿、建议、提供、祝愿等含义（何伟等，即将出版），相对其他语气类别具有强制性特点。

综上，对语气类别的选择能够体现说话者自身的身份、态度、会话双方的关系亲疏程度、社会地位高低，以及说话者对听话者的预期反应。从生态语言学视角看，我们应基于"多元和谐，交互共生"生态哲学观（何伟、魏榕，2018c；何伟、刘佳欢，2020），结合其言语功能，判断话语的语气类别是具有生态有益性、模糊性还是破坏性特征。

1. 语气生态因子系统

基于语境、言语动机、言语功能及言语涉及角色等要素，我们将影响语气生态取向的因素称为语气生态因子，如图 5-3 所示，主要包括以下四种：

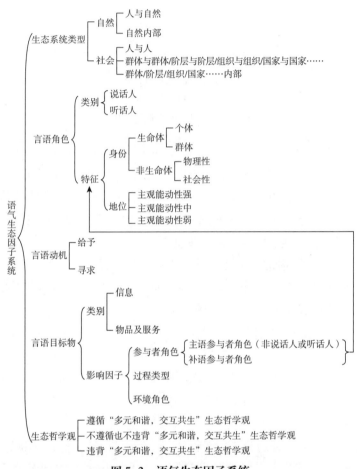

图 5-3　语气生态因子系统

（1）话语所涉及的生态系统类型。一般情况下，描述人与自然之间或自然内部各要素之间关系的涉及自然生态系统；描述人与人之间，或群体与群体、阶层与阶层、组织与组织、国家与国家等不同群体性单位之间，或群体、阶层、组织或国家等群体性单位内部各要素之间关系的涉及社会生态系统。这一维度的判断标准主要看话语中的相关因子组合起来最终对哪种生态系统产生影响，这种影响可以是积极的、有益的，也可以是模糊的、中立的，还可以是消极的、破坏的。通过确定话语所涉及的生态系统类别，能够使生态话语分析的目的更加清晰。

第 5 章　生态话语分析的理论基础：人际功能

（2）言语角色的类别及生态特征。一个小句的言语交际双方为说话人和听话人，在确定相应类别的言语角色后，需要分别对其生态特征进行分析。主要从以下两个方面进行：其一，身份，即该角色在生态系统中为生命体还是非生命体，抑或非生命体作为生命体出现。其中生命体根据数量可分为个体和群体；非生命体则可分为物理性与社会性，物理性指山川、河流、森林等自然要素，社会性则指政治、经济、文化等社会产物。其二，地位，即该角色在生态系统中处于何种地位。一般来说，在言语交际中主观能动性较强的角色地位较高，主观能动性较弱、被支配的角色地位较低，主观能动性中等的角色则处于中等地位。通过观察每个言语角色在生态系统中的身份及地位，有助于判断说话人在进行言语交际时分别赋予自身及听话人在生态系统中何种角色。

（3）言语动机的类别及生态特征。说话人承担着建立、维持人际关系的言语交际功能，所有话语都有给予和寻求两种交换角色（role in exchange）（Halliday，1994/2000）。从生态语言学角度看，根据说话人的言语动因是否遵循"多元和谐，交互共生"生态哲学观，"给予"和"寻求"也有其相应的生态特征。此外，说话人在进行言语交际的同时会对听话人的反应进行预期，因此当听话人承认、接受说话人遵循生态哲学观的表达，反对、拒绝说话人违背生态哲学观的表达时，该反应选择的是生态有益性语气；当听话人承认、接受说话人违背生态哲学观的表达，反对、拒绝说话人遵循生态哲学观的表达时，该反应选择的是生态破坏性语气，而影响听话人选择回应的动因同样是生态哲学观。

（4）言语目标物的类别及生态特征。说话人通过语言进行"给予"和"寻求"的目标物为"信息"或"物品及服务"，四者之间两两不同组合会产生不同的语气类别，如表 5-1 所示。

表 5-1　给予或寻求，信息或物品及服务
（Halliday & Matthiessen, 2004/2008: 107）

交换中的角色	交换物	
	信息	物品及服务
给予	陈述	提供
寻求	疑问	命令

言语目标物通常指整个小句的内容，因此判断言语目标物的生态特征需要全面考虑小句中的参与者角色、过程类型及环境角色的生态特征。其中参与者角色包括主语参与者角色与补语参与者角色，由于主语与补语是语气系统中的重要成分，因此本节在分析言语目标物的生态特征时重点关注参与者角色，对过程类型及环境角色生态特征的分析可参见本书第 4 章。

当主语既不是说话人也不是听话人时，承担着小句互动交际的责任，主语的存在使说话人所声明的断言具有有效性（Halliday & Matthiessen，2004/2008：117）。而补语具有成为主语的可能，是语气结构剩余部分（Residue）的重要成分。除传统意义上的补语参与者角色〔如例 3，(a)(b)〕之外，补语还可以是带标记的主位性补语〔如例 3，(c)—(f)〕，通常这种补语参与者角色更能够凸显小句的生态有益性特征（详细参见第 6 章"标记性主位"）。

例 3. (a) 我有<u>一个梦想</u>。
(b) I have <u>a dream</u>.
(c) <u>生态文明</u>，你我共建。
(d) This is [<u>the job</u> which I have dreamed of for years].
(e) This is [<u>what</u> we need now].
(f) <u>What</u> a fool he is!

判断参与者角色生态特征的标准同言语角色相同，即通过分析说话人在话语中赋予了主语参与者及补语参与者何种身份及地位，对说话人的生态意识进行探析，继而判断语气的生态取向。

因此，对说话人言语动机类别及目标物类别的判断能够初步判定话语的语气类别，对言语角色、言语动机及言语目标物是否遵循生态哲学观的判断，即以上三个因子分别为生态有益性、生态模糊性还是生态破坏性，能够判定该语气类别最终的生态取向。

综上所述，对语气类别进行生态性分析，不仅要从功能视角看其言语交际目的，即言语动机；也要从生态视角看说话人赋予自身及听话人、主语参与者、补语参与者的角色类型，即言语角色及言语目标物的生态特征。从而在明确的生态系统语境下，判断出言语双方进行交际的生

第 5 章 生态话语分析的理论基础：人际功能

态动因，即说话人在自然/社会生态系统中传递出对生态哲学观遵循/中立/违背的生态意识，最后判断出该话语中的语气属于生态有益性、生态模糊性还是生态破坏性语气。

基于以上语气类别系统（参见图 5-1）及语气生态因子系统（参见图 5-3），生态语言学视角下的语气类别系统包括直陈语气和祈使语气两大类别，前者指信息的交换，后者指物品及服务的交换。直陈语气包括陈述语气与疑问语气两种：陈述语气指信息的给予，即说话人通过给予信息建立与听话人之间的人际关系，其中还包含表达情绪的感叹语气，用于对事物或情形性质、数量等的感叹；疑问语气指信息的寻求，即说话人通过寻求信息正反或寻求信息的新内容建立与听话人之间的人际关系。祈使语气表示物品及服务的交换，即说话人通过对听话人表示命令、要求、支配、希愿、建议、提供、祝愿等言语目的建立二者之间的人际关系。每种语气类别的生态取向都需要通过对语气生态因子的分析来进行判定，最终得出说话人在话语中表达的是生态有益性、生态模糊性，还是生态破坏性语气。

2. 语气生态取向判断标准与机制

选择和判断语气类别生态取向的出发点和落脚点实际就是说话人的生态意识，即说话人在言语交换过程中所表现的对生态系统内部各要素之间关系的态度或价值观。当说话人所选择的语气类别反映其积极的生态意识时，能够推动人际关系的良好建立与维护，继而推动生态系统的和谐健康发展；反之则会破坏人际关系，继而对生态系统产生消极影响。因此，对语气类别生态取向的判断有助于更加直观地分析话语的生态性特征，从而帮助人们在进行言语交流过程中有效地选择促进良好人际关系建立的语气类别，规避对人际关系有破坏作用的语气类别。换言之，结合 Stibbe（2015）提出的话语的三大生态取向，即生态有益性、生态模糊性及生态破坏性，言语者对生态哲学观的态度也决定了语气类别的三种取向：遵循生态哲学观的语气类别为生态有益性语气，违背生态哲学观的语气类别为生态破坏性语气，既不遵循也不违背生态哲学观的语气类别为生态模糊性语气。

由此可见，判断一个小句体现语气类别的生态取向需要从生态意识，即"多元和谐，交互共生"生态哲学观（何伟、魏榕，2018c；何伟、刘佳欢，2020）入手——详见本书第3章，在确定其所涉及的生态系统类别后，对话语的言语角色、主语和补语参与者角色、目标物以及言语交际功能等因子的生态性特征进行分析。其中，对言语角色、主语及补语参与者角色的生态性分析可以初步判定说话人赋予自身、听话人以及小句所涉及的人、物在生态系统中的身份；对目标物及言语动机的分析可以最终确定话语的生态动因及语气的生态取向。在判断过程中，根据生态性判断的"一票否决"制标准，如果言语角色、言语目标物（此处主要涉及主语、补语参与者角色）以及言语动机三者中有一个为生态破坏性，那么该语气类别即被判定为生态破坏性语气；当三者都呈现生态有益性特征时，该语气类别才能被判断为生态有益性语气。值得注意的是，在判断言语角色、主语及补语参与者角色的生态性特征为有益性、模糊性或破坏性时，主要是对其在生态系统中的身份及地位进行比较判断，即看说话人是否赋予了其他三个角色较其自身在人际关系中不利的身份或不公平的地位，若是，则为生态破坏性角色，反之为生态有益性角色。

在确定语气类别的生态取向后，我们应该对每种取向提出适当的话语应对措施。对于生态有益性语气，应该积极倡导和鼓励多在人际交往中使用；对于生态模糊性语气，应该将其中的模糊因素转变为积极因素，使其所传递的生态意识由中立或模糊转变为积极、有益；对于生态破坏性语气，应该抵制其在人际交往中的使用，减少其生态意识的传播，并用积极因子取代其中的消极因子。

鉴于各个语气类别之间既存在普遍性，又具有特殊性，下文将结合语气类别及语气生态因子，对陈述语气（包括感叹语气）、疑问语气以及祈使语气分别进行生态语言学视角下的理论建构，并以相应的例子进行支撑。

3. 陈述语气

陈述语气所表达的言语功能是给予、提供信息，使用这种语气类别

第 5 章　生态话语分析的理论基础：人际功能

进行言语交际的说话人作为信息提供者，赋予听话人信息接受者的言语角色，主语参与者若非说话人或听话人，通常在言语交际中扮演信息焦点的角色，补语参与者则起到补充信息的作用。在确定话语所涉及的生态系统类型后，需要在生态哲学观的指导下进一步从以下两个维度对语气的生态取向进行辨别：（1）信息提供者、信息接受者及主语参与者、补语参与者的生态特征，主要指它们在生态系统中的身份及地位对言语角色之间人际关系的影响。说话人在选择陈述语气实现信息提供功能时，与听话人、主语参与者、补语参与者都产生了人际关联，对他们身份的所属及主观能动性的程度进行分析，能够判断言语角色及言语目标物的生态特征，为人际关系的生态性判断提供关键支撑。（2）信息提供者的言语动机以及言语过程中所交换目标物的生态特征。说话人是人际关系的建立者和维持者，因此其在言初选择的生态意识，即对生态哲学观态度，决定了"给予"类别与"信息"类别的生态特征。当说话人遵循"多元和谐，交互共生"生态哲学观时，通常会选择正面、直接的方式给予听话人有利于二者人际关系建立和发展、促进生态系统和谐发展的信息，此时的语气类别具有生态有益性特征；当说话人违背生态哲学观时，通常会选择从非正面、非直接的方式给予听话人破坏二者人际关系、对生态系统产生消极作用的信息，此时的语气类别具有生态破坏性特征；当说话人对生态哲学观持中立态度时，则会选择模棱两可的方式给予听话人既不利于、也不破坏二者人际关系的信息，使听话人无法判断其交际目的，此时的语气类别具有生态模糊性特征。由此，生态语言学视角下的陈述语气系统如图 5-4 所示。

综上所述，判断陈述语气的生态取向主要从以下三个方面入手：信息提供者及信息接受者的生态特征；主语参与者及补语参与者的生态特征，即"信息"的生态特征；信息提供者所选择的言语动机的生态特征。三者共同对言语角色之间的人际关系建立产生影响。下文以实际语料进行示例分析。

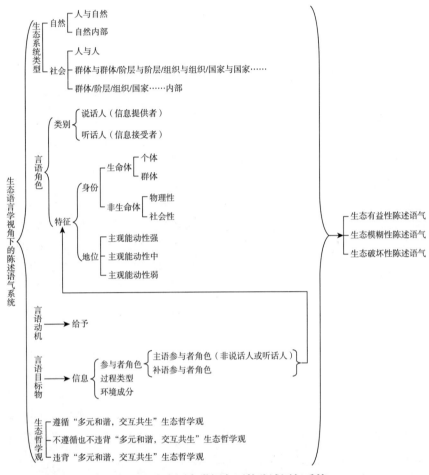

图 5-4　生态语言学视角下的陈述语气系统

例 4. 观天象，预未来，因此有报道指出，这意味着太阳活动减少到了最低点，太阳会变成"白太阳"，地球温度将普遍降低，**"小冰河时期"即将**到来，到 2020 年左右，地球"凛冬将至"……中科院国家天文台客座研究员卞毓麟此前接受采访时表示，"日地关系是一个很复杂的问题，没有证据表明，黑子多了，地球当年的温度就升高。"[2]

2　选自《地球将进入小冰河时期，因为太阳要变"冷美人"？》，中国天气网，2018 年 3 月 22 日。

第 5 章　生态话语分析的理论基础：人际功能

首先，上述例句关注地球气温降低的现象、后果及相关解释，此处重点关注划线小句的语气类别。根据"有报道指出"可判断，说话人身份为大众媒体，听话人身份为新闻报道的读者，二者皆属于群体言语角色，在生态系统中同属于能够对自然环境产生重要影响的角色（即人类），因此二者身份相同、地位平等，属于**生态有益性言语角色**。其次，该小句给予了读者有关自然现象的信息，属于陈述语气，其中限定成分"即将"表示说话人通过对目前太阳黑子数的分析进行的肯定预测。由此可见，说话人期望通过其对未来气候状况的预测引起听话人的关注并与其建立一种交际关系，提醒听话人应注意人类活动对气候造成的不良影响，这对自然生态系统的良性发展起到积极作用，因此属于**生态有益性给予**。最后，小句的主语参与者"小冰河时期"为与气候相关的非生命体角色，表示说话人关注的信息焦点为全球都极为关注的地球气候问题，因此为生态有益性主语参与者角色。然而，从该话语传递信息的科学性角度来看，天文学家认为其缺乏更充足的依据，也不能根据短时期内气温的变化来对未来地球的气候状况做出判断。因此，该预测具有极大的不确定性，可能造成读者的心理恐慌，不利于社会生态系统的和谐发展，属于**生态破坏性信息**。综上，划线小句中共有两个生态有益性语气因子、一个生态破坏性语气因子，根据"一票否决"的生态取向判断机制，该小句属于生态破坏性陈述语气。

例 5. In the past, **major political events in Beijing** have been greeted with blue skies, as **the Chinese authorities** shut down factories in neighboring provinces and limit traffic to ensure clean air.[3]

本例选自 CNN 对中国在重要会议期间被雾霾笼罩的报道。在这一小句中，说话人为美国媒体，听话人为读者或听众，二者都是群体言语角色，在生态系统中地位平等，属于**生态有益性言语角色**。其次，说话人用 major political events in Beijing 和 the Chinese authorities 作主语，强调中国政府只有在北京举办重要政治活动前才会对雾霾问题进行治理，这在一定程度上不利于中国良好形象的建立，因此属于生

3　选自"No blue skies in Beijing as Chinese capital chokes on smog during key political meeting"，CNN，2019 年 3 月 5 日。

态破坏性主语参与者。再次，说话人向读者传递过去北京在重要会议期间对雾霾治理情况的相关信息，但鉴于国家利益、社会地位、文化背景等因素，听话人可能与说话人处于相同或不同立场。当听话人与说话人处于相同立场时，即说话人选择听话人认可的信息进行说明，有利于二者之间建立良好的人际关系，此时该话语所传递的是生态有益性信息；当听话人与说话人处于不同立场时，即听话人不认同说话人所传递的信息，此时该话语所传递的是生态破坏性信息。因此从中国立场看，该话语所传递的是**生态破坏性信息**。事实上，中国政府长期以来致力于环境保护、雾霾治理，并在不同时期提出生态文明建设的新要求，CNN 对于中国雾霾的报道有失偏颇，且在一定程度上与中国读者建立了生态破坏性人际关系，属于**生态破坏性给予**。综上，该话语共有一个生态有益性语气因子，两个生态破坏性语气因子，属于生态破坏性陈述语气。

例 6.4 年来，**全球 100 多个国家和国际组织**积极支持和参与"一带一路"建设，**联合国大会、联合国安理会等重要决议**也纳入"一带一路"建设内容。"一带一路"建设逐渐从理念转化为行动，从愿景转变为现实，建设成果丰硕。[4]

首先，上述例句关注中国"一带一路"倡议在国际社会中的影响力及世界各国、国际组织在"一带一路"建设中的参与度，涉及社会生态系统。说话人为习近平总书记，其在公共场合讲话时均代表"中国"及"中国政府"；听话人为前来参加"一带一路"国际合作高峰论坛的各国领导人或代表，同样代表其所属国家及政府，二者的身份皆为群体言语角色。由此可见，说话人与听话人之间是平等、共命运的关系，属于**生态有益性言语角色**。其次，在两个划线小句中，说话人都给予听话人"一带一路"建设状况的相关信息，并期望通过"一带一路"这个纽带建立中国与其他国家、国际组织之间的联系，因此两个陈述小句的言语动机都是**生态有益性给予**。再次，两个小句的主语参与者是支持和参与我国"一带一路"建设的"国家""国际组织"及"联合国"等社会性

---

[4] 选自《习近平在第二届"一带一路"国际合作高峰论坛开幕式上的主旨演讲（全文）》，新华网，2019 年 4 月 26 日。

第 5 章　生态话语分析的理论基础：人际功能

群体，而这些对象的代表也正是该话语的听话人；补语参与者为"一带一路"建设，"一带一路"建设依靠中国与有关国家既有的双多边机制，目的是共同打造政治互信、经济融合、文化包容的利益共同体、命运共同体和责任共同体，本身就遵循"多元和谐，交互共生"生态哲学观。由此可见，主语参与者与补语参与者皆为生态有益性，说话人在话语中传递了推动国际社会和谐发展的**生态有益性信息**。综上，该话语共有三个生态有益性语气因子，建立并维持了说话人与听话人之间的生态有益性人际关系，属于生态有益性陈述语气。

例 7. **Two sides** set role model of facilitating multilateralism and free trade, experts say **China and the European Union** have maintained steady development of bilateral economic relations, adding stability to the global economy, which is shadowed by mounting uncertainties.[5]

例 7 主题为中国与欧盟间不断加强的合作关系，即关注国家与国际组织之间的关系。首先，说话人为中国媒体及相关专家，且这篇报道发表在中国国家英文日报 China Daily——中国了解世界、世界了解中国的重要窗口，因此说话人在很大程度上是代表中国的立场，听话人则主要为国外读者，二者皆为群体言语角色，在国际社会中地位平等，因此属于**生态有益性言语角色**。其次，该话语意在向读者传递中国与欧盟在多边主义和自由贸易等方面所共同做出的卓越贡献的相关信息，这一举措不仅有利于中国与欧盟发展互利共赢的关系，还有利于国际社会的和谐发展，因此属于**生态有益性给予**。最后，说话人用 two sides、China and European Union 等表达双方的群体性词汇作为主语参与者，建立了中国与欧盟之间积极的国际社会生态关系；用 role model、steady development 等积极评价性词汇作为补语参与者，肯定了中国与欧盟之间在多边经济关系上的稳步发展，从这两个参与者角色的生态有益性特征看，说话人给予的是**生态有益性信息**。综上，该话语共有三个生态有益性语气因子，属于生态有益性陈述语气。

感叹语气是陈述语气的一种特殊类型，说话人除了向听话人传递基本信息外，还传达较多的情感和情绪意义，表达说话人对某一事物

5　选自 "China-EU ties getting stronger"，*China Daily*，2019 年 6 月 19 日。

或情形（即事件）的性质或数量超出一般程度而产生的情感（何伟等，即将出版）。感叹语气可以分为直接感叹和间接感叹两大类，直接感叹又可根据感叹对象的不同进一步分为以下五种类型：（1）对事物本身进行感叹；（2）对事物性质进行感叹；（3）对事物数量进行感叹；（4）对情形性质进行感叹；（5）对情形数量进行感叹。间接感叹则指感叹话语与感叹内容不一致的情况，常用来表达讽刺、惊讶、反对等意义（何伟等，即将出版），例如"真是的！"这类小句通常没有指明具体的感叹内容，但能够表达出消极、埋怨等负面情绪。

对感叹语气生态取向的判定首先要以生态语言学视角下的陈述语气系统的分析范式为基础（参见图5-4），在确定其言语角色、言语动机及言语目标物的生态特征后，还需要对感叹语气所表达的情绪意义进行生态性判定。在话语中，不同情感意义的表达不仅能够增强语气效果，还能够加强说话人与听话人之间的交际关系。从生态角度看，感叹语气对有益性信息起到正面的加强作用，对破坏性信息起到负面的加强作用，即"使积极更加积极""使消极更为消极"。因此，判断感叹语气的生态类别应在陈述语气系统中增加情绪类别维度，即判断感叹语气在给予信息的功能基础上增加的是生态有益性情绪、生态模糊性情绪还是生态破坏性情绪。比如：

例8. 如果没有动物 人类是多么的孤独 多么的悲伤[6]

首先，例8关于人与动物之间的关系，涉及自然生态系统。说话人为诗人，属于个体言语角色，其预期读者为群体言语角色的人类。由此可见，说话人将二者看作是自然生态系统中的一个共同体，属于**生态有益性言语角色**。其次，该话语向读者传递"如果没有动物"的预期状况，以引起人类对动物生存状况的关注，因此属于**生态有益性给予**。加之该话语有补语参与者"动物"、主语参与者"人类"，虽然人类比动物更具有主观能动性，但说话人在话语中赋予二者平等的生态地位，因此说话人通过生态有益性参与者角色传递**生态有益性信息**。在此基础上，说话人对人类"孤独"和"悲伤"的情绪程度进行感叹，通过两个感叹

6　选自现代诗歌《文明的呼喊》。

第 5 章　生态话语分析的理论基础：人际功能

词"多么"增强"失去动物"这一生态破坏性事件给人类带来的负面、消极情绪。换言之，说话人对破坏性信息"没有动物"表达负面情绪"孤独""悲伤"，且将动物和人类（也是听话人）紧密联系在一起，将二者看作自然生态系统中唇齿相依的"共生"关系，表现出动物对人类至关重要的作用，因此说话人的情绪是**生态有益性情绪**。综上，该话语共有四个生态有益性语气因子，属于生态有益性感叹语气。

例 9. In forest and the hill
　　　By traveler is heard,
　　　Restraining rampant squirrel
　　　Or too impetuous bird.
　　　<u>How fair her conversation</u>...[7]

例 9 是诗人对大自然的描述，关涉自然生态系统。首先，此诗歌言语角色的生态性特征与例 8 相同，属于**生态有益性言语角色**。其次，在划线小句中，说话人向读者传递对大自然的赞赏性评价，以期引起听话人对自然的喜爱，属于**生态有益性给予**。再次，说话人用 her conversation 赋予大自然一个具有主观能动性的生命体角色，表征大自然在处理动物间关系时是"公正的"，遵循"多元和谐，交互共生"生态哲学观，属于**生态有益性信息**。在此基础上，说话人用感叹语气加强对大自然的赞赏情绪，增强了言语动机及言语目标物的生态有益性，有利于人与自然之间建立和谐的关系，属于**生态有益性情绪**。综上，该话语共有四个生态有益性因子，属于生态有益性感叹语气。

例 10. 17 个多彩的国家在一起，颜色比彩虹还丰富。<u>如果我们搭起一座跨越亚欧的彩虹之桥，我们未来合作的前景会有多么美好！</u>[8]

本例关注国家与国家之间的关系，属于社会生态系统。首先，该话语的说话人为李克强总理，其发表在外媒的言论不仅代表其个人，更代表中国及中国政府；听话人是克罗地亚政府及人民，以及与克罗地亚国

7　选自 Emily Dickinson 的诗歌 "Mother Nature"。
8　选自《李克强总理在克罗地亚媒体发表署名文章》，新华网，2019 年 4 月 9 日。

情相似的其他中东欧国家和地区，说话人赋予二者合作共赢的平等身份，因此属于**生态有益性言语角色**。其次，李克强总理意在用"美好前景"的假设来促进亚欧之间的合作，符合"多元和谐，交互共生"生态哲学观，属于**生态有益性给予**。再次，说话人用"我们"作为主语参与者，将中国与中东欧国家视为一个整体，使听话人更能产生情感上的共鸣，拉进我国和中东欧国家与地区之间的关系；用"跨越亚欧的彩虹桥"作为补语参与者，表征国家间合作所带来的美好前景，属于**生态有益性参与者**。加之说话人在话语中传递有关两国未来合作前景的信息，"合作"意味着求同，"多彩"意味着存异，信息内容本身就遵循"多元和谐，交互共生"生态哲学观，属于**生态有益性信息**。此外，说话人还用感叹词"多么"增强该合作前景的"美好"程度，即对合作的积极信息表达正面的情绪，加强中东欧国家与我国合作的期待，属于**生态有益性情绪**。综上，该话语共有四个生态有益性语气因子，属于生态有益性感叹语气。

例 11. When the massive earthquake struck Sichuan in 2008, her hometown was among the hardest-hit... As a doctor, she knew too well the importance of completing the drug regimen for TB patients. Her efforts paid off. All the 540 patients had fully recovered, with no single patient developing into MDR. <u>What an impressive achievement!</u>[9]

例 11 关涉社会生态系统。首先，话语发出者为彭丽媛，其身份为中国国家主席习近平夫人、世界卫生组织结核病和艾滋病防治亲善大使以及抗击结核病杰出人士代表，不仅代表中国，也代表世界共同抗击结核病的人们，属于一种社会性群体角色；听话人为世界各国代表及人民，二者在社会生态系统中的地位平等，且说话人主观能动性较强，更具有号召力，属于**生态有益性言语角色**。其次，本段讲述一位四川护士在地震时期仍坚持为结核病人送药，最终患者全部康复，这一事件本身表征人与人之间和谐互助的人际关系，具有生态有益性经验意义。说话人用 an impressive achievement 这种积极评价词汇作为参与者角色，对

---

9 选自《彭丽媛在联大结核病问题高级别会议上发表英文视频讲话》，人民网–人民视频，2018 年 9 月 28 日。

第 5 章 生态话语分析的理论基础：人际功能

生态有益性事件进行正面的识别，意图使话语传递**生态有益性信息**，引起人们对此事件的共鸣，这种有利于社会生态系统良性发展的言语动机即为**生态有益性给予**。在此基础上，说话人用感叹语气增强积极评价的程度，属于**生态有益性情绪**，增强了信息的生态有益性。综上，该话语属于生态有益性感叹语气。

4. 疑问语气

疑问语气所表达的言语功能为说话人向听话人寻求信息。因此在疑问语气系统中，我们通过信息寻求者赋予其自身及信息回应者在生态系统中的身份与地位来判断言语角色的生态特征，通过主语参与者角色及补语参与者角色的特征来判断所寻求信息的生态特征。此外，疑问语气根据所寻求信息的不同可分为寻求正反与寻求新内容两种基本类型，前者包括侧重正／反（即肯定或否定）〔如例 12，(a)(b)〕及无侧重形式〔如例 12，(c)(d)〕，后者包括基本形式（即特殊疑问句）〔如例 13，(a)(b)〕及选择形式（即选择疑问句）〔如例 13，(c)(d)〕。

例 12. (a) 难道这不可能吗？
(b) The female animals also like this message, right?
(c) 您亲眼见过他吗？
(d) Could a planet have a moon that itself had a smaller moon?

例 13. (a) 是谁有这样的大手笔？
(b) How many kilometers is it from Tibet to Inner Mongolia?
(c) 戊戌维新是改良范畴还是革命范畴？
(d) The one right out of medical school or the one with experience?

从生态语言学视角看，除了要对说话人所寻求信息的有益性、模糊性或破坏性进行判断外，还需要对其"寻求"动机的生态特征进行辨别。通常来说，当说话人遵循"多元和谐，交互共生"生态哲学观，为建立和维持与听话人之间的生态有益性人际关系时，会进行纯粹、合理的发问，这时说话人通过话语表达生态有益性寻求；当说话人违背生态哲学观时，则会进行"别有用心"、无理的发问，不利于二者间建立良好的人际关系，这时说话人通过话语进行生态破坏性寻求；当说话人既不遵循、也不违背生态哲学观进行发问时则为生态模糊性寻求。此外，当信息寻求者表达生态有益性疑问语气时，若回应者与寻求者的预期相同，则回应者也表达生态有益性语气，若回应者与寻求者预期相悖，则回应者表达生态破坏性语气；当寻求者表达生态破坏性疑问语气时，若回应者与寻求者的预期相同，则回应者也表达生态破坏性语气，若回应者与寻求者的预期反应相悖，则回应者表达生态有益性语气。由此，生态语言学视角下的疑问语气系统如图5-5所示。

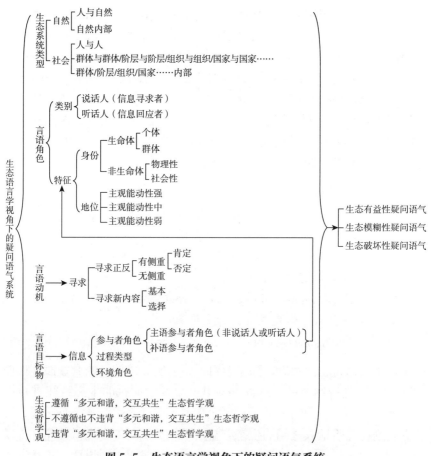

图5-5 生态语言学视角下的疑问语气系统

综上所述，判断疑问语气的生态取向主要关注以下三个因子：

第 5 章　生态话语分析的理论基础：人际功能

（1）言语角色的生态特征，包括说话人（即信息寻求者）和听话人（即信息回应者）；（2）言语动机（即寻求）的生态特征，包括对寻求类别的判断及寻求特征的判断；（3）言语目标物（即信息）的生态特征，主要包括对主语参与者和补语参与者的分析。比如：

例 14. 地球气温不升反降，**小冰河时期要来了？**保护环境需要立即行动！[10]

本例与例 4 表达的内容相似，但二者所属的语气类别却有所不同。本话语的说话人为科普者，与读者在生态系统中的身份和地位相同，且都是社会性角色，属于**生态有益性言语角色**。在第一小句"地球气温不升反降"中，说话人给予听话人地球气温的相关信息，关注人类共同生存的场所——"地球"——的气温，直接建立与听话人之间"共命运"的关系。划线小句则为对地球未来气候状况进行提问的寻求正反的疑问语气，非生命体主语参与者"小冰河时期"用隐喻描述一种地球可能发生的低温状态，限定成分"要"表示将来时态，表明这是说话人进行的预测，期望对地球居民起到一种警醒、提示的作用，引起人们对气候变化的思考与对保护环境的重视，属于**生态有益性信息**。此外，对比例 4 中"小冰河时期即将到来"的陈述语气，本例的说话人通过疑问语气向听话人寻求该信息的肯定与否，避免了"肯定""绝对"这种较为强硬的语气效果，为听话人提供一个开放的协商空间：或许有人认为地球气温降低只是短时现象，并不会造成"冰河时期"的景象，说话者意在通过协商性的疑问语气建立起与这一部分读者友善、和谐的关系，因此属于**生态有益性寻求**。综上，该话语共有三个生态有益性语气因子，属于生态有益性疑问语气。

例 15. Only 19 percent of primary forests remain (where human intervention has been minimal), compared with the global average of 32 percent. So **what will the future of our forests** look like? **Will we** continue down this road or will **we** work together to improve things?[11]

10　选自《地球气温不升反降，小冰河时期要来了？保护环境需要立即行动！》，百度"地球科普君"，2019 年 5 月 28 日。

11　选自 "It's vital to save our forests to save ourselves"，*China Daily*，2019 年 6 月 19 日。

首先，本例句关注森林面积不断减少的自然生态问题，说话人和听话人在生态系统中具有相同身份和平等地位，属于**生态有益性言语角色**。其次，两个疑问句的主语参与者中均出现群体性词汇 our、we，表明说话人将自己与听话人放在同等位置，即能够对自然生态产生影响的人类，认为人类应该共同关注森林面积的减少，并共同努力改善这一问题，这种共同的责任感使说话人与听话人联系到一起，因此该例的参与者属于生态有益性参与者。加之说话人所寻求的信息是促进自然生态系统和谐发展的内容，遵循"多元和谐，交互共生"生态哲学观，因此属于**生态有益性信息**。最后，说话人先后使用两个疑问语气向听话人寻求信息：第一个问句为寻求新内容的疑问语气，由于目前森林退化的状况不断加剧，说话人对"森林的未来"进行提问，目的是引发读者的深思；第二个问句是对听话人深思的内容进行了具化，说话人用寻求内容选择的疑问语气对"我们"的应对措施进行提问，是继续保持现状（使森林面积不断减少）还是共同改善。从第一问中说话人的态度来看，在第二问中其更侧重于后一种积极的选择，因此"Will we work together to improve things?"也可以看作说话人对听话人的一种呼吁，属于**生态有益性寻求**。综上，划线的两个小句都各有三个生态有益性语气因子，因此都属于生态有益性疑问语气。

例 16. 中国和中亚国家进一步合作最容易取得突破的领域是物流……**为什么哈萨克斯坦**最早支持中国建设丝绸之路经济带倡议？原因之一就是丝绸之路经济带建设会给他们带来很多物流效益。中国和中亚国家都有共同的利益，都需要广阔的国外市场。[12]

首先，本例划线小句中的信息寻求者为曾担任中国驻吉尔吉斯斯坦、哈萨克斯坦大使的姚培生，虽然他在访问中作为个体角色出现，但其对中亚国家及其与中国的联系具有较为深刻和专业的了解，由此可以判断其话语表达内容的客观性大于主观性，说话人的个体角色并不影响本例中对语气类别的生态性判断，也属于**生态有益性言语角色**。其次，说话人赋予主语参与者角色"哈萨克斯坦"积极推动国家间合作、具有

---

12 选自《中亚国家何以对华长期友好？因中国从不对其内政说三道四》，《北京日报》，2019 年 6 月 11 日。

第5章 生态话语分析的理论基础：人际功能

主观能动性的角色，将其作为中亚国家参与"一带一路"倡议的先行者；补语参与者为"中国建设丝绸之路经济带倡议"这一符合生态哲学观的事件，由以上两个生态有益性参与者可推断出说话人寻求的相关信息是**生态有益性信息**。该问句对哈萨克斯坦最早支持中国"一带一路"倡议的原因进行提问，属于寻求新内容的疑问语气。而最早支持中国"一带一路"倡议这件事有利于国际生态社会的良性发展，属于**生态有益性寻求**。最后，说话人对此事件的原因进行有益性寻求，期望得到的是一个相同立场的回应。该疑问句的答案随之出现，表明说话者没有选择直接将信息传递给听话者，而是通过疑问语气表达了一种开放、礼貌的态度，有利于与听话人之间建立良好的人际关系。综上，该话语共有三个生态有益性语气因子，属于生态有益性疑问语气。

例 17. President Trump and the administration have banned Huawei. **Are you** concerned that **your Chinese rival** could ultimately retaliate against Apple because of that?[13]

本例是 CBS（美国电视广播网哥伦比亚广播公司）在采访中对苹果公司 CEO 库克的提问。首先，说话人虽是个体角色，但是在一定程度上代表美国的立场；听话人为苹果公司 CEO，作为个体角色在极大程度上代表其个人及公司，说话人赋予其自身及听话人的身份及地位并不清晰，属于**生态模糊性言语角色**。其次，说话人选择 your Chinese rival 作为主语参与者，将中国公司与美国公司对立起来，赋予中国公司敌对的、消极的角色，不利于中美两国之间、中国公司与美国公司之间友好关系的建立，属于生态破坏性参与者角色。并且，说话人在提问时使用寻求正反的疑问语气，寻求"听话人担心中国对手报复苹果公司"这一命题的肯定与否，此信息不符合"多元和谐，交互共生"生态哲学观，属于**生态破坏性信息**。最后，说话人在寻求中侧重于肯定"中国对手报复苹果公司"这一破坏性信息，意在引导听话人将重点置于中国公司与美国公司的对立，因此属于**生态破坏性寻求**。综上，该小句中共有一个生态模糊性语气因子，两个生态破坏性语气因子，属于生态破坏性疑问语气。

---

13 选自 "Tim Cook on tariffs, Immigration and whether we spend too much time on our iphones"，CBS News，2019年6月4日。

5. 祈使语气

信息的交换由上述陈述语气、感叹语气及疑问语气等直陈语气实现，而物品及服务的交换则由祈使语气体现。祈使语气通常用来表达说话人命令、要求、支配、希愿、建议、提供、祝愿等七种主要意义（何伟等，即将出版）。祈使语气除表达给予或寻求物品及服务外，或可表达一定的强制性及权势关系，具体如表 5-2 所示。

表 5-2 祈使语气类别的言语功能[14]（何伟等，即将出版）

言语功能	祈使语气类别						
	命令	要求	支配	希愿	建议	提供	祝愿
给予	+	+	+	+	+	+	+
寻求	+	+	+	+	+	−	−
强制性	+	±	±	−	−	−	−
权势关系	±	−	+	−	±	−	−

表示命令、要求、支配等意义的祈使语气本身具有强制性特征，且其内部存在"刚柔缓急之异"（吕叔湘，1956/1982：301）。判断说话人、听话人及祈使对象在生态系统中的身份及地位，能够辨别三者之间的权势关系：当说话人的身份、地位高于听话人或祈使对象时，该祈使语气所表达的权势关系明显；反之则权势关系较弱。说话人在给予或寻求物品及服务时，会赋予自身及听话人、主语参与者（祈使对象）及补语参与者不同生态特征的角色，这些是影响祈使语气生态取向的首要因素。其次，根据说话人对生态哲学观的不同态度，其通过祈使语气对听话人表达的言语动机及言语目标物也有不同的生态特征：当说话人遵循生态哲学观时，"给予"或"寻求""物品及服务"都应是生态有益性的，例如提出与听话人内心相呼应的美好祝愿、希愿，提供听话人所需要的事物或帮助，或呼吁祈使对象做出有益于生态系统和谐发展的行为举措等；当说话人违背生态哲学观时，"给予"或"寻求""物品及服务"应是生态破坏性的，例如对听话人发出不平等的命令或要求，提出不合理

---

14 其中"+"表示具备该属性，"−"表示不具备该属性；"±"表示存在具备与不具备该属性两种情况。

第 5 章　生态话语分析的理论基础：人际功能

建议等。此外，言语目标物的生态性仍主要根据主语参与者及补语参与者的生态特征进行判断。

值得注意的是，祈使语气中的另一重要系统为柔劝手段，即说话人使用礼貌用语〔如例 18，(a)(b)〕、量小用语〔如例 18，(c)(d)〕或互动缓和用语〔如例 18，(e)(f)〕来缓和整个话语的语气，继而使言语角色之间的人际关系更加和谐。因此，柔劝手段本身就可以被看作一类生态有益性语气因子。

例 18.（a）我去旅行的消息，<u>麻烦</u>您告诉其他所有人。

　　（b）Once you have banked in, <u>please</u> inform us.

　　（c）到第一仓库去，把堆在里头的老旧配电盘装进箱子，<u>好好</u>整理<u>一下</u>。

　　（d）Please let me drink <u>a little</u> water from your jar.

　　（e）来杯茶怎么样，<u>先生</u>？

　　（f）Give me an empty box, <u>will you</u>?

由此，生态语言学视角下的祈使语气系统如图 5-6 所示。以下以语料实例对此进行分析。

例 19. 培养垃圾分类的好习惯，全社会人人动手，一起来为改善生活环境作努力，一起来为绿色发展、可持续发展作贡献。[15]

本例的说话人为中国国家主席习近平，听话人和祈使对象都为"全社会人人"。首先，从说话人的群体角色来看，二者之间的社会权势关系即政府与人民的关系：政府管理和服务人民，人民是国家的主人，且对政府工作起到监督作用。只要政府和人民的关系能够促进社会生态系统良性发展，即为生态有益性人际关系。其次，从说话人的个体角色来看，其自身包含在"全社会人人"中，二者在社会生态系统中是共同体，这使言语双方之间的关系更为紧密。因此本例中的说话人和听话人都属于**生态有益性言语角色**。再次，本例中的四个小句用祈使语气表达说话人对祈使对象在垃圾分类这一问题上提出的：（1）"要求"，虽然具

15　选自《习近平对垃圾分类工作做出重要指示》，新华网，2019 年 6 月 3 日。

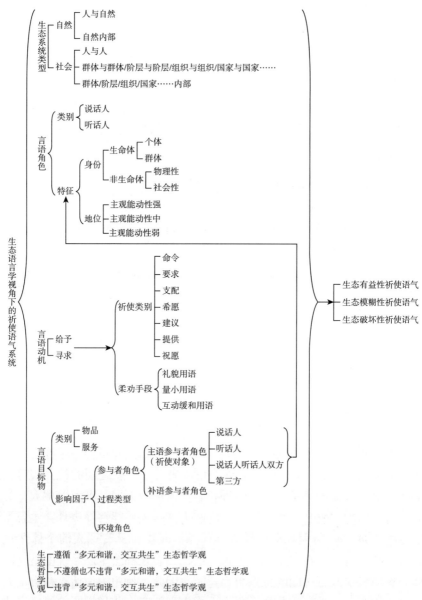

图 5-6 生态语言学视角下的祈使语气系统

有一定程度的强制性,但正是由于政府与人民之间的权势关系,才更有利于我国垃圾分类工作的有效实施和推进;(2)"建议"或"希愿",从

第 5 章 生态话语分析的理论基础：人际功能

说话人赋予其自身及祈使对象"共同"的生态角色，加之两次使用语气附加词"一起"，表明说话人倡导全社会共同为自然生态系统的良性发展做出努力，属于**生态有益性言语动机**。此外，本例中的主语参与者（即祈使对象）为说话人听话人双方，与言语角色的分析相同，也属于生态有益性参与者，因此说话人向祈使对象寻求的是**生态有益性言语目标物**。由此，本例中的四个小句一方面推动生态有益性事件的实施，一方面拉近言语双方的关系，缓和前者的语气效果。综上，以上四个小句都各有三个生态有益性语气因子，属于生态有益性祈使语气。

例 20. <u>Up! up! my friend, and clear your looks</u>,
　　　　Why all this toil and trouble?
　　　　<u>Up! up! my friend, and quit your books</u>,
　　　　Or surely you'll grow double.
　　　　The sun, above the mountain's head,
　　　　A freshening lustre mellow
　　　　Through all the long green fields has spread,
　　　　His first sweet evening yellow.
　　　　Books! 'tis dull and endless strife,
　　　　<u>Come,</u> here the woodland linnet,
　　　　<u>How sweet his music;</u> on my life
　　　　There's more of wisdom in it.[16]

在例 20 的诗歌选段中有三个含祈使语气的小句（单下划线处），诗人作为个体角色，呼吁读者"开眼欢笑""放下书本""来（大自然中）"。首先，说话人称听话人为 my friends，这同样也是祈使对象，表明说话人将所有人类都看作是朋友，建立了与听话人之间亲近、友好的关系，属于**生态有益性言语角色**与生态有益性参与者。其次，说话人意在让祈使对象感受自然的美好，建立人与自然之间和谐的生态关系，符合"多元和谐，交互共生"生态哲学观，属于**生态有益性言语动机**。再次，说话人对听话人交换的"服务"为走出狭隘的让人烦恼的物质世界和理性世界，走进大自然，用心灵去感受其一草一木，体会夕阳、菜园等美好

16　选自 William Wordsworth 的诗歌"The Tables Turned"。

的景象带来的快乐，将大自然看作是能够给人类带来美好体验的环境，属于**生态有益性言语目标物**。值得注意的是，诗人还用感叹语气"How sweet his music;"对红雀歌声的甜美进行感叹，增强对大自然美妙的表达效果，属于生态有益性情绪。综上，本选段中单下划线小句属于生态有益性祈使语气，双下划线小句为生态有益性感叹语气。

例 21. 患者：不然不治疗了吧？治也好不了，就是早死一天晚死一天的事！

医生：你不要这样，人吃五谷杂粮哪有不生病的？不能这样！本来情绪对你的病情就有影响，你再情绪那么差，对你的病更不好！<u>想开一些，配合医生积极治疗，好吧？</u>[17]

例 21 关涉医生与患者之间的关系，属于社会生态系统。划线小句为表达建议的祈使语气。首先，说话人为医生，与听话人和祈使对象（即患者）相比，其处于主观能动性较强的专业地位。然而从说话人自称"医生"这一用词手段来看，说话人在此时将自身与患者处于平等的地位，拉近了医患间的距离，因此属于**生态有益性言语角色**。其次，说话人意在提出专业建议的基础上平复听话人的情绪，建立医患之间良好的人际关系，继而促进治疗的顺利进行，属于**生态有益性言语动机**。再次，说话人对听话人提出的建议内容一方面用心理过程表征患者需要从心理层面做出积极改变，另一方面用关系过程表征患者需要与医生之间建立信任、和谐的关系，均属于**生态有益性言语目标物**。此外，说话人还在上述基础上增加柔劝手段"好吧"，减轻了祈使语气中由于地位差别所产生的强制性程度，缓和了医患之间的互动气氛。综上，划线小句有利于说话人与听话人之间建立良好、和谐的医患关系，属于生态有益性祈使语气。

例 22. The US wants to exert extreme pressure on the Chinese side by taking Chinese journalists as "hostages". <u>Don't expect China to swallow this.</u>[18]

---

[17] 选自《基于语料库的医患交际语篇特征分析》，《外语电化教学》，2018 年。

[18] 选自 " Foreign Ministry Spokesperson Zhao Lijian's Regular Press Conference on September 7, 2020", Ministry of Foreign Affairs of the People's Republic of China, 2020 年 9 月 7 日。

第 5 章　生态话语分析的理论基础：人际功能

例 22 为外交部发言人赵立坚在例行记者会上的发言，背景为美国政府为挑起矛盾冲突，不断对中国驻美媒体机构进行政治打压，包括缩短记者签证、限制审批等。划线小句为表达希愿的祈使语气，关涉中美两国之间的关系，属于国际社会生态系统。首先，说话人虽为个体角色，但代表中国外交部，在外交事务上具有较为权威的话语地位。听话人狭义上为参加例行记者会的中外媒体，广义上则是面向世界各国。说话人将中国与世界各国置于平等的地位，符合"多元和谐，交互共生"生态哲学观，属于**生态有益性言语角色**。其次，美方拿中国驻美记者当做"人质"向中方施加极端压力，是美国霸权主义的表现，违背了"多元和谐，交互共生"生态哲学观，不利于中美两国间建立友好和谐的关系，属于生态破坏性事件。说话人用祈使语气表达中国对此生态破坏性事件"不妥协、不退让"的坚决态度，既具有生态有益性言语动机，又对生态破坏性言语目标物进行了否定。综上，此划线小句传递了正确的外交理念，有利于国际社会生态系统的良性发展，属于生态有益性祈使语气。

值得注意的是，语气类别会在不同语境中有所偏重。例如，教师通常在课堂中使用祈使语气和疑问语气，主语多用"我们""大家"等这种群体类人称代词。首先，从教师与学生的社会性关系来看，由于教师对学生起到传授知识和指导的作用，因此教师在课堂上常用祈使语气向学生传递指令，例如"请大家阅读……""我们一起来看……"等。其次，教师使用疑问语气期望得到学生的回应，使学生更有参与感，增加课堂互动，使课堂氛围及师生关系更为和谐。而在医患关系中，医生通常使用的语气类别较为多样，例如祈使语气用来在治疗过程中指导病人做出动作回应，以确保治疗顺利进行；疑问语气用来问询病人自身的情况及感受，这种协商性的态度表达出对病人的足够尊重；陈述语气用来向病人传递治疗信息，这种信息的充足性有助于建立医患之间互相信任的关系；感叹语气通常用来对病人的康复情况进行鼓励或哀叹，医生从感叹语气中传递出的情感能够影响病人的治疗情绪，这有助于医患关系更为和谐。综上所述，语气类别的生态性选择不仅表明说话人赋予其自身、听话人、主语参与者、补语参与者的角色类别、说话人在进行言语交际时与听话人建立的关系类别，还表明言语角色之间言语动机及言语目标物的生态特征，而上述生态性的判别都取决于言语者对"多元和谐，交互共生"生态哲学观的态度。

6. 案例分析

案例 1：2019 年 4 月 28 日，习近平总书记在中国北京世界园艺博览会开幕式上发表题为"共谋绿色生活，共建美丽家园"的致辞。[19]

首先，我谨代表中国政府和中国人民，并以我个人的名义，对远道而来的各位嘉宾，**表示热烈的欢迎！**对支持和参与北京世界园艺博览会的各国朋友，**表示衷心的感谢！**

……现在，**生态文明建设已经纳入中国国家发展总体布局，建设美丽中国已经**成为中国人民心向往之的奋斗目标。**中国生态文明建设**进入了快车道，**天更蓝、山更绿、水更清将**不断展现在世人面前。

我们应该追求绿色发展繁荣……**我们应该**追求热爱自然情怀……**我们应该**追求科学治理精神……**我们应该**追求携手合作应对……**让我们**从自己、从现在做起，把接力棒一棒一棒传下去。

从内容主题上来看，案例 1 的语段既关注国家与国家之间关系的社会生态系统，又关注人与自然之间关系的自然生态系统。世园会在中国北京的召开，本身就标志着世界对中国自然生态环境状况的肯定。说话人为习近平总书记，代表中国政府和中国人民，听话人为远道而来参加世园会的各位嘉宾，代表不同国家，说话人赋予二者平等的群体角色，属于生态有益性言语角色。在语篇第一段中，习近平总书记用感叹语气向前来参加世园会的嘉宾表示"欢迎"及"感谢"，属于生态有益性情绪，比一般的陈述语气更能表达中国政府及中国人民的热情，这种情感的输入不仅有利于中国良好形象的展现，还能拉近中国政府与中国人民、中国人民与前来参加世园会的其他国家人民之间的关系，因此属于生态有益性感叹语气。

第二段中的四个小句都属于陈述语气。在前三个小句中，主语参与者"生态文明建设""建设美丽中国"、补语参与者"奋斗目标"作为

19　选自《共谋绿色生活，共建美丽家园——在 2019 年中国北京世界园艺博览会开幕式上的讲话》，中华人民共和国中央人民政府网，2019 年 4 月 28 日。

第 5 章　生态话语分析的理论基础：人际功能

促进自然生态系统和谐发展的非生命体角色，"已经""了"表示过去时态，传递出生态文明建设通过不懈努力已经取得显著成效，属于生态有益性信息。第四小句以"天更蓝、山更绿、水更清"这种良好的环境状况作为主语参与者，限定成分"将"表示将来时态，表达了习近平总书记对未来自然生态良好前景的信心，也属于生态有益性信息。同时，由于说话人是总书记，听话人中包括中国生态文明的建设者，说话人比听话人具有更高权威。因此，首先总书记在讲话时对听话人有一个预期，其次这种预期对于听话人产生一种影响，换句话说，总书记对中国生态文明建设事业的肯定与期望能够激励各级政府和人民群众更有干劲，继而使自然生态环境越来越好，体现说话人的生态有益性言语动机。因此本段中的小句都属于生态有益性陈述语气。

在第三段中，习近平总书记先使用了四个并列陈述小句，其中主语都是"我们"，表明说话人将自身与听话人置于共命运的群体中，"应该"属于表达义务意志的内在语势手段（详见本书 5.2.2 小节），表明总书记对更好地建设生态文明提出的要求和建议，有助于发动全社会人人都参与到生态文明建设和生态环境保护中，促进自然生态系统的良性发展，因此这四个并列小句都属于生态有益性陈述语气。最后，带"让"字的祈使语气小句则表达了一种希望和提议，总书记号召、呼吁全国人民将生态文明建设事业作为自己的使命代代相传。同时，总书记并没有将自己脱离生态文明建设的队伍之外，仍是用"我们"作为主语，建立了说话人和听话人之间紧密的联系，表达了中国人民作为一个整体，都应该为生态文明建设添砖加瓦，因此属于生态有益性祈使语气。

综上所述，习近平总书记的讲话中皆为表达生态有益性感叹语气、生态有益性陈述语气及生态有益性祈使语气的小句，本语段属于生态有益性话语。

案例 2： 2019 年 5 月 30 日，中央广播电视总台中国国际电视台 CGTN 主持人刘欣应邀与美国福克斯商业频道主持人 Trish Regan 进行辩论。[20]

Trish Regan: **What is** your current assessment of where the trade talks are? **Do you** believe a deal is possible?

20　选自"Highlights on CGTN anchor Liu Xin, Fox host Trish Regan discussion"，CGTN，2019 年 5 月 31 日。

Liu Xin: **I don't** have any insider information. **What I know** is **the talks were not** very successful last time, **they were** going on in the United States and now **I** think **both sides** are considering where to go next. **But I** think **the Chinese government has** made its position very clear, that unless **the United States** treat the Chinese government, treat the Chinese negotiating team with respect and show the willingness to talk without using outside pressure, **there is** high possibility that there could be a productive trade deal. **Otherwise we might** be facing a prolonged period of problems for both sides.

案例2是中美两位主持人就中美贸易问题进行讨论。首先，Trish用两个疑问语气小句对刘欣进行提问，说话人直接用you作主语参与者，虽没有表示出言语角色之间关系的亲近，但也表明二者关系的平等，应属于生态模糊性言语角色和生态模糊性主语参与者。其次，第一小句为寻求新内容的疑问语气，说话人向听话人寻求其关于贸易谈判的相关态度；第二小句为寻求正反的疑问语气，说话人向听话人寻求"相信达成协议是可能的"这一命题的肯定与否。从信息内容上来看，"贸易谈判"及"达成协议"都属于生态有益性信息。然而，说话人对这一信息存在怀疑态度，其既不遵循生态哲学观，也不违背生态哲学观，属于生态模糊性言语动机。综上，Trish提问的两个小句各包含两个生态模糊性语气因子，一个生态有益性语气因子，根据生态性判断机制，都属于生态模糊性疑问语气。

刘欣在回答中都使用表达陈述语气的小句。她首先对Trish的提问表示否定的回应，这可能不符合Trish的预期，但对生态模糊性疑问语气的回应同样属于生态模糊性陈述语气。其次，刘欣用the talks作为主语参与者阐述上次会谈的失败，用both sides作为主语参与者强调目前中美双方都很关注贸易谈判的走向，意图与听话人建立一种和谐的人际关系，属于生态有益性参与者及生态有益性信息。值得注意的是，刘欣多次在给予态度信息前使用个体角色词汇I作为主语参与者，例如what I know、I think，表明其话语多代表个人观点，这在一定程度上规避了外媒可能过度解读中国观点的风险，有利于中国在国际社会中形象的建立，属于生态有益性参与者。综上，除第一小句对 Trish 问题的回应外，刘欣的回答均属于生态有益性陈述语气。

5.2.2 内在语势系统

说话人在给予或寻求信息、物品及服务的同时，可能在基本言语内容的基础上，使用一些语言手段来表达其主观态度、判断、立场等，意图在与听话人的命题及提议交换过程中带入个人情感、态度或判断。这种语言手段被称为语气语势（何伟等，即将出版），在很大程度上是由情态系统（Halliday，1994/2000）延伸发展而来。本节所关注的是，说话人在使用语气语势后与听话人之间的人际关系朝着何种方向发展，对生态系统能够产生何种影响。

1. 情态系统与内在语势系统

情态（modality）是归一度肯定与否定两极之间的过渡等级（Halliday，1994/2000：88；Halliday & Matthiessen，2014：176），是帮助说话人将其自身的观点和态度引入话语中的语言资源（Halliday & Matthiessen，1999：526），包括情态化（modalization）和意态化（modulation）两种类别。情态化是存在于命题（proposition）[21]中的情态类型，表达"认同"和"否定"两极之间可能性/概率（probability）与经常性/频率（usuality）的程度（Halliday，1994/2000；Thompson，2014）。在陈述句中，情态用来表达说话人的观点和态度；而在疑问句中，情态则用来征询听话人的观点和态度（Halliday & Matthiessen，2004：147）。意态化是存在于提议（proposal）[22]中的情态，表达"规定"和"禁止"两极之间义务/责任（obligation）与意愿/倾向（inclination）的程度（Halliday，1994/2000；Thompson，2014），通常有以下三种表意：（1）说话人主动要求做某事；（2）说话人请求或命令听话人做某事；（3）说话人建议

---

21 命题指表示信息交换的小句，体现在言语功能中指给予或寻求信息，即陈述和疑问。
22 提议指表示物品及服务交换的小句，体现在言语功能中指给予或寻求物品及服务，即提供和命令。

听话人与其共同做某事。

除上述类别区分外，情态还在取向、量值和归一度上有差异。取向（orientation）表征说话人在表达对命题及提议的态度时所选择的体现方式，有主观和客观、显性和隐性之分。Thompson（2014：74）还将取向系统表述为情态责任（modal responsibility），用来表征说话人在对自己所表达的态度承担责任时的公开程度。量值（value）表征说话人表达情态意义的程度，有高、中、低三个等级之分，Thompson（2014：73）将量级系统表述为情态承诺（modal commitment），意在表征说话人对自身所表达内容有效性的承诺程度。情态承诺与情态责任的配置关系能够表明说话人在多大程度上为自己通过情态所做的不同程度的承诺承担责任（张曼，2008：74）。归一度分为肯定和否定两极，对命题及提议的否定属于对说话人言语内容的直接否定，而对情态的否定则有可能发生转移。例如，高量值的情态被否定后转移为低量值的情态，低量值的情态被否定后转移为高量值的情态，而中量值的情态一般不会因否定而改变其量值。

综上所述，情态系统由情态类别系统、情态取向系统、情态量值系统及情态归一度系统组成，如图 5-7 所示。

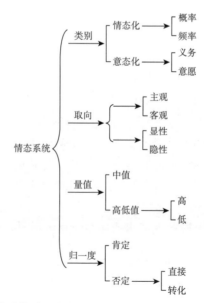

图 5-7　情态系统（Halliday & Matthiessen，2004/2008：150）

第 5 章　生态话语分析的理论基础：人际功能

在人际功能发展过程中，语气系统与情态系统逐渐呈现出融合的趋势，前者主要表征说话人与听话人之间信息、物品及服务的交换方式；后者主要表征在信息、物品及服务交换过程中说话人对言语内容的主观态度、判断、立场、情感、情绪，以及在表达上述内容时的强度、速度等。由此可见，说话者用情态、归一度所表达出的主观态度并不是独立于小句交换过程之外的，而是伴随信息、物品及服务同时交换给听话人的，因此语气类别、情态与归一度应同属于语气系统这一范畴之下。值得注意的是，汉语学界在对语气的研究中提出，语气既可以表示"说话人使用句子要达到的交际目的"，也可以表示"说话人对说话内容的态度或情感"（齐沪扬，2002a：9）。也就是说，前者涉及语气的功能类别，即陈述语气、感叹语气、疑问语气、祈使语气；后者则涉及语气的意志类别，即情态、情绪等主观内容的表达（黄伯荣、廖旭东，1991；齐沪扬，2002a）。鉴于三者之间的紧密关系，何伟等（即将出版）将人际功能中的情态系统扩展为语气语势系统。语气语势系统包含表达说话人对于交换内容主观态度的内在语势及体现说话人在交换过程中表达强度的外在语势，如图 5-8 所示。由于外在语势主要通过说话人在表达言语内容时附加在小句上的"物理特征"来表现，如语气（口气）急缓、音调高低、音量大小、语速、停顿等（何伟等，即将出版），这些"物理特征"一般情况下在书面语中不易展现，因此本书不涉及外在语势。

内在语势系统主要包括基本语势和非基本语势两种类别。在基本语势中，说话人通常客观地对事实进行陈述，不表达主观态度。非基本语势可进一步分为已然语势和未然语势两个子类别。从语义层面来讲，已然语势指说话人对已然发生的事件表达态度，包括说话人对事实进行"确实"的判断，例如"的确""当然"、indeed、I'm sure 等表达，以及说话人对事实结果与先前的"料悟"进行对比，例如"果然""难怪"、That's why 等表达。未然语势则指说话人对尚未发生的、存在于意识层面上的事件表达态度，包括情态和意志。与 Halliday & Matthiessen （2004/2008）划分的情态和意态类别相比主要有以下三点差别：（1）在情态类别中，受到汉语学界对必然语气、或然语气（贺阳，1992）及可能语气（齐沪扬，2002b）的启发，概率/可能性被描述为必然语势及或然语势;(2)在情态类别中增加能力语势,也就是汉语学界通常说的能愿语气(贺阳,1992;齐沪扬,2002a,2002b),表达说话人对自己实现命题能力的判断;(3)意志类别中,在意愿和义务的基础上又增加了允许语势类别,表达说话人允许听话人遵循提议的程度。需要指出的是,何伟等(即将出版)在内在语势系统中去掉了Halliday & Matthiessen(2004/2008)情态系统中的"频率"意义,Fawcett(forthcoming,2017)认为频率属于经验意义而非人际意义。并且,汉语学界的研究也并未将"频率"归为语气或情态中的任一类别,在描述汉语副词类别时,频率副词通常与语气副词、情态副词(或情状副词)、程度副词、时间副词、范围副词等是平行的(胡裕树,1962;张谊生,2000)。我们认为,频率指言者对命题发生经常性的描述,应属于基本语势中对事实的一种陈述,因此不纳入内在语势类别系统中。此外,由于必然语势和或然语势均表达说话人对命题可能性的判断,前者表达命题必然真实,即可能性达到最高量值,而后者表达命题可能真实,二者仅在程度上有所差别,我们整合后将二者共同归于"盖然语势"类别。

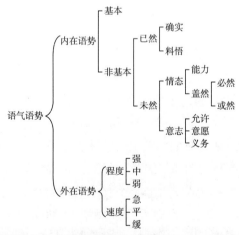

图 5-8 语气语势系统(根据何伟等,即将出版)

值得注意的是,汉语和英语在表达内在语势时多有较为固定的词汇手段、惯用语、固定结构及程式化表达等,如表 5-3 所示。例如,必然

第 5 章　生态话语分析的理论基础：人际功能

语势与义务语势的语言表达有所重合，允许语势与能力语势的语言表达有所重合，以 will 为例：例 23 中的 will 仅作为基本语势中的时态标记，表达将来意义；例 24 中的 will 表达一种可能性，属于或然语势；例 25 中的 will 则属于意愿语势。在判断内在语势类别时需要根据具体语境理解说话人意图，进而分析出说话人所表达的主观态度。

例 23. When **will** the other Italian troops arrive?

例 24. We **will** be tough, but within the framework of the constitution.

例 25. But I **will** do anything my country requires.

表 5-3　非基本语势的常用表达（根据何伟等，即将出版）

非基本语势种类			常用表达	
			汉语	英语
已然		确实	真的、的确、确实、委实、当然、诚然、是……的	indeed, I'm sure, To be sure
		料悟	果然、果真、幸好、好在、幸而、幸亏、多亏、恰巧、刚巧、难怪、原来、不料、竟然、居然、不免、未免、难免	so, That's why, unexpectedly, To one's surprise, fortunately
未然	情态	能力	能、能够、可以、会	able, capable, can, could
		必然	一定、必然、必定、势必、准是	must, definitely, inevitably, necessarily, certainly
	盖然	或然	可能、大概、也许、或许、未必、没准、不至于、大半、多半、大约、恐怕、谁知道呢、听说是、不知道是不是、像、好像、仿佛、似乎	may, might, probable, probably, perhaps, possible, possibly, It's hard to say
	意志	允许	可以、能够、允许	can, will, be allowed to
		意愿	愿意、想	will, would like, be willing/anxious/keen/determined to
		义务	应、应该、要、必须、务必、务须、千万、还是、最好	must, should, ought to, be supposed/required to

此外，相同语势内部或不同语势之间的词汇表达还可能存在共现现象，比如在例 26、例 27 中，两个表达或然语势的词语共现，更强调了说话人对于命题有效性的不确定；例 28 中则是表达确实语势、义务语势及能力语势的三个词语共现，说话人对女人们有"做花"这项能力表达了非常理所应当的态度。

例 26. 多一个人，**说不定**[或然]**也许**[或然]能手急眼快地救了钱太太。

例 27. 意思不很明白，第三句里**似乎**[或然]**可能**[或然]有刻错的字，但是也不知道正文是什么字了。

例 28. 女人们**当然**[确实]**应该**[义务]**会**[能力]做花。不会做花的，算什么女人！

综上所述，内在语势系统既能够表达说话人对信息有效性或可靠程度的判断，也能够表达说话人对交换最终能否成功的自信程度的判断（Thompson，2004/2008）。从生态语言学视角看，内在语势系统与说话人对命题的承诺、对提议的责任交织在一起，是分析说话人生态意识、话语生态性特征的重要因素。然而，目前的内在语势系统主要用来对小句所蕴含的内在语势类别进行判断，若要进一步分析内在语势各类别的生态性特征，还需要在此系统的基础上添加生态因子。因此，我们尝试从生态语言学角度出发，以"多元和谐，交互共生"生态哲学观为指导，将情态系统、内在语势类别系统以及其他影响话语生态性判断的相关要素结合起来，以构建一个具有普遍性、可行性的内在语势系统。

2. 生态语言学视角下的内在语势系统构建

基于语境、情态量值、情态取向、内在语势类别等要素，我们尝试构建生态语言学视角下的内在语势系统，如图 5-9 所示，主要包含以下五个维度：

（1）与影响语气类别系统的生态因子（参见 5.2.1 下的"语气生态因子系统"）相同，判断内在语势的生态取向首先要确定话语所涉及的生态系统类型，通过明晰说话人在言语交流过程中所使用的内在语势对人际关系的建立和维持产生的影响，从而最终判断其对哪种生态系统产

第 5 章　生态话语分析的理论基础：人际功能

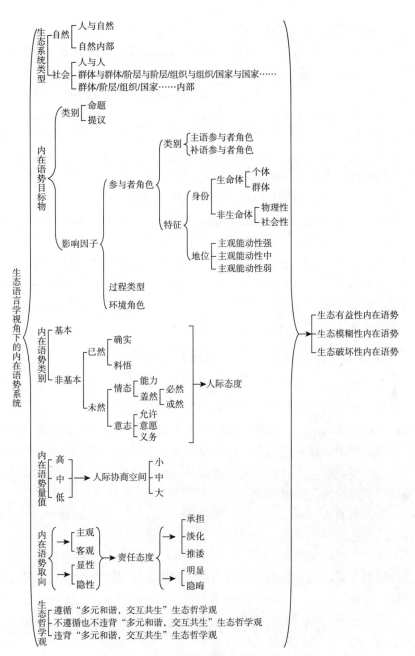

图 5-9　生态语言学视角下的内在语势系统

生了何种影响。

（2）内在语势所修饰的目标物是命题或提议，说话人通过在命题或提议上附加内在语势来表达自己的主观态度。因此，判断命题或提议为生态有益性、模糊性还是破坏性，是判断内在语势生态取向的基础，换句话说，对内在语势生态取向的判断需要以话语的经验意义为基础。而命题或提议生态性特征的判断方式则与语气类别系统中判断言语目标物生态特征的方式相同，都是取决于参与者角色、过程类型及环境角色的生态性特征，在此系统的描述中不再赘述。

（3）由于内在语势是一种与命题或提议同时出现的语言手段，因此在确定命题或提议的类别及其生态性特征后，应对小句中表达内在语势的词汇手段或程式化表达进行定位，辨别话语表达说话人怎样的主观态度。由何伟等（即将出版）对内在语势类别系统的构建可知，当小句中无任何类似表 5-3 中的表达方式时，属于陈述事实的、无主观态度表达的基本语势，如例 29 所示，这时其生态性特征主要依据生态语言学视角下的及物性系统与语气类别系统进行分析。

例 29. 太阳东升西落，确立了大地上我们的秩序。

非基本语势分为已然和未然两种，已然语势表达说话人对已经发生的经验事件进行判断，包括确实和料悟两个次类别。确实语势表达说话人对命题的确定判断，能够增强听话人对命题本身及其生态性特征的信任程度。料悟语势在话语中应用的前提是，说话人在对命题进行判断前有一种心理预期，用料悟语势来表达其现在的态度与心理预期一致还是相反，根据语义主要可以分为以下 5 类：

① "果然""果真""难怪""怪不得""原来"、so、That's why 等直接表达命题与预期一致，在意料之中；

② "幸好""好在""幸亏""多亏"、fortunately 等表达命题作为有利条件规避了说话人不希望发生的后果，间接表达了命题与说话人预期是一致的；

③ "不免""未免""难免"表达说话人认为命题属于无法避免发生的事实，也属于与其预期一致；

④ "不料""竟然""居然"、unexpectedly、to one's surprise 等表达

命题与说话人预期相反，在意料之外；

⑤ "恰巧""刚巧"则既有可能表达命题与预期刚好一致，也可能表达命题与预期刚好相反。

未然语势表达说话人对"未发生的或发生在思维领域"（何伟等，即将出版）的情况进行的判断，包括情态语势和意志语势两个次类别。其中，情态语势指说话人对命题的判断，包含能力和盖然两个部分：能力语势用来表达说话人对某人或某物是否有实现命题的"能力或功能"（何伟等，即将出版）的判断，当上下文有一定依据或前提条件作为支撑时，说话人对能力的判断比较具有可信度，有助于与听话人之间建立相互信任的人际关系；反之，听话人则会对二者间的关系存在怀疑。盖然语势用来表达说话人在信息交换过程中对命题实现可能性的判断，当推测命题必然为真或必然为假时，属于必然语势；当推测命题可能为真或可能为假时，属于或然语势。意志语势指说话人对有关物品及服务交换的判断，也就是对提议的判断，包括允许、意愿和义务三个类别。允许语势表达说话人依据道义情理（主观）或客观环境（客观）允许听话人或第三方实现提议中对物品及服务的交换（贺阳，1992），但对其是否实现不作要求，换句话说，说话人为听话人提供了归一度选择的空间。意愿语势表达说话人对物品及服务交换的希望、意向或倾向，这种态度表达的主观性较为强烈，说话人既可以表达自己想要进行交换的意愿，还可以表达想要别人进行交换的意愿。义务语势表达说话人要求说话人听话人双方、听话人或第三方实现提议中对物品及服务的交换，这种交换在说话人看来属于符合道义情理（主观）或客观环境（客观）的必要义务。

允许语势和义务语势中还常涉及说话人与其允许或要求的对象之间地位高低的问题。因此，对说话人人际态度的判断还需以对说话人赋予其自身及听话人的身份、地位的判断作为辅助，这样可以帮助我们更好地理解说话人是从生态系统中的何种立场出发向听话人表达了对命题或提议的态度和判断。对说话人及听话人身份及地位的判断可参考本系统中对参与者角色身份及地位的判断标准。

（4）内在语势量值的高低是检验说话人生态意识倾向的重要参数（何伟、张瑞杰，2017）。在信息交换过程中，不同程度的量值能够体现说话人对命题有效性肯定的程度；在物品及服务交换过程中，不同程度的量值能够体现说话人在提议中对说话人与听话人双方、听话人或第三方施加压力的程度（Thompson，2004/2008）。例如，陈述语气本身表达说话人对信息的认可或反对，当说话人使用基本语势小句时，是将信息作为事实描述出来，而增加表达不同量值内在语势的词汇-语法手段后，则使小句中传递的信息变得具有可协商性，说话人对信息的"认可"和"反对"之间产生了可被质疑的空间。也就是说，内在语势量值的高低会对话语的包容度产生影响，高量值比低量值的话语包容度更低，基本没有接受质疑的空间（张瑞杰、何伟，2018），这种趋于绝对的表达方式或影响说话人与听话人之间的人际关系。以盖然语势为例，如图 5-10 所示，盖然量值的高低表达说话人对命题实现可能性的不同判断，根据 Halliday & Matthiessen（2004/2008），表达高量值可能性的词汇为 certain，也就是说，"当然"、certain 或 "不可能"、impossible 这类词语的量值已经高至或低至能够表达说话人的必然态度，属于必然语势。而或然语势的量值可分为"较高"和"较低"两种，趋高量值的或然语势表明言语双方之间可协商空间较小，趋低量值的则表明可协商空间较大。

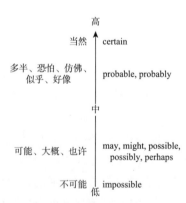

图 5-10 盖然语势的量值体现

（5）内在语势取向指说话人对其态度或判断表述方式的选择，包括主观、客观的视角之分，以及显性、隐性的呈现方式之分。从视角来看，当说话人选择主观取向时，表示其愿意为命题的有效性承担责

第 5 章 生态话语分析的理论基础：人际功能

任，通常使用"我认为""在我看来"、I (don't) think、in my opinion、to my mind 等。在这种情况下，命题的生态取向可以直接决定内在语势的生态取向。当说话人选择客观取向时，表示其淡化了对命题有效性承担责任的主体，或不愿意为命题的有效性负责，即意图将责任推诿给第三者，通常使用"有人说""听说"、to some extent 等。从呈现方式来看，表达内在语势的语言手段以外显独立形式出现时属于显性取向，如 I'm certain that、It is certain that 等；表达内在语势的语言手段与主要命题在同一小句中时则属于隐性取向，如 must、certainly 等（Halliday & Matthiessen，2014：181）。显性取向比隐性取向更加突出话语责任的承担者，从而能够辨别说话人对命题的态度是明显还是隐晦。如例 30 所示，小句（a）为基本语势；小句（b）通过在命题基础上增加 I'm certain that 明确指出确信态度的来源方，表达说话人愿意为其评价负责；小句（c）用 must be 表明说话人对命题有效性的个人主观判断，即不管是否有客观依据，命题在说话人的主观意识、思维层面是必然为真；小句（d）和小句（e）在命题基础上增加 It is certain that、certainly，表达说话人对其评价持较为公正客观的态度，但由于前者比后者的表现方式更加明显，表明前者对命题有效性的承诺程度高于后者。

例 30.（a）He is a good and decent man.（基本语势）
　　　（b）**I'm certain that** he is a good and decent man.（显性主观）
　　　（c）He **must be** a good and decent man.（隐性主观）
　　　（d）**It is certain that** he is a good and decent man.（显性客观）
　　　（e）He is **certainly** a good and decent man.（隐性客观）

综上所述，对话语内在语势的生态取向进行分析，需以命题或提议所表达的经验意义为基础，从说话人态度的类别、量值、取向等进行分析，继而在特定的生态系统语境下，判断出内在语势手段是否遵循"多元和谐，交互共生"生态哲学观，最终得出内在语势的生态取向。

3. 内在语势生态取向判断标准与机制

说话人与听话人之间对信息、物品及服务的交换发生在自然生态系统或社会生态系统中，二者所交换目标物的内容也都与生态系统或其内部要素有关。在此基础上，说话人对命题或提议表达的态度或判断，实际上是基于意识层面对生态系统及其内部各要素之间交互关系的认识或判断。因此，对于内在语势生态取向判断的出发点仍然是"多元和谐，交互共生"生态哲学观（何伟、魏榕，2018c；何伟、刘佳欢，2020），即说话人基于何种生态哲学观表达态度或判断；落脚点为对生态系统的影响，即最终这种态度或判断对人际关系的建立、维持以及生态系统的发展产生了何种影响，如图5-11所示。

图 5-11　生态哲学观与内在语势的关系

从生态语言学视角下的内在语势系统可以看出，判断内在语势的生态取向需要在自然或社会生态系统的语境下，分别考量内在语势目标物（即命题或提议）、内在语势类别（即人际态度类别）、内在语势量值以及内在语势取向这四个维度是否遵循"多元和谐，交互共生"生态哲学观。在判断过程中，我们将对命题或提议生态性的判断与内在语势类别、量值及取向生态性的判断分成两部分，前者关注陈述事实的部分，后者关注表达说话人态度或判断的部分，即对表达内在语势的词汇-语法手段的生态性进行分析，以下称为内在语势表达部分。

对内在语势表达部分的生态性判断机制与语气生态取向的判断机制相同，都是遵循"一票否决"制，即以内在语势类别、量值及取向三种因子中的最低生态性来判定内在语势的生态取向。如果三者中至少有一个为生态破坏性，那么内在语势表达部分即为生态破坏性；如果三者中没有生态破坏性，而至少有一个为生态模糊性，则该内在语势表达部分即为生态模糊性；仅当三者都呈现生态有益性时，内在语势表达部分才为生态有益性。

表达内在语势的词汇-语法手段与命题或提议的关系如同粘着语素与词的关系，因此判断内在语势的生态性需要将二者的生态性结合起来分析。通常情况下，若内在语势所表达的态度或判断增强命题或提议本身的生态取向，则其与命题或提议具有相同的生态取向；若内在语势对命题或提议的生态取向表达相反的态度或判断，则其与命题或提议具有

第 5 章 生态话语分析的理论基础：人际功能

相反的生态取向。然而，由于不同内在语势表达手段所表达的态度含义各有参差，二者结合后产生的最终生态取向还需根据其对人际关系及生态系统产生的影响进行判定。

4. 已然语势

内在语势类别有基本和非基本两种，由于基本内在语势小句中不具备主观态度表达的词汇-语法手段，因此对该类小句生态取向的分析需参考生态语言学视角下的及物性系统及语气类别系统。本节重点关注非基本语势在话语中的生态取向表征。

非基本语势包括已然与未然两种。已然语势表达说话人对已然发生事实的态度或判断，这种态度或判断可能是直接的、确定的，也可能是说话人对事情发生前自身心理预期的答复，前者属于确实语势，后者属于料悟语势。根据图 5-9 所示，在对内在语势生态取向的分析中，需首先判断话语所涉及的生态系统类型是自然生态系统还是社会生态系统，即确定说话人所建立或维持的人际关系会对哪种生态系统产生影响。一般来说，已然语势的生态取向与其所"修饰"的命题或提议的生态取向相符，即说话人对生态有益性/模糊性/破坏性命题或提议表达确实或料悟态度时，属于生态有益性/模糊性/破坏性确实或料悟语势。然而，仅根据内在语势目标物、内在语势类别这两个维度的生态性进行判断具有片面性，例如，在某些情况下，当说话人使用高量值、显性主观取向的已然语势词汇手段时，会产生一种高傲、自负的态度效果，使听话人感觉自己处于人际关系中的弱势地位，不利于二者之间建立良好的人际关系，属于生态破坏性已然语势。由此可见，对已然语势生态取向的判断即对说话人对已然事件态度生态取向的判断，需要以生态哲学观为判断依据，在确定的生态系统类型下，对内在语势目标物、内在语势量值及取向的生态性特征依次进行分析。以下为确实语势及料悟语势的语料分析示例。

1）确实语势

例 31. 陈阵心头一震。<u>在他的长期观察中，茫茫草原上，**确实**只有狼和人对天长嗥或默祷。</u>草原人和狼活在这片美丽而贫瘠的草原上太艰难了，他（它）们无以排遣，不得不常常对天倾诉。从科学的角度看，狼对天长嗥，是为了使自己的声音讯息传得更远更广更均匀。但陈阵从情感上，却更愿意接受毕力格阿爸的解释。人生若是没有某些神性的支撑，生活就太无望了。[23]

首先，例 31 语段主要表述草原中人与狼之间的关系，属于自然生态系统。其次，划线小句为传递信息的陈述语气，因此说话人表达内在语势的目标物为"命题"。在这一命题中，主语参与者角色为"狼和人"，补语参与者角色为"天"，说话人将狼和人类看作是生态系统中具有同等地位的生物，二者都因孤独地生活在茫茫草原中无以排遣而需要对天倾诉。从语段中的解释看，虽然科学认为狼对天长嗥是为了传递声音信息，但是命题发出者仍然认为狼和人一样是具有主观情感的，二者都需要通过相似的方式来获得精神支撑，表现了人与狼之间和谐共生的关系，属于生态有益性命题。再次，说话人在此命题上附加了高量值、隐性客观取向的词汇"确实"，表达陈阵在"长期观察"后对此命题做出的有依据的（即客观的）、确定的判断，对事实的可信度、命题的有效性进行了强调，这种对人与自然关系的态度遵循"多元和谐，交互共生"生态哲学观，因此属于生态有益性确实语势。

例 32. <u>Buck had accepted the rope with quiet dignity. **To be sure**, it was an unwonted performance: but he had learned to trust in men he knew, and to give them credit for a wisdom that outreached his own.</u> But when the ends of the rope were placed in the stranger's hands, he growled menacingly. He had merely intimated his displeasure, in his pride believing that to intimate was to command. But to his surprise the rope tightened around his neck, shutting off his breath.[24]

23　选自《狼图腾》一书中的第二十四章。
24　选自 *The Call of the Wild* 一书中的第一章。

第 5 章　生态话语分析的理论基础：人际功能

例 32 中，Buck 原本是一条在法官家过着贵族生活、拥有健壮体格和敏捷身手的狗，但被利欲熏心的园丁助手 Manuel 带到火车站进行买卖。语段描述了在交易时 Buck 脖子上被套上粗绳、被买家粗暴对待的场景及 Buck 的内心活动，涉及人与动物的关系，属于自然生态系统。语段中的划线小句是传递信息的陈述语气，因此内在语势所关涉的目标为"命题"。这一命题中有两个并列小句，在第一个小句中，主语参与者为 it，指代上一小句中的命题 "Buck had accepted the rope with quiet dignity."，由于绳子是人类用来束缚 Buck 的工具，不利于人与动物之间建立和谐的关系，因此 it 所指代的命题为生态破坏性命题，it 即为生态破坏性主语参与者；补语参与者为 an unwonted performance，表达说话人对主语进行评述性界定：对 it 所指代的生态破坏性命题进行否定。综上，第一个小句为生态有益性命题。在此基础上，说话人用 To be sure（诚然）这一中量值、显性客观取向的程式化语法手段表达对命题确定的判断，认可 Buck 能够接受绳索这一已然事实属于不寻常的行为，依据一是 Buck 在法官家从未遭受过如此对待，二是 Buck 意图通过"信任他所认识的人"这种方式来获得心理安慰。综上，说话人对生态有益性命题表达客观的、确定的态度，属于生态有益性确实语势。

例 33. 说这番话的是新疆海关的尹燕震关长，山东济南人。他说："我在这儿生活了几十年，**确实'新疆是个好地方'**，了解新疆的人都被这句形容深深地吸引：'西北是祖国的宝地，新疆是宝地的一颗明珠，是 21 世纪的希望'……"[25]

例 33 语段涉及国家内部人民与边疆地区的关系，属于社会生态系统。划线句的说话人为时任新疆海关关长的尹燕震，命题"'新疆是个好地方'"是说话人引用的一句广为流传的歌词，在这句歌词中，主语参与者"新疆"的社会性体现在，作为我国的边疆地区，其具有独特的地理环境及丰富的资源储备，补语参与者"好地方"是对主语进行的肯定评价，这种评价体现了我国各地区之间的"多元和谐，交互共生"，因此歌词中的命题为生态有益性命题。在此基础上，说话人用"确实"这一词汇表达其对该命题确定的态度，属于确实语势。其中，高量值特

25　选自《人民日报》1994 年 10 月 25 日文章，BCC 语料库。

征强调命题的可信度；隐性客观取向表达说话人态度的客观性：一是尹燕震关长本身不是新疆人，这在很大程度上规避了主观性；二是关长用其在新疆生活了几十年的实际经验作为依据，使其判断更具说服力。由此可见，说话人对命题表达了确定的、客观的态度，增强了命题的生态有益性特征，属于生态有益性确实语势。

例 34. "This transaction is unprecedented, which indicates a new level of relations between Belarus and the China Development Bank and that Chinese financial institutions see the Republic of Belarus as a reliable borrower," the Ministry of Finance of Belarus said. **Indeed**, this is a completely new level of relations; there is an increase in mutual understanding and trust between the two countries, which has a positive effect on bilateral trade.[26]

例 34 语段背景为白俄罗斯财政部和中国开发银行之间签订了一项紧急贷款的协议，用于偿还公共债务、维持黄金和外汇储备，以及促进白俄罗斯与中国双边贸易的发展，涉及中国与白俄罗斯之间的关系，属于社会生态系统。划线小句基本是说话人对上文中白俄罗斯财政部观点的重复，用归属类关系过程将中白两国之间的关系界定为 a completely new level of relations。从生态语言学视角看，首先，白俄罗斯对两国互相信任的肯定有利于中白两国合作共赢；其次，说话人并不代表中白两国任一方，用 completely 一词表达外界对于中白两国合作关系的相当认可，这有利于建立两国良好的国际形象，促进两国在国际社会生态系统中的良性发展。因此该命题属于生态有益性命题。在此命题基础上，说话人用高量值词汇 indeed 加强其对两国关系的肯定，且以与命题断开的显性方式呈现，更加强调了命题的可信度及说话人对这一观点的认可程度。此外，说话人在表达其态度时的客观性主要体现在以下两个方面：一是说话人身份为第三方，二是说话人的判断符合事实依据——"this transaction is an unprecedented."，是两国经过相互了解、不断增强信任的结果。综上所述，说话人在划线句中表达了对中白两国全新合

26　选自 "China always lends a helping hand to its partners"，*China Daily*，2019 年 12 月 23 日。

作关系客观的、确定的判断,构建了中白两国及其与国际社会之间"多元和谐,交互共生"的人际关系,属于生态有益性确实语势。

2)料悟语势

例35. 老人第一次带陈阵出来下夹子,陈阵总算看明白钢夹是怎样夹狼的了。只要狼爪一踩到悬空的布绷垫上,布垫下陷,小铁棍从布垫的活扣中滑脱,那时钢簧就会以几百斤的力量,猛地合拢钢夹虎口,把踩进夹子的狼爪,打裂骨头咬住筋。**怪不得狼这么害怕钢夹,这家伙果真了得!** 要是草原狼不怕钢夹的钢铁声音,那他可能就在第一次误入狼阵时丧命了。[27]

例35语段涉及人类与狼的关系,属于自然生态系统。划线部分共有两个小句,这两个小句中都有一个表达料悟语势的词汇手段,第一个小句中有"怪不得",第二个小句中有"果真"。此处仅以第一个小句为例分析。第一个小句中的命题为"狼这么害怕钢夹",主语参与者为狼,是主观能动性中等的群体生命体;补语参与者为钢夹,是人类用来恐吓、捕捉狼的工具,因此这个非生命体实际上代表的是人类。由此可见,说话人描述了一种人与狼之间紧张又矛盾的关系:紧张在于狼对人表达的"害怕"的心理过程,矛盾在于人不得不对狼设防,否则就会有丧命的危险。由此可见,在自然生态系统中,狼与人之间的关系既谈不上和谐,也谈不上恶劣,该命题属于生态模糊性命题。在此命题的基础上,说话人使用高量值、隐性主观的词汇"怪不得",表达其本身对命题内容是知晓的,现在明白了原因便不觉得奇怪,有种"恍然大悟"的情绪。这种具有强烈主观性的料悟语势更加强了说话人对命题的可信度,使原本具有生态模糊性的命题变得更加强调狼对钢夹的害怕情绪及狼与人之间的紧张关系,不利于自然生态系统内部的良性发展,属于生态破坏性料悟语势。

例36. The last example I have are these healthy tropical corals. They were placed in seawater at a pH we're expecting by the year 2100. After six months, the coral has almost completely dissolved. Now coral reefs support 25 percent of all marine life in the entire ocean. All marine life. **So you can see**:

---

27 选自《狼图腾》一书中的第八章。

ocean acidification is a global threat.[28]

例 36 的演讲语段涉及海洋酸化对海洋生物及海洋环境的恶劣影响，属于自然生态系统。划线小句中有两个表达内在语势的词汇-语法手段，其中 So you can see 表达料悟语势，can 表达能力语势，此处我们仅关注料悟语势在句中的应用。本句中的命题为 "ocean acidification is a global threat."，说话人通过归属类关系过程将"海洋酸化"认定为"一种全球性威胁"，主语参与者与补语参与者都是会对自然生态系统产生危害的词语，当二者等同起来时，说明说话人在话语中进行了符合生态哲学观的正确界定，属于生态有益性命题。在此基础上，说话人附加了低量值、显性客观的小句 So you can see。经过上文中海洋酸化对海洋生物多样性破坏的举例描述，表达了说话人对命题意料之中的态度，加之上文中事实的描述，更增加了此生态有益性命题的可信度，属于生态有益性料悟语势。

例 37. 金正恩和特朗普表示，虽然 70 多年敌对关系中积累的反目和对抗的墙壁高，开辟朝美关系新历史的征程中，难免遇到困难和曲折，但只要互相紧密携手，发挥智慧和忍耐共同克服，相信能够按照两国人民的志向和愿望，划时代地发展朝美关系。[29]

例 37 涉及朝美关系，属于社会生态系统。划线小句是朝鲜领导人金正恩及美国总统特朗普共同表态的言论，命题主体为"开辟朝美关系新历史的征程中遇到困难和曲折"，隐现的主语参与者角色为朝美双方，说话人客观地将朝美关系的发展现状进行陈述，符合"事物发展是前进性和曲折性的统一"的趋势，有利于社会生态系统内部的健康发展，属于生态有益性命题。在此基础上，说话人用"难免"一词强调命题的发生是无法避免的事实，表达双方能够正视在新的两国关系发展征程中遇到的困难和曲折。并且在下文中，说话人都对这一无法避免的问题的解决方法进行表态："互相紧密携手，发挥智慧和忍耐共同克服"，说明两国都有共渡困难和曲折的决心，这对于两国关系的发展具有积极的推动

28　选自 Triona McGrath. "How pollution is changing the ocean's chemistry", TED Talks.
29　选自《朝中社报道"金特会"：金正恩与特朗普相约再会》，中国新闻网，2019 年 3 月 1 日。

第 5 章　生态话语分析的理论基础：人际功能

作用。因此，该语段中的"难免"属于生态有益性料悟语势。

例 38. Wise leaders always put the good of their own people and their own country first. The future does not belong to globalists. The future belongs to patriots. The future belongs to sovereign and independent nations who protect their citizens, respect their neighbors, and honor the differences that make each country special and unique. **It is why we in the United States have embarked on an exciting program of national renewal.** In everything we do, we are focused on empowering the dreams and aspirations of our citizens. Thanks to our pro-growth economic policies, our domestic unemployment rate reached its lowest level in over half a century.[30]

例 38 语段涉及国家与国家之间、国家与人民之间、国家内部人与人之间的关系，属于社会生态系统。划线句中的命题为" we in the United States have embarked on an exciting program of national renewal."，说话人为美国总统特朗普，其在国际组织会议上的讲话在很大程度上代表美国政府，听话人为参加联合国大会的其他国家领导人，二者在国际社会生态系统中处于平等地位。然而，主语参与者角色 we 并不代表说话人与在场其他国家领导人，而是仅指说话人所代表的美国政府。补语参与者角色 an exciting program of national renewal 则是说话人对其所领导政府的所作所为的高度评价，这种评价带有极大的主观性，表明说话人赋予自己在人际关系中的优势地位，造成与听话人之间地位不等。由此可见，主语人称的使用及补语参与者角色的特征不利于说话人与听话人之间建立良好的人际关系，属于生态破坏性命题。在此基础上，说话人用 It is why 来引出命题内容，他认为，因为自己是 wise leader，美国是 sovereign and independent nation，所以开展令人兴奋的国家复兴计划是属于意料之中的。虽然说话人使用了较低量值的、隐性客观的表达方式，但是这种"自认理所应当"态度的表达本身就增强了命题的生态破坏性，因此属于生态破坏性料悟语势。

30　选自 " Remarks by President Trump to the 74th Session of the United Nations General Assembly"，U.S. Embassy & Consulates in China，2019 年 9 月 24 日。

5. 未然语势

未然语势指说话人对尚未发生或发生在思维领域的事件表达态度或判断，涉及命题的为情态语势，有能力和盖然两种次类别；涉及提议的为意志语势，有允许、意愿、义务三种次类别。判断未然语势的生态取向同样需要在确定生态系统类型的情况下，以"多元和谐，交互共生"生态哲学观为指导思想，分别对内在语势目标物、类别、量值及取向等四个维度的生态性进行判定，再根据生态取向的判断机制最终得出未然语势是生态有益性、模糊性还是破坏性的。在已然语势中，说话人对命题或提议的态度若有客观事实依据作为支撑，则能够增强命题本身的可信度及听话人对说话人态度的信任，有利于二者间建立生态有益性人际关系。而未然语势则更强调说话人在思维意识层面对于命题或提议的判断，这种态度的表达比已然语势更具有主观能动性。因此，我们需要更加关注不同命题或提议生态取向与内在语势表达部分生态取向的结合会对人际关系及生态系统产生何种影响。以下为情态语势与意志语势的语料分析示例。

1）情态语势

（1）能力语势

例 39. 草原狼，万年来倔强草原民族的精神图腾，它具有太多让人感到羞愧和敬仰的精神力量。<u>没有多少人**能够**像草原狼那样不屈不挠地按照自己的意志生活，</u>甚至不惜以生命为代价，来抗击几乎不可抗拒的外来力量。[31]

例 39 主题为草原狼的生存方式，涉及狼与其生存环境、狼与其他生物之间的关系，属于自然生态系统。在划线句中，说话人将"草原狼"这一参与者角色描述为像人一样有品格、有意志的生命体，并将人与之比较，这表明说话人赋予了狼与人在自然生态系统中同等的地位，属于生态有益性命题。在此基础上，说话人用"能够"这一高量值、隐性客观的词汇，表达了虽然人类本身比狼更具有主观能动性，但人"不屈不挠地按照自己的意志生活"的能力与狼比起来还远远不够，这种客

---

31 选自《狼图腾》一书中的第三十三章。

第 5 章　生态话语分析的理论基础：人际功能

观认识到"狼优于人"的态度避免了"人类中心主义"，遵循"多元和谐，交互共生"生态哲学观，属于生态有益性能力语势。

例 40. We have already put too much carbon dioxide into the atmosphere. But we **can** slow this down. We **can** prevent the worst-case scenario. The only way of doing that is by reducing our carbon dioxide emissions. This is important for both you and I, for industry, for governments.[32]

例 40 语段涉及人与自然的关系，属于自然生态系统。两个划线小句的命题分别为"we slow this down."和"We prevent the worst-case scenario."，都是说话人提出的有关保护海洋生态系统的命题，属于生态有益性命题。说话人在两个命题中所使用的内在语势表达手段都是 can，表明演讲人认为说话人及听话人双方有实现命题的能力。并且由于我们向大气中过度排放的二氧化碳已经加速了海洋酸化，因此既然我们有能力改善，就更应承担起实现命题的责任。由此可见，说话人对此能力的判断有利于自然生态环境的良好发展，属于生态有益性能力语势。

例 41."政策好不好，要看乡亲们是哭还是笑"，"一带一路"为什么**能**持续圈粉，还要看看各国民众的回答。老挝友人写歌欢迎"一带一路"，德国女司机自制宣传手册传播"一带一路"理念，在尼日利亚参与"一带一路"共建项目的80后河南小伙儿孔涛还当上了首长，中国自主汽车品牌"奇瑞"行驶在叙利亚、埃及、卡塔尔等国家的街头巷尾……国之交在于民相亲，民相亲在于心相通。在共建"一带一路"过程中，中国坚持以民生为导向的国际合作，致力于打造更多惠及老百姓切身利益的民生工程，给各国民众带去了实实在在的福祉。[33]

例 41 语段来自媒体报道，关注政策与人民的关系，属于社会生态系统。在划线句中，主语参与者角色为"'一带一路'"，属于政治性非生命体，补语参与者为"粉"，即粉丝，这里指各国人民，属于生命体角色。说话人将二者用认知心理过程连接起来，表明"一带一路"政策

---

[32] 选自 Triona McGrath. "How pollution is changing the ocean's chemistry", TED Talks。

[33] 选自《"一带一路"为什么能持续圈粉？》，人民网，2019 年 9 月 5 日。

的实施持续得到了人民的认可，这有利于国家与国家之间、国家内部各要素之间的良性发展，属于生态有益性命题。在此基础上，说话人用"能"来表达"一带一路"具有"持续圈粉"的能力，并在下文中用事实举例说明了"一带一路"这项能力具体有哪些呈现方式，增强了说话人对"一带一路"能力判断的可信度，属于生态有益性能力语势。

例 42. We **can** lift our citizens from welfare to work, from dependence to independence, and from poverty to prosperity. As tax cuts create new jobs, let us invest in workforce development and job training. Let us open great vocational schools so our future workers can learn a craft and realize their full potential. And let us support working families by supporting paid family leave.[34]

例 42 涉及国家政府与人民之间的关系，属于社会生态系统。说话人为美国总统特朗普，代表美国政府，听话人为两党议员及全体美国民众，说话人在命题中用三个 from... to... 表达公民生活不断改善的趋势，这对国家生态系统内部发展具有积极作用，属于生态有益性命题。在此基础上，说话人用高量值的能力词语 can 表达说话人认为美国政府有实现该命题的能力，能够使美国公民逐渐独立、逐渐富足，这种积极态度的表达能够鼓舞民众，有利于人民与政府之间建立和谐稳定的关系。此外，特朗普还在下文中列举具体措施，更增强了民众的信赖和希望，因此本例属于生态有益性能力语势。

（2）盖然语势

① 必然语势

例 43. 那封闭大地的白雪下边是什么？你挥动大帚，扫去白雪，<u>一准是连天的醉人的绿意……</u>[35]

例 43 涉及人与自然的关系，属于自然生态系统。首先，划线句为上文问句的答案，命题为"（白雪下边）是连天的醉人的绿意"，在归属

34　选自特朗普 2018 年国情咨文演讲，嘻嘻网，2018 年 1 月 31 日。
35　选自《逼来的春天》，《中华散文》，1994 年。

第 5 章　生态话语分析的理论基础：人际功能

类关系过程中，说话人将两个评价词汇连用，表达其对春天的赞赏，属于生态有益性命题。其次，说话人用高量值词汇"一准"表达其对命题必然为真的判断，这种必然态度的表达更增强了命题的生态有益性，表现了人与自然之间和谐共处的关系，属于生态有益性必然语势。

例 44. The robins, then, are only one part of the chain of devastation linked to the spraying of the elms, even as the elm program is only one of the multitudinous spray programs that cover our land with poisons. Heavy mortality has occurred among about 90 species of birds, including those most familiar to suburbanites and amateur naturalists... <u>Production of young birds on the New Brunswick breeding grounds is **definitely** reduced,</u> and adult birds that have been analyzed contain large residues of DDT and heptachlor.[36]

例 44 涉及人与自然以及自然内部不同生物之间的关系，属于自然生态系统。在划线小句中，主语参与者为 production of young birds on the New Brunswick breeding grounds，是一个与衡量生命体生存状况相关的角色。说话人用归属类关系过程表明由于人类实施的杀虫剂喷洒计划，成年鸟体内有大量毒素残留，间接导致雏鸟数量减少。在此基础上，说话人通过 definitely 这一高量值的词语表达其对这一命题必然为真的判断，强调自然生态系统已遭到破坏的现状，意图警示人们不要再使用杀虫剂等减少生物多样性、破坏自然生态系统，属于生态有益性必然语势。

② 或然语势

例 45. 培训班工作人员对一家长说："<u>你家孩子没有上补习班吗？那考重点高中**恐怕**难。</u>"[37]

例 45 涉及人与人之间的关系，属于社会生态系统。首先，划线小句的说话人为培训班工作人员，听话人为家长，二者在社会生态系统

36　选自 Silent Spring 一书中的第八章。
37　选自《隐性暴力言语行为的类型及情态意义》，《南昌大学学报（人文社会科学版）》，2019 年。

中本应具有平等地位，但培训班工作人员代表更具有社会性的盈利机构，其话语出发点为"利本位"。其次，该命题为"那考重点高中难"，"那"指说话人给予命题有效性的前提条件"孩子没有上补习班"，紧接着，说话人通过归属类关系过程将"考重点高中"这一事件的属性定义为"（困）难"，表达说话人对未发生事件结果进行的消极预测，这种预测与听话人的期望相悖，不利于二者之间建立良好的人际关系，属于生态破坏性命题。在此基础上，说话人用较高量值、隐性客观的词语"恐怕"表达一种对命题实现可能性的判断，但这种可能性是违背听话人意愿的。正是说话人这种模糊的态度才造成了听话人心理上的恐慌，不利于二者之间建立良好的人际关系。并且，说话人从自己的利益出发表达的态度，本身就违背了"多元和谐，交互共生"生态哲学观，属于生态破坏性或然语势。

例 46. <u>Not even catastrophes like these **seem to** bring any political action.</u> How is this possible? Because we still fail to make the connection between the climate crisis and increased extreme weather events and nature disasters like the Australia Fires. That's what has to change. Now.[38]

例 46 属于个人发表在社交媒体上的言论，其产生的背景为澳大利亚山火蔓延，从悉尼西部一路向下来到了镇上，预计会有近两万人受到影响。然而，澳大利亚总理莫里森却在山火肆虐之际带家人出国旅行，内容既涉及人与自然的关系，也涉及人与人之间的关系，因此需要从自然和社会两个角度进行分析。在划线小句中，主语参与者为catastrophes，补语参与者为political action，说话人实际上是将自然灾害与人类行动联系起来。如果从遵循自然生态规律的角度来看，自然生态系统有自我修复和自我调节的能力（邹冬生、高志强，2013），自然发生的大火只要不对人类产生危害，可以选择任其自生自灭，这样更有利于自然生态系统的良性发展。但值得注意的是，澳大利亚大火不仅严重危害了人类，而且大火还是由人类活动造成的气候变暖所造成的。因此，澳大利亚政府对于大火蔓延的"不作为"不仅会造成自然生态趋于恶化，还会造成人类社会的灾难，属于生态破坏性命题。在此命题的

38　选自"瑞典环保少女"Greta Thunberg 对澳大利亚大火事件发表的 Twitter。

第 5 章　生态话语分析的理论基础：人际功能

基础上，说话人用 seem to 表达其认为命题可能为真，也可能为假。因为从事实来看，澳大利亚政府尚未采取措施并且未表现出采取措施的意愿，因此说话人对澳大利亚"不作为"进行了推测，一方面说话人认为此命题具有一定的可能性，表达其谴责澳大利亚政府的态度；另一方面，说话人用较低量值、隐性客观取向的表达方式又给听话人留有一定的可协商空间，因此属于生态模糊性或然语势。

2）意志语势

（1）允许语势

例 47. 每当夏季，三岁的小母马接近性成熟的时候，儿马子就会一改慈父的面孔，毫不留情地把自己的女儿赶出家族群，<u>决不允许小母马跟在它们妈妈的身旁</u>。[39]

例 47 涉及马群家族内部的生存方式问题，属于自然生态系统。在划线句中，隐现的主语参与者为"儿马子"，其发出提议的对象为"小母马"，二者之间为"父女"关系，且前者对后者具有教育及监督其成长的责任。说话人用"绝不允许"这一高量值的否定词，首先赋予了"儿马子"一个主观能动性强的角色，其次表达了"儿马子"对"小母马跟在它们妈妈身旁"这一行为持"不允许"的态度，而这种态度产生的主要依据是草原上客观生存环境的险恶，即马群时刻会受到狼的威胁。由此可见，"儿马子"对"小母马"态度的表达有利于马群家族内部的良性发展，属于生态有益性允许语势。

例 48. Various scientific studies have established the critical role of birds in insect control in various situations... But what happens in nature <u>**is not allowed to**</u> happen in the modern, chemical-drenched world, where spraying destroys not only the insects but their principal enemy, the birds. When later there is a resurgence of the insect population, as almost always happens, the birds are not there to keep their numbers in check.[40]

39　选自《狼图腾》一书中的第二十章。
40　选自 *Silent Spring* 一书中的第八章。

例48涉及人与自然之间的关系，属于自然生态系统。首先，划线句中的主语参与者为 what happens in nature，指代上文中描述的鸟类能够对昆虫控制起到决定性作用，这是一种自然发生的、无人工干预的现象，符合自然生态系统发展规律，属于生态有益性主语参与者角色。其次，说话人用 is not allowed 对这种自然现象在现今这个由化学药物所浸透的世界中发生这一命题的实现表达了否定态度。"允许"这种认知心理过程通常由具有主观能动性的人类发出，表明说话人将这种自然现象不再发生的责任隐性、间接地归咎于人类。并且，这种态度的表达是客观的、有事实依据的——"spraying destroys not only the insects but their principal enemy, the birds."。由此可见，这种允许态度的表达正确揭示了由于人类未遵循自然发展规律而造成的后果，启发人类思考自身对待自然的态度，属于生态有益性允许语势。

例49. 秦刚指出，新疆是中国的一部分，新疆事务纯属中国内政，<u>不容任何外国干涉</u>。美国会上述法案把中方在新疆依法采取的反恐和去极端化举措歪曲成侵犯人权，罔顾事实、颠倒是非，违背良知，在反恐问题上搞双重标准，严重违反国际法和国际关系基本准则，粗暴干涉中国内政，完全站在错误的一边。中方对此表示强烈愤慨、坚决反对。[41]

例49中外交部的新闻产生背景为美国众议院通过了涉疆法案，这一事件涉及国家与国家之间的关系，属于社会生态系统。首先，划线小句中的命题为"外国干涉（中国内政）"，这不符合外交原则，也丝毫不利于国家与国家之间建立良好的关系，属于生态破坏性命题。其次，说话人为中国外交部发言人秦刚，代表中国外交部，是我国处理国与国之间外交关系的权威部门。他用"不容"这一高量值的否定词汇表达对命题实现"不允许"的态度。国家有能力处理本国内部事务是一个国家独立的标准，而美方这一做法于情于理都违反国际秩序，不利于中美两国之间的关系。因此，说话人对生态破坏性命题的实现表达否定态度，属于生态有益性允许语势。

例50. <u>Foreign chambers of commerce, businesses and citizens in Hong</u>

---

41 选自《中国外交部就美国众议院通过涉疆法案向美方提出严正交涉和强烈抗议——敦促美方停止干涉中国内政》，中国外交部官网，2019年12月4日。

第 5 章　生态话语分析的理论基础：人际功能

Kong **could** have a political role only if they comply with the provisions of the Constitution of the People's Republic of China and the Basic Law of the Hong **Kong Special Administrative Region.** In Hong Kong, permanent residents of foreign nationality have the right to vote, as well as the right to run for a seat in the Legislative Council's functional constituencies. Such a practice is very rare around the world. Furthermore, they can join local political parties and vote for opposition candidates who participate in the District Council or LegCo elections.[42]

例 50 涉及国家与国家之间、人与地区政策之间的关系，属于社会生态系统。说话人用 could 表达了"香港的外国商会、企业和公民发挥政治作用"这一命题允许被实现的唯一条件是他们"符合《中华人民共和国宪法》和香港特别行政区基本法的规定"。也就是说，只有主语参与者满足这一条件，才能被允许"发挥政治作用"。这一条件本身及说话人态度的表达不仅有利于国家内部的和谐与稳定，还有利于外国商会、企业和公民与香港特别行政区政府之间的关系稳定，因此属于生态有益性允许语势。

（2）意愿语势

例 51. 陈阵垂着头说：我现在也开始怀疑自己，当初养这条小狼究竟是对还是错……<u>我**真想**求腾格里告诉母狼们，今晚千万别来，明晚也别来，可别自投罗网</u>，再给我一点时间，让我把小狼养大，咱俩一定会亲手把它放回母狼身边去的……[43]

例 51 语段的背景为陈阵收养了一只刚出生的草原狼，母狼发现自己的孩子丢失，便召集狼群来人类这里寻找，而人们为了避免受到狼的伤害而计划了许多灭狼的措施，涉及人与狼之间的关系，属于自然生态系统。在划线句中，说话人陈阵用"真想"一词表达自己对"通过神灵告知母狼不们要来"这一提议的强烈意愿，表明说话人在主观意识中想

---

[42] 选自"Foreign intervention in HK's internal affairs must come to an end"，*China Daily*，2019 年 12 月 27 日。

[43] 选自《狼图腾》一书中的第二十六章。

要避免狼与人的冲突，建立和维持狼与人之间和谐共生的关系。这种意愿的表达符合"多元和谐，交互共生"生态哲学观，属于生态有益性意愿语势。

例 52. I would observe, by the way, that it costs me nothing for curtains, for I have no gazers to shut out but the sun and moon, and **I am willing that they should look in.**[44]

例 52 涉及人与自然的关系，属于自然生态系统。在划线小句中，交换的提议内容为" they should look in."，其中 they 指代上一小句中的自然参与者角色 sun and moon。首先，说话人用 look 这一表征感知类心理过程的动词赋予主语参与者生命体角色。其次，说话人用显性主观取向的程式化句式 I am willing that 表达对"阳光和月光能照进来"这一提议的意愿，表明说话人渴望与自然亲近，有利于人与自然之间建立和谐共生的人际关系，属于生态有益性意愿语势。

例 53. 面对国际和地区形势深刻复杂演变，双方要加强高层交往，为中朝关系发展引领航向。<u>我**愿意**同金正恩委员长保持密切交往，巩固政治互信，牢牢把握中朝关系发展大方向</u>；双方要加强战略沟通，及时就重大问题深入交换意见，为两国发展营造良好环境；双方要拓展务实合作，为两国人民带来更大福祉。[45]

例 53 涉及人与人、国家与国家之间的关系，属于社会生态系统。说话人为中国国家主席习近平，听话人为朝鲜领导人金正恩，二者既代表个人，也代表各自的国家政府。说话人在划线小句中向听话人交换的提议内容为"同金正恩委员长保持密切交往……"，而这一提议产生的依据是，加强高层交往可以为中朝关系在复杂国际形势下的发展产生引领作用，因此属于生态有益性提议。在此基础上，说话人用"愿意"一词表达其对提议的意愿，说明说话人依据现实情况，愿意对两国关系朝着生态有益性方向发展而做出努力，并在下文中提出了努力的具体方向，有利于两国之间及两国领导人之间建立友好、和谐的人际关系，对

44　选自 Walden 一书中的"Economy"一章。
45　选自《习近平同金正恩会谈，他们这样说》，新华网，2019 年 6 月 20 日。

第 5 章　生态话语分析的理论基础：人际功能

国际社会生态系统的发展具有积极的作用，属于生态有益性意愿语势。

例 54. China **will** accelerate steps to open up its services sector and allow full foreign ownership in more areas, Premier Li Keqiang said on Tuesday. In a speech delivered at the seventh China-Japan-Republic of Korea Business summit in Chengdu, Sichuan province, the premier said China's investment environment **will** become more fair, transparent and predictable, and the country **will** offer equal treatment to businesses under all forms of ownership. China **will** become more and more open, and harsher measures will be adopted to crack down on intellectual property rights infringements, he said.[46]

例 54 语段出自第八次中日韩领导人会议上李克强总理的讲话，涉及国家与国家之间的关系，属于社会生态系统。说话人在讲话中多次使用 will，不仅可以作为将来时态标记，也表达说话人强烈的意愿。以划线小句为例，由于听话人为日韩两国领导人，说话人用 China 作为主语参与者角色，赋予三国在国际社会中同等的地位。其次，说话人进行交换的内容为"China accelerate steps to open up its services sector and allow full foreign ownership in more areas."，这一举措能够推动日韩两国的经济发展，有利于中日及中韩两两之间建立良好的关系，属于生态有益性提议。再次，说话人用 will 表达中国对于这项提议实现的意愿，并在下文中具体陈述了这种意愿表现在哪些方面，更有利于中国与日韩两国之间建立良好的人际关系，属于生态有益性意愿语势。

（3）义务语势

例 55. 只有一个地球，人类**应该**同舟共济。[47]

本句环保广告语关注人与地球的关系，属于自然生态系统。说话人将地球看作一叶扁舟，主语参与者"人类"都是在这一叶扁舟之上，用"应该"一词表达说话人要求说话人与听话人双方实现"同舟共济"这一提议。而这一要求主要出于以下两点考虑：从道义情理上看，人类作为命运共同体应对地球的保护有使命感；从客观现实上看，人类行为可

46　选自"Opening-up of services sector seen"，*China Daily*，2019 年 12 月 25 日。
47　选自网络环保广告语，百度网站。

以保护地球，也可以毁灭地球。由此可见，说话人提出的这项要求有利于人类与地球之间建立和谐共处的关系，属于生态有益性义务语势。

例 56. However, I **should** never have broken a horse or bull and taken him to board for any work he might do for me, for fear I should become a horseman or a herdsman merely.[48]

例 56 涉及人与动物之间的关系，属于自然生态系统。说话人进行交换的提议为"I never have broken a horse or bull and taken him to board for any work he might do for me."，其中，说话人用表示人类的人称代词 him 指代动物 horse or bull，并且用 never 对"使唤马或牛为人类干活"这一事件中的两方面表示拒绝、反对的态度：一是人与动物不平等的地位，二是人类不尊重动物的破坏性行为。说话人对生态破坏性提议表示否定，即为生态有益性提议。在此基础上，说话人用 should 表达其自身对于尊重动物的一种要求，并将推动人与动物和谐共处、推动自然生态系统良性发展作为自己的义务，属于生态有益性义务语势。

例 57. 我们深知客户需要的是商业解决方案，任何企业都无法独立满足客户需求，需要行业伙伴的共同合作。<u>我们**必须**团结产业链上的各种力量</u>，致力于建立开放生态链，坚持管道战略，聚焦 ICT 基础设施，上不碰应用，下不碰数据。我们已经与咨询公司、应用软件厂商、系统集成商、渠道伙伴建立了广泛的伙伴关系，开放、合作、共赢，为客户创造价值，为各行业的数字转型、产业健康发展和社会进步贡献力量。[49]

例 57 涉及企业与客户之间、企业与行业伙伴之间的关系，属于社会生态系统。在划线小句中，说话人用"我们"作为主语参与者，将说话人与听话人置于一个共同体中，有利于拉近听话人与其之间的距离。说话人进行交换的提议为"我们团结产业链上的各种力量"，这一关联类关系过程将华为公司与其他行业联系起来，目的为产生合作共赢的结果，符合"多元和谐，交互共生"生态哲学观，属于生态有益性提议。在此基础上，说话人用高量值的词语"必须"表达其对提议对象的要

---

48 选自 *Walden* 一书中的"Economy"一章。
49 选自《华为投资控股有限公司 2015 年年度报告》，华为网站。

求，这种要求是基于道义情理的，即行业伙伴的共同目标——满足客户需求、促进企业发展，因此"我们"有义务实现提议内容。由此可见，说话人这种态度的表达不仅有利于不同行业的企业之间建立伙伴关系，还有利于企业与客户之间建立和谐关系，属于生态有益性义务语势。

例 58. We have concluded that without proper safeguards the process of in-custody interrogation of persons suspected or accused of crime contains inherently compelling pressures which work to undermine the individual's will to resist and to compel him to speak where he would not otherwise do so freely. <u>In order to combat self-incrimination, the accused **must** be adequately and effectively apprised of his rights</u> and the exercise of those rights **must** be fully honored.[50]

例 58 语段选自美国刑法司法判决书，涉及法律或法院与当事人之间的关系，属于社会生态系统。第一句为法院对案件的结论部分，第二句是法院最后的判决部分，其中连用两个 must 强调了当事人应履行的义务。以划线小句为例，进行交换的提议为 " the accused is adequately and effectively apprised of his rights."，说话人在此基础上用 must 表达警方有让被告获取权利信息的义务，也就是被告是有权获取这些信息的。判决书上这种态度的表达，表明法律的权威性能够对人的行为进行约束，有利于建立良好的法律秩序、社会秩序，属于生态有益性义务语势。值得注意的是，由于法律以保障各方利益为前提，既有客观条件的依据，也有道义情理的依据，因此法律中要求的义务对社会生态系统的影响都应是有益的。

6. 案例分析

案例1：老舍《济南的冬天》节选

小山整把济南围了个圈儿，只有北边缺着点口儿。这一圈小山在冬天特别可爱，**好像 [或然]** 是把济南放在一个小摇篮里，它们安静不动地低声地说："你们放心吧，这儿**准保 [必然]** 暖和。"**真的 [确实]**，

---

50 选自《美国刑法司法判决书的情态意义研究》，《现代外语》，2001 年。

济南的人们在冬天是面上含笑的。他们一看那些小山，心中便觉得有了着落，有了依靠。他们由天上看到山上，便不知不觉地想起："明天**也许 [或然]** 就是春天了吧？这样的温暖，今天夜里山草**也许 [或然]** 就绿起来了吧？"就是这点幻想不能一时实现，他们也并不着急，因为有这样慈善的冬天，干啥还希望别的呢！

最妙的是下点小雪呀。看吧，山上的矮松越发的青黑，树尖上顶着一髻儿白花，好像日本看护妇。山尖全白了，给蓝天镶上一道银边。山坡上，有的地方雪厚点，有的地方草色还露着，这样，一道儿白，一道儿暗黄，给山们穿上一件带水纹的花衣；看着看着，这件花衣**好像 [或然]** 被风儿吹动，叫你看见一点更美的山的肌肤。等到快日落的时候，微黄的阳光斜射在山腰上，那点薄雪**好像 [或然]** 忽然害了羞，微微露出点粉色。就是下小雪吧，济南是受不住大雪的，那些小山太秀气！

古老的济南，城里那么狭窄，城外又那么宽敞，山坡上卧着些小村庄，小村庄的房顶上卧着点雪，对，这是张小水墨画，**也许 [或然]** 是唐代的名手画的吧。

从内容主题上来看，《济南的冬天》主要描写作者以及济南人眼中的济南冬天的自然景象，涉及人与自然之间的关系，属于自然生态系统。总的来看，节选片段中共有八个表达内在语势的小句，包括六个或然语势、一个必然语势、一个确实语势。其中或然语势次数最多，有三个"好像"与三个"也许"：三个"好像"表达作者对于"山或雪表现出像人一样的形态"这一事件可能性的判断，赋予济南冬天的山和雪一种具有主观能动性的生命体角色；前两个"也许"表达作者根据小山的情景对"春天到来""山草绿起来"这两个事件即将发生的可能性的判断，表达作者对春天的期盼；在最后一段中，作者将济南冬天的景象看作一张水墨画，用"也许"表达其对"（水墨画）是唐代名手画的"这一命题实现可能性的判断，实际上表达作者认为济南冬天的惊艳如同一幅优秀的水墨画。此外，说话人通过赋予"小山"主观能动性较强的生命体角色，将小山作为话语发出者，用"准保"间接表达作者对"济南的冬天暖和"这一命题必然为真的判断。紧接着，作者又用"真的"表达对"济南的人们在冬天是面上含笑的"这一已然事件的确定的判断，同时也为上文中"小山"（实际上是作者）对济南冬天必然暖和的态度提

第 5 章 生态话语分析的理论基础：人际功能

供了事实依据，增强了命题的可信度。综上所述，说话人使用内在语势表达对济南冬天景象的赞赏与喜爱，展现了人与自然之间和谐共处的关系，有利于自然生态系统的良性发展，都属于生态有益性内在语势。

案例 2："英国女王 2019 年圣诞致辞"节选

As a child, I never imagined that one day a man **would** [能力] walk on the moon. Yet this year, we marked the 50th anniversary of the famous Apollo 11 mission. As those historic pictures were beamed back to Earth, millions of us sat transfixed to our television screens as we watched Neil Armstrong taking a small step for man and a giant leap for mankind, and **indeed** [确实] for womankind. It's a reminder for us all that giant leaps often start with small steps.

…

The challenged many people face today **may** [或然] be different to those once faces by my generation, but I have been struck by how new generations have brought a similar sense of purpose to issues such as protecting our environment and our climate.

Of course, at the heart of the Christmas story lies the birth of a child: a seemingly small and insignificant step overlooked by many in Bethlehem. But in time, through his teaching and by his example, Jesus Christ **would** [能力] show the world how small steps, taken in faith and in hope, **can** [能力] overcome long-held differences and deep-seated divisions to bring harmony and understanding.

The path, of course, is not always smooth, and **may** [或然] at times this year have felt quite bumpy. But small steps **can** [能力] make a world of difference.

…

And so, I **wish** [意愿] you all a very happy Christmas.

从内容主题来看，英国女王 2019 年的圣诞致辞关涉社会生态系统。在节选片段中共有七个表达内在语势的小句，包括四个能力语势，一个确实语势，两个或然语势。首先，四个能力语势主要体现在以下两个方面：（1）对"人类行走在月球上"这一行为的能力判断，表明说话人认为人类的主观能动性具有很大的创造力；（2）在"耶稣的诞生向世界证明了信念和希望的一小步是如何能够战胜根深蒂固的分歧、带来和谐与理解"以及"前进的一小步令世界彻底改变"这两个命题中，说话人使用 would 和 can 表达其对命题实现能力的判断，意图鼓励国民要正视道路中的坎坷，相信自己前进的一小步会有改变世界的能力。以上这种能力态度的表达能够鼓舞人心，建立和维持女王及其代表的皇室与英国国民之间和谐的人际关系，属于生态有益性能力语势。其次，说话人认为 Neil Armstrong 迈出的一小步对男性与女性而言皆为人类历史上的一大步，用 indeed 表达其对"对女性而言"这一事件的确定态度，说话人意图以此来补充 mankind 中词素 man 所缺失的性别意义，表达男女平等的关系。然而，indeed 在此有强调的作用，说话人将与女性相关的信息明显化、特殊化，反而可能对男女关系的体现起到反作用。由此可见，说话人既不遵循、也不违背生态哲学观，属于生态模糊性确实语势。最后，两个或然语势体现在：（1）说话人认为"当代人面临的挑战与我们这代人并不相同"这一命题的实现不是必然的，而是有一定可能性的，这种较低量值的词汇给予说话人与听话人之间较大的协商空间，属于生态有益性或然语势；（2）说话人认为"今年会偶尔感到道路非常坎坷"这一命题的实现具有一定可能性，意图让听话人对这种情况做好准备，但这种较低量值的表达方式并不会造成听话人的恐慌，因此属于生态有益性或然语势。

5.3 生态语言学视角下的评价系统

评价系统（Martin，2000；White，2003；Martin & White，2005）表征语言用来协商和调节社会关系的功能，说话人通过使用评价性词汇表达其态度、情感、立场等。Thompson（2014：80）将评价看作是语篇意义的核心部分，任何对语篇人际意义的分析都必须涉及评价资源。评价系统包括态度（attitude）、介入（engagement）和级差（graduation）三个子系统。态度系统用来表达说话人对事物或事件的情感（affect）、判断（judgement）和鉴赏（appreciation），其中情感有关是否高兴、是

第 5 章　生态话语分析的理论基础：人际功能

否安全、是否满足以及是否渴望；判断指说话人根据伦理道德标准对某种事物或事件进行的社会评判和社会约束（Martin & White, 2005：52）；鉴赏指说话人从美学、社会、经济等角度对某一现象或过程的价值做出评估，包括反应、构成和价值。介入系统用来表达态度的来源，分为自言（monogloss）和借言（heterogloss），其中自言指说话人直接表达态度，不参照其他声音，借言指说话人假借他人的观点或立场表达自己的态度。级差系统用来表达态度和介入的程度，分为语势（force）和聚焦（focus），前者指可以量化或强化的态度、介入程度，后者指衡量对象对其原型的聚焦程度，不能用量来度量。

评价系统在表意过程中涉及语言学、社会学、心理学、伦理学及美学等学科理念（Martin, 2000；张瑞杰、何伟, 2018），这些理念除了可以用来判断说话人的评价方式及内容外，也可以在世界中作为判断说话人对人际关系构建的依据。换句话说，说话人对世界中的事物或事件发表观点和立场，实际上也表达说话人的生态意识和生态立场，即对"多元和谐，交互共生"生态哲学观（何伟、魏榕, 2018c；何伟、刘佳欢, 2020）的态度。由此，评价意义可被分为生态有益性评价、生态模糊性评价、生态破坏性评价，不同生态取向的评价意义对生态哲学观的态度出发点不同，最终对人际关系的建立或维持以及对生态系统的发展产生的影响也就不同。

评价系统主要由词汇-语法手段体现（Halliday, 1961）。然而不少学者（杨信彰, 2003；李战子, 2004；刘世铸、韩金龙, 2004；胡壮麟, 2009）注意到，仅从词汇所表达的本体意义出发来判断其评价意义是不够的，还应考虑主客体及价值主客体等其他要素（陈令君, 2007；刘世铸, 2007；陈令君、赵闯, 2016）。并且，仅根据词汇本身所表达的意义无法确定其为积极或消极，还需要根据其在实际语境中所表达的含义进行判断（张瑞杰、何伟, 2018；何伟、马子杰, 2020）。也就是说，在判断评价词汇的生态特征之前，应确定其涉及的生态系统类型为自然生态系统还是社会生态系统，继而判断该词汇对生态系统产生了何种影响。因此，我们在何伟、马子杰（2020）所建构的生态语言学视角下的评价系统的基础上，增加生态系统类型这一因子，使评价意义生态取向的判断能更具指向性。

值得注意的是，本节设置与其他章节有所不同，取消"生态取向判断标准与机制"这一部分内容，主要有以下两个原因：（1）任何语法意义的生态取向判断标准都是"多元和谐，交互共生"生态哲学观，本节不再赘述。（2）由于评价系统的三个子系统较为独立，因此我们分别构建生态语言学视角下的态度系统、介入系统以及级差系统。在每个子系统中，由于涉及的生态因子及其组合方式各有不同，不同评价意义生态取向的判断机制也就相应地有所差异。因此，本节将会在每个子系统的描述中说明生态取向的判断机制。

5.3.1 态度系统

Martin & White（2005：49）将表达态度的词汇资源进一步区分为积极和消极两个类别。其中，表达积极态度的词汇有pleased、comfortable、engrossed、yearn for、educated、reverent、moving、worthwhile等；表达消极态度的词汇有abhor、anxious、flat、fed up with、insane、cruel、boring、shoddy等。由此可见，Martin等人所构建的评价系统主要从词汇-语法本身的意义进行积极和消极的界定，不涉及评价缘由、评价主体（即话语发出者）、评价对象、评价内容或评价语境等有关因子的特征，不能完全揭示词汇中评价意义的生态取向。换言之，生态语言学视角下所得出的积极或消极的评价判断与原评价系统分析的结果可能存在不一致的情况。因此，何伟、张瑞杰（2017）以及张瑞杰、何伟（2018）在"生态场所观"[51]哲学思想的指导下，对自然生态话语的态度分析模式进行扩展，在情感、判断和鉴赏系统中分别增加了情感缘起、判断标准和鉴赏对象三个因子，并进一步将其分为"人本位"和"自然本位"。以情感系统为例，她们认为"情感系统需要更多从个人和群体与其他生命体及物质环境之间和谐互动的角度进行再思

---

[51] "生态场所观"由Scannell & Gifford（2010）提出，指"个体或群体对赖以生存的场所的物理性特征、社会性特征及场所内外生命体所发生的情感联结、认知体验和意动行为"，并将其分为生态保护型、生态破坏型和生态模糊型三种类型。后何伟和张瑞杰（2017）、张瑞杰和何伟（2018）在中国传统生态哲学思想的指导下对人与场所及其他生命体之间的关系等进行了进一步拓展和阐释，将其作为指导自然生态话语分析的生态哲学观。

第 5 章　生态话语分析的理论基础：人际功能

考和延伸"（张瑞杰、何伟，2018：105），若说话人的情感表达缘起于"人本位"，则突出了"人类中心"，不利于自然生态系统的良性发展，属于生态破坏性情感；若说话人的情感表达缘起于"自然本位"，表明其将人类作为自然的一部分，有利于自然生态系统内部人与自然的和谐发展，属于生态有益性情感。

何伟、马子杰（2020）在此基础上发现，上述对"人本位"和"自然本位"的区分仅适于对自然生态话语的分析，尚未涵盖社会生态系统中的对立统一关系。因此，她们以国际生态话语为例，以"多元和谐，交互共生"生态哲学观（何伟、魏榕，2018c）为指导，从国际政治、大国关系以及宗教传统角度对国际组织之间、国家之间、地区之间以及民族之间可能产生的关系缘由进行追溯，将情感缘起、判断标准和鉴赏对象进一步区分为"利本位"和"义本位"。我们认为，对"利本位"和"义本位"的区分不仅适用于国际生态话语的分析，还可以扩展至整个社会生态系统的话语分析。"利本位"即以利益为中心，指说话人受利益驱使对事物或事件进行评价，这种利益既可以是物质利益，也可以是精神利益。以"利本位"出发的评价通常为满足自身的欲望而忽视或扭曲客观事实，不利于社会生态系统的良性发展。"义本位"即以"义"为中心，指说话人遵循仁义、道义对事物或事件做出合乎客观事实的评价，这种评价尊重生态系统内部的多样性，"崇尚交流互鉴以及和谐共生的情感、判断与鉴赏，摒弃绝对化、单向性和片面性"（何伟、马子杰，2019：3），有利于社会生态系统的良性发展。由此，生态语言学视角下的态度系统如图 5–12 所示。

与影响语气类别、内在语势的生态因子相同，判断说话人态度的生态取向首先要确定话语所涉及的生态系统类型，通过明晰说话人发出的评价对人际关系建立和维持产生的影响，从而最终判断其对哪种生态系统产生何种影响。并且，不同生态系统类型的辨别对于情感缘起、判断标准、鉴赏对象的分类不同。当态度评价涉及自然生态系统时，缘起、标准及对象可进一步划分为"人本位"和"自然本位"；涉及社会生态系统时的缘起、标准以及对象则被进一步划分为"利本位"和"义本位"。

态度系统分情感、判断及鉴赏三种子类别。三个子类别分别都有三种判断态度生态取向的同类因子，即种类、取向、缘起/标准/对象。

其中，情感包括满足／不满足、高兴／不高兴、渴望／不渴望以及安全／不安全，前两种情感都涉及对他人和对自己两个方面，如例59、例60所示；渴望类情感表达期待或恐惧，如例61所示；安全类情感表达信任、担忧或恐惧，如例62所示。值得注意的是，渴望类与安全类所表达的"恐惧"有所不同，前者指"不期待"，后者指"紧张和不安的心理状态"（彭宣维等，2015：62）。

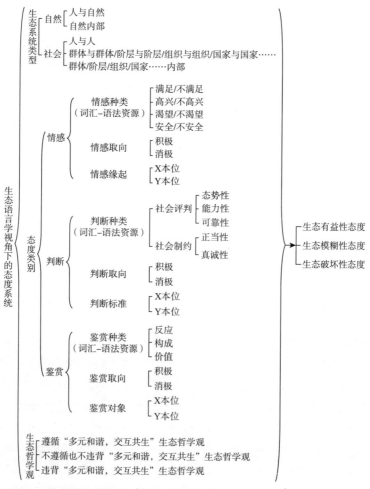

图5-12 生态语言学视角下的态度系统（根据何伟、马子杰，2020：54）

第 5 章　生态话语分析的理论基础：人际功能

例 59. 中国队主教练王非说这话的意思，是指老队员的表现**令他满意**。

例 60. I'm **happy** about my decision to stay open so I could be helpful during this hard time.[52]

例 61. 她心里根本**不想笑**，有的只是恐惧。

例 62. We are **confident** the new structure will be beneficial to all concerned.

判断包括社会评判（esteem）和社会制约（sanction），社会评判主要指说话人对以下三种特点进行判断（Martin，2000；彭宣维等，2015）：（1）态势性（Normality），包括评价对象是否幸运，行为或思维方式是否正常、合乎常规，以及评价对象是否具有知名度或符合时尚潮流等（彭宣维等，2015），如例 63 所示；（2）能力性（Capacity），即评价对象的身体状况或能力大小，如例 64 所示；（3）可靠性（Tenacity），即评价对象是否具有可靠的、令人信赖的精神品质，包括"勇敢""懦弱""细心""谨慎"等，如例 65 所示。[53]社会制约主要指说话人对以下两种特点进行判断（Martin & White，2005；彭宣维等，2015）：（1）正当性（Propriety），指评价对象的行为是否符合法律、社会道德或宗教信仰，如例 66 所示；（2）真诚性（Veracity），指评价对象是否诚实，如例 67 所示。

例 63. 可是，**非常奇怪**，两位太太却突然偃旗息鼓，没有闹出什么事来。

例 64. I have got to tell you, I am getting **tired** and **weak**, and I do not know how much longer I can go on.

例 65. 巴巴拉站在房子中间，非常的**沉着**、**冷静**。

例 66. This is something **illegal** the woman is doing, and the argument by abortion proponents who defend a woman saying this is some kind of constitutionally guaranteed right is ludicrous.

例 67. 过去我常去那儿取利息，发现替我办事的那个职员非常**诚实**。

52　选自 "Chinese cities on move to bail out epidemic-hit businesses"，*China Daily*，2020 年 2 月 5 日。

53　何伟、张瑞杰（2017）译为常态（Normality）、才能（Capacity）、韧性（Tenacity）。

鉴赏包括反应（reaction）、构成（composition）和价值（value）。反应指评价对象如何吸引或取悦说话人，通常关注评价对象的形象、性格等，包括"美丽""丑陋""有趣""枯燥"等，如例 68 所示；构成指说话人对事物结构平衡性和复杂性的评价，通常关注评价对象的排列或存在方式等，如例 69 所示；价值指说话人对评价对象内在价值的评估，这种价值鉴赏通常不是个体的主观判断，而是群体或社会的集体价值观念（彭宣维等，2015：117），如例 70 所示。

例 68. The air is clean and the environment is **beautiful**.

例 69. 它们混在一起，自成一种**和谐**，特意均分开鸢尾花和夹竹柳兰反而会破坏这种效果。

例 70. There is no need to tell you how **important** the public force issue is for all of us.

情感取向、判断取向以及鉴赏取向都有积极和消极之分，由评价词汇本身的意义决定，Martin & White（2005）较为详细地列举了表达两种取向的词汇（见附录）。值得注意的是，此处单纯对评价词汇的态度取向进行辨别，得出的结果仅作为判断态度生态取向的其中一个维度。

综上所述，当评价词汇表达态度资源时，我们需要在确定的生态系统语境下，对态度的种类、取向以及缘起/标准/对象进行分析。当说话人对遵循"多元和谐，交互共生"生态哲学观的对象表达积极的情感、判断、鉴赏，或对违背生态哲学观的对象表达消极的情感、判断、鉴赏时，有利于生态有益性人际关系的建构以及生态系统的良性发展，属于生态有益性态度；当说话人对遵循上述生态哲学观的对象表达消极的情感、判断、鉴赏，或对违背上述生态哲学观的对象表达积极的情感、判断、鉴赏时，则会构建生态破坏性人际关系，不利于生态系统的良性发展，属于生态破坏性态度；当说话人所表达的情感、判断或鉴赏既不遵循也不违背上述生态哲学观时，属于生态模糊性态度。

以下将分别对三种态度类型的生态取向分析进行例示。

1. 情感

例 71.(高兴/不高兴) 包顺贵又转头对陈阵说：你交上来的两张大狼

第 5 章　生态话语分析的理论基础：人际功能

皮，我已经让皮匠熟好，托人捎给我的老领导了，他很**高兴**，说想不到北京知青也能打到这么大的狼，真是好样的，他还要我代他谢谢你呐。[54]

例 71 中的语段涉及人与自然的关系，属于自然生态系统。首先，"高兴"一词属于情感种类中表达高兴/不高兴的心理状态。其次，根据 Martin & White（2005）对积极情感与消极情感的分类，"高兴"属于积极取向的情感类别。再次，该积极情感的缘起内容为"收到狼皮"以及"想不到北京知青也能打到这么大的狼"。本例的语境发生于 20 世纪 60 年代末，主人公陈阵在内蒙古草原插队，当时的牧民还保留着游牧民族的生存状态，牧民、牛、羊与草原狼共同维持着蒙古草原的生态平衡。然而，由于农耕文化和当时的政策要求，陈阵等知青不得已开始用现代武器杀狼，严重破坏了草原生态，违背了"多元和谐，交互共生"生态哲学观。也就是说，"高兴"是以人为本位发出的情感，不利于自然生态系统的和谐发展。由此，该例中的情感态度属于生态破坏性情感。

例 72.（满足/不满足）When I began to have a fire at evening, before I plastered my house, the chimney carried smoke particularly well, because of the numerous chinks between the boards. Yet I passed some **cheerful** evenings in that cool and airy apartment, surrounded by the rough brown boards full of knots, and rafters with the bark on high overhead. My house **never pleased** my eye so much after it was plastered, though I was obliged to confess that it was more comfortable. Should not every apartment in which man dwells be lofty enough to create some obscurity overhead, where flickering shadows may play at evening about the rafters?[55]

例 72 中的语段涉及人与自然之间的关系，属于自然生态系统。其中作者用 cheerful 表达了高兴、愉快的情感，属于积极取向；never pleased 表达了不满意、不满足的情感，属于消极取向。由上下文得知话语背景为：在粉刷房子之前，房屋的木板之间有很多缝隙，说话人满眼都是自然的景象，过得十分愉快；在粉刷房子之后，说话人眼里缺少了

54　选自《狼图腾》一书中的第十八章。
55　选自 Walden 一书中的 "House-warming" 一章。

自然的景象，因此不甚满意。也就是说，说话人的情感是由房屋里是否能看到自然景象决定的，是从"自然本位"出发产生的情感。对能够看到自然景象的房屋发出了积极情感，而对不能看到自然景象的房屋发出了消极情感，表达说话人对自然的亲近和喜爱，有利于人与自然的和谐发展。由此，说话人在本语段中发出的两种情感皆为生态有益性情感。

例 73.（渴望 / 不渴望）90 岁高龄的抗战老兵谭瑞廉，与大儿子一家合住在老家云南省陆良县一栋占地近 100 平方米的三层楼房里，闲时晒晒太阳，和老伙伴们打打牌。生活安逸的他内心却深藏一个未了心愿，"**愿台湾早日回归祖国的怀抱。**"[56]

例 73 中的语段涉及国家内部和整体之间的关系，属于社会生态系统。其中云南抗战老兵用"愿"表达了渴望、期盼的情感，属于积极意愿。"台湾早日回归祖国的怀抱"这一事件不仅能够实现祖国的统一，而且对世界和平也有着积极的推动作用。也就是说，这一事件不仅有利于国家生态系统内部的和谐共处，也有利于国际生态系统的良性发展，说话人的情感缘起为"义本位"。并且，"义本位"的态度并非不重视利益，而是以整体而非个人的利益为重，"台湾回归"符合中国最广大人民群众的根本利益，属于民族大义。由此，说话人对"义本位"出发的事件表达了积极情感，属于生态有益性情感。

例 74.（安全 / 不安全）The measures put in place by the Chinese government "is a gigantic effort and we are very **confident** that efforts will allow for the progressive reduction of the disease", the UN chief told Xinhua during his joint press conference with Pakistani Foreign Minister Shah Mahmood Qureshi.[57]

例 74 涉及国家与国家组织之间的关系，属于社会生态系统。其中联合国主席用 confident 这一表征积极安全意义的词汇表达了对中国疫

56　选自《云南 90 岁老兵忆往昔：愿台湾早日回归祖国》，中国新闻网，2014 年 9 月 18 日。

57　选自" UN chief confident in China's effort to fight coronavirus"，*China Daily*，2020 年 2 月 17 日。

第5章 生态话语分析的理论基础：人际功能

情防控工作的认可。安全/不安全涵盖与自然环境或社会环境相关的平和或焦虑情绪（彭宣维等，2015：17）。在本例中，说话人基于对中国政府针对疫情所采取的措施、付出的努力的肯定，表达了平和的情绪和积极的态度。这种危难面前释放的友好与鼓励信号，是出于国际主义之大义，属于"义本位"。由此，说话人表达的积极安全义有利于我国与联合国之间、我国与他国之间建立良好的人际关系，对国际生态系统的发展具有推动作用，属于生态有益性情感。

2. 判断

例 75.（社会评判：态势）陈阵从第一次听到狼的哭腔就觉得**奇怪**，为什么这么凶猛不可一世的草原狼，它的内心却有那么多的痛苦哀伤？难道在草原生存太艰难，狼被饿死冻死打死得太多太多，狼是在为自己凄惨的命运悲嚎么？陈阵一度觉得，貌似凶悍顽强的狼，它的内心其实是柔软而脆弱的。[58]

例 75 语段涉及人与自然之间的关系，属于自然生态系统。其中，评价词汇"奇怪"在社会评判类别中表达不正常、不合乎常规或不符合大众认知的态势，根据 Martin & White（2005）对社会评判取向的分类，属于消极判断。此判断所针对的内容是"凶猛不可一世的草原狼发出痛苦哀伤的哭腔"，陈阵之所以觉得"奇怪"，是由于人类通常将自己与自然界分隔开，或者将自己置于自然界中较高的地位，对于自然以及自然中的其他生物认知还太少。因此，评价主体的判断标准是"人本位"，表述了草原狼"凶猛""不可一世"、充满攻击性的形象，不利于人与自然之间的和谐共处，属于生态破坏性判断。

例 76.（社会评判：能力）The farmer had treated about 60 acres of land with a dust containing DDT and benzene hexachloride. As he worked puffs of wind brought little clouds of dust swirling about him. "In the evening he felt unusually **tired**, and during the subsequent days he had **a general feeling of weakness**, with backache and aching legs as well as chills, and was obliged to

---

[58] 选自《狼图腾》一书中的第二十四章。

take to his bed," says a report from the Medical Clinic at Lund. "His condition became worse, however, and on May 19 [a week after the spraying] he applied for admission to the local hospital."[59]

例 76 语段涉及人与自然的关系，属于自然生态系统。其中 tired、a general feeling of weakness 属于社会评判类别中对评价对象身体状况及能力的消极判断。造成这种情况的原因是农民用含有 DDT 和六氯化苯的粉尘处理了土地，并在劳作时吸入了含有杀虫剂的粉尘，身体状况开始变差。也就是说，农民从"人本位"出发，为了满足自身的利益，即为了消灭土地中的虫子而使用农药。但因农药使用过多或不当，对自然生态造成了破坏，也进而对属于自然生态系统的人造成了伤害。由此，说话人从"自然本位"出发对违背生态哲学观的事件做出消极判断，揭示了人类的错误行为给自身带来的破坏性后果，属于生态有益性判断。

例 77.（社会评判：可靠）在青海省化隆县，有这样一个家庭，在新春佳节万家团圆之时，**勇敢**"逆行"，义无反顾投入到疫情阻击战中，为社区平安、群众健康保驾护航。这就是化隆县检察院干警马秀萍一家。[60]

例 77 语段涉及人与人之间的关系，属于社会生态系统。其中"勇敢"一词属于社会评判中对评价对象行为可靠性的判断。该词表达评价对象具有可靠的、令人信赖的精神品质，属于积极判断。此判断是依据评价对象在疫情攻坚时期能够义无反顾地投入到各个岗位，为广大群众服务，因此这种可靠品格的评价标准为"义本位"，有利于社会生态系统的和谐稳定，属于生态有益性判断。

例 78.（社会制约：正当）It is **shameful** how the US and some other Western media sources have placed the blame of the current unrest on China. Agitators, some with dual or foreign passports have been whipping up unrest to incite the overthrow of government. These, and copycat rioters, have taken upon themselves to turn a flourishing and prestigious university into a

---

59　选自 *Silent Spring* 一书中的第十四章。
60　选自《勇敢战"疫"：一家三口都在一线》，《检察日报》，2020 年 2 月 16 日。

第 5 章　生态话语分析的理论基础：人际功能

weapons factory to attack, maim and kill anyone who opposes them.[61]

例 78 来自 Lyndon Sheppard 博士在看到香港发生持续动荡后写给 CGTN 的一封信，涉及国家与国家之间的关系，属于社会生态系统。其中 shameful 一词涉及社会制约类别中的正当性，表明说话人认为评价对象的行为不符合社会道德标准，属于消极判断。由语境可以看出，说话人表达此判断依据"美国和其他一些西方媒体将当前的动荡归咎于中国"，这一事件首先不符合事实，其次由于香港是中国领土不可分割的一部分，"中国造成香港动乱"这一说法违背了我国和平统一的原则。因此，表明说话人出于"义本位"对评价对象的破坏行为进行了谴责，其破坏行为既不利于我国内部稳定，也不利于我国与他国之间良好关系的维持和发展。由此，说话人对违背生态哲学观的事件进行了消极判断，属于生态有益性判断。

例 79.（社会制约：真诚）由于社区管理民主，议会厅的旁听席上，常常座无虚席，居民们踊跃发言，态度**诚恳**，对社区建设起到了积极的推动作用。这种管理方式，被居民称赞为"社区共管制"。

例 79 语段涉及居民之间、居民与社区管理者之间的关系，属于社会生态系统。其中"诚恳"有关社会制约中的真诚性，属于积极取向的判断。此判断基于居民共同对社区建设起到的积极推动作用，判断标准为"义本位"，这不仅有利于社区整体的健康发展，也有利于居民与居民之间、居民与社区管理者之间建立良好的人际关系。由此，说话人对遵循"多元和谐，交互共生"生态哲学观的事件进行了积极判断，属于生态有益性判断。

3. 鉴赏

例 80.（反应）**美丽**的草原我的家，风吹绿草遍地花
彩蝶纷飞百鸟儿唱，一湾碧水映晚霞
骏马好似彩云朵，牛羊好似珍珠撒
美丽的草原我的家，水**清**草**美**我爱它

---

[61] 选自 "Letters to the Editor: Hong Kong belongs to China", *China Daily*, 2019 年 11 月 27 日。

> 草原就像绿色的海，毡包就像白莲花
> 牧民描绘幸福景，春光万里**美如画**[62]

例 80 中的歌词涉及人与自然之间的关系，属于自然生态系统。说话人用"美丽""清""美""美如画"等评价词汇表达自己对草原的反应，说明草原对其有吸引力，属于积极鉴赏。此外，说话人从"自然本位"出发，将大自然描述成具有吸引力的"家"，表达其对自然生态的赞赏和喜爱，有利于人与自然之间建立和谐友好的关系，属于生态有益性鉴赏。

例 81.（构成）"By such violent measures," says Dr. Ruppertshofen, "the partnership for life of the forest is entirely being **unbalanced**, and the catastrophes caused by parasites repeat in shorter and shorter periods... We, therefore, have to put an end to these unnatural manipulations brought into the most important and almost last natural living space which has been left for us."[63]

例 81 涉及人与自然之间以及森林中各种生物之间的相互作用关系，属于自然生态系统。说话人假借 Ruppertshofen 博士的观点，对森林生态系统的构成关系进行消极鉴赏，表明在育林人无节制地使用化学药物控制害虫后，森林中的生态平衡被打破，其鉴赏标准为"自然本位"。化学药物的使用在一定时间范围内对昆虫有控制作用，但却同时威胁了森林中其他生物的生命，违背了"多元和谐，交互共生"生态哲学观。由此，说话人对生态破坏性事件进行消极鉴赏，属于生态有益性鉴赏，能够使人们意识到这种"粗暴手段"所带来的恶劣影响。

例 82.（价值）五年多来，我们已经和 150 多个国家和国际组织签署了合作文件，一大批合作项目落地见效，既**有力地促进了相关国家的经济社会发展**，也给当地普通民众带来了实实在在的好处，受到了普遍欢

---

[62] 选自歌曲《美丽的草原我的家》。
[63] 选自 *Silent Spring* 一书中的第十七章。

迎。这些成绩都是有目共睹的。[64]

除了表达价值、重要性的评价词汇以外，对事物作用和影响的描写也可以体现事物的价值。例 82 语段涉及国家与国家之间的关系，属于社会生态系统。其中"有力地促进了相关国家的经济社会发展"是对评价对象价值方面的积极鉴赏，表达说话人肯定"一带一路"倡议在五年来所取得的成效。鉴赏对象"一带一路"倡议在本质上强调国家之间的合作共赢、共商共建、共同发展，是中国以义为本位发出的倡议，有利于国际生态系统的良好发展。由此，说话人对遵循生态哲学观的事件进行积极鉴赏，属于生态有益性鉴赏。

5.3.2　介入系统

介入系统是指态度的来源及对其他声音的承认（Martin & White, 2005），说话人将投射、情态、极性或其他各种评价状语通过引用或报道的方式表达话语内容的立场。根据说话人表达观点时是否留有话语空间以及话语空间大小，介入意义可分为自言和借言两种方式（White, 2003）。自言方式无投射、不存在对话性，说话人（即评价主体）直接表达自己的观点，对命题内容负责，不参照其他声音，通常能够体现说话人的主观性（彭宣维等，2015）。借言方式有投射、存在对话性，说话人假借他人的观点或立场等间接表达自己的态度，通常意在推诿或摆脱责任，同时使话语内容具有一定的客观性（王振华，2001）。

原介入系统可用来判断说话人表达态度来源的方式、类别，而无法对介入方式的生态取向进行判断。由此，魏榕、何伟（2019）以"多元和谐，交互共生"生态哲学观为指导，将基于词汇-语法资源的介入系统生态化，建构了符合国际生态话语语境的介入系统框架，如图 5-13 所示。该框架以词汇-语法资源为分析基础，根据评价主体对生态哲学观态度的不同，将介入系统分为有益性、中性和破坏性介入。然而，该

---

[64] 选自《商务部部长钟山、副部长兼国际贸易谈判副代表王受文、副部长钱克明就"促进形成强大国内市场推动全方位对外开放"答记者问》，新华网，2019 年 3 月 9 日。

"国际生态话语介入系统"主要通过介入方式和介入内容判断介入意义的生态取向,并未体现出二者如何对生态取向产生影响,也未进一步细化影响介入意义生态性的因子。

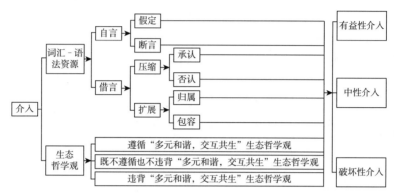

图 5-13 国际生态话语之介入系统(魏榕、何伟,2019:94)

何伟、马子杰(2020)在上述研究基础上,结合大众传播学关于新闻报道方式的相关理论,构建了生态语言学视角下的介入系统,主要体现在介入方式、介入取向、介入来源以及介入内容四个维度上:

(1)在原介入系统中,借言又分为压缩(contraction)和扩展(expansion)两种方式,其中压缩指限制其他立场、声音或观点,扩展则指为其他立场、声音或观点提供相应的空间。通过对词汇意义的分类,压缩方式又分为承认和否认两种,其中承认指说话人明确提出某一观点的同时排除其他观点,由认可性(endorse)词汇、宣布性(pronounce)词汇以及赞同性(concur)词汇体现;否认指其他观点或立场被否定、拒绝或替换,由否定性(deny)词汇和反预期(counter)[65]词汇体现。扩展方式又分为归属和包容两种,其中归属指说话人通过引语引入外部的声音,由承认性(acknowledge)词汇和疏远性(distance)词汇体现;包容指说话人允许反对声音的存在,这种反对声音通常表明说话人自己内心的观点,主要由表达可能性的情态动词或含有心理投射动词的人际隐喻体现(魏榕、何伟,2019)。

---

[65] 参考魏榕、何伟(2009)对表达借言方式词汇类别的翻译。

第5章 生态话语分析的理论基础：人际功能

有鉴于此，何伟、马子杰（2020）将压缩方式分为宣称和否认两种，对应上文提及的承认和否认，其中宣称压缩又分为同意、断言和赞同，对应认可性词汇、宣布性词汇和赞同性词汇；否认压缩分为否定和反驳，对应否定性词汇和反预期性词汇。扩展方式则被分为摘引和引发两种，对应归属和包容，其中摘引扩展又分为承认和设距，对应承认性词汇和疏远性词汇；引发扩展包括相对引发和绝对引发，二者的区别在于说话人引发他人观点或立场时允许反例存在的可能性的大小，前者可能性较小，如 must、almost、perhaps 等；后者可能性较大，如 may、possible 等。根据 Martin & White（2005：97-98）以及彭宣维等（2015），我们整理归纳了不同类别借言方式的典型表达，如表5-4所示。

表5-4 借言方式典型表达

借言类别			汉语表达	英语表达
压缩	宣称	同意	显示、表明、指出、发现……	demonstrate, show, report, point out...
		断言	事实上、本质上、我主张、我发现、完全、简直……	I contend, the truth/fact of the matter is, there can be no doubt that, you must agree that...
		赞同	当然、很清楚、显然、的确、确实……	naturally, of course, really, obviously, admittedly, clearly, surely...
	否认	否定	不、没有……	no, never...
		反驳	尽管、但是、然而、可是、令人惊奇的是、不幸的是……	yet, amazingly, although, however, but, to one's surprise...
扩展	摘引	承认	说、根据、在……看来、对……来说……	say, state, believe, according to, in one's view...
		设距	鼓吹、谣传、所谓……	claims, it's rumored that...
	引发	相对引发	必须、一定、肯定……	I think, must, it is almost certain that, perhaps...
		绝对引发	听说、似乎、好像、显得、似的……	I hear, it seems, may, possible...

从生态语言学视角看，当说话人采用自言方式时，表明其不允许其他声音的存在，没有给听话人留出任何的对话空间，在大多语境下不利于二者间生态有益性人际关系的建构；当说话人采用借言方式时，表明其为可能存在的其他声音留出了话语空间。但是，不同种类的借言方式所保留的空间不尽相同，尚无法界定借言方式对人际关系生态取向的影响，还需要结合介入取向进行判断。

（2）自言和借言表现说话人之于话语内容所持立场的不同，也就是说，二者的介入取向或较为明确，或有所保留。从自言与借言的定义方式来看，自言方式通常出现在对事实或常识的描述中，说话人对自己发出的话语负责，取向十分明确。而不同的借言方式则在介入取向上有所差异：压缩方式在允许不同观点存在的同时仍坚持自己的观点和立场，取向较为明确。在扩展方式中，承认类摘引陈述他人的观点，说话人自身立场中立，取向有所保留；设距类摘引在陈述他人观点的同时与其保持距离，明确坚持自己的立场；相对引发允许不同观点存在的可能性较小，坚持自身观点的取向较为明确；绝对引发允许不同观点存在的可能性较大，属于"典型的引发"（何伟、马子杰，2020：56），此时说话人自身立场中立、取向有所保留。从生态语言学视角看，当说话人对遵循生态哲学观的观点表现出明确支持的介入取向、对违背生态哲学观的观点表现出明确反对的介入取向时，属于生态有益性介入。当说话人对违背生态哲学观的观点表现出明确支持的介入取向、对遵循生态哲学观的观点表现出明确反对的介入取向时，属于生态破坏性介入。当说话人对遵循或违背生态哲学观的观点表现出保留介入取向时，需根据语境具体判断，可能存在以下两种情况：一是说话人生态取向模糊，既不遵循也不违背生态哲学观，此时为生态模糊性介入；二是说话人为听话人留出了话语协商空间，有利于建立和维持良好的人际关系，此时则属于生态有益性介入。

（3）介入涉及态度的来源，可分为个人和非个人两类，其中个人指个体，非个人指阶层、组织、国家或地区等群体，例如政府官员、地区领导者、组织机构成员、媒体工作者等。由于自言介入方式表明说话人"默认全体大众认为其（介入内容）理所当然"（何伟、马子杰，2020：53），因此其介入来源为非个人集体，而借言方式的介入来源则由不同的语境决定。一般来说，个人介入比非个人介入来源范围更小，话语所代表立场涉及的人数更少，对人际关系的建立、生态系统发展所造成的影响程度也就相对较小。

（4）除此之外，对介入方式生态取向的分析还离不开对介入内容生态性的考察，包括对表达观点、立场的话语经验意义的生态性考察，即对参与者角色、过程类型以及环境角色的分析；对评价词汇生态取向的判断，即对态度类别、取向以及缘起/标准/对象等的判断。前者可参考生态语言学视角下的及物性系统，后者可参考生态语言学视角下的态度系统，此处在对介入系统的描述与示例分析中不再赘述。

我们在上述四个维度的基础上增加对话涉及生态系统类型的判断，由此构建的生态语言学视角下的介入系统如图5-14所示。

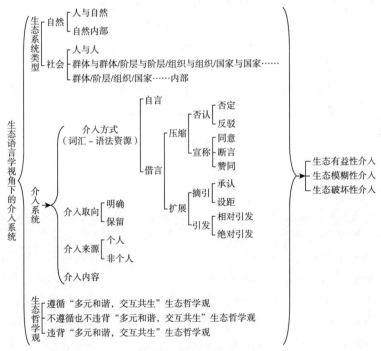

图5-14 生态语言学视角下的介入系统（根据何伟、马子杰，2020：57）

综上所述，对介入方式生态取向的分析需要在确定的生态系统语境下，以"多元和谐，交互共生"生态哲学观为指导，对介入方式的类别、介入取向以及介入来源进行分析，再结合已确定生态取向的介入内容，得出说话人所使用的介入方式是生态有益性介入、生态模糊性介入还是生态破坏性介入。

以下为自言方式及借言方式生态取向分析示例：

1. 自言

例 83. 我国自然资源总量丰富，种类相当齐全，土地、水能、森林、矿产等许多自然资源的总量均居世界前列。[66]

例 83 涉及人与自然资源的关系，属于自然生态系统。在词汇-语法层面，该话语采用了自言的介入方式，将我国自然资源的状况进行事实性的描述，没有其他声音或观点的存在，介入取向十分明确。从生态语言学视角看，说话人的介入内容为我国的自然资源丰富，可以供人类使用，体现了"人本位"的判断标准。这种信息的传递无法引起人们对自然资源的保护意识，反而会无节制地使用，造成自然生态的破坏。并且，自言的介入来源是非个人，代表着大众常识或集体价值观，增强了该介入方式的破坏性。由此，本例属于生态破坏性介入。

例 84. They were pleasant spring days, in which the winter of man's discontent was thawing as well as the earth, and the life that had lain torpid began to stretch itself.[67]

例 84 涉及人类对自然的感受，属于自然生态系统。在词汇-语法层面，该话语采用自言的介入方式，无他人观点存在，介入取向十分明确。从生态语言学视角看，说话人的介入内容为人们对春日和冬日的不同情感，即自然能够影响人们的情绪，体现说话人"自然本位"的情感缘起，表达了人与自然之间和谐共处的关系，有利于自然生态系统的良性发展。并且，自言的介入来源是非个人，增强了该介入方式的积极性，由此，本例属于生态有益性介入。

---

[66] 选自人教版地理教材，八年级上册中的第三章。
[67] 选自 Walden 一书中的"Economy"一章。

第 5 章 生态话语分析的理论基础：人际功能

例 85. 各党政军群机关和企事业单位紧急行动、全力奋战，广大医务人员无私奉献、英勇奋战，广大人民群众众志成城、团结奋战，打响了疫情防控的人民战争，打响了疫情防控的总体战，全国形成了全面动员、全面部署、全面加强疫情防控工作的局面。[68]

例 85 涉及国家内部各要素之间的关系，属于社会生态系统。从词汇-语法层面来看，该话语采用自言的介入方式，介入取向十分明确。从生态语言学视角看，介入内容所持态度是以"义本位"为判断标准的积极判断：说话人描述了我国各级单位、医护人员及群众在疫情工作中所付出的努力，我国人民在国家遇到危急情况之际，团结一心、坚守岗位，体现了民族大义，有利于我国社会生态系统内部的和谐稳定。并且，自言的介入来源是非个人，习近平总书记更是代表了中国政府和广大的中国人民，增强了该介入方式的积极性。由此，本例为生态有益性介入。

例 86. The greatest enemy we face is not the coronavirus itself—it is the stigma that turns us against each other.[69]

例 86 涉及国家与国家、国家与人民之间的关系，属于社会生态系统。从词汇-语法层面来看，该话语采用自言的介入方式，介入取向十分明确。说话人的介入内容描述了在疫情期间国际社会需要面对的最大敌人是谣言，其判断标准是出于"义本位"，提醒各国及其人民在特殊时期应团结一心，共同抗击疫情，而不是为满足自身的利益而相互对立。并且，自言的介入来源是非个人，世界卫生组织总干事代表的是世界组织、国际社会的普遍观点。由此，本例中的介入方式能够推动国际社会生态系统的良性发展，属于生态有益性介入。

2. 借言

1）压缩

例 87.（否定：反驳）陈阵用擀面杖敲了一下案板：这么说，草原牧

---

[68] 选自《习近平：在中央政治局常委会会议研究应对新型冠状病毒肺炎疫情工作时的讲话》，《求是》，2020 年 2 月 15 日。
[69] 选自《世卫组织总干事在慕尼黑安全会议上的讲话》，搜狐网，2020 年 3 月 2 日。

民是利用狼群来给马群实行计划生育，控制马群的数量，同时达到提高或保持蒙古马质量的目标？……**不过**，这种平衡控制真叫残酷。春天马倌们掏狼崽一掏就是十几窝几十窝，一杀就是一两百。但就是不掏光杀绝；到夏天，狼群反过来，掏杀马驹子，一杀就是百分之七八十，但马倌就是不让狼杀百分之一百。平衡控制的代价就是血流成河，而控制平衡就要靠牧民毫不松懈的战斗。[70]

例 87 涉及人与自然之间的关系，属于自然生态系统。其中"不过"属于否认压缩的借言介入方式，指说话人"用一个命题来取代或反对另一个有可能在此语境下出现的命题"（彭宣维等，2015：180）。说话人在允许其他观点存在的同时仍坚持自己所陈述的观点和立场，取向十分明确。其介入内容是对牧民控制狼和马的数量这一事件的消极判断，但是这种平衡控制是为了保持草原蒙古马的质量，其出发点是"人本位"，而不是维持生态系统中自然的优胜劣汰。说话人从"自然本位"出发对此生态破坏性事件进行消极评价，因此属于生态有益性介入。但是，本例中的介入来源为个人，因此影响范围较小，在一定程度上降低了介入方式的生态有益性。

例 88.（宣称：断言）I contend, furthermore, that we have allowed these chemicals to be used with little or no advance investigation of their effect on soil, water, wildlife, and man himself.[71]

例 88 涉及人与自然之间的关系，属于自然生态系统。从词汇–语法层面来看，I contend 属于压缩借言介入方式中的断言，指说话人"强调、明确干预或改变某种认识"（彭宣维等，2015：200）。这种介入方式虽然允许其他观点的存在，但是说话人更强调自己的主观观点和主体立场，取向十分明确。其介入内容是对人类在允许使用化学物质前对其影响调查状况的判断，判断标准是从"自然本位"出发，关注化学物质对土壤、水、野生动物和人类自身的影响，属于生态有益性判断。由此，该例中的介入方式属于生态有益性介入，说话人在主观上正确认识

70　选自《狼图腾》一书中的第二十五章。

71　选自 Silent Spring 一书中的第二章。

第 5 章　生态话语分析的理论基础：人际功能

到化学物质可能会对自然生态造成的破坏。但是，本例中的介入来源为个人，影响范围较小，在一定程度上降低了介入方式的生态有益性。

2）扩展

例 89.（引发：绝对引发）世界各国也在积极地向中国伸出援手。正如中国领导人提出的构建"人类命运共同体"思想，在挑战面前，各国间的互助与合作**显得**尤为重要。[72]

例 89 涉及国家与国家之间的关系，属于社会生态系统。其中"显得"属于扩展借言介入方式中的绝对引发，为可能存在的其他声音保留了很大空间，此时说话人自身立场中立、取向有所保留。其介入内容是对疫情期间各国间的互助与合作价值的积极鉴赏，有利于国际社会生态系统的和谐稳定，是说话人从"义本位"出发进行的生态有益性鉴赏。本例的介入来源是个人，对评价的生态取向程度影响不大。说话人一方面肯定各国间的互助与合作；另一方面为其他国际声音提供话语协商空间，有利于生态有益性人际关系的建构，属于生态有益性介入。

例 90.（摘引：承认）**The Chinese government staunchly maintains** large areas of the South China Sea have been part of the country's territory "since ancient times".[73]

例 90 涉及国家领土主权问题，属于社会生态系统。其中 The Chinese government staunchly maintains 属于扩展借言介入方式中的承认，说话人虽然摘引、陈述他人的观点，但其自身立场中立，取向有所保留。其介入内容是中国对南海主权问题的坚定看法，符合南海自古以来就是中国领土的历史事实。说话人对此事实内容进行了保留取向的介入，说明其对此立场没有完全支持，允许其他非事实立场的存在，属于生态模糊性介入。

72　选自《韩国记协前会长撰文：中国一定会战胜疫情》，人民网，2020 年 2 月 17 日。
73　选自 "'Leave immediately': US Navy plane warned over South China Sea"，CNN，2018 年 8 月 10 日。

5.3.3 级差系统

在评价系统中,级差意义用来衡量说话人表达态度与选择介入时的程度或等级(刘世生、刘立华,2012)。级差系统分为聚焦和语势两种(Martin & White,2005),前者涉及对评价对象聚焦原型程度的衡量,后者涉及对强度或数量的度量。由于介入系统已存在对介入程度的衡量,即介入取向为明确或保留,因此级差意义更加聚焦对态度投入程度的衡量。

何伟、马子杰(2020)以国际生态话语分析为例,在原级差系统的基础上对级差种类进行细化,并增加级差取向、级差参考两个维度,构建了生态语言学视角下的级差系统。此外,与生态语言学视角下的态度系统与介入系统类似,对级差意义生态取向的分析仍需要在"多元和谐,交互共生"生态哲学观的指导下,以确定的自然或社会生态系统类型作为语境背景。由此,生态语言学视角下的级差系统如图5-15所示。

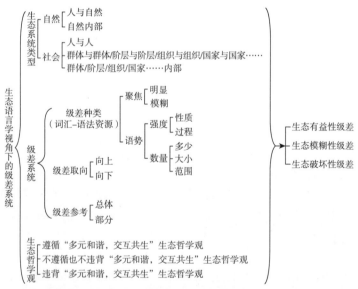

图5-15 生态语言学视角下的级差系统(根据何伟、马子杰,2020:59)

(1)聚焦指衡量说话人对事物或事件的评价与其原型的相似程度。

第 5 章 生态话语分析的理论基础：人际功能

当评价对象与原型相似程度较高时，属于明显聚焦，常见表达有"真正""完全""纯正""正宗"、real、true、pure 等；当评价对象与原型相似程度较低、仅具备原型的边缘特征时，属于模糊聚焦，常见表达有"算是""……之类的""在一定程度上"、sort of、kind of、to a degree 等。值得注意的是，当聚焦程度趋于模糊的极端时，表明评价对象具有独特性（specificity, Hood & Martin, 2007；彭宣维等，2015），常见表达有"特别""尤其"、particularly、especially 等。

语势则是对评价强度或数量的衡量。强度指性质和过程的强度，体现在句法层面为"程度调节词 + 形容词 / 副词"的性质词组，例如"有点意外""相当贵重"、extremely clear、a little bit hard 等；或者是表达因"速度、频率、力度或方式等"（彭宣维等，2015：288）的不同而强度不同的活动或动作，例如"径直（走）""慢慢地（爬行）"、amble、walk、stride 等。数量则指对评价对象数目多少、体积大小以及时空范围的衡量。

（2）在原级差系统（Martin & White, 2005）中，根据程度大小，聚焦被分为锐化（sharpen）聚焦和柔化（soften）聚焦，语势被分为强势语势和弱势语势。何中清（2011）将这两种程度分类统称为提升（up-scale）和降低（down-scale），何伟、马子杰（2020）进一步将二者定义为"级差取向"，分为向上定位取向和向下定位取向。从生态语言学视角看，向上定位取向的态度意义投入程度较大，能够在一定程度上增加其生态有益性、模糊性或破坏性；向下定位取向的态度意义投入程度较小，此时态度意义的生态性程度有所降低。

（3）由于级差本身涉及衡量，因此在衡量过程中会产生衡量对象与其所属整体的对照情况，何伟、马子杰（2020：59）将这一维度定义为"级差参考"。说话人所选择的衡量对象可能代表其所属的"总体"，也可能代表其所属的"部分"，前者比后者更具有代表性。从生态语言学视角看，当级差参考越代表总体时，说话人所衡量的对象越具有代表性，态度意义的生态性程度也就更高。

综上所述，当说话人在遵循生态哲学观的态度基础上增加级差意义时，属于生态有益性级差，且在通常情况下，向上取向比向下取向的有益性程度更高，级差参考代表总体时比代表部分时有益性程度更高；当说话人在违背生态哲学观的态度基础上增加级差意义时，属于生态破坏性级差，且在通常情况下，向上取向比向下取向的破坏性程度更高，级差参考代表总体时比代表部分时破坏性程度更高；当说话人对既不遵循也不违背生态哲学观的观点表达任一取向的级差时，则属于生态模糊性级差。

以下为聚焦和语势生态取向分析示例：

1. 聚焦

例91. 中国没有竞争选拔人才的科学民主机制，耿直的优秀人才总被压在下面，这位中国少有的狼专家和草原专家就这么被彻底埋没了。我看，体制黄沙比草原黄沙更可怕，它才是草原沙尘暴的**真正**源头之一。[74]

例91语段既涉及人与自然的关系，也涉及人与人的关系，融合了自然生态系统和社会生态系统。从词汇-语法层面来看，"真正"属于级差系统中的明显聚焦，表达说话人认为体制上的问题更接近草原沙尘暴的源头之一。说话人从"自然本位"和"义本位"出发，对草原沙尘暴的源头进行判断，认为选拔人才需要科学民主机制，才能更有利于草原沙尘暴的治理，对自然生态环境起到积极的保护作用，符合"多元和谐，交互共生"生态哲学观。并且，该级差词汇为向上取向的，态度意义投入程度较大，能够在一定程度上增加说话人态度的生态有益性。由此，说话人对生态有益性态度表达了向上取向的级差，属于生态有益性级差。除此之外，说话人所选择的级差衡量对象为草原沙尘暴，实质上也代表了我国整个的自然生态环境状况，级差参考为总体，更增加了态度意义的生态有益性程度。

例92. Those who find an answer to all problems in spraying also overlook a matter of great scientific importance—the need to preserve some natural plant communities. We need these as a standard against which we can measure the changes our own activities bring about. We need them as wild habitats in which original populations of insects and other organisms can be maintained,

---

[74] 选自《狼图腾》一书中的尾声部分。

第 5 章 生态话语分析的理论基础：人际功能

for, as will be explained in Chapter 16, the development of resistance to insecticides is changing the genetic factors of insects and perhaps other organisms. One scientist has even suggested that some **sort of** "zoo" should be established to preserve insects, mites, and the like, before their genetic composition is further changed.[75]

例 92 涉及人与动植物之间的关系，属于自然生态系统。其中 sort of 属于模糊聚焦的级差方式，表明说话人所提到的 zoo 仅具备动物园的一些特征，比如将动物围在一定区域进行饲养等，但与真实的动物园并不相同，比如不能将昆虫、螨虫等向公众开放参观。动物园的基本功能是对野生动物的综合保护和对公众的动物保护教育[76]，遵循生态哲学观。从本例的语境来看，说话人意图用类似于"动物园"的方式保留昆虫种类，使其不因杀虫剂的喷洒而全部灭绝，从而破坏生态平衡，产生一系列严重后果。由此，说话人虽表达模糊聚焦的级差意义，但其是从"自然本位"出发，为生态系统的改善提供方法，属于生态有益性聚焦。

例 93. 跨国企业在中国的发展，无疑会**在一定程度上**为中国的经济发展做出正面贡献。比如，可口可乐在中国的投资总额超过 10 亿美元，聘用两万员工，每年上缴税款超过 16 亿元人民币；壳牌目前在华投资总额超过 16 亿美元，员工总数 1300 人，95%以上为中国公民。[77]

例 93 涉及国家与国家之间的关系，属于社会生态系统。其中"在一定程度上"是属于模糊聚焦的级差方式，在对"跨国企业为中国经济发展做出正面贡献"这一积极价值鉴赏的基础上进行了向下取向的衡量。跨国企业的发展本身代表着国家与国家之间的经济合作，遵循"多元和谐，交互共生"生态哲学观。由此，说话人对生态有益性鉴赏表达向下取向的级差意义，属于生态有益性级差，但在一定程度上降低了其生态有益性程度。

例 94. The World Tourism Organization, the specialized United Nations agency for tourism, also expressed its solidarity with China and its confidence

---

75 选自 *Silent Spring* 一书中的第六章。
76 选自百度百科词条"动物园"。
77 选自《让世界变得更美好》，人民网，2003 年 10 月 23 日。

in the resilience of China's tourism industry. It said in a statement Friday that China has emerged as a "**true** global tourism leader" both as a source market and as a leading destination in itself.[78]

例 94 语段涉及国家与国际组织之间的关系，属于社会生态系统。其中 true 属于明显聚焦的级差方式，表明说话人认为"中国"与"全球旅游领导者"之间有更多相似性，即中国非常符合"全球旅游领导者"这一评价。在疫情期间，中国经济在某些方面可能受到影响，但是世界旅游组织仍然在可靠性方面对中国进行了积极的社会评判，对中国的经济及旅游业的恢复表达了极大的信任，体现了说话人出自道义的判断标准，属于生态有益性判断。由此，说话人对生态有益性判断表达了向上取向的级差，属于生态有益性级差。并且，说话人的级差对象为中国旅游业，但实际上反映着中国经济的总体发展，更增强了评价意义的生态有益性程度。

2. 语势

例 95.（强度：过程）在 1957 年在路易斯安那州的农田里大规模使用七氯后，其结果使甘蔗的一种最凶恶的敌人——甘蔗穿孔虫得到解放。在七氯处理过后不久，穿孔虫的危害就**急骤**增长起来了。旨在消灭火蚁的七氯却把穿孔虫的天敌们杀掉了。[79]

例 95 语段涉及人与自然之间以及自然内部不同生物之间的关系，属于自然生态系统。其中"急骤"属于语势级差中表达过程强度的方式，为向上取向。喷洒消灭火蚁的杀虫剂破坏了自然生态平衡，导致了穿孔虫的大量肆虐，更加破坏了生态环境，违背了生态哲学观。说话人对使用七氯后穿孔虫的危害发展程度进行判断，且使用向上取向的级差手段描绘杀虫剂巨大的破坏作用，表达其对此做法的谴责，为生态有益性级差。并且，说话人的级差对象为穿孔虫的危害，实际上代表杀虫剂所造成的全部危害，属于总体级差参考，加强了态度意义的生态有益性。

---

78 选自"IMF: Chinese economy 'resilient'"，*China Daily*，2020 年 2 月 4 日。
79 选自《寂静的春天》一书中的第十五章。

第 5 章 生态话语分析的理论基础：人际功能

例 96.（数量：大小）This **small** lake was of **most** value as a neighbor in the intervals of a gentle rain-storm in August, when, both air and water being perfectly still, but the sky overcast, mid-afternoon had all the serenity of evening, and the wood thrush sang around, ad was heard from shore to shore.[80]

例 96 涉及人与自然的关系，属于自然生态系统。其中 small 用来描写湖的面积大小，属于语势级差中的数量类别，为向下取向；most 用来描写湖的价值大小，属于语势级差中的强度类别，为向上取向。说话人认为，虽然湖的面积较小，但因其陪伴仍感到非常的珍贵，这两种级差意义形成对比，规避了"越多越好""越快愈好"的增长主义思想，表达说话人对自然资源的保护和对自然的喜爱，有利于人与自然之间和谐共处的关系。因此，二者在本例中的结合应用属于生态有益性级差。

例 97.（数量：多少、范围）这是一条以发展为要务的道路。中国坚定不移贯彻创新、协调、绿色、开放、共享的发展理念，不断壮大经济实力，过去 5 年国内生产总值由 54 万亿元增加到 82.7 万亿元。中国切实落实 2030 年可持续发展议程，解决 13 亿多人的温饱，减少 7 亿多贫困人口，为 7.7 亿人提供就业。仅过去 5 年就减贫 6800 多万人，并将确保到 2020 年中国现行标准下的农村贫困人口实现脱贫。[81]

例 97 涉及国家内部各要素之间的关系，属于社会生态系统。从词汇-语法层面上来看，说话人多次使用的具体数字属于语势级差中对数量多少以及时间范围大小的衡量，也就是对价值鉴赏方面的衡量。其中数量多少方面属于向上取向，时间范围大小方面属于向下取向，这使中国人民能够更清晰地了解我国在短时间内，在经济发展方面取得的成效大小，有利于国民的心理稳定以及国家生态系统的良性发展。由此，说话人对生态有益性鉴赏表达向上取向的级差，属于生态有益性级差。并且，说话人所使用的级差对象为国内生产总值、就业、脱贫等，实际上都代表中国总体的经济实力，更增加了鉴赏意义的生态有益性程度。

80　选自 *Walden* 一书中的 "Where I lived, and what I lived for" 一章。
81　选自《中国国家人权报告 2013—2018》，搜狐网，2018 年 10 月 22 日。

例 98.（强度：过程）The world's two largest economies have slapped tit-for-tat tariffs on hundreds of billions of dollars of goods, **slowing** global economic growth, skewing supply chains and disrupting manufacturing.[82]

例 98 涉及国家与国家之间的关系，属于社会生态系统。其中 slowing 属于语势级差中表达过程强度的词汇，为向下取向。中美两国间的贸易问题不仅对两国及二者之间关系有不良影响，更不利于整个国际社会生态系统的稳定发展，违背了生态哲学观，属于生态破坏性事件。global economic growth 本身是对国际社会利好的积极现象，加上向下取向的级差后，表达说话人对中美两国贸易问题进行了消极鉴赏，即"降低了全球经济增长速度"。由此，说话人对生态破坏性事件进行了消极鉴赏，属于生态有益性鉴赏，其中对过程强度向下取向的表达，也正确地揭示了中美两国贸易争端所造成的消极影响，属于生态有益性级差。此外，说话人的衡量对象为世界经济，实际上代表国际社会各个方面的发展都会受到消极影响，更增加了该评价的生态有益性程度。

5.3.4 案例分析

案例 1：选自乙肝病毒携带者雷闯的演讲《一亿分之一的力量》

[1] 因为这样的歧视，其实也发生了**恶性的**[鉴赏：价值] 杀人事件。[2] 在 2003 年的时候，我后来**查资料发现**[介入：借言-压缩-宣称-同意]，我的一个校友叫周一超，他**成功地**[判断：社会评判] 考取了嘉兴市的公务员，但是**很**[级差：强度] **遗憾**[情感：不满足] 他是乙肝病毒携带者，他被拒绝了。[3] 他**觉得**[借言：扩展-摘引-承认] **非常的**[级差：强度] **不公平**[判断：社会制约-正当性]，为什么乙肝病毒携带者就不能考公务员，他拿刀冲到了政府部门，杀害了两名公务员，一死一伤……[4] 当时**可能很多人都会在说**[借言：扩展-摘引-承认]，周一超杀人是**不对的**[判断：社会制约-正当性]。[5] 但我在思考，

---

82 选自 "Exclusive: U.S., China sketch outlines of deal to end trade war—sources", *New York Times*, 2019 年 2 月 21 日。

第 5 章　生态话语分析的理论基础：人际功能

如果给乙肝携带者**平等的** [**判断：社会制约-正当性**] 就业机会，如果我们去反思，这个杀人背后**不合理** [**判断：社会制约-正当性**] 的制度，**可能**就不会有这样的一些悲剧发生了 [**介入：借言-扩展-绝对引发**]。

案例 1 选自亿友公益发起人、乙肝病毒携带者雷闯的演讲。乙肝病毒具有一定的传染性，但传染途径并不普遍，通常仅通过母婴传播、血液传播或传染给免疫功能低下的人。但由于人们目前对于乙肝病毒传播方式的认识不足，态度过于防备，许多行业限制乙肝病毒携带者工作，以至于许多人才失去了良好的就业机会。演讲内容为一个乙肝病毒携带者由于失去工作机会而走向歧途的真实案例，涉及乙肝病毒携带者与社会制度之间、与普通人之间的关系，属于社会生态系统。

在第一句中，说话人用"恶性的"一词对"杀人事件"进行了消极的价值鉴赏，由于该事件既违反了法律，也违背了社会公德和社会道义，说话人对违背生态哲学观的对象做出消极鉴赏，有利于人们正确认识杀人事件的性质，对社会生态系统有序、和谐发展有积极作用，属于**生态有益性鉴赏**。

在第二句中，"我后来查资料发现"属于宣称压缩的借言介入方式，即说话人承认其他观点存在，但明确坚持自己发出的观点。介入来源是已经经过证实的非个人集体，说话人用证据性的材料来证明"周一超杀人事件"的真实性和客观性，属于**生态有益性介入**。在介入内容中，"成功地"一词是说话人对周一超能力的积极判断，表达说话人的认可和肯定，与后面描述结果的"不成功"形成鲜明对比。接着，说话人用"遗憾"对"他被拒绝了"这一结果表达不满足、不满意的消极情感，从道义出发为周一超成功考取但却被拒绝而打抱不平。由于乙肝病毒携带者的身份而被工作拒绝，这一事件是社会对疾病的歧视、偏见和不公正对待，不利于社会生态系统的良性发展。说话人从"义本位"出发，对违背生态哲学观的事件表达消极情感，属于**生态有益性情感**。并且，说话人用"很"在此情感态度的基础上增加表达向上强度的级差意义，增强了说话人情感的生态有益性程度，属于**生态有益性级差**。

在第三句中，"不公平"一词表达说话人对事件正当性的消极判断，周一超认为"乙肝病毒携带者不能考取公务员"这一现象不符合社会常规，其不仅是从保障自己的权益出发，更是从保障以其为代表的乙肝病毒携带者团体的权益出发，属于"义本位"出发的判断标准。此事件本身带有社会对疾病的歧视意义，不利于社会生态系统的和谐发展，说话人对生态破坏性事件表达消极判断，属于**生态有益性判断**。说话人还用"非常的"一词表达向上的强度语势，更增加了其生态有益性，属于**生态有益性级差**。此外，说话人用摘引扩展的借言介入方式，假借周一超的立场发出评价，即用"他觉得"表达说话人承认他人的观点，但是自己持中立立场、保留的取向。由此，说话人对生态有益性事件表达保留取向的介入，属于**生态模糊性介入**。

在第四句中，"不对的"与第一句中"恶性的"一词判断相同，都属于从"义本位"出发对事件正当性进行的**生态有益性判断**。说话人摘引他人的观点陈述"周一超杀人是不对的"这一观点，自己持中立立场、保留取向，属于**生态模糊性介入**。说话人自己对此事保留的观点体现在第五句中，其中"平等的""不合理的"都是从社会道德观念和社会公德标准对事件进行的判断，与第一句中"恶性的"一词判断相似，说话人从"义本位"出发，认为乙肝病毒携带者应该享有与常人平等的就业机会，这有利于社会生态系统内部的良性发展；而造成这种悲剧的缘由来源于公众的偏见，这种对疾病的歧视不利于社会生态系统的和谐与稳定。由此，说话人分别对生态有益性事件进行了积极判断，对生态破坏性事件进行了消极判断，都属于**生态有益性判断**。此外，说话人用"我在思考""如果""可能"等词汇－语法手段，表明介入来源是个人，仅代表说话人自身的观点，且对异于其观点的声音提供了存在的可能性，属于扩展借言方式中的绝对引发。这在一定程度上降低了介入内容的生态有益性，但其保留的协商话语空间有利于建立良好的人际关系，故此介入方式为程度较低的生态有益性介入。

综上，在本段演讲中，共有五次生态有益性态度、两次生态有益性介入、两次生态模糊性介入、两次生态有益性级差，表明说话人一方面对周一超自身能力的肯定，并从社会公义角度出发多次对其受到的不公正待遇进行判断；另一方面也并未忽视从国家法律法规角度对其违法行为进行谴责，对疾病歧视现象所造成的恶劣后果进行客观评价。此外，说话人在介入评价内容时，多用较为保留的取向，一方面保证了某些介入内容的客观性，一方面为异于其观点的声音提供了话语空间，虽然在

第 5 章　生态话语分析的理论基础：人际功能

一定程度上降低了介入内容的生态有益性，但有利于说话人与听话人之间生态有益性人际关系的建立和维持。

案例 2：选自 *The Call of the Wild*

He started to sleep out in the forest at night, sometimes staying out for three or four days. Once he was away for a week, fishing and killing animals for food. He ate well, and he grew **stronger** [判断：能力性] and **quicker**[判断：能力性] and more **alive** [判断：态势性]. His **golden-brown** [鉴赏：反应] coat shone **with health** [判断：能力性] as he ran through the forest, learning its every secret, every smell, and every sound. "He's the **finest** [判断：能力性][鉴赏：价值] dog that I've ever seen," **said Thornton to his friends** [借言：扩展-摘引-承认] one day as they watched Buck walking out of camp…After a few hundred meters he found the dead body of Blackie, with an arrow through his side. Then he found another sledge—dog, dying, with an arrow in his neck. Buck was near the camp now, and he could hear voices singing. Then he saw the body of Hans, lying on his face, with ten or fifteen arrows in his back. Buck was suddenly filled **with a wild, burning anger** [情感：不满足].

案例 2 选自《野性的呼唤》最后一章"野性的呼唤"。Buck 跟随恩主 Thornton 一行人走上了淘金之路，在扎营休息期间，Buck 经常有机会去森林中享受自由的生存方式，其身体状态越来越好，也逐渐找回了自己的野性。本案例涉及动物与自然环境之间、人与动物之间的关系，属于自然生态系统。

首先，说话人用 stronger、quicker、alive、golden-brown 以及 with health 这五个词汇－语法手段对主人公 Buck 进行评价，其中 stronger、quicker、with health 属于对其能力性的积极判断，表明 Buck 在身体状况、敏捷程度方面都有很大提升；alive 属于对其态势性的积极判断，表明 Buck 的状态比往常更加活跃、有活力；golden-brown 属于鉴赏系统中的反应类别，表明说话人对 Buck 外形的积极鉴赏。以上评价产生的背景为 Buck 在森林中的时间越来越长，并开始以钓鱼和捕杀猎物作为食物。说话人从"自然本位"出发，对动物回归属于自身的生存环境后能力、状态等所发生的变化进行积极评价，遵循"多元和谐，交互共生"生态哲学观，属于生态有益性态度。

其次，作者假借 Buck 的主人 Thornton 的立场陈述观点，评价 Buck 为 the finest dog，其中 finest 既是对 Buck 能力的积极判断，也是对其价值的积极鉴赏。这两方面均为从"人本位"角度发出的评价，表明主人一方面称赞、认可 Buck 的能力，另一方面也在乎其为自己产生的价值，属于生态模糊性态度。并且，说话人虽承认这一观点，但自己持中立立场、保留的取向，属于生态模糊性介入。

最后，说话人用 with a wild, burning anger 表达 Buck 看到 Thornton 与同伴都被杀死的场景后极度气愤的消极情感。Buck 与 Thornton 等人之间已经建立了深厚的情谊，且 Thornton 曾对 Buck 有救命之恩，此处赋予了 Buck 主观能动性较强的角色，其情感缘起不再是"人本位"或"自然本位"，而是"义本位"。Thornton 等人被淘金的竞争对手杀死，这一事件违背了"多元和谐，交互共生"生态哲学观，说话人对此生态破坏性事件表达消极情感，属于生态有益性情感。

综上，说话人首先用生态有益性判断、生态有益性鉴赏等词汇-语法手段表达动物与自然环境的相互依存关系，其次用生态模糊性判断、生态模糊性鉴赏、生态模糊性介入等词汇-语法手段表现人类对动物的复杂情感，最后用生态有益性情感表达动物与人之间和谐共处的关系。总体来看，其评价意义的取向为生态有益性，对自然生态系统中各要素的和谐共生、良性发展有积极的推动作用。

5.4 人际功能理论在生态话语分析中的应用

5.4.1 案例分析一：中文语篇[83]

[1] 国家林业和草原局野生动植物保护司副司长王维胜**说 [借言介入：扩展-摘引-承认]**，由于极少数人抱有"野味"滋补、猎奇炫耀等

---

83 本篇选自《从管住嘴巴做起——写在世界野生动物日》，新华网，2020 年 3 月 3 日。

第 5 章　生态话语分析的理论基础：人际功能

不健康的 [鉴赏：价值] 饮食观念，缺乏保护意识和卫生安全防范意识，不惜高价追逐"野味"，助长了对野生动物的**不正常** [判断：社会评判-态势性] 需求。此外，违法猎捕经营野生动物**能够** [未然语势：情态-或然] 牟取暴利、不少野生动物未纳入管理范围、基层保护执法力量**严重** [级差：语势-性质强度] **不足** [判断：社会评判-能力性] 等，也是野生动物违法屡禁不绝的重要原因。

[2] 十三届全国人大常委会第十六次会议 2 月 24 日通过决定，以**更加严厉的** [级差：语势-过程强度] 惩处，**全面** [级差：语势-数量-范围] 禁止非法野生动物交易，革除滥食野生动物陋习。

[3] 这一决定得到了广大群众的认同。

[4] "作为一个年轻人，我支持禁食'野味'的决定。"南宁市市民韦明**表示** [借言介入：扩展-摘引-承认]，一些人聚会吃饭**喜欢** [情感：渴望/不渴望] 点"野味"充场面，认为"**大补**" [鉴赏：价值]，其实**不然** [借言介入：压缩-否认-否定]。禁食举措有助于促进人与自然和谐相处 [鉴赏：价值]。

[5] **在 30 岁的广州市民谢晓华看来** [借言介入：扩展-摘引-承认]，以立法的形式禁止滥食野生动物，一方面有利于**保护野生动物** [鉴赏：价值]，另一方面也有益于革除饮食陋习，守护人民群众生命健康安全 [鉴赏：价值]。

[6] "我自己从来不吃野生动物，也会劝告亲人**不要** [未然语势：意志-义务] 食用野生动物。无论从营养还是口感来说，食用经过严格检验检疫的家禽家畜，完全**可以** [未然语势：情态-能力] 满足口腹之欲，没必要冒风险去食用野生动物。"谢晓华**说** [借言介入：扩展-摘引-承认]。

[7] **她说** [借言介入：扩展-摘引-承认]，虽然现在确立了全面禁止食用野生动物制度，但到底哪些是野生动物，不少人还是"傻傻分不清楚"。比如目前已有一定养殖规模的竹鼠算不算"野味"？ [疑问语气] 建议对野生动物的概念、分类进一步明确，同时加大面向社会公众科普。

[8] 国务院发展研究中心资源与环境政策研究所副所长常纪文**说** [借言介入：扩展-摘引-承认]，竹鼠属于国家保护的"有重要生态、科

学、社会价值的陆生野生动物",按照决定要求,无论是野生还是人工繁育饲养的都**不能** [未然语势:意志-允许] 再吃了。他认为 [借言介入:扩展-摘引-承认] 一些不常见常食的野生动物也尽量**不要** [未然语势:意志-义务] 再吃,**不仅有害生态,也不利于公共卫生安全** [鉴赏:价值]。

[9] 此外,对于鸽、兔等人工养殖、利用时间长、技术成熟,人民群众已广泛接受的人工饲养的动物,决定规定,列入畜禽遗传资源目录的动物,属于家畜家禽,适用畜牧法的规定。还有哪些陆生野生动物符合列入畜禽遗传资源目录的要求? [疑问语气]

[10] 农业农村部有关负责人日前**表示** [借言介入:扩展-摘引-承认],目前已基本摸清了我国畜禽遗传资源的家底,起草制定了畜禽遗传资源目录,争取尽快报国务院批准后公布。

  本语篇主要涉及人与野生动物之间的关系,属于自然生态系统。从语气类别来看,语篇多使用陈述语气,给予听话人有关野生动物保护现存问题、民众认识、专家解读以及国家相关法律法规等符合生态哲学观的有益性信息,对违背生态哲学观的破坏性信息也给予了否定的介入和消极的判断。在第 7 段和第 9 段中,市民用两个疑问语气表达对野生动物相关信息的寻求,此处市民在一定程度上代表广大人民,属于社会性群体角色,对信息及服务的寻求都是为了能够了解野生动物,从而更好地对其进行保护,对自然生态系统的良性发展起到积极的推动作用,因此属于生态有益性疑问语气。

  从内在语势角度来看,在第 1 段中,说话人用"能够"一词表达对"违法捕猎经营野生动物牟取暴利"这一命题实现可能性的判断。命题本身违反法律,是人们从"人本位""利本位"出发破坏自然生态系统的平衡,违背了生态哲学观,属于生态破坏性命题。单从小句来看,说话人对生态破坏性命题表达"有可能实现"的态度,属于生态破坏性内在语势。并且,"能够"一词的量值较高,更增加了命题的生态破坏性程度。然而,结合语境来看,说话人将此生态破坏性事件定义为"野生动物违法屡禁不绝的重要原因",即说话人用陈述语气传递给听话人当前野生动物管理的问题所在,这一信息是从遵循生态哲学观的角度出发

第 5 章 生态话语分析的理论基础：人际功能

的，属于生态有益性信息，整句话属于生态有益性陈述语气。第 6 段与第 8 段中的"不要"都属于表达义务的未然语势，说话人要求、建议听话人或第三方实现"不食用野生动物"这一生态有益性命题，属于生态有益性内在语势。此外在第 6 段中，说话人用"可以"表达对"经过严格检验检疫的家禽家畜满足口腹之欲"这一命题实现能力的判断，由于野生动物没有通过检验检疫，食用野生动物不仅破坏自然生态系统，也对食用者的身体造成不良影响，但普通家禽家畜是可以正常食用的，因此命题本身符合生态哲学观，属于生态有益性命题。说话人对此命题表达肯定的、隐性客观的能力判断，属于生态有益性内在语势。在第 8 段中，说话人借用专业人士的话语，用"不能"表达不允许说话人听话人双方实现"食用竹鼠"这一生态破坏性命题，"按照决定要求"属于显性客观表达方式，体现话语发出者较为权威的地位，能够更好地制止生态破坏性行为，因此属于生态有益性内在语势。

从评价意义来看，首先，语篇作者分别摘引了三位专业人士、三位市民的观点，属于扩展借言中的承认，其自身持中立立场、保留取向。前者的介入内容涉及对野生动物的正确认识以及保护野生动物的国家相关法律规定，遵循生态哲学观。介入来源则为代表国家野生动植物保护部门、资源与环境研究部门以及农业部门，属于非个人类，这种介入方式能够增强介入内容的客观性和权威性，使介入内容的生态有益性程度更高，属于生态有益性介入。后者的介入内容涉及对"禁食野味"这一事件的态度、认识及做法，介入来源虽仅代表个人，但是三位市民均对此事表达支持态度，遵循生态哲学观。说话人使用保留取向的介入方式，为与市民不同观点的声音保留话语空间，有利于与听话人之间建立良好的人际关系，属于生态有益性介入。其次，从表 5-5 态度意义生态取向分析来看，说话人虽然两次对"食用野味"这一生态破坏性事件表达积极鉴赏和积极情感，但其表达的是"一些人"的生态破坏性态度，说话人则在语境中对这种态度给予否定介入，明确反对这种生态破坏性态度，例如第 4 段中的"其实不然"，属于生态有益性介入。说话人还从"自然本位"出发对吃野味、野味滋补的饮食观念进行消极鉴赏，对禁食举措进行积极鉴赏，既有利于自然生态系统的良性发展，也有利于公共卫生安全，属于生态有益性鉴赏。在第 1 段中，说话人从"自然本位"出发,对人们之于野生动物需求这一事件的态势性进行了消极判断,认为这种需求是不正常的,这种对生态破坏性事件的消极判断属于生态有益性判断。此外,说话人还从"自然本位"出发对基层保护执法的能力性进行了消极判断,认为这种能力的不足是野生动物违法屡禁不绝的重要原因,还在此基础上增加了表达向上取向的强度语势,属于生态有益性判断。最后,从级差意义来看,在第 2 段中,"严厉的"属于向上取向的强度语势,"全面"属于向上取向的数量语势,二者表达禁止野生动物非法交易的力度和范围,这一事件本身有助于保护自然生态系统,属于生态有益性事件,两个级差意义的表达更增加了其生态有益性。

表 5-5 中文语篇态度意义生态取向分析

态度类别		评价内容	态度取向	鉴赏对象/判断标准/情感缘起	生态取向
鉴赏	价值	"野味"滋补的饮食观念	消极	自然本位	有益性
		吃野味	积极	人本位	破坏性
			消极	自然本位	有益性
		禁食举措(3 次)	积极	自然本位	有益性
判断	态势性	对野生动物的需求	消极	自然本位	有益性
	能力性	基层保护	消极	自然本位	有益性
情感	渴望/不渴望	点"野味"充场面	积极	人本位	破坏性

综上,无论是从文章作者的立场,还是从专家、市民的立场来看,话语都表达了对食用野生动物的抵制和对保护野生动物的支持,不仅对野味使用者、崇尚者表达了消极的态度,还积极地向国家法律制度建言献策,有利于野生动物保护逐步从制度走向公众行动,最终建立人与自然之间的和谐关系、促进自然生态系统的良性发展。

5.4.2 案例分析二：英文语篇[84]

[1] China **is willing to** [未然语势：意志-意愿][情感：渴望/不渴望] maintain **close** [级差：语势-强度] communications with Japan and make **all-around** [级差：语势-数量-范围] preparations to create **favorable** [鉴赏：价值] conditions and a **good** [鉴赏：反应] atmosphere for President Xi Jinping's state visit, a spokesman for the Foreign Ministry **said** [借言介入：扩展-摘引-承认] on Monday.

[2] Zhao Lijian, the ministry spokesman, made the remark when asked whether Beijing and Tokyo had reached agreement over the visit, scheduled to take place during spring this year.

[3] "Now the China-Japan relationship has maintained the **positive** [鉴赏：价值] momentum of development. Xi's state visit to Japan **will** [未然语势：情态-能力] be of great **significance** [鉴赏：价值]," Zhao said, adding that the two sides are maintaining **close** [级差：语势-强度] communication.

[4] **According to the spokesman** [借言介入：扩展摘引-承认], China stands ready to work with Japan in implementing the **important** [鉴赏：价值] consensus reached between the leaders of both countries, respecting each other and seeking common ground while reserving differences.

[5] The two sides **will** [未然语势：情态-能力] jointly promote the building of a China-Japan relationship that meets the requirements of the new era, he **said** [借言介入：扩展-摘引-承认].

[6] Zhao also **said** [借言介入：扩展-摘引-承认] that as they face the novel coronavirus pneumonia epidemic, China and Japan have stood together and provided mutual assistance amid the difficulties, which has injected new impetus into the friendship between the two countries.

[7] Last year, Xi accepted in principle Japanese Prime Minister Shinzo Abe's invitation, made during their meeting in Osaka on the sidelines of the

---

84 选自"China, Japan in close contact over Xi's planned visit", *China Daily*, 2020 年 3 月 3 日。

G20 Summit, to pay a state visit to Japan in the spring. It will be the **first** [级差：语势–数量] state visit to Japan by a Chinese president since 2008.

[8] Yang Jiechi, a member of the Political Bureau of the Communist Party of China Central Committee and director of the Office of the Foreign Affairs Commission of the CPC Central Committee, ended a two-day visit to Japan on Saturday.

[9] When meeting with Yang, Abe said that Xi's visit is **extremely** [级差：语势–性质强度] **important** [鉴赏：价值] and the Japanese side will be **well-prepared** [判断：可靠性] to ensure that it **will** [未然语势：情态–必然] be a complete **success** [鉴赏：价值].

[10] In 2018, Abe made an official visit to China, the first of its kind by a Japanese prime minister in **seven years** [级差：语势–数量–范围]. He paid another visit to China last December.

2019年6月27日，日本首相安倍晋三代表日本政府邀请习近平主席来年春天对日本进行国事访问，习主席原则上接受邀请。2020年2月28日，日本首相安倍晋三在东京会见中共中央政治局委员、中央外事工作委员会办公室主任杨洁篪，讨论习近平总书记对日本的访问前两国所做的相关准备。2020年3月5日，中国外交部发言人赵立坚在例行记者会上表示，习近平总书记对日本的国事访问受到疫情影响可能会推迟，但两国将会始终保持密切联系，确保此次国事访问在最适宜的时机、环境和氛围下实现并取得圆满成功。本语篇主要涉及国家与国家之间的关系，属于社会生态系统。从语气类别来看，语篇通篇使用陈述语气，给予听话人有关会谈前中日双方积极准备的相关信息。如表5-6所示，中国、日本及中日双方作为主语参与者角色交替出现，补语参与者角色也多为中日对双方会谈所表达的态度或所做的准备，表征在友好关系建立过程中中日双方的主观能动性都比较强，都持积极的态度且有实际举措。由此，说话人向听话人传递的信息有利于两国之间生态有益性人际关系的建立，也对国际社会生态系统的和谐发展起到积极作用，属于生态有益性陈述语气。

第5章 生态话语分析的理论基础：人际功能

表 5-6 英文语篇参与者角色涉及内容统计

言语目标物		出现次数（次）
主语参与者角色	与中国相关	4
	与日本相关	4
	与中日双方相关	7
补语参与者角色	与中日关系相关	6
	与中日会谈相关	7

从内在语势来看，第1段中的 is willing to 属于未然语势中的意愿类别，其所修饰的命题为"与日本保持密切联系"，这一命题内容能够为习近平主席的国事访问创造有利条件和良好氛围，有利于两国间建立良好的人际关系，符合生态哲学观，属于生态有益性命题。说话人用隐性客观的表达方式，以 China 作为主语参与者角色，对此命题的实现表达主观意愿或倾向，表达说话人客观地陈述了中国对此次会谈的积极态度，属于生态有益性未然语势。在第3段与第5段，说话人使用两个 will 分别表达习近平总书记对日本的国事访问能够产生具有重要意义的能力，以及中日双方能够共同推动建立新时代中日关系的能力。二者的话语发出者都为中国外交部发言人赵立坚，代表中国外交部和中国政府的观点和立场，属于社会性群体角色。两个命题内容都与中日会谈对两国关系产生的积极影响有关，说话人对生态有益性命题的实现能力进行肯定的预测，因此属于生态有益性内在语势。在第9段，说话人用 will 表达日本首相对于访问取得圆满成功的强烈意愿，这种意愿的表达建立在"日本将做好充分准备"的基础上，更增加了生态有益性命题实现的可能性，因此属于生态有益性内在语势。

从评价意义来看，首先，说话人多次摘引中国外交部发言人以及日本首相安倍晋三的观点，但对其观点保持中立的立场，这种保留取向的借言介入方式更能体现新闻的客观性，既不遵循也不违背生态哲学观，属于生态模糊性介入。其次，说话人从义本位出发，对与中日会谈相关的内容表达积极的态度，包括对中日会谈前所创造的条件、气氛的积极预测，对中日目前关系、中日会谈内容及其产生影响的积极鉴赏，对中国对会谈前所做准备的强烈意愿，以及日本对其会谈前准备可靠性的积极判断，如表 5-7 统计所示，都属于生态有益性态度。

表 5-7 英文语篇态度意义生态取向统计分析

态度类别		评价内容及出现次数	鉴赏/情感取向	鉴赏对象/情感缘起/判断标准
鉴赏	反应	中日会谈气氛（1 次）	积极	义本位
	价值	中日会谈前创造条件（1 次）		
		中日会谈内容（1 次）		
		中日会谈影响（3 次）		
		中日关系（1 次）		
情感	渴望	中日会谈前准备（1 次）		
判断	可靠性	日方会谈前准备（1 次）		

再次，该语篇中共有六次级差意义的体现。在第 1 段和第 3 段，说话人用 close 表达中日会谈前保持沟通的强度，属于向上取向的语势级差，中日两国间保持沟通为会谈创造良好的条件和气氛，有利于两国关系的进一步发展，属于生态有益性级差。此外，第 1 段中说话人用 all-around 在中日会谈前所做准备的基础上增加了向上取向的语势级差意义，评价会前准备的范围将是"全面的"，更增加了该命题的生态有益性程度。在第 7 段，说话人用 first 对"中国国家主席自 2008 年以来对日本进行国事访问"这一事件进行了数量上的衡量，更体现了此次中日会谈的特殊性和重大意义，增加了生态有益性程度。在第 9 段，说话人用 extremely 对习近平总书记对日本进行国事访问这一事件的重要性程度进行向上取向的衡量，表达日本政府对此生态有益性事件的重视程度，属于生态有益性级差。在第 10 段，说话人用 seven years 对"日本首相在 2018 年访华"这一事件进行时间范围上的衡量，体现出日本首相访华为两国关系开创了新的机会，有利于国际社会生态系统内部的良性发展，属于生态有益性级差。

综上，该语篇中的语气类别、内在语势意义及评价意义都体现了中日双方对于此次会谈的强烈意愿及重视程度，双方都为此进行了全面的准备，也充分意识到此次会谈对两国良好关系的建立具有积极的推动作用，对国际社会生态系统的内部和谐与整体发展也具有积极作用。

第 5 章　生态话语分析的理论基础：人际功能

5.5　结语

　　人际功能是指语言用来建立和维持人际关系的功能，主要由语气系统和评价系统表征，其中语气系统又分为语气类别系统与语气语势系统（包括内在语势和外在语势子系统）。从生态语言学视角看，判断语言人际功能的生态取向需要以"多元和谐，交互共生"生态哲学观为指导，结合经验意义的生态取向，从言语角色、言语动机、言语目标物的生态特征入手分析说话人所表达语气类别的生态取向，从内在语势的目标物、类别、量值及取向入手分析说话人对命题或提议的判断的生态取向，从态度、介入、级差手段的类别、缘起/标准/对象、取向等入手分析说话人所表达的评价意义的生态取向。继而在此基础上，判断说话人与听话人之间建立了何种人际关系，对自然或社会生态系统的发展又产生何种影响。

第 6 章
生态话语分析的理论基础：语篇功能

6.1 引言

语言具有组织和传递信息的功能。第 4 章与第 5 章提到小句具有表征世界经验事件与人际关系的功能。在本章，我们根据小句的信息特点，即通过某种组篇形式赋予事件要素以某种地位，从生态语言学视角对小句的语篇功能进行研究。生态语言学视角下的语篇功能是指小句具有将经验功能、人际功能等与语境关联起来，从组篇角度表征生态取向的功能，主要以小句的主位、衔接与连贯手段等方式体现。从生态语言学角度来看，主位的生态取向主要涉及小句语序配列中的生态因子，聚焦小句信息出发点的生态属性；衔接与连贯则主要聚焦在外部与内部衔接手段共同作用下形成的语篇连贯效果的生态属性。本章通过对上述两个子系统的构建与描述，从语篇功能角度来解读语言的组篇形式对自然及社会生态系统的影响。

6.2 生态语言学视角下的主位系统

小句是信息（message）的体现，由主位（Theme）和述位（Rheme）组成（Halliday，1994/2000；Matthiessen & Halliday，2009：65）。Halliday（1994/2000：37）将主位定义为"小句信息的出发点，是小句谈论的内容"，述位为"小句信息的剩余成分"，二者构成主位结构，反映小句的语篇意义。其中，主位是主位结构中的重要成分，是语篇功能的一个核心，根据功能意义可以分为经验主位（experiential Theme）、人际主位（interpersonal Theme）和语篇主位（textual Theme），根据构成可以分为简单主位（simple Theme）和多重主位（multiple Theme）（Halliday，1994/2000：39）。对于主位在小句中的具体划分，学界存在不同的看法。Halliday（1994/2000：53）认为简单主位包含且仅包含一个结构成分，即小句的第一个经验成分，一般由单词、词组、短语或小句充当，表达经验意义；多重主位则包含两个或以上的结构成分，指小句第一个经验主位及其前面的结构成分，即除了第一个经验成分外，还包括经验成分前面的人际成分和语篇成分，它们的顺序通常为"语篇主位-人际主位-经验主位"。与Halliday不同，Berry（1995）、Martin & Rose（2003，2007）、Thompson（2004/2008）、Fawcett（forthcoming）等学者均认为参与者角色应包含在主位之内，也就是说，经验主位有时不仅仅包含一个结构成分。何伟等（即将出版）将主位界定为"从小句开始到第一个参与者角色或过程类型为止的一切成分"，即主位必须包含一个参与者角色或者过程成分，同时可以包含环境角色，其中参与者角色或者过程成分是小句的话题（topic）（He，2017：948-951）。我们认为，这样的界定可以清晰地展现语篇的组织与发展，更加有利于语篇意义的揭示。

　　主位系统是语篇功能的体现方式之一。从生态语言学视角看，主位在体现小句结构功能的同时，也体现了组篇的生态性。因此，主位的划分应在最大程度上显现出主位结构对于小句表征事件及其参与者的生态属性所起到的作用与影响。何伟、马宸（2020b）认为，Halliday的主位划分方式不能将小句的生态性，即小句所涉及的生态因子及其所在的生态系统，全面展现出来。在此观点的基础上，她们认同何伟等（即将出版）对于主位的界定。换言之，在汉语、英语等遵循"SVO"（主谓补）语序的陈述和疑问小句中，主位划至第一个参与者角色；祈使小句中，主位则划至过程成分，如例1和例2划线部分所示：

　　例1.<u>当海啸袭击泰国盘牙省时</u>，时年13岁的苏万尼·马利万失去了父母和其他五名亲戚。[1]

---

[1] 选自《印度洋海啸15周年，23万人丧生！幸存者：我仍然很害怕》，搜狐网，2019年12月26日。

第6章 生态话语分析的理论基础：语篇功能

例2. <u>现在赶快抬头望天吧</u>，正在发生呢。[2]

主位可以分为简单主位、多重主位和重合主位。简单主位是指仅含有一个结构成分的主位，即经验主位，在小句中一般作为主语出现。多重主位则是含有多个结构成分的主位，即至少由一个语篇主位或人际主位以及经验主位构成。重合主位指同一个主位成分至少体现经验与人际或语篇意义中的两种。经验主位表达经验意义，是小句中主位的必要类型，也就是说，每个小句都存在经验主位，如例3划线部分所示；语篇主位是指含有接续性、结构性或连接性成分的主位，如例4划线部分所示；人际主位则是位于经验主位前表达语气类别、语气语势意义的成分以及呼语成分，如例5划线部分所示。

例3. <u>一个流域的治理</u>是一个系统工程，不可能一两年、三五年就做成，也不必要这样急功近利。[3]

例4. <u>总体来说</u>，老年人生活质量指数综合排名靠前的省份大部分位于东部地区。[4]

例5. <u>Unfortunately</u>, some Western media organizations choose to neglect that principle.[5]

从生态语言学视角对主位进行界定与划分时，还需在注重结构功能性的同时关注其生态性。在小句结构功能层面上，主位是小句所关涉内容的出发点，显示话语的中心话题，有助于准确把握小句内容的发展，揭示话语的内在含义。在生态性层面上，结合"多元和谐，交互共生"生态哲学观，主位的生态性可以帮助我们从整体上把握话语的生态取向。综上，生态语言学视角下的主位也可分为简单主位、多重主位和重合主位，如图6-1所示。其中，简单主位由经验主位构成，经验主位可由参与者角色成分或过程成分体现；根据参与者角色成分的出现

---

[2] 选自《今天日偏食，历经5个多小时》，华龙网，2019年12月26日。

[3] 选自《变害为利造福人民——习近平生态文明思想在福建木兰溪的先行探索》，央视网，2019年12月27日。

[4] 选自《中国老龄人生活质量发展报告：高龄、女性老年人需要高度关注》，澎湃新闻网，2019年12月27日。

[5] 选自"When will fake news about China end?"，*China Daily*，2019年12月27日。

频率，经验主位可分为标记性和无标记性参与者角色成分。多重主位存在三种情况：（1）语篇主位+经验主位；（2）人际主位+经验主位；（3）语篇主位+人际主位+经验主位。重合主位也存在三种类似的情况：（1）语篇主位/经验主位；（2）人际主位/经验主位；（3）语篇主位/人际主位/经验主位。

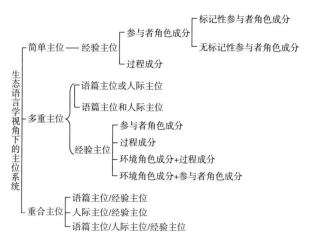

图 6-1　生态语言学视角下的主位系统（何伟、马宸，2020b：25）

6.2.1 参与者角色主位的生态性

参与者角色是经验主位的必要成分，是小句表征经验意义的重要部分之一。在经验意义中，参与者角色反映小句事件中所涉及的人或物。将参与者角色与主位的功能与特性相结合，通过分析参与者角色主位（participant role Theme），可以解读小句所描述事件中起重要作用的生态因子，从而揭示话语的出发点、关注点及立场的生态特征。

为更加凸显话语中主位选择的生态性，根据"多元和谐，交互共生"生态哲学观以及何伟、魏榕（2017a）、何伟、张瑞杰（2017）与何伟、马宸（2020b）对参与者角色的分类，本章对参与者角色主位进行细化分类，如图6-2所示。根据参与者有无生命的属性，参与者角色主位可以分为有生命类和无生命类。根据物种类别，有生命类又

第6章 生态话语分析的理论基础：语篇功能

分为人类与非人类两个类别；二者可以根据参与者数量分别分出个体与群体两个类别。这样一来，有生命类别存在人类个体参与者角色主位（participant role Theme—individual，以下缩写为 PRT_{ind}）、人类群体参与者角色主位（participant role Theme—group，以下缩写为 PRT_{grp}）、非人类个体参与者角色主位（participant role Theme—individual nonhuman organism，以下缩写为 PRT_{indnho}）和非人类群体参与者角色主位（participant role Theme—group nonhuman organism，以下缩写为 PRT_{grpnho}）。对于无生命类别，根据参与者发生或存在场所可以分为物理性参与者角色主位（participant role Theme—physical factor，以下缩写为 PRT_{phy}）和社会性参与者角色主位（participant role Theme—social factor，以下缩写为 PRT_{soc}）。

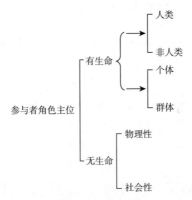

图 6-2 参与者角色主位的生态性（何伟、马宸，2020b：26）

基于"多元和谐，交互共生"生态哲学观，生态语言学否定"探索自然进而征服自然"（张炳淳，2005：40）的人类中心主义观点，视人类为自然界中的一部分，将生态作为一个整体性系统。叶峻、李梁美（2016：5）将生态系统界定为"生命子系统和其环境子系统在特定时空的有机结合"，分为自然生态系统和社会生态系统，强调因子的多样性，关注非人类因子和自然类因子的活跃度，注重内部各因子之间的联系，主张因子间的交互共生（何伟、刘佳欢，2020）。因此，我们分别对自然生态系统和社会生态系统中参与者角色主位的生态性程度提出了判断标准。需要说明的是，此处所说的"生态性"与本书前几章节所提及的"话语生态取向"——有益性、模糊性、破坏性——有所不同,二者处于不同维度。话语生态取向主要从经验意义和人际意义判断,而此处的"生态性"仅从语篇意义角度进行考量,即"生态性强"指生态因子在小句中的前景化,"生态性弱"指生态因子的背景化。也就是说,经验意义和人际意义是生态有益性、生态模糊性或生态破坏性话语的原则性标尺,语篇意义为话语生态性的助推器。比如,当某话语的经验意义和人际意义均符合"多元和谐,交互共生"生态哲学观时,则为生态有益性话语,如果此话语中的主位从语篇功能角度来看,生态性也强,那么话语的生态有益性程度就更高;反之,如果主位从语篇功能角度来看,生态性弱,那么话语的生态有益性程度就有所降低。

1. 自然生态系统中的参与者角色主位

环境的污染和破坏已经成为一场全球性的生态危机,这让人类开始反思长期以来以人为中心的发展模式,反对人类中心主义的思想也应运而生。例如,Naess(1973)"The Shallow and the Deep, Long-range Ecology Movement: A Summary"一文中提出生态圈平等主义,指出生物之间的内在关联性,主张维护生物的多样性;盖亚假说(Gaia hypothesis)(Lovelock, 1979)将地球视为一个有机体,将人类视为维护地球生态平衡的因子之一;Rolston(霍尔姆斯·罗尔斯顿著,刘耳、叶平译,1986/2000)提出"自然价值论",认为自然是"价值之源"(同上:213),视人类为自然界中的一部分,是自然价值的"参观者与继承者"(同上:213)。根据"多元和谐,交互共生"生态哲学观,生态语言学强调人类是自然界中的一分子,人类应当秉承顺应自然、尊重自然的态度。有鉴于此,我们认为在自然类话语中,话语者应当有意识地使用非人类生命体参与者主位以及物理性参与者主位,以激发话语接收者对自然环境的感知。因此,话语中非人类参与者角色和物理性参与者角色作为经验主位出现的频次越高,话语的生态性就越强,如图 6-3 所示。

第 6 章　生态话语分析的理论基础：语篇功能

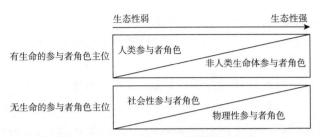

图 6-3　自然生态系统中参与者角色主位生态性判断（何伟、马宸，2020b：27）

下面以两个简短的中英语篇为例，说明参与者角色主位的选择对自然生态系统产生的影响。

例 6.（a）<u>我</u>给红色的越橘，沙地上的樱桃树和荨麻，红松和黑桤，白葡萄藤和黄色的紫罗兰花都浇过水。[6]

（b）<u>红色的越橘，沙地上的樱桃树和荨麻，红松和黑桤，白葡萄藤和黄色的紫罗兰花</u>都浇过水。

例 7.（a）<u>Chen</u> felt a sense of deep veneration for the grassland wolves and for the people who worshiped the wolf totem.[7]

（b）<u>The grassland and the people who worshiped the wolf totem</u> gave Chen a sense of deep veneration.

例 6 和例 7 中的划线部分为小句主位。其中，例 6（b）、例 7（b）分别为例 6（a）、例 7（a）的改编版本，为凸显对比效果，我们保持两个对应小句的经验意义不变，仅替换参与者角色主位。在例 6（a）中，参与者角色主位为"我"，属于人类个体参与者角色主位。在例 6（b）中，参与者角色主位为"红色的越橘，沙地上的樱桃树和荨麻，红松和黑桤，白葡萄藤和黄色的紫罗兰花"，属于非人类群体参与者角色主位。在经验意义一致的情况下，例 6（a）将人类"我"前景化，述位为动作过程；例 6（b）将植物前景化，述位由动作过程表征。从性质上来讲，主位由例 6（a）中的人类转换为例 6（b）中的非人类生命体，使读者更加关注植物，而非人类对自然的行为，促使读者从自然的角度对事件产

6　选自《瓦尔登湖》一书中的《经济篇》一章。

7　选自 *Wolf Totem* 一书中的第二章。

生认知。综上，结合例 6（a）、(b) 的经验意义和人际意义，两个小句均属于生态有益性，由于例 6（b）中主位的生态性更强，因此其生态有益性程度更高。

例 7（a）以人类参与者角色主位 Chen 为小句的话题出发点，述位部分围绕人类对自然的情感而展开。例 7（b）以物理性参与者角色 the grassland 和 the people who worshiped the wolf totem 作为小句的经验主位，述位部分围绕自然事物对人类的影响展开。需要说明的是，例 7（b）中的参与者角色主位 the people who worshiped the wolf totem 在语义上属于人类参与者角色，但在此例中我们将其归为物理性参与者角色主位，原因是在此语境中，由衷热爱自然的人们也把自己看作自然的一部分，二者浑然一体，并对 Chen 产生影响，从而激发了 Chen 对自然的认知，因而在此处我们认为，the people who worshiped the wolf totem 同 the grassland 一样，都属于自然界的一部分。在例 7（a）与（b）中，这种信息线性配列的差异反映了不同的思维起点——例 7（a）以人的感知作为出发点，例 7（b）以自然作为出发点。不同的主位会导致受话者产生不同的认知。结合经验意义与人际意义，例 7（a）、(b) 均传达了积极正面的生态意义，属于生态有益性话语。但是，从参与者角色主位的生态性角度来看，前者体现出"人本位"思想，即以人类为出发点对自然进行认知，而后者传递的是"自然本位"思想，即自然对人类产生的影响。因此，选择物理性参与者角色作小句经验主位能够传递更加积极、绿色的生态意义，更加有利于唤起人们尊重自然、热爱自然的意识。

2. 社会生态系统中的参与者角色主位

中国的儒家思想提倡人与人相处以和为贵，由此建立的人际关系有助于社会的和谐稳定。同样，社会与社会之间的和谐关系也不可或缺，正如习近平总书记所说："没有和谐稳定的环境，怎会有安居乐业的家园！"[8] 和谐是发展的前提，多元是发展的条件。在此背景下，"一带一路"倡议应运而生。倡议秉持共商共建共享原则，倡导多边主义，世

---

[8] 选自《国家主席习近平发表 2020 年新年贺词》，人民网，2020 年 1 月 1 日。

界各国人民一齐携手推动人类命运共同体的建设，促进共同发展（胡宗山、聂锐，2019）。这是对和平与发展的时代潮流的一种展现。"多元和谐，交互共生"生态哲学观主张社会生态中因子的多元性与交互性，正符合当今时代的发展潮流。根据何伟、马宸（2020b）对社会生态话语中参与者角色主位生态性的研究，我们认为小句主位的多元化和交互化应与当今多边主义的国际格局相一致，主要表现为两点（如图6-4所示）：其一，小句经验主位的参与者角色越多元，话语的生态性越强；反之，小句经验主位的参与者角色越单一，话语的生态性就越弱。其二，话语中的主位由不同参与者角色交替充当时，话语的生态性较强；反之，话语中的主位由某一参与者角色连续充当时，话语的生态性较弱。

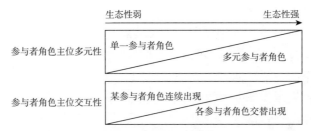

图6-4　社会生态系统中参与者角色主位生态性判断（何伟、马宸，2020b：28）

下面以两个简短的中英语篇为例，说明参与者角色主位的选择对社会生态系统产生的影响。

例8.（a）我们为共和国70年的辉煌成就喝彩，被爱国主义的硬核力量震撼。(b) 阅兵方阵威武雄壮，(c) 群众游行激情飞扬，(d) 天安门广场成了欢乐的海洋。(e) 大江南北披上红色盛装，(f) 人们脸上洋溢着自豪的笑容，(g)《我和我的祖国》在大街小巷传唱。(h) 爱国主义情感让我们热泪盈眶，(i) 爱国主义精神构筑起民族的脊梁。[9]

例9. (a) These US actions target Tehran's purchase of US banknotes, trade in gold and other precious metals, as well as the use of graphite, aluminum, steel, coal, and software used in industrial processes. (b) They

---

9　选自《国家主席习近平发表2020年新年贺词》，人民网，2020年1月1日。

would also affect transactions related to the Iranian Rial, the issuance of sovereign debts, and the country's automotive sector. (c) <u>Another round of sanctions, to be reinstalled on Nov. 5</u>, will be on Iran's port, energy, shipping and ship-building sectors, its petroleum-related transactions, and business deals by foreign financial institutions with the Central Bank of Iran.[10]

例8和例9中的划线部分均为主位。例8为习近平总书记提到中华人民共和国成立70周年庆典时的表述，小句（a）至（i）的参与者角色主位分别为"我们""阅兵方阵""群众游行""天安门广场""大江南北""人们脸上""《我和我的祖国》""爱国主义情感"和"爱国主义精神"。根据词汇意义可以看出，小句（a）中的参与者角色主位是后文小句的概括，表示后文是围绕"我们"而进行的叙述，阐明了该话语的出发点。小句（b）至（g）中的参与者角色主位对小句（a）中的述位进行细化，分别从不同的视角对"辉煌成就"和"硬核力量"进行阐述。小句（h）与（i）中的参与者角色主位对前文进行总结，视角从外部经验世界转至内部精神世界。从数量上来讲，该例中的参与者角色主位多为群体，代表了大部分人的立场。从信息配列结构的角度来讲，话语者主要以人类参与者角色主位和与人类相关的社会性参与者角色主位对事件进行表征，体现人们自发地对社会类经验进行认知，并且传递积极向上的情感感受，有利于社会生态系统的和谐稳定。综上，参与者角色主位的多角度交替变换兼顾了说话者自身与他人的立场，更加全面地对事件中的因子进行了描述，且表达了积极的情感认知，体现了换位思考、视角多元的价值取向，符合"多元和谐，交互共生"生态哲学观，语篇本身的生态有益性程度得以增强。

例9描述了美国方面的相关贸易制裁措施。其中，小句（a）至（c）的参与者角色主位为These US actions、They与Another round of sanctions，均代表美方的制裁措施。从属性来看，这些参与者角色主位均为无生命社会性参与者角色主位，参与者角色主位比较单一，不具备多元性和交互性。从这一点来看，话语者通过连续使用无生命社会性参

10　选自"Trump says anyone trading with Iran will not trade with US"，*China Daily*，2018年8月7日。

第 6 章　生态话语分析的理论基础：语篇功能

与者角色主位来对小句事件进行表征，反复将导致负面结果的因子前景化，因此该语篇的主位选择生态性较弱。

6.2.2　参与者角色主位的标记性

根据陈述、疑问、祈使三种语气类型小句语序的一般性原则，参与者角色主位可分为标记性参与者角色主位（marked Theme，以下缩写为 MT）和无标记性参与者角色主位（unmarked Theme，以下缩写为 UT）。按照上文对主位的界定与划分，有无标记性主要与经验主位有关，人际主位和语篇主位一般没有必要区分是否具有标记性。标记性参与者角色主位指充当经验主位的结构成分位于小句语序的特殊位置；反之，无标记性参与者角色主位是指充当经验主位的结构成分处于一般位置。Halliday（1967：214，219）指出标记性主位显示话语出发点的前景化，是对该部分信息的强调，更具特殊性和目的性。从生态语言学角度看，参与者角色主位的标记性可以将话语中某些生态因子前景化与某些生态因子背景化的情况凸显出来，据此可以判断话语的生态性，探究其背后的原因，从而揭示话语者认知中的生态取向。

不同的语言存在不同的小句语序，对主位的标记性也会产生不同的影响。在汉英陈述和疑问小句中，最常见的是位于句首的主语参与者角色，即充当无标记性主位；较为少见的是位于句首的补语参与者角色，即充当标记性主位。在汉英祈使小句中，谓体（或主要动词）是最常见的句首经验主位，属于无标记性主位；较为特殊的是主语位于句首，强调受话对象，属于标记性主位。

标记性与无标记性主位的选择可以反映人与自然、人与社会之间的关系。根据何伟、马宸（2020b），在考察标记性主位的生态性时，我们结合生态哲学观以及上文的分类对自然生态话语和社会生态话语中的生态因子提出相应的判断标准，如图 6-5 所示。在自然生态话语中，选择非人类参与者角色或物理性参与者角色作标记性主位时，其标记性越强则生态性越强，可以更加凸显话语者对自然界中其他因子的关注程度；选择人类参与者角色或社会性参与者角色作标记性主位时，其标记性越强则生态性越弱，相较于自然因素，其更加聚焦人为因素的影响，不利于凸显话语的生态性。在社会生态话语中，交替选择不同的参与者角色作主位时，标记性越强生态性则越强，体现了话语者对生态因子多元化的强调；同时如果参与者角色的生态性越强，则话语的生态性越强。反之，如果连续选择单一的参与者角色作为主位，标记性越强则生态性越弱，反映话语者对生态因子的片面关注；同时如果参与者角色的生态性越弱，则话语的生态性越弱。

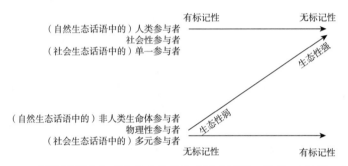

图 6-5 不同标记性参与者角色主位的生态性（何伟、马宸，2020b：30）

下面以关涉自然生态系统和社会生态系统的话语为例，说明参与者角色主位的标记性对话语生态性产生的影响。

例 10. So impotent our wisdom is.[11]
例 11. 文明交通，你我共创。[12]

例 10 完整原句为 "So impotent our（指人类）wisdom is to her（指自然）simplicity."，意为人类无法道出自然淳朴的万分之一。例 10 小句的主位为 So impotent，属于无生命社会性参与者角色，作小句中的补语成分，对述位 our wisdom 进行表述。诗人并未使用常见的名词或名词词组作为主位，例如，"Our wisdom is so impotent."，而是以不为常见的形容词词组作为主位，显示出该小句主位的强标记性。通过标记性强的主位可以使其所描述的信息更加前景化。结合诗歌文本，诗人在

---

[11] 选自 Emily Dickinson 的诗歌 "'Nature' is What We See"。
[12] 选自《湘潭交警曝光一批车辆！都不在城区！都是因为这个行为……》，澎湃新闻网，2019 年 9 月 18 日。

第 6 章　生态话语分析的理论基础：语篇功能

前面小节中选择描述自然事物的名词词组作为主位以表征对自然界的感知，在最后小节使用标记性主位 So impotent，强调人类在自然面前是弱小无知的，从而启示读者要敬畏自然、尊重生命，不要试图驾驭或随意改造自然。因此，该小句中的主位具有非常强的生态性，这样的话语有利于自然生态系统的和谐发展。

例 11 中的标记性主位为"文明交通"，属于社会性参与者角色，在小句中作补语。话语者将充当补语的信息前景化，述位部分为关于文明交通做法的描述。该例选择这一具有标记性的语序配列，以展现较常规语序"你我共建文明交通"更强的选择性目的。同时，在信息配列上凸显了"文明交通"这一语义成分的特殊、重要地位。结合经验意义和人际意义，该小句符合"多元和谐，交互共生"生态哲学观，加之其选择生态性强的主位，提高了该小句的生态有益性程度，有利于社会生态系统的和谐运转。

6.2.3　主位系统理论在生态话语分析中的应用

本节选择较为完整的中文和英文语篇进行参与者角色主位分析，以更加具体、系统地展现参与者角色主位的生态性，揭示话语背后的生态取向。

1. 案例分析一：中文语篇[13]

打一场全民抗霾的持久战

（a1）[14]（雾霾）（PRT$_{phy}$，UT）十面埋伏，（a2）雾霾（PRT$_{phy}$，UT）锁城。(b) 连日来发生在全国 10 多个省份的雾霾天气（PRT$_{phy}$，UT），已经严重威胁到人民群众的健康。(c1) [[(c2)（我们）（PRT$_{grp}$，UT）应

13　选自《打一场全民抗霾的持久战》，新华网，2016 年 12 月 21 日。

14　为了方便阐述，我们对该语篇中的句子进行了编号，即（a）至（y）。并且为更加突出地展现小句中的主位，我们也对每个句子中的小句也进行了划分，如（a）中的（a1）小句和（a2）小句，后文中不需要区分句法结构时它们可统称为（a）。

对雾霾]]¹⁵（PRT$_{soc}$, UT）最终不能仅靠临时的应急措施，（c3）（我们）（PRT$_{grp}$, UT）迫切需要着眼治本，（c4）（我们）（PRT$_{grp}$, UT）打一场全民抗霾的持久战。

（d1）目前（CR），[[（d2）大气环流变化和污染物排放交互作用（PRT$_{phy}$, UT）造成雾霾]]（PRT$_{phy}$, UT）已成共识。（e1）大气环流（PRT$_{phy}$, UT）归老天爷管，（e2）但（textual Theme）仅有大气环流的变化（PRT$_{phy}$, UT），也产生不了雾霾。（f1）因此（textual Theme），[[（f2）（我们）（PRT$_{grp}$, UT）要根治雾霾]]（PRT$_{soc}$, UT），主要还得靠我们自己！

（g1）为应对这一轮雾霾天（CR），多地（PRT$_{soc}$, UT）启动红色预警——（g2）车辆（PRT$_{soc}$, UT）限行，（g3）工厂（PRT$_{soc}$, UT）停工，（g4）学校（PRT$_{soc}$, UT）停课，（g5）道路（PRT$_{soc}$, UT）封闭。（h）这些应急措施（PRT$_{soc}$, UT）影响了百姓的正常生活。（i1）尽管（textual Theme）措施（PRT$_{soc}$, UT）有力，（i2）但（textual Theme）不少城市 PM2.5 值（PRT$_{soc}$, UT）依然爆表、（i3）（不少城市 PM2.5 值）（PRT$_{soc}$, UT）甚至破千。（j1）面对 [[（j2）所有人（PRT$_{grp}$, UT）都无法逃离]] 的雾霾毒害（CR），（我们）（PRT$_{grp}$, UT）必须把治理雾霾上升到全民行动，（j3）（我们）（PRT$_{grp}$, UT）打一场全民参与、直击病根的持久战。

（k1）[[（k2）雾霾污染物（PRT$_{phy}$, UT）排放]] 的大头（PRT$_{soc}$, UT）是企业。（l1）（我们）（PRT$_{grp}$, UT）让 [[（l2）经济发展与生态资源（PRT$_{soc}$, UT）协调]]、[[（l3）企业发展和环境保护（PRT$_{soc}$, UT）共进]]（PRT$_{soc}$, UT），正是国家倡导转型升级的要义所在。（m）各级政府、职能部门、产业协会、科研机构等（PRT$_{soc}$, UT）应共同帮助企业减少排放。（n1）钢铁、煤炭、化工、造纸、纺织、建筑等高排放企业（PRT$_{soc}$, UT），要下苦功夫、笨功夫，（n2）（企业）（PRT$_{soc}$, UT）千方百计把污染降下来。（o）对偷排、滥排行为（CR）（我们）（PRT$_{grp}$, UT）要坚决打击。

（p1）[[（p2）广大农村（PRT$_{soc}$, UT）冬季为取暖烧]] 的土锅炉（PRT$_{soc}$, UT），目前在农村已经普及。（q1）相关职能部门（PRT$_{soc}$,

---

15 为更加清楚地展现句法结构，我们将该语篇中的嵌入小句用"[[……]]"来表述，即括号中的小句为嵌入小句。

第6章　生态话语分析的理论基础：语篇功能

UT）要到生产小锅炉的企业和农民家里实地调查，(**q2**)（相关职能部门）(PRT$_{soc}$, UT) 拿出升级方案，(**q3**)（方案）(PRT$_{soc}$, UT) 既 (textual Theme) 减少排放，(**q4**)（方案）(PRT$_{soc}$, UT) 又 (textual Theme) 保证农民取暖。

(**r1**) [[(**r2**) 雾霾污染物 (PRT$_{phy}$, UT) 排放]] 一大来源 (PRT$_{soc}$, UT) 是汽车尾气。(**s1**) 交管部门、车管部门 (PRT$_{soc}$, UT) 要加强检查，(**s2**)（交管部门、车管部门）(PRT$_{soc}$, UT) 坚决淘汰排放不合格的老旧车辆。(**t1**) 交通部门 (PRT$_{soc}$, UT) 要把推广新能源车作为发展公共运输的重点，(**t2**)（交通部门）(PRT$_{soc}$, UT) 在城市加紧推进新能源公交车。(**u**) 石油系统 (PRT$_{soc}$, UT) 要把提高燃油品质量当成硬性任务。(**v**) 汽车制造业 (PRT$_{soc}$, UT) 要在车辆减排上加强技术攻关。(**w**) 广大民众 (PRT$_{grp}$, UT) 也应树立减少资源浪费、节约能耗的生活理念。

(**x1**) [[(**x2**)（我们）(PRT$_{grp}$, UT) 治理雾霾]] (PRT$_{soc}$, UT) 不能一味等风。(**y1**) [[(**y2**)（我们）(PRT$_{grp}$, UT) 找回蓝天白云]] (PRT$_{soc}$, UT)，只能靠上下齐心，(**y3**) [[(**y4**)（我们）(PRT$_{grp}$, UT)（找回蓝天白云）]] (PRT$_{soc}$, UT) 久久为功。

表6-1　中文语篇主位类别统计

主位类别			出现次数（次）	所占比例（%）
经验主位	有生命	人类参与者角色主位	12	19.4
		非人类参与者角色主位	0	0
	无生命	物理性参与者角色主位	10	16.1
		社会性参与者角色主位	34	54.8
人际主位			0	0
语篇主位			6	9.7

该新闻对治理雾霾事件进行报道。根据表6-1所示，该语篇的主位类别以经验主位为主，有较少的语篇主位，没有人际主位。经验主位中的人类参与者角色主位共出现12次，约占全部主位类别数量的19.4%；物理性参与者角色主位共出现10次，约占比16.1%；社会性参与者角色主位共出现34次，约占比54.8%。通过语篇内容看出，该语篇以治理雾霾为主，主要内容是关于人类对自然环境的改善规划与行动，可以

分为两个部分。一部分属于自然类话语，介绍雾霾的危害、成因及相关内容，包括（a）—（d）、(i2)、(k)和(r)。其中，小句的参与者角色主位均为物理性非生命体角色，主要是对雾霾现象及其成因的表征。这些小句以"雾霾""大气环流"等作为参与者角色主位，在提示小句信息出发点的同时，也充分强调了这些人为造成的"雾霾"及纯粹的自然现象"大气环流"，凸显它们重要的信息地位。话语者将"雾霾"相关信息前景化，为后文人为治理的内容做铺垫，表明话语者从人为造成的自然现象出发对人类行为进行限制或调整，从而促进环境的自然回归。因此，这一部分参与者角色主位的生态性较高，有助于人们聚焦被人类活动所影响的自然环境；另一部分属于社会类话语，描写人类治理雾霾的方案及行动，包括（e）—（i1）、(j)、(l)—(q)和(s)—(y)。其中，参与者角色主位均为人类群体类或社会性无生命类。人类参与者角色主位多由隐性主位"我们"充当。社会性无生命类参与者角色主位由三类事物体现，分别为表征治理雾霾的措施，如"这些应急措施""应对雾霾"等；表征实施治理措施的部门或团体，如"交通部门""汽车制造业"等；表征实施治理措施的地点，如"多地""广大农村"等。上述不同类别的参与者角色主位交替使用，从不同的角度对雾霾治理事件进行表述，体现其多元性和交互性，说明该部分参与者角色主位具有较高的生态性。综上，该语篇选择物理性因子作为参与者角色主位对雾霾成因进行表征，向读者做出客观的解释，同时选择人类因子和社会性因子作为参与者角色主位对雾霾治理的行动进行表征，从多个角度对雾霾治理进行描述和思辨。这样的主位选择更能体现话语者对自然生态的关怀，以及话语者对环境保护做出的全面性思考，有利于激发读者对于雾霾治理以及环境保护的思考与行动。

2. 案例分析二：英文语篇[16]

（1）**当谈到中美间的贸易谈判时：**
<u>The talks (PRT_{soc}, UT)</u> were not very successful last time, and (textual

---

16　选自" Highlights of CGTN anchor Liu Xin, Fox host Trish Regan discussion"，CGTN，2019年5月31日。

第6章 生态话语分析的理论基础：语篇功能

Theme) both sides (PRT$_{soc}$, UT) are considering where to go next.

The Chinese government (PRT$_{soc}$, UT) is very clear.

There is high possibility of a trade deal (PRT$_{soc}$, UT) [[only if (textual Theme) the United States (PRT$_{soc}$, UT) treats the Chinese government and negotiating team with respect]] and (textual Theme) (the United States) (PRT$_{soc}$, UT) shows the willingness to talk without using outside pressure.

Otherwise (textual Theme), we (PRT$_{grp}$, UT) might be facing a prolonged period of problems for both sides.

（2）当问到如何定义中国经济体制时：

We (PRT$_{grp}$, UT) would like to define it as socialism with Chinese characteristics, [[where market forces (PRT$_{soc}$, UT) are expected to play the dominating or deciding role in the allocation of resources]].

We (PRT$_{grp}$, UT) want it to be a market economy but (textual Theme) there are some Chinese characteristics (PRT$_{soc}$, UT), for example, some state-owned enterprises which play an important but smaller role maybe in the economy.

[[If (textual Theme) you (PRT$_{grp}$, UT) look at the statistics]], 80 percent of Chinese employees (PRT$_{grp}$, UT) work at private enterprises.

80 percent of exports (PRT$_{soc}$, UT) are by private companies.

We (PRT$_{grp}$, UT) are a socialist economy with Chinese characteristics, but (textual Theme) we (PRT$_{grp}$, UT) are not just state controlled.

We (PRT$_{grp}$, UT) are quite mixed, very dynamic and very open as well.

（3）当谈到中国的发展时：

[[If (textual Theme) you (PRT$_{grp}$, UT) look at the overall size of the Chinese economy,]] don't forget (PRT$_{soc}$, UT) [[we (PRT$_{grp}$, UT) have 1.4 billion people]].

[[If (textual Theme) you (PRT$_{grp}$, UT) divide the second largest economy in the world,]] [[when (textual Theme) it (PRT$_{soc}$, UT) comes down to per capita GDP,]] we (PRT$_{grp}$, UT) are less than one-sixth of the U.S.

We (PRT$_{grp}$, UT) can do a lot of big things, and (textual Theme) people (PRT$_{grp}$, UT) are looking upon us to do a lot more around the world.

表 6-2　英文语篇主位类别统计

主位类别			出现次数（次）	所占比例(%)
经验主位	有生命	人类参与者角色主位	14	37.8
		非人类参与者角色主位	0	0
	无生命	物理性参与者角色主位	0	0
		社会性参与者角色主位	12	32.5
人际主位			0	0
语篇主位			11	29.7

　　该报道是中美两位主播之间的对话，中国主播刘欣对美国主播提出的问题进行回答与解释，这些问题反映出美国以及世界上其他国家对中国某些方面的误解。根据表 6-2 的统计，三个语段中共出现人类参与者角色主位 14 次，约占全部主位类别数量的 37.8%，且均为群体类，比如 we、you 等；社会性参与者角色主位共出现 12 次，约占比 32.5%，其中多涉及中美间贸易或谈判等事件；语篇主位共出现 11 次，约占比 29.7%。在谈及中美贸易谈判时，人类群体参与者角色主位出现 1 次，社会性参与者角色主位出现 6 次。由此可见，刘欣的回答多以中美贸易双方作主位，从贸易双方的角度作出回应，这表征在中美贸易中，中国是站在双方平等的角度上进行的。同时，该语段最后使用人类参与者角色主位 We 表征中国，表明中国对中美贸易所作出的努力及期许的美好愿景。在谈及中国经济体制时，语段多以人类群体参与者角色作主位，共出现 7 次，社会性参与者角色主位出现 3 次。不同类别的参与者角色主位呈交替出现的情况，说明话语者在对中国经济体制进行阐释时，不仅从主观角度出发，还从客观角度对经济发展现状进行描述，说明其系统性和全面性，侧面体现出中国对多边经济合作的推动。在谈到中国的发展现状时，话语者多选择人类群体参与者角色作主位，共出现 6 次，社会性参与者角色主位出现 2 次。其中，人类参与者角色主位一方面指向质疑的来源，另一方面明确回应的本体，表征了说话人在面对他人对祖国的质疑时不妥协、用事实说话的态度。语段最后一句以 we 和 people 两个人类参与者角色分别作为主位，表征世界对中国未来作为的期待，以及中国作为大国的责任感和能动性。综上，在三个语段中，主位多为交替变换出现，体现了参与者角色主位较高的生态性。

第 6 章 生态话语分析的理论基础：语篇功能

6.3 生态语言学视角下的衔接与连贯系统

与词汇或小句不同，语篇之所以能够被定义为语篇，是因其具有"文理"（texture）特征，不仅涉及衔接手段所表达的语义关系，还涉及语言实际表达意义的连贯程度（Halliday & Hasan，1976）。因此，在语篇的组织和发展过程中，除了需要关注其出发点，即主位系统，还需要关注其传递和组织的信息如何与上下文其他信息、语言外部环境等要素相适应，即衔接（cohesion）与连贯（coherence）。从生态语言学视角来看，对衔接与连贯生态取向的分析有助于考察话语的经验意义、逻辑意义、人际意义及语篇意义是否与其所涉及的情景语境和文化语境相适配，继而判断话语的组篇方式所反映的生态哲学观及其对生态系统的影响。

衔接是一种语义概念，当语篇中某个成分的解释依赖于另一成分时，二者间的预设关系即为衔接（Halliday & Hasan，1976：4）。换句话说，当语篇成分 A 与 B 之间存在衔接关系时，A 预设了 B，B 通过 A 才能得到有效解码。Halliday & Hasan（1976）、Halliday（1994/2000）等将衔接手段分为语法衔接和词汇衔接，其中语法衔接包括指称（reference）、替代（substitution）、省略（ellipsis）和连接（conjunction），词汇衔接包括重复（reiteration）和搭配（collocation）。之后，胡壮麟（1994）、杨才英（2005）、张德禄（2012）等学者又在此二分的基础上关注到衔接意义涵盖概念意义、人际意义及语篇意义，由此扩展了及物性、语气、主述位、语音语调、语境、语篇结构、多模态等多种衔接机制。何伟、郭笑甜（2020）在建构英汉语组篇系统时，将衔接手段分为词汇-语法层及音系层手段，前者包含及物性、语气、时态、语态、指称、替代、省略、连接、重复、搭配和部分修辞格，后者包括轻重音、韵律、节奏等。

连贯指说话人/作者或听话人/读者思想层面的连接关系，话语意义通过对话者的共享知识（shared knowledge）被连接起来，是一种不能被识别或量化的心理现象（Thompson，2004/2008：179）。连贯效果的达成是词汇-语法、音系等语言内部衔接手段与共享知识、情景语境、文化语境等语言外部衔接手段共同作用的结果。当话语所体现的概念意义、人际意义、语篇意义与情景语境、文化语境相适配时，语篇便具有了"语域一致性"（register consistency）（Halliday & Hasan，1976：23）。通常情况下，段落在成为语篇时本身就具备了"语域一致性"。语域（Brown et al.，1967）常与"体裁"（genre）共现，是说话人根据情景语境所选择的、能够体现交际目的的语言形式，由说话人的社会行为决定（Halliday & Hasan，1985）。语域又包括以下三个要素：（1）语场（field），指说话人所做的事件、进行的社会活动，包含话语内容、交际功能及交际目的，对应语言的经验意义；（2）语式（mode），指表达事件的文本的特点和作用，包含语言表达的方式，例如口语的或书面的、即兴的或有准备的，以及文本的类型或修辞方式，例如叙事、说教、劝说、寒暄等，对应语言的语篇意义；（3）语旨（tenor），指参与者角色之间的互动关系，包括性别、年龄、职业、社会地位及身份等，对应语言的人际意义。通过对语场、语式和语旨等语言外部因素的考察，有助于我们判断语篇意义是否与情景语境相统一，继而更加准确地定位语篇特征（Halliday & Hasan，1976：22）。

由此可见，语篇衔接是经验意义衔接、逻辑意义衔接、人际意义衔接及语篇意义衔接共同作用的结果。衔接是通过词汇-语法等语言手段体现的，而连贯则是通过说话人和听话人的共同认知体现的。说话人通常通过衔接手段来表达语篇经验意义与人际意义的连贯（Thompson，2004/2008：179）。然而，即使语篇中没有可以识别的语言衔接手段，只要说话人和听话人双方都能互相理解，其就具有意义连贯性。由此，Halliday & Hasan（1976）将连贯看作是语篇的固有属性。也就是说，研究者在分析语篇的组篇形式特点时，首先默认语篇本身具有意义连贯性，继而在此基础上对促成连贯效果的语言衔接手段进行分析。

为进一步探究组篇形式对自然及社会生态系统的影响，何伟、马宸（2020c）以"多元和谐，交互共生"生态哲学观为指导，对衔接与连贯系统进行了生态化延展与细化，如图6-6所示。

第 6 章　生态话语分析的理论基础：语篇功能

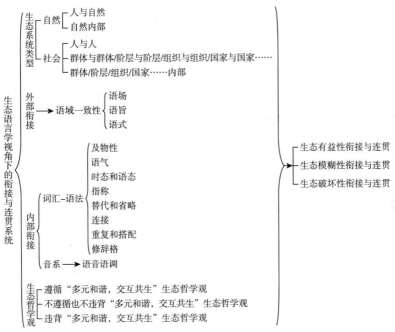

图 6-6　生态语言学视角下的衔接与连贯系统（根据何伟、马宸，2020c：30）

与生态语言学视角下的其他理论系统相同，对衔接与连贯生态取向的分析首先要确定语篇所涉及的生态系统类型为自然生态系统还是社会生态系统，这不仅能够对语言外部情景语境和文化语境的范围进行界定，还能够考察内部衔接手段的运用具体对哪种生态系统产生怎样的影响。

根据上文对衔接与连贯体现手段的描述，衔接与连贯的类别可分为外部衔接和内部衔接。外部衔接，即语域一致性，指通过析出语篇的语场、语旨与语式，即关注话语的特定交际场合、目的、方式、对象、媒介和渠道等如何在语篇中发挥作用（何伟、马宸，2020c），判断话语涉及的世界经验、人际关系、逻辑关系以及组篇功能是否与其所在的文化语境和情景语境相适应，继而判断其对生态系统所产生的影响。根据上文对语域概念的描述，语篇本身具有语域一致性，因此对衔接与连贯的生态性特征的分析首先要以"语域一致性"作为语篇能够成立并被理解的前提，即默认话语发出者清楚自己在什么情况下、面对何人、怎样有

263

目的地组织和使用语言。

按照语言的层次观（Halliday，1994/2000），语义由词汇-语法体现，词汇-语法由音系体现，因此内部衔接又被进一步分为词汇-语法层衔接和音系层衔接，前者包括及物性、语气、时态和语态、指称、替代和省略、连接、重复和搭配、修辞格（比如反复、排比、对偶、对照、映衬、倒装等）等，后者则指通过语音语调来表达衔接意义的语言手段。其中，对及物性、语气及连接手段的考量可参见本书第4、5、7章。通过对衔接链（cohesive tie，Halliday & Hasan，1976：3）的分析，即通过对预设标记和预设对象这两个相关项之间联系形式的分析，有助于我们判断语言在传递和组织信息过程中是否与上下文信息相适应，继而判断其对生态系统所产生的影响。

综上，对衔接与连贯生态性特征的判断机制和判断标准为：在定位语域三要素、确认语域一致性的前提下，判断在内外部衔接机制共同作用下的话语在情景语境中取得的语义连贯呈何种生态取向。当衔接链和语域的组合遵循"多元和谐，交互共生"生态哲学观，产生有利于生态系统良性发展的组篇形式和语义连贯效果时，属于生态有益性衔接与连贯；当内外部衔接组合违背生态哲学观，产生不利于生态系统良性发展的组篇形式和语义连贯效果时，属于生态破坏性衔接与连贯；当内外部衔接组合既不遵循、也不违背生态哲学观时，属于生态模糊性衔接与连贯。

下文将分别对九种内在衔接手段的生态取向进行中英文实例分析，以说明生态语言学视角下的衔接与连贯系统在话语生态取向分析中的适用性。

6.3.1 词汇-语法衔接手段

1. 及物性

第4章提到及物性系统体现语言的经验功能，说话人通过语言对世界中的各种经验活动进行表征。从语篇功能视角来看，语篇中的小句应

第 6 章 生态话语分析的理论基础：语篇功能

如实反映主客观世界经验，这样语篇才具有意义。在及物性系统中，过程、参与者角色和环境角色的不同配置结构对应不同的世界经验和生态意识，三者之间的相互作用也会在小句中形成不同的衔接链，不同过程类型之间的数量差异以及参与者角色、环境角色的选择都能够体现语篇的衔接特征差异和组篇效果差异。因此，当及物性作为衔接机制时，我们应更多关注过程类型与参与者角色类型在话语中的分布情况和组合特征，即通过观察不同语义配置结构的出现频率，进而揭示及物性推进与话语生态取向的关系（何伟、马宸，2020c）。

根据生态语言学视角下的衔接与连贯系统，判断经验意义连贯的生态性特征首先要从及物性系统的生态取向入手，在确定生态系统类型及语域一致的前提下，分析过程类型、参与者角色、环境角色三者是否分别符合"多元和谐，交互共生"生态哲学观的数量性原则、质量性原则、多向性原则以及动态性原则，继而以最低生态性来判断话语的生态取向。只有当过程类型、参与者角色和环境角色三者都是生态有益性时，我们才能说该及物性手段为生态有益性衔接与连贯；反之，三者之中只要存在一者为生态破坏性时，该语言手段即为生态破坏性衔接与连贯；三者之中只要有一者为生态模糊性，且其他为生态有益性时，该语言手段为生态模糊性衔接与连贯。

以下摘取第 4 章语篇分析中的语段为例，从语篇功能视角对其使用的及物性衔接手段进行生态性分析。

例 12. [[中国政府（Ag）把 [[落实（Pro）联合国 2030 年可持续发展议程（Af）]]（Af）纳入（Pro）"十三五"规划（Af）]]，在国际社会上（CR）起到了突出的示范作用。而 [[中国（Comr）提出（Pro）]] 的 [[共建（Pro）"一带一路"倡议（Af）]]（CR），其共商、共建、共享的理念及发展方向（Cor1），与 2030 年可持续发展议程（Cor2）高度契合（Pro）。

例 12 涉及国家与国家、国家与国际组织之间的关系，属于社会生态系统。选段为联合国前秘书长潘基文在中国青岛商务局与韩中人才开发院联合主办的"一带一路与可持续发展研讨会"上的表述，**语场**为说话人代表韩国方对中国"一带一路"倡议发表看法这一事件。说话人潘基文首先代表韩国，又鉴于其为联合国前秘书长，因此他在一定程度上也代表国际社会，社会地位较高；受众是中国青岛商务局，在社会身份和地位上与话语发出者不同，此为**语旨**。**语式**为书面媒体，即对现场演讲的转述。由此可见，本语篇的概念、人际、语篇意义符合在"一带一路"倡议驱动下两国交流合作的情景语境，具有语域一致性。具体到语言系统上，在对过程类型数量、参与者角色数量和性质统计分析后发现，说话人使用行动类动作过程频次较高，如"落实""纳入""共建"，且都以"中国"作为施动者/创造者，赋予了中国主观能动性较强的角色，表征了潘基文对于中国"一带一路"建设措施及成就的认可。交流类心理过程出现频次次之，如"提出"，交流方为中国，交流内容为"共建'一带一路'倡议"，强调了中国作为"一带一路"倡议的发出者，对当今世界形势及国际社会发展具有高度的前瞻性和先行性，为国家间互利共赢提供了良好的合作机制。关联类关系过程也有出现，如"……与……高度契合"，表征中国"一带一路"倡议的理念与发展方向非常符合联合国可持续发展议程，这也是潘基文作为联合国前秘书长对于中国在世界和平与发展的道路上所作的贡献给予了肯定。中国"一带一路"倡议本身遵循生态哲学观，环境角色"在国际社会上"也印证了中国的建设性举措产生积极影响的范围之广，是有利于国际社会发展的举措。综上，语篇在语域一致性的基础上，使用"动作-动作-心理-动作-关系"的过程衔接链，从中国的具体措施衔接到"一带一路"倡议在国际社会中的作用，将说话人对中国的肯定及与中国合作的意愿表达得有理有据，传递了遵循生态哲学观的经验意义，因此属于生态有益性衔接与连贯。

例 13. The fruits (Ag) do not yield (Pro) their true flavor (Af) to the purchaser of them (Af), nor to him [[who (Ag) raises (Pro) them (Af) for the market (CR)]](Af). The ambrosial and essential part of the fruit (Af) is lost (Pro) with the bloom (CR) [[which (Af) is rubbed (Pro) off (PrEx) in the market cart (CR)]], and they (Ca) become (Pro) mere provender (At).

例 13 涉及人与自然之间的关系，属于自然生态系统。选段的**语场**为作者对森林中越橘、蓝莓等水果在自然中以及脱离自然后气味变化的描述，**语旨**为作者个人与读者群体之间共命运的平等关系，**语式**为书面

第6章 生态话语分析的理论基础：语篇功能

散文。由此可见，语篇所表达的概念、人际、语篇意义符合说话人生存在大自然中的情景语境，语篇具有语域一致性。本语篇使用动作类过程频次较高，包括三个行动类动作过程，表征人类作为施动者摘取水果、干预自然，从而无法得到水果真正气味的过程；一个发生类动作过程，表征水果气味消散的过程。此外，说话人还用一个归属类关系过程对越橘的自然属性进行归类。上述过程类型和参与者角色是说话人从"自然本位"出发对人与越橘之间的互动关系进行的描述。说话人认为，人类干预自然中的生物会使其自然属性消散，这种正确认识有利于人与自然之间和谐共处，符合"多元和谐，交互共生"生态哲学观。并且，环境角色 for the market 表征越橘在什么情况下会失去其真正气味，with the bloom 表征越橘的芳香在市场消散的原因，这都印证了说话人的生态哲学观，增强了语篇的生态有益性。综上，在生态有益性过程类型、参与者角色以及环境角色三者的共同作用下，本语篇构成的及物性衔接手段表达了说话人对于自然的热爱之情，传递了有益于自然生态系统良性发展的经验意义，因此属于生态有益性衔接与连贯。

2. 语气

语篇衔接与连贯效果的实现不仅需要经验意义的衔接，还需要人际意义的衔接（张德禄，2000，2001；何伟、郭笑甜，2020）。第5章提到，语言的人际意义主要由语气系统表征。语气系统又分为语气类别系统和语气语势系统，前者包括陈述语气、感叹语气（陈述语气的一个特殊类别）、疑问语气以及祈使语气，表达陈述、疑问、命令和提供四种言语功能；后者则表达说话人对命题有效性、可能性、意向性的判断，包括确实、料悟、能力、盖然、允许、意愿、义务等类别。判断语气的生态取向需要在"多元和谐，交互共生"生态哲学观的指导下，确定生态系统类型，考量言语角色及参与者角色在生态系统中的身份及地位等。此外，对内在语势生态取向的判断还需要考量影响人际协商空间大小的量值系统以及影响责任态度的取向系统。也就是说，当考察语气作为衔接机制的生态取向时，需要在语篇经验意义的生态性，即及物性系统的生态取向的基础上，重点分析语气与内在语势类别、言语角色、量值与取向等因子的分布情况、出现频率以及接续及组合特征产生了何种语义连贯效果。此外，杨才英（2006：3）在探究人际意义衔接时认为，情态衔接通过情态重复和情态对比实现，在本书中我们将情态重复划分到修辞格衔接中的"排比"，将情态对比划分到重复和搭配衔接中的"搭配"。

因此，语气衔接分为语气成分衔接与内在语势衔接，前者主要依靠言语角色链、主语参与者角色链以及语气词链、疑问词链等体现（何伟、马宸，2020c），考察人际关系的建构与维持；后者则主要依靠内在语势链、量值链、取向链等体现，考察人际态度类别、协商空间大小以及责任承担情况等。此外，对语气衔接手段的生态性判断标准及判断机制与及物性衔接相似，即在"多元和谐，交互共生"生态哲学观的指导下，判断影响语气类别及内在语势生态取向的衔接链因子分别具有何种生态性特征，然后选择影响因子中的最低生态性作为语气衔接手段的生态性。

以下摘取第 5 章语篇分析中的语段为例，从语篇功能视角对其使用的语气衔接手段进行生态性分析。

例 14. 现在，**生态文明建设**已经纳入中国国家发展总体布局，**建设美丽中国**已经成为中国人民心向往之的奋斗目标。**中国生态文明建设**进入了快车道，**天更蓝、山更绿、水更清**将不断展现在世人面前。

例 14 一方面涉及人与自然之间的关系，属于自然生态系统；同时又涉及国家的发展及人民的幸福，也涉及国家与国家的关系，属于社会生态系统。选段的**语场**为总书记代表中国政府讲述并展望我国生态文明建设的进程；说话人作为国家领导人，社会地位高，具有权威性，听话人不仅包括中国生态文明的建设者，还包括前来参加世园会的其他国家民众，此为**语旨**；**语式**为现场演讲后的文字转录。由此可见，语篇所表达的概念、人际、语篇意义符合世界园艺博览会召开的目的及我国生态文明建设的大背景，具有语域一致性。具体到语言系统，语篇以较为和缓的陈述语气展开，其中主语参与者链"生态文明建设""建设美丽中国""天更蓝、山更绿、水更清"都遵循生态哲学观，是有利于自然生态系统良性发展的举措及现象。内在语势链"已经""了"是说话人对中国生态文明建设取得成果这一已然发生事件的确定判断，表明我国生

第 6 章　生态话语分析的理论基础：语篇功能

态文明建设目前既有国家政策支持，且朝着又好又快的方向发展；"将"是说话人对生态环境会越来越好这一命题必然为真的推测，具有高量值、客观隐性取向的特征，表达说话人对命题实现的坚定信心。由此可见，语篇先对生态文明建设相关的已然事件进行判断，又对其相关的未然事件进行推测，表明说话人是在生态文明建设已取得成果的基础上对其更好的发展前景进行的预测，这种内在语势链的安排增强了语篇意义的连贯效果。加之说话人与听话人之间的社会关系：一方面为政府与人民之间的关系，说话人的预期对生态文明建设者（全体人民）起到了激励作用，有利于推动生态文明建设进程；另一方面为中国与其他国家民众之间的关系，说话人向世界展现了中国良好的生态面貌，有利于中国对世界的开放及与各国建立友好和谐的关系。综上，主语参与者链、言语角色链以及内在语势链都遵循生态哲学观，不仅有利于自然生态系统的良好发展，也有利于社会生态系统内部的和谐共处，由此，本语篇中的语气衔接手段为生态有益性衔接与连贯。

例 15. **I don't** have any insider information. **What I know is the talks were not** very successful last time, **they were** going on in the United States and now **I** think **both sides** are considering where to go next.

例 15 关涉社会生态系统。语篇的**语场**为中国主持人回答美国主持人有关中美贸易谈判的问题；**语旨**为两位主持人之间平等的社会地位；**语式**为口头辩论。三种要素都与中美贸易谈判间存在争议的情景语境相符合，具有语域一致性。说话人先对 Trish 的提问进行回应，继而从个人立场对中美贸易谈判过去取得的成果以及未来可能的发展趋势进行描述。具体到语言系统来看，语篇由较为缓和的陈述句组成，表现了说话人对待提问较为平和的言语态度，有利于说话人与听话人以及观看电视直播的观众之间建立较好的人际关系；主语参与者链以 I 为主，表达说话人的话语多代表个人立场，这在一定程度上规避了外媒对中国观点的过度解读，有利于中国在国际社会中建立良好的形象。由此可见，说话人在回答中所使用的语气类别、主语链、言语角色链不仅达到了语篇内部的连贯效果，也有助于建立人与人、国家与国家之间的生态有益性人际关系，因此属于生态有益性衔接与连贯。

3. 时态和语态

从功能角度来看，时态作为一种语义范畴存在于所有语言中，是说话人"对过程的时间定位以及基于该时间定位建构的时间关系"（何伟、张存玉，2016：25–26）。在语篇中，时态不仅能够表征经验活动发生的时间，还能够在语言各要素之间建立时间关系，构建时间的先后序列。因此，时态可以作为一种内部衔接手段（于善志、王文斌，2014；贾培培、张敬源，2015；何伟、张存玉，2016），使语篇的各种意义依照时间链联系起来，从而实现语篇的意义连贯效果。从生态语言学视角来看，时态所表征的经验意义、逻辑意义、人际意义和语篇意义（何伟、张存玉，2016：28）都可以用来判断该衔接链的生态取向。此时，研究者需分辨时态在语篇中凸显了何种语义及其相应地起到了何种连贯效果，继而判断该种时态衔接手段是否遵循"多元和谐，交互共生"生态哲学观。

例 16. 两人喷出急冲冲的白气，像龙舟上的赛手，手脚并用，前倒后换，毡筏像雪上摩托一般地飞滑起来。杨克也**终于**亲手钩上一只大黄羊，他乐得差点没把毡筏崩塌，陈阵吓出一身冷汗，急忙把他按住。[17]

例 16 涉及人与动物之间的关系，属于自然生态系统。**语场**为杨克与陈阵钩黄羊的过程讲述；**语旨**为作者与读者之间相近的社会距离、平等的社会地位；**语式**为书面小说。由此可见，语篇所表达的概念意义、人际意义、语篇意义与草原上人与动物的生存方式相符合，具有语域一致性。在此基础上，说话人将施动者的动作"喷出……手脚并用……前倒后换……钩上……崩塌……按住……"按照时间顺序衔接起来，呈现施动者为钩到黄羊而进行的一系列努力，其中"终于"一词表达杨克钩到黄羊的不易。这种时间链衔接方式表征说话人对过程时间的定位以及基于该定位在过程之间建立的先后序列关系，也就是说，说话人通过对

17　选自《狼图腾》一书中的第四章。

第 6 章　生态话语分析的理论基础：语篇功能

过程时间之间关系的表述达到了语篇内部的连贯效果。从人与动物之间关系角度来看，杨克对黄羊的行为破坏了生态和谐。然而，小说《狼图腾》发生在 20 世纪 90 年代末，当时内蒙古草原的牧民都保留着游牧民族的生存习惯，牧民既放养黄羊，同时也以黄羊为食，维持着草原的生态平衡。因此，说话人使用的时间链与时间词既不遵循也不违背生态哲学观，属于生态模糊性衔接与连贯。

例 17. Life **comes** first, nothing **is** important than life. China **has provided** many needed supplies to the US to help American medical workers get better protection and save more American lives from danger.[18]

例 17 涉及中国与美国之间的关系，属于社会生态系统。**语场**为说话人为美国战"疫"加油；说话人为外交部发言人，在一定程度上代表中国立场，言语对象为美国，二者社会距离相近，这是**语旨**信息；**语式**为私人社交平台，表面看来代表个人观点，但基于话语发出者中国外交部发言人的身份，其在一定程度上也代表着国家的外交立场。由此可见，本语篇所表达的意义符合美国面临严峻疫情、中国始终秉持国际合作友好态度的情景语境，具有语域一致性。具体到语言系统，语篇以一般现在时 comes、is 表明生命的重要性，强调在全球疫情严峻的时刻各国都应将生命安全放在首位；又以现在完成时 has provided 说明中国已经为美国提供了医疗方面的帮助，希望能够尽快帮助美国度过疫情。这种用现在完成时所表达的动作过程既与前面的一般现在时联系起来，说明中国对生命的敬畏，又与中国已提供物质援助的举动联系起来，说明中国对美国抗疫的切实帮助，这种对立场及举动的表达有利于世界对中国担当精神和态度的了解，有利于国际关系的良性发展。该时态的选取要比过去时所体现的生态性程度更高。因此，本语篇中的时态衔接属于生态有益性衔接与连贯。

语态是时态的延伸（Halliday，1994/2000：199）。在传统语法中，语态分为主动与被动两种，当主语为动作实际发出者时，小句谓体属于主动语态；当主语为动作承受者时，小句谓体属于被动语态。二者在通常情况下可以相互转换，且表征相同的经验意义。Halliday（1994/2000）

18　选自中国外交部发言人华春莹于 2020 年 4 月 12 日发表的推特，来自 Twitter。

将语态分为非中动和中动两种,其中非中动语态有施事,包含主动和被动;中动语态无施事,谓体在形式上为主动而意义上为被动。例如,在小句"The door opens suddenly."中,主语 the door 无法主动实现 open 这一动作,"使门开"这一过程的诱因可能是自然因素,也可能是人为因素,但这并不包含在该小句所表达的意义内容中。

由此可见,语态的类型能够影响小句的信息结构配置,不同信息结构会产生不同的语义连贯效果,继而影响小句所表征语篇意义的生态取向。以被动语态为例,说话人将动作的承受者提至句首作为主语参与者角色、小句的信息出发点,通常情况下是意在隐藏实际施动者或降低其在小句中的信息地位。因此,语态中主语参与者角色的生态特征,主语与实际施动者之间的关系,以及该小句信息与上下文小句信息产生了何种连贯效果,就成为判断语态衔接生态取向的重要因素。此外,语篇的语域及文体与其中的语态分布情况有密切联系,如英文科技语篇及学术论文英文摘要多被动语态、政府工作报告多主动语态等。例如,Kahn(2001)在描写动物实验的科学语篇中发现,全文仅在致谢部分有主动语态出现,其余正文部分多使用被动语态,这种语言使用习惯表明人们在潜意识中并没有将动物看作与人平等的生物对待。因此,对语域与语态之间关系的分析有助于研究者更好地了解内外衔接手段的联动机制,从而在整体上把握衔接与连贯的生态取向。

例 18. 一切国家机关工作人员,无论身居多高的职位,都必须牢记我们的共和国是中华人民共和国,始终要把人民放在心中最高的位置,始终全心全意为人民服务,始终为人民利益和幸福而努力工作。[19]

例 18 涉及国家与人民之间的关系,属于社会生态系统。**语场**为对国家机关工作人员发出的要求;**语旨**为国家领导人与国家机关工作人员之间领导与被领导的关系;**语式**为口头讲话。全国人民代表大会会议是全国人大代表共商国是的集会,语篇所表达的概念意义、人际意义、语篇意义都符合这种国家机关工作人员集会的情景语境,具有语域一致性。具体到语言系统,说话人在本段中只使用了主动语态,将承担人民

---

[19] 选自《习近平在十三届全国人民代表大会第一次会议上的讲话》,中国共产党新闻网,2020 年 5 月 15 日。

第 6 章　生态话语分析的理论基础：语篇功能

幸福的责任与使命的施动者清晰地表述为"一切国家工作人员"，表达了党和国家"为人民服务"的工作宗旨，有利于国家内部安定、团结，人民之间和谐、稳定。此外，说话人还用"把"字句式，更突出了"人民"的重要地位。因此，本语篇中的语态属于生态有益性衔接与连贯。

例 19. ... the new chemicals **come** from our laboratories in an endless stream; almost five hundred annually **find** their way into actual use in the United States alone. Among them are many that **are used** in man's war against nature. Since the mid-1940s over 200 basic chemicals **have been created** for use in killing insects, weeds, rodents, and other organisms described in the modern vernacular as "pests"; and they **are sold** under several thousand different brand names.[20]

例 19 涉及人与自然的关系，属于自然生态系统。**语场**是对化学物质用途的介绍；**语旨**为对生态学、环境保护等较为了解的作家与读者之间的关系；**语式**为书面科普读物。由此可见，语篇所表达的概念意义、人际意义、语篇意义符合当时村庄无节制使用杀虫剂的情景语境，具有语域一致性。作者在本段中共使用两个中动语态及三个被动语态，都是将 chemicals 作为主语、小句的出发点。中动语态小句表达化学物质来自实验室，并被投入使用，被动语态小句表达化学物质"被"用于人类对抗自然、"被"人类创造以及"被"以不同品牌售出，而以上动作的实际发出者都是人类。也就是说，说话人用中动及被动语态隐匿了化学物质产生及使用的真正施动者，降低了人类在"化学物质污染环境"这一负面影响中的作用，不利于自然环境保护理念的宣传。因此，该语篇中的语态衔接手段属于生态破坏性衔接与连贯。此处需要指出，该语篇中的语态选择一方面印证了科技语篇多被动语态的文体特征；另一方面也说明科学研究的客观性意味着人类试图抹除自身活动对自然生态系统带来的负面影响。因此，对于这类语篇的分析，需要将其放置在大的时代背景中进行，在生态遭到严重破坏的情况下，学界应提倡多主动语态的文体特征，而非目前的多被动及中动语态的文体特征。

20　选自 *Silent Spring* 一书中的第二章。

4. 指称

语篇中，当人或事物在文中出现又在之后被重复时，一般情况下，它们不是以相同的指称方式出现，而是通过以下三种语法资源来表示（Bloor & Bloor, 1995; Halliday & Hasan, 1976）：（1）人称指称（personal reference），例如I、it、"他们"等表达被指称对象与说话人关系的词汇（崔希亮，2000）；（2）指示指称（demonstrative reference），例如this、"这"等表达被指称对象与说话人距离的词汇（许余龙，1989）；（3）比较指称（comparative reference），例如similar、"相同的""别的"等表达指称对象与被指称对象之间比较的词汇。以上这种通过精简表达方式来达到语义连贯效果的衔接手段即为指称。指称包括内指（endophoric reference）和外指（exophoric reference），内指是文内的重复，又包括回指（anaphoric）和下指（cataphoric）；外指则连接语言和外部语境（包括情景语境和文化语境）（Thompson，2004/2008：181）。在判断指称手段的生态取向时需要同时关注指称内容和指称形式两个维度的生态特征（何伟、马宸，2020c），其中指称内容的生态性即语篇经验意义的生态性，指称形式的生态性则需看其与指称内容之间的关系以及与说话人的关系。需要指明的是，指称的生态取向由二者中的最低生态性决定，例如，若二者其一为生态破坏性，则该指称手段为生态破坏性衔接与连贯。

例20. 感谢中方长期以来为南非和非洲提供各种支持，特别是在当前困难时刻为南非和非洲国家抗击疫情提供宝贵援助，**这**对南非和非洲国家非常重要，增加了**我们**战胜疫情的信心。[21]

例20涉及国家与国家之间的关系，属于社会生态系统。**语场**为说话人代表本国表达对中国援助的感谢；**语旨**为两国领导人之间的平等友好关系；**语式**为口头通话。由此可见，语篇关涉的语场、语旨、语式符合当下世界各国共同战"疫"的情景语境，具有语域一致性。具体到语言系统来看，首先，说话人以指示代词"这"回指"中国在当前困难时刻为南非和非洲国家抗击疫情提供宝贵援助"，承上启下地将这一事件与其对南非和非洲国家产生的影响衔接起来。其次，说话人以人称代

---

21 选自《习近平同南非总统拉马福萨通电话》，人民网，2020年5月16日。

第 6 章　生态话语分析的理论基础：语篇功能

词"我们"回指受到中国援助的"南非和非洲国家"，相较于非生命体参与者"南非和非洲国家"，"我们"作为生命体参与者更适用于心理过程"增加战胜疫情的信心"的发出者，且更能够展现出中国提供的援助对在此困难时刻的南非和非洲国家人民产生的积极作用。由此可见，说话人在本语篇中所使用的指称手段有效地实现了语言经济原则及语义连贯效果，有利于中国与南非建立友好的合作关系，促进国际社会生态系统的良性发展，属于生态有益性衔接与连贯。

例 21. Global warming is causing temperatures across the world to increase. **This** is particularly prominent at latitudes nearer to the poles. Some animal and plant species rely heavily on the cold conditions that the glaciers provide and are migrating to higher altitudes to find suitable habitats. **This** puts severe strains on ecosystems as more animals and species live in an ever-shrinking region.[22]

例 21 涉及人类活动、自然环境以及动植物的关系，属于自然生态系统。**语场**涉及全球变暖对生态系统产生的消极影响；**语旨**为报道者与读者之间的关系；**语式**为书面新闻报道。由此可见，语篇所表达的概念意义、人际意义、语篇意义符合全球变暖影响生态环境的情景语境，具有语域一致性。从语言系统来看，说话人在本语篇中共使用两个指示代词 this，第一个回指"Global warming is causing temperatures across the world to increase."，对前一事件突出发生的地域进行进一步说明；第二个下指"more animals and species live in an ever-shrinking region."，而下指的依据在于上句对全球变暖造成动植物物种迁徙的说明。由此可见，该语篇中的两个指示代词都起到了承上启下的衔接作用，且都表达了全球变暖对动植物生存环境造成的影响，以及对自然生态系统带来的严重压力，能够引起人们对人类活动是否适当的反思，属于生态有益性衔接与连贯。

22　选自《环境主题节目探访北极，却不见北极熊身影：背后原因发人深省》，中国日报双语新闻，2020 年 1 月 10 日。

5. 替代和省略

替代是词汇-语法层面的联系,指说话人为避免重复,使用一个词汇项代替另一个的衔接手段,主要包括以下三种类别:(1)名词性替代(nominal substitution),例如 one、"的"等;(2)动词性替代(verbal substitution),例如 do、"做""弄""整""搞"等;(3)小句性替代(clausal substitution),例如 so、not、"这样""如此""否则""果然"等。省略即"零替代",可以避免小句或小句要素的完全重复。对于省略的部分,读者可以依照上文中的预设将其补充完整;当文中预设模糊时,也可根据自己的认知与语境对其进行补充(Halliday & Hasan, 1976: 144)。在判断替代和省略的生态取向时,需要首先将替代或省略的词汇项进行还原或补充(何伟、马宸,2020c),继而在生态哲学观的指导下,结合替代或省略可能产生的原因及其对语篇连贯造成的影响,关注原词汇项及其被替代或省略后形式的生态特征。

例 22. 天生**的**,自然**的**,才是健康**的**![23]

例 22 涉及人与自然之间的关系,属于自然生态系统。**语场**为对有机农场中农作物特点的宣传;**语旨**涉及农场宣传者与购买农作物的人,二者之间社会距离较近;**语式**为书面或电视广告。由此可见,语篇的语域三要素符合宣传有机农场的情景语境。在此广告语中,说话人用三个"的"替代"农作物",一方面通过较为一致的句式达到形式整齐,一方面通过言简意赅的语言达到语义连贯,宣传了该农场农作物最突出的三个特点"天生""自然""健康"。同时,对农作物不施加人工干预、使其自然生长的做法也遵循"多元和谐,交互共生"生态哲学观,有利于自然生态系统的良好发展。因此,本例中的替代为生态有益性衔接与连贯。

例 23. One of them was high school chemistry teacher Judith Keane, who recalled Ghez as an "exceptionally brilliant student." "I am especially proud that Andrea continues to take such a strong interest in teaching and

---

23 选自"有机农场广告语、宣传语",经典语句网。

mentoring her own students, **especially the girls.**" said Keane, 80.[24]

例 23 关涉社会生态系统。**语场**是 2020 年诺贝尔奖得主、女科学家 Andrea Ghez 的高中化学老师 Judith Keane 对其作出的评价；**语旨**涉及潜在采访者与化学老师，二者间为中等的社会距离；**语式**为口头回忆转文字叙述。语篇所表达的概念意义、人际意义、语篇意义符合 Andrea 在基础教育时期遇到非常有模范作用的老师（以 Judith Keane 老师为例）的情景语境，具有语域一致性。在老师对于 Andrea 的评价中，especially (in teaching and mentoring) girls 运用省略手段，避免了谓体重复，对 Andrea 特别关注教导的"女孩"群体对象进行强调。一方面，这种衔接手段表征 Andrea 对女生群体的关心，体现了二者间友好的关系；另一方面，这种衔接手段对其所关注人群的性别进行强调，在一定程度上体现了男女不平等的意识或现象，不利于社会生态系统的良性发展。因此，本段采访中的替代和省略手段属于生态模糊性衔接与连贯。

6. 连接

连接属于一种语法衔接手段，指将任何两个语篇成分组合成一个连贯语义单位的语法资源，表征语篇的逻辑意义。连接手段一方面可以由表达逻辑关系的词汇体现，例如 but、because、nevertheless、therefore 等；另一方面可以假设在正常的语篇中，任何小句都与其相邻的小句有衔接关系，此时二者间的逻辑关系内含在小句语序及语义中（Halliday & Hasan，1976：226-227；Thompson，2004/2008：188-190）。Halliday & Hasan（1976）将逻辑语义关系分为增补关系（additive），例如 and；转折关系（adversative），例如 yet；因果关系（causal），例如 so；以及时间关系（temporal），例如 then。之后，Halliday（1994/2000）按照小句的分类将逻辑关系表述为阐述（elaboration）、延展（extension）和增强（enhancement）三种扩展（expansion）类型以及言语（locution）和思想（idea）两种投射（projection）类型。何伟等（2015a，2015b）以及何伟、刘佳欢（2019）融合 Halliday（1994/2000）以及 Fawcett

---

24 选自《知识武装的大脑究竟多有魅力？看看今年诺奖的女性得主们》，中国日报双语新闻公众号，2020 年 10 月 18 日。

（2000，2008）的观点，将这几种逻辑语义关系进行了详细的描述，区分了并列连接关系和主从嵌入关系，以及显性表征方式和隐性表征方式。并列连接关系表征小句之间的连接，主从嵌入关系表征小句之间的粘合。显性表征方式涉及连接词（linker）、粘合词（binder）的使用，隐性表征方式不涉及这些逻辑标记词的使用。具体分类及标记词如表6-3所示。

表6-3 逻辑语义关系分类及标记词示例（根据何伟、刘佳欢，2019）

逻辑语义关系		逻辑标记词示例
阐述类	重述	in other words、that is、namely、也就是、即
	解释	in fact、actually、事实上、其中、至少
	例证	for example、such as、（比）如、举例来说
延展类	增加	and、not only...but also...、既……又……
	承接	and then、after、while、然后、一……就……
	对照	instead、rather、but、同样、与其……不如……
	选择	or、both...and...、或许、是……还是……
增强类	因果	because、so、therefore、由于、以致、从而
	转折	however、but、instead、否则、不然、却
	目的	in order to、so as、so that、为了、使、以（便）
	条件	if、unless、provided that、只要、如果、只有
	方式	as、as if/though、like、如、像、通过、经由
投射类	极性成分	that、whether、if、是否、可否、能否
	重合成分	when、where、who、why、如何、怎样、谁

从生态语言学视角看，话语之间的逻辑意义能够体现说话人对世界经验的逻辑思维，即说话人是如何在生态哲学观的指导下认识经验事件之间关系的。由此，何伟、程铭（2021）根据生态哲学观、生态行为以及逻辑关系系统之间的关系建构了生态语言学视角下的逻辑配列关系系统（参见图7-1），用来表征影响逻辑关系生态取向的因子，包括配列关系、配列顺序、表征方式以及逻辑语义关系。在此基础上，逻辑语义关系又分为扩展逻辑语义与投射逻辑语义，其中扩展逻辑语义关系的生态取向还需关注语义类别、语义取向以及语义缘起的生态特征；投射逻辑语义关系的生态取向还需关注投射方式、投射小句（包括投射者和投

第 6 章　生态话语分析的理论基础：语篇功能

射标记）以及被投射小句（包括内容和言语功能）的生态特征（参见第7章）。

以下摘取第 7 章语篇分析中的语段为例，从语篇功能视角对其使用的连接手段进行生态性分析。

例 24. 吃野味**非但**不能滋补、治病，**反而**会带来健康隐患。近些年来世界多地出现的新发传染病，很多和食用野生动物有关。[25]

例 24 涉及人与动物之间的关系，属于自然生态系统。本语篇的**语场**涉及食用野味的危害；**语旨**涉及报道者与读者，二者之间为中等的社会距离；**语式**为书面新闻报道。本语篇内含的语场、语旨、语式与我国法律要求以及多数传染病的源头这种情景语境相符合。说话人用"非但……反而……"这种表达逻辑语义关系的词汇-语法手段将人们对食用野味具有积极作用的错误认识与其实际产生的消极影响衔接起来。这种显性对照延展类逻辑语义关系表达了说话人意图通过强调吃野味对人体健康带来的负面影响，从而引起人们对野生动物的保护意识。从生态语言学视角看，说话人一方面从"义本位"出发关注野味对人体健康造成的恶劣影响，一方面从"自然本位"入手强调了保护野生动物的必要性，有利于人与动物之间的和谐共生，因此该语篇中的连接手段属于生态有益性衔接与连贯。

例 25. Having a major Chinese presence in Pakistan and Sri Lanka is worrying for India **and although** it seems unlikely **that** India will join the BRI in the foreseeable future, the country needs to ensure it does not end up being encircled by China.[26]

例 25 涉及国家与国家之间的关系，属于社会生态系统。**语场**是说话人对印度产生担忧的原因分析；**语旨**涉及报道者与读者的关系；**语式**为书面新闻报道。首先，说话人使用隐性因果增强类逻辑语义关系表明是中国与巴基斯坦和斯里兰卡的深度合作使印度感到担忧；其次，and

---

25　选自《打击滥食野味，严些，再严些》，人民网，2020 年 2 月 13 日。
26　选自 "The Belt and Road Initiative: Is it changing Sino-Indian Relations?"，*Belt & Road News*，2019 年 2 月 24 日。

这一显性增加延展类词汇将上述原因与印度不加入"一带一路"这一事件连接起来；再次，although 这一显性转折增强类词汇表明印度本国虽不太可能加入"一带一路"倡议，但仍会确保其不会被中国包围；最后，that 这一显性解释阐述类词汇对形式主语参与者 it 的具体内容进行阐述。由此可以看出，印度仅从自身国家的利益出发，对"一带一路"这一遵循生态哲学观、有利于各国共赢的倡议表达了消极的语义取向，既不利于其本国经济的发展，也对其与中国及周边各国之间建立良好的合作共赢关系造成了消极影响，因此该语段的连接手段属于生态破坏性衔接与连贯。

7. 重复和搭配

重复是词汇层面的一种衔接手段，不仅包括相同词汇的重复，还包括相关词汇的出现，例如同义词（synonym）、近义词（near synonym）、上义词（superordinate）或概括词（general word）（Halliday & Hasan, 1976: 279）。搭配指在同一词法环境（lexical environment）中词汇的共现，即通过词汇意义的搭配实现语篇意义的连贯（Halliday & Hasan, 1976: 284）。在判断重复和搭配的生态取向时，需要在生态哲学观的指导下，对话语中高频实词的类型、语义、搭配和表征形式等的生态特征进行分析（何伟、马宸，2020c）。

例 26. 全国各族人民向不幸罹难的同胞致以深切的悼念……这是对逝者的深切缅怀……这是对生者的莫大慰藉……这是对生命的最高尊重……历史将铭记今天，我们为遇难同胞肃立默哀，分担同胞遭受的痛楚与哀伤，共同在悼念中铸就生命的坚强。[27]

例 26 是涉及人与人之间、国家与人民之间的关系，属于社会生态系统。语篇的**语场**为对青海玉树地震中的遇难同胞表达深切哀悼；**语旨**涉及全国各地各族人民与遇难同胞家属，他们之间是一种平等的关系；**语式**为书面悼词。由此可见，语篇所表达的概念意义、人际意义、语篇意义符合悼念的情景语境。在本语篇中，"默哀……痛楚……哀伤"以

---

[27] 选自《人民日报评论员文章：悼念中铸就生命的坚强》，中华人民共和国中央人民政府网站，2010 年 4 月 21 日。

不同词汇项反复表达全国人民的悲痛之情，"悼念……缅怀……"等词汇搭配共现在对逝者的悼词中，与悼词要表达的信息高度一致，实现了整个语篇的语义连贯。由此可见，说话人使用重复和搭配的衔接手段表达对在青海玉树地震中遇难的同胞的深切悼念，展现了我国各地各族人民之间的密切关系，有利于国家社会生态系统内部的和谐发展，属于生态有益性衔接与连贯。

例 27. The **DDT** will turn up in the milk in the amount of about 3 parts per million, but in butter made from this milk the concentration may run to 65 parts per million. Through such a process of transfer, what started out as a very small amount of **DDT** may end as a heavy concentration. Farmers nowadays find it difficult to obtain uncontaminated fodder for their milk cows, though the Food and Drug Administration forbids the presence of **insecticide** residues in milk shipped in interstate commerce.[28]

例 27 涉及人与自然之间的关系，属于自然生态系统。**语场**关涉由于饲料污染而导致牛奶中杀虫剂有残留这一事件；**语旨**涉及作者与读者，二者之间为中等社会距离；**语式**为书面读物。说话人在第 1 句和第 2 句中重复使用 DDT 一词表达牛奶中残留的杀虫剂，在第 3 句则用 DDT 的上义词 insecticide 来表示被食品和药物管理局禁止在牛奶中残留的杀虫剂，即不仅指 DDT，而包括所有种类的杀虫剂。这表明任何杀虫剂都会影响到食物的安全，应该从源头上禁止。因此，本语篇中的重复手段属于生态有益性衔接与连贯。

8. 修辞格

在修辞学中，修辞格指话语发出者依据语境对语言施以方法和技巧（张德禄，1997），继而在交际中提高语言表达效果。何伟、郭笑甜（2020）依照语言层次对修辞手段进行重新归类整合后，认为词汇-语法层的反复、设问等与衔接手段中的重复、语气等有重合，因此将修辞衔接的分析范围定至小句及以上单位，并最终将排比、对偶、对照、映衬、倒装以及小句层面的反复等修辞归为衔接手段。判断修辞格的生态

28　选自 *Silent Spring* 一书中的第三章。

取向时，需要重点关注小句经验意义及人际意义的生态特征（何伟、马宸，2020c），以及修辞格所产生的语言表达效果的生态特征。

例28. 战"疫"期间，习主席同多方密切沟通、深入沟通，介绍中国抗疫努力，争取国际社会支持，呼吁各国携手抗疫，共同维护全球公共卫生安全。<u>既有电话交谈，也有信函往来；既有双边对话，也有多边会议；既面向外国政要，也面向外方友好人士</u>。中国元首外交以务实多样的交往方式深化着中国与世界各国的合作。[29]

例28涉及国家与国家之间的关系，属于社会生态系统。**语场**关涉对总书记与各国沟通抗疫相关事项的介绍；**语旨**涉及编辑与读者，二者之间为中等社会距离；**语式**为书面新闻报道。由此可见，该语篇所表达的概念意义、人际意义、语篇意义符合全球面临疫情防控考验的情景语境，具有语域一致性。具体到语言系统来看，语篇用三个"既……又……"组成排比句式，体现总书记与各方联系时在沟通方式、沟通对象等方面的多样化特征，不仅凸显相关经验意义与人际意义，同时也与下句中"务实多样的交往方式"相衔接。这说明我国与世界其他国家的沟通、合作既有利于实现共赢的局面，也有利于国际社会生态系统的和谐发展。由此，该语篇中使用的排比修辞属于生态有益性衔接与连贯。

例29. Two roads diverged in a yellow wood,
　　　And sorry I could not travel both
　　　And be one traveler, long I stood
　　　And looked down one as far as I could
　　　To where it bent in the undergrowth;
　　　Then took the other, as just as fair,
　　　And having perhaps the better claim,
　　　Because it was grassy and wanted wear;
　　　Though as for that the passing there
　　　Had worn them really about the same…[30]

29　选自《书写共建人类命运共同体的战"疫"篇章——记习近平主席推动新冠肺炎疫情防控国际合作》，新华社，2020年4月5日。
30　选自Robert Frost的诗歌"The Road not Taken"。

第6章 生态话语分析的理论基础：语篇功能

例29涉及人与自然的关系，属于自然生态系统。**语场**为说话人在选择道路时的心理活动；**语旨**为诗人与读者，二者之间为中等社会距离；**语式**为书面诗歌。由此，诗歌虽然表面看来是对大自然景象的描述，但其所内含的概念意义、人际意义、语篇意义与诗人当下面临的人生道路选择情景相一致。在诗歌中，诗人多次用到隐喻修辞手段，用"Two roads diverged in a yellow wood."隐喻诗人面对两种不同的人生选择，用"And be one traveler, long I stood."隐喻诗人在选择前的犹豫，用"Then took the other, as just as fair... Though as for that the passing there Had worn them really about the same..."隐喻诗人选择了少数人选择的人生，用"And having perhaps the better claim, Because it was grassy and wanted wear."隐喻诗人认为这样的人生对他来说是有吸引力的、美好的。总体上，诗人通篇以"林间小路"为意象表征"人生"，并通过对小路的描绘表达其对人生的看法，将大自然与自己的人生联系起来，展现了诗人与自然之间和谐共处的关系，因此该语篇中的修辞手段属于生态有益性衔接与连贯。

6.3.2 音系衔接手段

音系层的衔接手段指口语语篇中的语音语调，包括轻重音、韵律、节奏、停顿、语调升降或高低等（胡壮麟，1993，1994），其作用在诗歌、散文中较为突出。同一个语篇在不同语音语调的配置下能够产生不同的语篇意义，包括不同的信息结构及不同的语义连贯效果。由此可见，当说话人对生态哲学观秉持不同态度时，会使用不同的语音语调来表达意义，语义的生态取向也就相应有所差别。

语调可分为降调、升调、平调、降升调和升降调五种类别（Halliday & Hasan，1976：271），通常与语气和语义类别相对应：降调对应陈述语气，表达肯定意义；升调对应疑问语气，表达寻求回应；平调表达不肯定的语义，用于表示全句尚未结束（胡壮麟，1993）；降升调可能表达转折意义，例如but前的小句为降调，后面的小句为升调，意在强调升调小句中的信息；升降调中的升调部分则可能是吸引听话人注意的主题部分。

因此，在判断语音语调的生态取向时，不仅要关注语音轻重、语调与话语内容之间的关系，还需关注语音轻重变化、语调变化对语篇整体产生的影响。

以悼词为例，说话人怀着悲痛情绪表达对逝者深切的哀悼，此时的语调为降调，且通常无变化，而在强调或赞扬时可能会有升调的出现。这种语调的配置结合悼词的语域背景及其内容所表达的经验意义，能够与参加葬礼的人产生共情，属于生态有益性衔接与连贯。以国家领导人的演讲为例，演讲者通常情绪较为高昂，在演讲时会始终保持升调，且重音较多，能够号召、鼓舞民众共建国家美好的未来，有利于国家生态系统的良好发展，属于生态有益性衔接与连贯。以新闻播报为例，播音员则通常语调无明显变化，轻重音极有规律，增强了新闻报道内容的客观性，属于生态有益性衔接与连贯。

6.4 结语

生态语言学视角下的语篇功能从语言的组篇角度表征其生态取向，主要由主位系统、衔接与连贯系统体现。生态语言学视角下的主位系统涉及语篇小句语序配列中的生态因子，聚焦小句信息出发点的生态特征，主要表现在自然生态话语中，非人类生命体或物理性参与者比人类或社会性参与者充当主位的生态性强；在社会生态话语中，不同类型参与者交互充当主位的程度越高，则生态性越强。衔接与连贯系统则涉及语篇的经验意义、人际意义、逻辑意义及语篇意义如何与语言外部环境等要素相适应，关注语言外部的语域一致性、内部的词汇-语法及音系手段的生态特征。通过分析语篇中主位的生态性程度、分布情况以及语篇使用的衔接与连贯手段对生态系统的影响，可以判断语篇组篇形式的生态取向，探究单个小句所表达的经验功能、人际功能的生态取向是否会因其语篇功能的生态取向而有所改变。

第 7 章
生态话语分析的理论基础：逻辑功能

7.1 引言

在系统功能语言学理论体系中，逻辑功能指语言可以反映两个或两个以上语言单位之间逻辑关系的功能（Halliday，1994/2000：179），包括配列关系（interdependency）和逻辑语义关系（logico-semantic relation）两个方面。何伟等（2015a，2015b）以"意义为中心，形式体现意义"的功能描述思想为基本指导原则，根据句子表达的过程情况，将其划分为简单小句和复合小句。简单小句是由一个级阶小句组成的句法单位，表达一个主要过程，可分为非嵌入式简单小句和嵌入式简单小句；复合小句指由并列关系小句填充的语言单位，表达两个或两个以上的主要过程。在表述主要过程时，依赖过程嵌入在主要过程中，起补充作用，通常表达部分经验意义或者逻辑语义关系。英汉语嵌入式简单小句中的级阶小句和嵌入小句（即依赖小句）之间，以及复合小句中级阶小句之间的逻辑语义关系可分为四类，即阐述、延展、增强和投射。这四类逻辑语义关系均可以由逻辑配列顺序以及显性和隐性两种方式来表征，其中显性表征方式指两个或两个以上的小句通过逻辑标记词相连接，分为连接词与粘合词；反之则为隐性表征方式（何伟等，2015a，2015b；何伟、刘佳欢，2019）。综上，逻辑关系系统包括逻辑配列关系系统和逻辑语义关系系统两个子系统，后者又可分为扩展逻辑语义关系系统与投射逻辑语义关系系统。

7.2 生态语言学视角下的逻辑关系系统

从生态语言学视角来看,逻辑功能指语言可以反映两个及以上的语言单位之间逻辑关系生态取向的功能,可以分为逻辑配列关系系统与逻辑语义关系系统,二者系合取关系,即在连接小句时,需同时对二者进行选择。逻辑语义关系系统又分为扩展语义关系系统和投射语义关系系统,二者系析取关系,即在连接小句时,需要在二者中选择其一(何伟、程铭,2021)。下文将对上述三类系统进行阐述。

7.2.1 逻辑配列关系系统

逻辑配列关系聚焦两个及两个以上小句间的并列关系和嵌入关系。配列关系中任何一对小句均分为首要小句(primary clause)和次要小句(secondary clause)。其中,首要小句在并列关系中为起始小句,在嵌入关系中为级阶小句;次要小句在并列关系中为后续小句,在嵌入关系中为嵌入小句。何伟、刘佳欢(2019)在对英汉语小句间逻辑语义关系进行研究时发现:在逻辑语义配列顺序上,表征增强关系时,英汉语配列顺序会根据其限制的方式而各不相同;表征延展关系时,英语通常按照逻辑标记词的语义排列,将后发生的事件前置,而汉语则根据先后顺序排列;表征阐述关系时,英汉小句配列顺序基本相同。在词汇-语法表征方式上,英语一般需要借助标记词表达逻辑关系,因而显性方式较多;汉语通常通过语义关系蕴含事件发生的先后顺序,因而隐性方式较多。小句间逻辑配列关系与配列顺序的标记性与非标记性可由此体现,标记性的有无对话语的生态性有着重要的影响,值得关注。

综上可知,生态语言学视角下的逻辑配列关系系统的构建需要在生态哲学观的指导下,结合扩展和投射两个逻辑语义关系维度,如图7-1所示。在表达扩展逻辑语义关系时,不同语言有各自习惯的嵌入或并列关系,以及相应的小句间顺序,即非标记性逻辑配列关系与配列顺序(何伟、程铭,2021):在语义一致的情况下,当小句间

第7章 生态话语分析的理论基础：逻辑功能

为嵌入关系时，嵌入小句在阐述类关系中主要表达解释意义，在延展类关系中承载信息补充，在增强类关系中表示限制方式，在语法地位上均低于级阶小句，在语义重要性上也较级阶小句弱；当小句间处于并列关系时，起始小句和后续小句的句法地位平等，其语义重要性需结合不同语言中的焦点位置以及话语所处语境具体分析。标记性话语通常传达特殊的意义，其生态性也会随之愈发凸显。一般情况下，显性逻辑标记词可以清晰地表征语言使用者的逻辑关系思维，有助于增强生态性；隐性的表征方式则需要话语接收者对话语的逻辑关系进行推断，由此可能产生多种解读，导致结果偏差，从而生态性减弱。在表达投射逻辑语义关系时，英汉语投射小句与被投射小句的配列顺序基本一致，即投射小句可以位于被投射小句之前，也可位于之后，且被投射小句多为嵌入小句，充当主语、补语等成分；两种语言多选择隐性表征方式，其中汉语的隐性表征方式更为明显（何伟、刘佳欢，2019）。在此基础上，小句的标记性可以反映话语发出者的言语或心理目的，因此对于标记性被投射小句，如自由间接引语、自由直接引语等，该类嵌入式简单小句会增强话语原有的生态性（何伟、程铭，2021）。

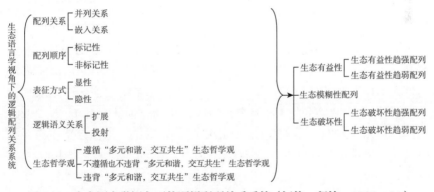

图 7-1　生态语言学视角下的逻辑配列关系系统（何伟、程铭，2021：54）

7.2.2　扩展逻辑语义关系系统

扩展逻辑语义关系包括阐述、延展和增强。阐述类关系指一个小句对另一个小句的进一步表述，是对小句语义的阐发，该类逻辑语义关系可进一步区分为重述、解释、例证等；延展类关系指通过添加信息从而扩充小句语义，该类逻辑语义关系可进一步区分为增加、承接、选择、对照等；增强类关系指通过限制小句意义从而达到增强的目的，该类逻辑语义关系可进一步区分为因果、转折、目的、条件、方式等（何伟、刘佳欢，2019）。在此基础上，结合"多元和谐，交互共生"生态哲学观，我们从生态语言学角度对扩展逻辑语义关系系统进行重构，对话语中扩展逻辑语义关系所反映出的生态性进行判断。

话语的生态取向受到多功能、多维度、多因素的影响。因此，生态语言学视角下的扩展逻辑语义关系系统需要从话语发出者的语言逻辑与价值观之间的紧密关系出发进行生态化拓展，在扩展内容上体现为对扩展取向与扩展缘起两个方面的界定，故分析小句间逻辑关系的生态性需要结合首要小句和次要小句的内容（何伟、程铭，2021），如图7-2所示。扩展取向是话语发出者对待生态因子的价值观和立场，分为积极和消极两个取向。一般情况下，积极词汇表达积极取向，消极词汇表达消极取向，但需要注意的是，在具体分析中还应结合话语扩展内容的生态价值进行判断。扩展缘起是话语发出者发展逻辑语义关系的出发点和基准点，可以分为X本位和Y本位，在关涉自然生态系统的话语中表现为"人本位"与"自然本位"，在关涉社会生态系统的话语中则表现为"利本位"与"义本位"（张瑞杰、何伟，2018；何伟、马子杰，2020；何伟、程铭，2021）。自然生态话语中的"人本位"指在自然生态系统中以人类为本位，这样的观念容易出现"发展至上观""人类中心主义"等问题；反之，"自然本位"即在自然生态系统中以自然为本位，将人类视为自然的一部分，对自然保持敬畏的态度。在社会生态系统中，以利益为本位会导致因过度追求个人私利而罔顾其他，而以正义为本位则是从人民的根本利益出发，合理地追求利益，义利兼得。

第7章 生态话语分析的理论基础：逻辑功能

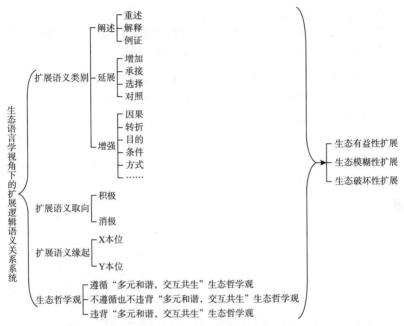

图7-2 生态语言学视角下的扩展逻辑语义关系系统（何伟、程铭，2021：55）

根据话语中的扩展取向与扩展缘起，再结合"多元和谐，交互共生"生态哲学观，扩展逻辑语义关系的生态取向判断标准如下：当话语发出者对遵循"多元和谐，交互共生"生态哲学观，即对表征"自然本位"或"义本位"的扩展内容表达积极的扩展取向时，或当话语发出者对违背"多元和谐，交互共生"生态哲学观，即对表征"人本位"或"利本位"的扩展内容表达消极的扩展取向时，属于生态有益性扩展。在此基础上，若逻辑关系使用显性的表征方式或标记性的逻辑配列顺序，扩展具有更强的生态性；相反，若逻辑关系使用隐性的表征方式或非标记性的逻辑配列顺序，扩展具有趋弱的生态性。同理，当话语发出者对遵循"多元和谐，交互共生"生态哲学观，即对表征"自然本位"或"义本位"的扩展内容表达消极的扩展取向时，或当话语发出者对违背"多元和谐，交互共生"生态哲学观，即对表征"人本位"或"利本位"的扩展内容表达积极的扩展取向时，属于生态破坏性扩展。在此基础上，若逻辑关系使用显性的表征方式或标记性的逻辑配列顺序，扩展内容的生态破坏性程度则趋强；相反，若逻辑关系使用隐性的表征方式或非标记性的逻辑配列顺序，扩展内容的生态破坏性程度相应趋弱。当话语发出者对扩展内容表达既非有益的、也非破坏的扩展取向时，属于生态模糊性扩展。

以下根据阐述、延展和增强三类扩展语义类别，分别以自然生态话语和社会生态话语为例来说明该系统的适用性。

1. 阐述类

例1. ||| 说实在的，水的化学污染的最惊人方面是这样一个事实，|| 即在河流、湖泊或水库里，或是在你吃饭桌子上的一杯水里都混入了化学家在实验室里设想到要合成的化学药物。|||[1]

例1为复合小句，由两个并列小句构成，分别可以独立存在，并单独表达句意，使用了显性表征方式表达重述阐述类的逻辑语义关系。在生态语言学视角下，从扩展内容来看，该例的后一小句是对前一小句意义的重述，即起始小句指出水污染现象，后续小句对"这样一个事实"进行重述，更加明确地说明水污染现象的具体表现。结合语境，后续小句中所表达的"化学药物混在饮用水中"的情形违背了生态哲学观，而起始小句中的"水的化学污染的最惊人方面"对此表达了消极取向，即后一小句指明了前一小句中水污染的严重后果，从而起到警示读者的作用。从扩展缘起来看，作者从自然环境出发，同时以人类自身的现实活动来重述说明，围绕人类与水资源之间的关系进行描述，说明重述阐述类的逻辑关系缘起于"自然本位"的生态价值观，体现出保护自然环境、重视自然资源的价值理念。因此，该逻辑语义关系符合"多元和谐，交互共生"生态哲学观，属于生态有益性扩展。从配列顺序来看，一般情况下表述重述意义的复合小句的配列顺序为被重述小句在前，重述小句在后（何伟、刘佳欢，2019），故该小句属于非标记性逻辑配列顺序，未增强扩展中的生态有益性效果。而从逻辑配列关系来看，该例

---

[1] 符号"|||……|||"表示复合小句；符号"||……||"表示简单小句；符号"||"表示复合小句中的两个小句之间处于并列关系；符号"[[……]]"表示嵌入小句，即嵌入小句嵌入级阶小句，二者之间是依赖关系（或者称为主从关系），而非并列关系。本例选自《寂静的春天》一书中的第四章。

第 7 章　生态话语分析的理论基础：逻辑功能

使用显性逻辑标记词"即"，将前后两小句间扩展关系明确化，增强了扩展的生态有益程度。

例 2. || It is reflected in the human values of Dr. Dwarkanath Kotnis, a doctor from India, [[**who** treated soldiers in China in the Second World War]]. ||[2]

例 2 为嵌入式简单小句，由一个级阶小句和一个嵌入小句组成，嵌入小句依赖级阶小句，其句法地位低于级阶小句。两个小句间的解释阐述类逻辑语义关系通过显性方式进行表达。在扩展内容上，前一小句为非嵌入式简单小句，描述中国与印度间友谊的代表——柯棣华医生，后一小句为由粘合词 who 引导的解释阐述类嵌入式小句，是对前一小句中的柯棣华医生身上体现出的中印友好情谊的解释补充。在这两个小句中，human values of Dr. Dwarkanath Kotnis 和 treated soldiers in China 均体现积极的扩展取向。结合小句语境，话语发出者借柯棣华医生在第二次世界大战期间对中国士兵的帮助，以说明中印两国之间互帮互助的友谊，体现出话语发出者的人道主义情怀。因此，该话语的逻辑关系缘起于"义本位"的价值观，符合"多元和谐，交互共生"生态哲学观，属于生态有益性扩展。同时，从逻辑配列关系来看，该例为非标记性配列顺序，语义重心在前，突出了柯棣华医生的人道主义精神；小句间使用显性方式表达逻辑语义关系，补充了"柯棣华医生在第二次世界大战期间救治中国士兵"的相关信息，从而增强了该小句中扩展内容的生态有益性，传递了积极的信息，有利于人与人、国家与国家之间生态系统的良好发展。

2. 延展类

例 3. ||| 对待疫情，**宁肯**十防九空 || **也要**加强防控， || 但是在具体措施的执行上又要依法办事。|||[3]

例 3 为复合小句，由三个并列小句构成，其中第三小句表达转折关系，我们将在后文中进行详述，此处仅聚焦延展类语义类别。前两个小

---

[2] 选自《印度总理莫迪清华大学演讲》，新东方网，2015 年 5 月 16 日。
[3] 选自《疫情防控，别走极端》，人民网，2020 年 2 月 17 日。

句使用显性方式表达对照延展类的逻辑语义关系,由连接词"宁肯……也要……"引导。从生态语言学视角来看,在扩展内容上,前一小句体现疫情防控的措施,后一小句通过与前一小句的对照,体现防疫的重要性与原则性,这种对待疫情的措施与态度体现了积极的扩展取向。同时,话语发出者将人民群众的健康安全作为最终目标,是"义本位"价值观的体现。因此,该话语符合"多元和谐,交互共生"生态哲学观,是生态有益性扩展。在此基础上,该句使用显性方式表征逻辑关系,凸显了小句间的逻辑语义关系,使重点落在后一小句上,达到了激发话语接收者对该信息进行思考与采取行动的目的,有利于社会生态系统长久稳定地发展。

例 4. ||| I have looked after the wild stock of the town, [[which give a faithful herdsman a good deal of trouble by leaping fences]]; ||**and** I have had an eye to the unfrequented nooks and corners of the farm. |||[4]

例4为复合小句,由两个并列小句构成,表达增加延展类语义关系。其中,起始小句为嵌入式简单小句,包含一个级阶小句和一个嵌入小句,由解释阐述类逻辑标记词 which 引导,描述话语发出者保护野生动物的情形;后续小句为非嵌入式简单小句,与起始小句之间由连接词 and 连接,描述田地保护情形。此处需要说明,由于该例聚焦延展类语义类别,我们仅对起始小句与后续小句之间的逻辑语义关系进行生态性分析,而对起始小句中的嵌入型解释阐述类逻辑关系不再赘述。从生态语言学视角来看,在扩展内容上,该复合小句中的 looked after、had an eye to、the wild stock、the unfrequented nooks 等均体现话语发出者对自然环境的保护,其中后续小句中有关"保护"的表述是对起始小句中"保护"内容的增加,属于积极的扩展取向。同时,作者从自然出发,先描述动物,后增加环境,体现话语发出者保护自然、尊重自然规律的"天人合一"的思想,说明该增加延展类逻辑关系缘起于"自然本位"。综上,该话语强调绿色发展,符合"多元和谐,交互共生"生态哲学观,属于生态有益性扩展。在此基础上,从逻辑配列关系角度来看,该句的配列顺序为非标记性,但通过显性逻辑标记词突出了前后小句之间

---

[4] 选自 *Walden* 一书中的"Economy"一章。

第7章　生态话语分析的理论基础：逻辑功能

的逻辑关系，强调保护环境、尊重自然的观念与行为，传递了较强的生态有益性信息。

3. 增强类

例 5. ||| 大自然赋予大地景色以多种多样性，[[**然而**人们却热心于简化它]]。|||⁵

例 5 为嵌入式简单小句，由一个级阶小句和一个嵌入小句组成，使用显性方式表达转折增强类逻辑语义关系。在生态语言学视角下，从扩展内容来看，后续小句对起始小句进行反转，起始小句指明一个事实，阐述自然景色的多样性，而后续小句描述一个情形，即人类不尊重自然规律。起始小句中的"多种多样性"与后续小句中的"简化"呈对立关系，但结合语境，作者在以转折关系警示人类对自然的不尊重而导致的环境破坏，体现积极的扩展取向。同时，该增强转折类的逻辑关系缘起于"自然本位"，体现出尊重自然、重视自然、谋求人与自然和谐共生的价值理念。这表明，该话语符合"多元和谐，交互共生"生态哲学观，属于生态有益性扩展。在此基础上，从逻辑配列关系来讲，该句使用显性方式对逻辑关系进行表征，将语义重心后置，凸显后续小句语义的重要性，强调人类应顺应自然规律，爱护自然。

例 6. ||He has every reason to be, [[**because** the US' obedient servant has refused to exclude Huawei outright [[as he wishes]]]].||⁶

例 6 为嵌入式简单小句，使用显性方式表达因果增强类逻辑语义关系。在生态语言学视角下，从扩展内容来看，起始小句为级阶小句，后续小句为嵌入小句，后续小句为起始小句阐述原因。结合语境，美国对英国接受华为的举动非常不满，句中 He 指美国总统特朗普，US' obedient servant 以及 to be (furious) 均体现出消极的扩展取向。美国认为华为的迅速发展对其是一种威胁，故开始制裁华为，游说其他国家不

5　选自《寂静的春天》一书中的第二章
6　选自 "Washington's desperate hunting of Huawei: *China Daily* editorial"，*China Daily*，2020 年 2 月 18 日。

许接受华为，并频繁地对华为的发展进行干预、压制，以保障本国利益最大化，暴露了其"见利忘义，不择手段"的本性，因此该句表征的逻辑语义缘起于"利本位"的价值观，与"多元和谐，交互共生"生态哲学观相悖，属于生态破坏性扩展。另外，从逻辑配列关系角度来看，该例使用显性表征方式增强了话语的生态破坏性，更加凸显美国的"霸权行径"，不利于国际生态系统的良好发展。

7.2.3 投射逻辑语义关系系统

投射是一种语言现象，是对经验的二次表征，表达言语、思想或事实（Halliday，1994/2000；何伟等，2015a，2015b）。一般情况下，该类关系由表示投射的级阶小句与表示被投射的嵌入小句组成，前者表征一个言语过程或心理过程，后者表征所说或所想。投射类型涉及三个子系统（Halliday & Matthiessen，2004/2008）：其一为投射层次（level of projection），包括言语和思想；其二为投射方式（mode of projection），包括引述、报道和嵌入（embedding）；其三为投射的言语功能（speech function of projection），包括命题和提议。

投射能够将话语发出者与话语接收者、内外语境等多个因素联系起来。因此在投射中，投射者的态度与投射信息来源是不可或缺的（Thompson，2014）。其中投射标记是话语发出者与话语接收者展开互动的主要方式，也是体现语篇评价意义的重要手段之一（Hyland，2010），也就是说，投射系统与评价系统中的介入系统具有密切的关联，对投射标记的选择可以促使多样的立场介入语篇（何伟、程铭，2021）。根据何伟、程铭（2021），生态语言学视角下投射逻辑语义关系系统的构建应基于"多元和谐，交互共生"生态哲学观，结合生态语言学视角下的介入系统（魏榕、何伟，2019；何伟、马子杰，2020），对原投射系统进行拓展，增加投射者角色、投射标记与投射缘起三个维度，如图7-3所示。

第7章 生态话语分析的理论基础：逻辑功能

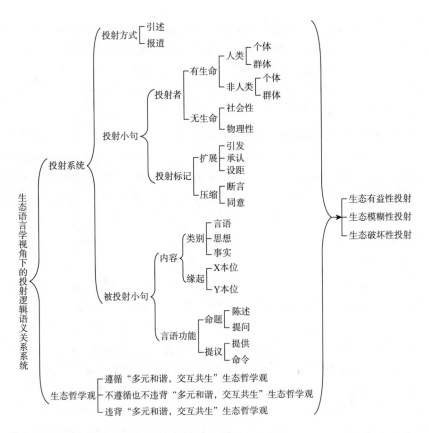

图 7-3　生态语言学视角下的投射逻辑语义关系系统（何伟、程铭，2021：57）

首先，对投射小句的生态性考察需要结合投射者角色和投射标记两个因素。投射的生态性程度会随着投射者角色的不同而发生变化。为凸显投射句的生态特征，本章对投射者角色进行生态化拓展，对投射者生态特征的辨别可以参考本书第 4 章、第 5 章对参与者角色的生态化拓展。一般情况下，自然生态话语应鼓励使用非人类生命体参与者角色和物理性参与者角色作投射者；社会生态话语应鼓励人类群体和社会性参与者角色作投射者。同时，基于何伟、程铭（2021），并根据介入系统对借言方式的分类，投射标记可以被分为引发、承认、设距、断言、同意五种范畴，其中前三种范畴属于扩展性投射，后两种范畴属于压缩性投射。不同范畴的投射标记反映话语发出者对投射内容的不同立场与态度，在生态话语分析中有助于揭示言语者或思想者的潜在生态意识。被投射小句根据内容可分为言语、思想及事实，其生态性需要根据投射缘起进行判断。被投射话语属性若为自然生态话语，则可表现为"人本位"或"自然本位"；被投射话语属性若为社会生态话语，则可表现为"利本位"或"义本位"。

综上所述，当话语发出者对遵循"多元和谐，交互共生"生态哲学观，即对表征"自然本位"或"义本位"的投射内容使用表达明确支持的投射标记时，以及对违背"多元和谐，交互共生"生态哲学观，即表征"人本位"或"利本位"的投射内容使用表示明确反对的投射标记时，此类投射句属于生态有益性投射，有益于生态系统的良性发展。在此基础上，若使用标记性的逻辑配列顺序或生态性强的投射来源，即自然生态话语中使用非人类生命体参与者和物理性参与者，以及社会生态话语中使用人类群体和社会性参与者作投射者，则生态有益性程度提高；若使用非标记性的逻辑配列顺序与生态性弱的投射来源，即其他参与者作投射者，则生态有益性程度降低。反之，当话语发出者对遵循"多元和谐，交互共生"生态哲学观，即表征"自然本位"或"义本位"的投射内容使用表达反对的投射标记时，以及对违背"多元和谐，交互共生"生态哲学观，即表征"人本位"或"利本位"的投射内容使用表达支持的投射标记时，此类投射句不利于生态系统的良性发展，属于生态破坏性投射；同时，若使用标记性的逻辑配列顺序或生态性强的投射来源，生态破坏性程度增强；若使用非标记性的逻辑配列顺序或生态性弱的投射来源，生态破坏性程度减弱。当话语发出者表达的投射句对于生态系统的良性发展既不是有益的，也不是破坏的情况时，该投射方式属于生态模糊性投射。

下面分别以自然生态话语和社会生态话语为例来说明该系统的适用性。

例 7. ||The proponents of the Paris agreement want to pretend [[that doing with less is costless]] [[because the value of forgone energy consumption does not show up in the national income accounts]]. || The rest of us need not be so silly: Expensive energy means more poverty. ... There is no evidence—

第7章 生态话语分析的理论基础：逻辑功能

none—in support of the "crisis" view of anthropogenic climate change.[7]

例 7 为嵌入式简单小句，级阶小句 "The proponents of the Paris agreement want to pretend" 是投射小句，嵌入小句 "that doing with less is costless" 是被投射小句，被投射小句依附于投射小句，投射层次为思想，投射的言语功能为命题。该小句以非标记性报道的投射方式陈述一则信息，即"用更少的能源做事情是没有成本的"。在被投射小句之后还有一个同层次的嵌入小句表明投射内容的原因，即"放弃的能源消耗并不会使经济增长"。从投射小句来看，投射来源 the proponents of the Paris agreement 是人类群体参与者角色，动词 pretend 属于表示设距的扩展性投射，表明话语发出者通过引入外部声音陈述他人观点的同时，保持距离，明确坚持自身原本的立场。由此可见，话语发出者对"减少能源使用不会消耗成本"的观点持否定态度，不认同可再生清洁能源的益处，并认为温室气体过度排放与全球变暖没有关联，与当今时代主流对全球变暖现象的生态认知并不相同。同时，话语发出者从"经济增长""能源经济成本"等方面对可再生清洁能源的价值进行估量，所反映出的人类中心主义价值观是"人本位"投射缘起的体现，这不利于全球共同积极应对全球变暖这一生态危机。因此，该例中的投射逻辑语义关系违背了"多元和谐，交互共生"生态哲学观，并且选择人类参与者角色作投射者，增强了投射内容中的生态破坏性意义，属于生态破坏性投射。

例 8. ||| 这一圈小山在冬天特别可爱，|| 好像是把济南放在一个小摇篮里，|| 它们安静不动地低声地说：[["你们放心吧，这儿准保暖和。"]] |||[8]

例 8 由三个处于并列关系的小句构成，其中，位于句尾的嵌入式简单小句表征投射类型的逻辑语义关系。投射小句的配列顺序为非标记性语序，话语发出者选择物理性要素"小山"为投射者，以拟人的修辞方法赋予山以"说"这一人类特有的言语行为。从被投射小句来看，话语接收者"你们"指济南的居民，拉近了读者与自然之间的距离，体现了

7　选自 "Pro-con: Did the U.S. make a wise decision in withdrawing from the Paris climate agreement?"，*Columbia Daily Tribune*，2019 年 11 月 15 日。

8　选自《济南的春天》，《齐大月刊》，1931 年。

作者尊重自然，平等看待非人类生态因子，凸显出作者对以济南冬天为代表的自然的喜爱之情。由此可见，本例中的投射内容表征人与自然的和谐关系，符合"多元和谐，交互共生"生态哲学观，这种缘起于"自然本位"的内容体现出话语发出者"乐山乐水"的生态情怀，以及万物共生、生生平等的生态整体自然观，属于生态有益性投射。在经验意义不变的前提下，如果把此处的投射者改为话语发出者本人，即话语发出者在欣赏完济南山景后感叹"这儿真暖和"，虽也可体现话语发出者的喜悦心情，但选择有生命的人类个体作为投射者则使得原句中的生态性大幅降低。

例 9. ||Speaker of the US House of Representatives Nancy Pelosi said at the conference [[that China is seeking to export digital autocracy through Huawei]]. ||[9]

例 9 为嵌入式简单小句，级阶小句 "speaker of the US House of Representatives Nancy Pelosi said at the conference." 为投射小句，嵌入小句 "that China is seeking to export digital autocracy through Huawei." 为被投射小句，被投射小句依附于投射小句，投射类别为言语，投射的言语功能为陈述。从生态语言学角度来看，该嵌入式简单小句以非标记性报道投射方式陈述话语发出者的观点，即"中国企图通过华为实现电子技术霸权"。从投射小句来看，投射来源 speaker of the US House of Representatives Nancy Pelosi 为人类个体参与者，代表美国的议长，说明其权威性；投射内容为美国对中国和华为的污蔑，缘起于"利本位"。但是话语发出者在此处使用表示承认的扩展性投射标记 said，表明话语发出者对此进行了保留取向的介入，立场为不完全支持或反对。另外，从配列顺序角度来看，该句为非标记性配列顺序，其逻辑配列关系呈模糊性。综上，该例中的投射逻辑语义关系既没有遵循也没有违背"多元和谐，交互共生"生态哲学观，属于生态模糊性投射。

---

9 选自 "Wang says US, not China, poses threats"，*China Daily*，2020 年 2 月 17 日。

第7章 生态话语分析的理论基础：逻辑功能

7.3 逻辑功能理论在生态话语分析中的应用

本节对较为完整的中文和英文语篇进行逻辑语义关系分析，以更加具体、系统地展现其生态性，揭示话语逻辑意义的生态取向。

7.3.1 案例分析一：中文语篇

打击滥食野味，严些，再严些[10]

||| 吃野味**非但**不能滋补、治病，|| **反而**会带来健康隐患。|||（<u>显性对照延展类</u>）|| 近些年来世界多地出现的新发传染病，很多和食用野生动物有关。|| ||| 现行的《野生动物保护法》主要是保护珍贵、濒危野生动物，|| 大量野生动物不在保护管理范围，|| 包括绝大多数的蝙蝠、鼠类、鸦类等传播疫病高风险物种。|||（<u>隐性转折增强类；隐性例证阐述类</u>）||||[[**为了**做好重大公共卫生安全风险的源头控制，]] 进一步健全野生动物保护方面的法律制度，|| 加强执法监督，|| 严厉打击野生动物非法交易，|| 坚决革除滥食野生动物的陋习。|||（<u>显性目的增强类；隐性增加延展类；隐性增加延展类；隐性增加延展类</u>）|| 2月3日，国家市场监管总局、生态环境部、国家林业和草原局等10部委联合部署 [[打击野生动物违规交易]] 专项执法行动。||（<u>隐性解释阐述类</u>）||| 在疫情期间，全国实施最严厉的管控措施，|| 全面禁止人工繁殖场所野生动物转运贩卖，|| 禁止一切形式的野生动物交易。|||（<u>隐性解释阐述类；隐性增加延展类</u>）

表7-1 中文语篇逻辑语义关系统计

逻辑语义类别	出现次数（次）	所占比例（%）
阐述类	3	30
延展类	5	50
增强类	2	20
投射类	0	0

---

10 选自《打击滥食野味，严些，再严些》，人民网，2020年2月13日。

表 7-2　中文语篇逻辑表征方式统计

逻辑表征方式	出现次数（次）	所占比例（%）
显性方式	2	18.2
隐性方式	9	81.8

上述语篇选自新闻报道的起始部分，介绍了野生动物保护的背景、原因以及相关决策等，其中涉及多种逻辑语义关系。由表 7-1 可以看出，出现次数最多的逻辑语义类别为延展类，以表示意义的增加为主，少数表示对照意义；其次为阐述类和增强类，分别表示解释和例证意义以及转折和目的意义；投射类并未出现。由表 7-2 可以看出，语篇多选择隐性方式对上述逻辑关系进行表征。在生态语言学视角下对该语篇逻辑意义的解读如下：其一，阐述类别中，从扩展内容来看，"打击""禁止"等词汇是对野生动物交易这一生态破坏性事件的制止，体现积极的扩展取向。同时，话语发出者从自然生态出发，对上述行动的缘由进行解释，强调其重要性，说明该阐述类的逻辑关系缘起于"自然本位"的生态价值观，体现了保护动物、爱惜自然的价值理念。因此，该类逻辑语义关系符合"多元和谐，交互共生"生态哲学观，属于生态有益性扩展。其二，延展类别中，从扩展内容来看，与阐述类相似，"打击""革除""禁止"等词汇也是对野生动物保护行动的描述，体现积极的扩展取向。同样，话语发出者也从自然出发，将上述行动并列，体现出其地位同等重要，说明该延展类的逻辑关系缘起于"自然本位"的生态价值观，符合"多元和谐，交互共生"生态哲学观，是生态有益性扩展。其中有一处使用显性方式表征对照意义，更加凸显语义重心，强调贩卖滥食野生动物的严重后果，增强了话语的生态有益性。其三，增强类别中，从扩展内容来看，"健全法律制度"等也是对野生动物的保护措施，体现积极的扩展取向。另外，话语发出者从生态角度出发，将人与自然相连，体现"天人合一"的兼容思想，说明该增强类逻辑关系缘起于"自然本位"的生态价值观，符合"多元和谐，交互共生"生态哲学观，属于生态有益性扩展。同时，语篇使用显性方式凸显保护野生动物的目的，使话语接收者更加清晰地意识到野生动物保护与人类发展之间的关系，增强了话语的生

第7章　生态话语分析的理论基础：逻辑功能

态性。综上所述，该语篇中的阐述类、延展类和增强类逻辑语义关系符合"多元和谐，交互共生"生态哲学观，属于生态有益性逻辑语义关系。

7.3.2　案例分析二：英文语篇

The Belt and Road Initiative: Is it changing Sino-Indian relations?[11]

|| [[**As** mentioned above,]] the CPEC and the String of Pearls are two points of contention between India and China.|| (显性解释阐述类) || [[Combined with the unresolved border issue [[**which** led to a war between the two countries in 1962 **and** is still a thorn in their relationship]],]] these recent developments have caused tensions to escalate. (隐性增加延展类；显性解释阐述类；显性增加延展类) || [[**Although** India and China have a flourishing bilateral trade,]] India must be cautious in [[**how** it approaches a growing Chinese footprint in the region]]. || (显性转折增强类；显性方式增强类) ||| [[Having a major Chinese presence in Pakistan and Sri Lanka]] is worrying for India || **and** [[**although** it seems unlikely [[**that** India will join the BRI in the foreseeable future]],]] the country needs to ensure [[it does not end up [[being encircled by China]]]]. ||| (隐性因果增强类；显性增加延展类；显性转折增强类；显性解释阐述类；隐性解释阐述类；隐性解释阐述类) || China must also keep New Delhi's concerns in mind [[as it could end up [[pushing the latter towards a coalition]], [[further hindering Chinese interests]]]].|| (显性因果增强类；隐性解释阐述类；隐性因果增强类) || Most importantly, the situation of a security dilemma should be avoided [[which would only lead to further destabilisation of the region]]. || (显性解释阐述类)

11　选自"The Belt and Road Initiative: Is it changing Sino-Indian relations?"，*Belt & Road News*，2019年2月24日。

表 7-3　英文语篇逻辑语义关系统计

逻辑语义类别	出现次数（次）	所占比例（%）
阐述类	7	43.8
延展类	3	18.7
增强类	6	37.5
投射类	0	0

表 7-4　英文语篇逻辑表征方式统计

逻辑表征方式	出现次数（次）	所占比例（%）
显性方式	10	62.5
隐性方式	6	37.5

上述语篇选自一篇有关中印关系走向的新闻，主要报道"一带一路"倡议对中印关系的影响。该语篇出自原文的结尾部分，文章的前文分析了"一带一路"倡议中的中巴经济走廊以及"珍珠链"战略对中印关系的影响，最后对中印关系进行了预测，即为上述语篇部分。通过表 7-3 可以看出，出现次数最多的逻辑语义类别为阐述类，表示解释意义；其次为增强类，表示转折、因果意义；最后为延展类，表示增加意义。由表 7-4 看出，与中文语篇相反，英文语篇中显性方式的使用次数较隐性方式多，体现了汉语意合、英语形合的特点。语篇从生态语言学的角度解读如下：其一，阐述类中，从扩展内容来看，语篇中 a thorn、a war between the two countries、destabilisation of the region 等词语是对中印之间关系障碍的表述，显然具有消极的扩展取向；同时，话语发出者将中印双方的问题凸显出来，并指明印度对中国发展的忌惮，说明话语发出者片面地考虑中印关系，并未从大局出发。由此可见，该类逻辑关系并非缘起于"义本位"的价值观，这些显然与"多元和谐，交互共生"生态哲学观相悖，属于生态破坏性扩展。从逻辑配列关系角度，该类逻辑语义关系使用显性方式进行表征，增加了扩展逻辑关系的生态破坏性，不利于国际生态系统的良好发展。其二，延展类中，从扩展内容来看，语篇中的 contention、tensions、unresolved border issue 等词语体现出话语发出者将中印双方的矛盾升级，具有消极的扩展取向。另外，话语发出者指出中国因自身利益而担忧区域稳定与发展，并

第7章 生态话语分析的理论基础：逻辑功能

不符合现实的国际关系；同时也反映出该类逻辑关系缘起于"利本位"，与"多元和谐，交互共生"生态哲学观相悖，属于生态破坏性扩展。并且，该类逻辑语义关系较多地使用显性表征方式，更加凸显其生态破坏性，传递了消极的信息。其三，增强类中，从扩展内容来看，语篇中的 encircled by China、Chinese presence in Pakistan and Sri Lanka 等词语表达印度对其领土问题的担忧，体现消极的扩展取向。结合语境，话语发出者表明印度对中国与其周边国家/地区的合作感到担忧，担心自己过度依赖中国经济，由此可以看出该类逻辑关系缘起于"利本位"的价值观，不利于中印之间关系的良好发展，不符合"多元和谐，交互共生"生态哲学观，属于生态破坏性扩展。从逻辑配列关系角度来看，该类逻辑语义中使用显性方式表征逻辑关系的次数较多，进一步加强了破坏性程度。综上所述，该语篇在原文语境中发挥着总结全文的作用，但其未对"一带一路"倡议为印度带来的合作发展进行阐述，仅聚焦"一带一路"倡议为印度带来的"压力"，从而将中印之间的隔阂扩大化，这样的逻辑语义关系与"多元和谐，交互共生"生态哲学观相悖，属于生态破坏性扩展，并且较多地使用显性方式对逻辑关系进行表征，增强了话语的生态破坏性。

7.4 结语

本章从生态语言学视角对逻辑关系系统进行拓展，目的是对话语逻辑意义的生态取向进行分析。逻辑关系系统包括逻辑配列关系与逻辑语义关系两个子系统，其中逻辑语义关系子系统又区分为扩展逻辑语义关系系统与投射逻辑语义关系系统。在"多元和谐，交互共生"生态哲学观的指导下，我们根据标记性或非标记性逻辑配列顺序以及显性或隐性表征方式对逻辑配列关系的生态性程度进行衡量；根据扩展取向与扩展缘起两个特征对扩展类逻辑语义关系的生态取向进行判断；根据投射者角色、投射标记和投射缘起三个特征对投射类逻辑语义关系的生态取向进行判别。在此基础上，对蕴含有利于生态系统和谐发展的逻辑关系的话语，应提倡其使用；对逻辑关系生态取向模糊或不利于生态系统稳定运行的话语，应改进或抵制其使用。

第8章
生态话语分析理论与实践

8.1 引言

前面各个章节主要从不同角度对生态话语分析的理论基础进行建构，即对系统功能语言学理论体系中的及物性系统、语气系统、评价系统、主位系统、衔接与连贯系统以及逻辑关系系统进行了生态语言学视角下的拓展和延伸。为进一步展现或验证上述理论框架在生态话语分析中的适用性和可操作性，本章在对生态话语分析理论体系进行整合的基础上，选择完整语篇进行分析，以呈现一个全方位、深层次的生态话语分析机制。

8.2 生态话语分析理论体系

生态话语分析是生态语言学研究的重要路径之一，是一种在生态哲学观指导下对话语生态取向进行揭示的话语分析范式。生态话语分析所依据的生态哲学观可概括为"多元和谐，交互共生"，这是一个具有普适特点的价值观，既适用于关涉自然生态系统的话语分析，也适用于关涉社会生态系统的话语分析。生态话语分析的手段可以发展自任何功能取向的语言学理论体系（Stibbe，2015）。本书在生态语言学视角下拓展和延伸了系统功能语言学理论，包括及物性系统、语气系统、评价系统、主位系统、衔接与连贯系统和逻辑关系系统，目的是从多个维度对话语的生态性，即生态取向，进行全面考察，从而深刻揭示话语背后的生态意识。在此基础上，本章对上述理论进行整合，以呈现更具系统性和完整性的生态话语分析理论体系，如图 8-1 所示。

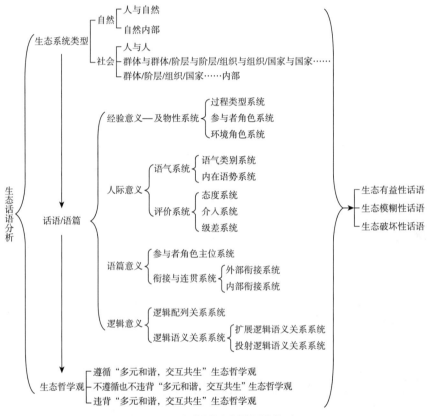

图 8-1　生态话语分析理论体系

生态话语分析理论体系主要由三个部分组成，分别为话语涉及的生态系统类型、话语/语篇（以下统称为"话语"）以及生态哲学观。一般情况下，描述人与自然或自然内部各要素之间关系的属于自然生态系统，描述人与人之间，或群体与群体、阶层与阶层、组织与组织、国家与国家等不同群体性单位之间，或群体、阶层、组织或国家等群体性单位内部各要素之间关系的属于社会生态系统。通过对话语所涉及的生态系统类型的识别，可以使生态话语分析的目的更加清晰明确。

第 8 章　生态话语分析理论与实践

在确定生态系统类别的基础上，话语的生态取向可以从四类意义进行探讨，即经验意义、人际意义、语篇意义、逻辑意义。其中，经验意义是语言对世界中各种经验活动的表征，主要方式为及物性系统，包括过程、参与者角色和环境角色，详见本书 4.4 小节。

人际意义是语言对建立或维持人际关系等的表征，主要分为语气系统和评价系统，前者包括语气类别系统及语气语势系统（包括内在语势系统和外在语势系统，本书关注内在语势系统），后者包括态度系统、介入系统和级差系统。其中，在语气系统中，语气类别系统包括陈述语气、疑问语气和祈使语气，以表征言语的交换功能，详见本书 5.2.1 小节；内在语势系统表征言语角色对言语内容的判断和态度，涉及目标、类别、量值、取向等方面，详见本书 5.2.2 小节；在评价系统中，态度系统表达说话人对事物或事件的情感、判断和鉴赏，需分别从种类、取向和缘起三个方面进行考察，详见本书 5.3.1 小节；介入系统表征态度的来源，需结合介入内容从介入方式、取向、来源等方面进行分析，详见本书 5.3.2 小节；级差系统用来衡量说话人表达态度和选择介入时的程度或等级，涉及级差种类、级差取向和级差参考三个方面，详见本书 5.3.3 小节。

语篇意义指语言通过组篇手段赋予事件相关要素某种地位，由参与者角色主位系统和衔接与连贯系统表征。参与者角色主位反映小句信息出发点涉及的生态因子，使话语的关注点和立场的生态性更加明显，详见本书 6.2 小节。衔接与连贯系统关注语篇传递和组织的信息如何与上下文其他信息、语言外部环境等要素相适应，分为外部衔接和内部衔接，外部衔接聚焦语域一致性，内部衔接则包括词汇-语法手段和音系手段，详见本书 6.3 小节。

逻辑意义反映两个及以上的语言单位之间的逻辑关系，分为逻辑配列关系系统和逻辑语义关系系统。逻辑配列关系系统涉及配列关系、配列顺序以及表征方式，详见本书 7.2.1 小节。逻辑语义关系系统包括扩展逻辑语义关系系统和投射逻辑语义关系系统，其中扩展逻辑语义关系系统的生态取向涉及扩展语义类别、扩展语义取向和扩展语义缘起三个方面，详见本书 7.2.2 小节；投射逻辑语义关系系统的生态取向涉及投射方式、投射小句、被投射小句三个方面，详见本书 7.2.3 小节。

话语所反映的生态意识与"多元和谐，交互共生"生态哲学观之间的关系是话语生态取向的判断依据。当话语遵循生态哲学观时，能够促进生态系统的良性发展，是生态有益性话语；当话语违背生态哲学观时，则会阻碍生态系统的良性发展，是生态破坏性话语；当话语既不遵循也不违背生态哲学观时，对生态系统所产生的影响较为模糊，是生态模糊性话语。生态话语分析的最终目标是通过对话语生态取向的揭示，指导人们的行为，从而促进自然生态系统与社会生态系统的和谐稳定发展。

前面各章节对生态话语分析理论的各个系统分别进行了建构、描述和例示。Halliday（1994/2000）曾指出，创建系统功能语言学的目的之一是提供一个用于口头话语和书面语篇分析的理论框架。同样，本书建构生态话语分析理论体系的目的即提供一个可以对任何话语的生态取向进行比较科学的分析的理论框架。为展现或验证本书所建构的生态话语分析理论的适用性和可操作性，本章选取两个较长的语篇来分析：一个关涉自然生态系统；另一个主要关涉社会生态系统。

8.3　自然生态话语分析

自然生态话语分析的语料来自 *The Call of the Wild* 一书，作品讲述从小生活在温室环境中的 Buck 被偷走拐卖到原始荒野当雪橇狗一事，残酷的现实和恶劣的生存环境使 Buck 不断成长，也逐渐激起了 Buck 回归大自然的本能和意识。在受到残暴对待的危难时刻，Buck 获得 Thornton 的解救并在其身上感受到了前所未有的温暖，Thornton 在淘金途中遇害之后，Buck 坚定决心，最终回归自然。本节选取书中三个段落，对比主人公 Buck 在最初被贩卖时、遇到恩主 Thornton 后以及最后回归自然三个时期所受到的待遇及其自身的行为状态，运用生态话语分析理论解析作者在不同时期使用的话语具有何种生态特征，展现人与动物之间、动物与其生存环境之间处于何种生态关系，最终构建的是怎样的自然生态系统。

Para 1 |||Buck (Ca) was (Pro: 自主归属类关系过程) **truly**（确实）a **red-eyed**（鉴赏）devil (At), [[as he (Ag) drew (Pro: 自主行动类动作过程)

第8章 生态话语分析理论与实践

himself (Af) together for the spring (CR), hair bristling (CR), mouth foaming (CR), a mad glitter in his blood-shot eyes (CR)]]. ||| Straight at the man he (Ag)(Em) launched (Pro: 自主行动类动作过程) his one hundred and forty pounds of fury (Af), [[surcharged (Pro: 自主情感类心理过程) with the pent passion (PrEx) of two days and nights (Ph)]]. |||In mid air (CR), [[just as his jaws (Ca) were about to close (Pro: 自主方向类关系过程) on the man (Dir)]], he (Ag) received (Pro: 自主行动类动作过程) a shock (Af) [[that (Ag) checked (Pro: 自主行动类动作过程) his body (Af)]] [[<u>and</u> brought (Pro: 自主行动类动作过程) his teeth together with an agonizing clip]]. |||He (Af)(Cog) <u>had never been</u> struck (Pro: 自主行动类动作过程) by a club (Ag) in his life (CR), ||<u>and did not</u> understand (Pro: 自主认知类心理过程).||| With a snarl [[that (Ca) was (Pro: 自主归属类关系过程) part bark and more scream (At)]] he (Ca) was (Pro: 自主位置类关系过程) <u>again</u> on his feet (PrEx) || and launched (Pro: 自主行动类动作过程) into (PrEx) the air (Loc). |||<u>And again</u> the shock (Ag) came (Pro: 自主发生类动作过程) ||and he (Af) was brought (Pro: 自主行动类动作过程) **crushingly** to the ground (Dir). |||This time (CR) he (Cog) was aware (Pro: 自主认知类心理过程) (Ph)[[that it (Ca) was (Pro: 自主归属类关系过程) the club (At)]], ||<u>but</u> his madness (Cog) knew (Pro: 自主认知类心理过程) no caution (Ph). |||A dozen times (CR) [[he (Ag) charged (Pro: 自主行动类动作过程)]], ||<u>and</u> as often the club (Ag) broke (Pro: 自主行动类动作过程) the charge (Af) || and smashed (Pro: 自主行动类动作过程) him (Af) down (PrEx).|||[1]

Para 2 ||| This man (Ag) had saved (Pro: 自主行动类动作过程) his life, [[which was something]]; ||<u>but, further,</u> he (Tk) was (Pro: 自主识别类关系过程) the ideal master (Vl). ||| Other men (Cog) saw (Pro: 自主感知类心理过程) to the welfare of their dogs from a sense of duty and business expediency; || he (Cog) saw (Pro: 自主感知类心理过程) to the welfare of his [[**as if they were his own children**,]] [[<u>because</u> he (Em) could not help (Pro: 自主情感类心理过程) it]]. ||| He (Cog) never forgot (Pro: 自主认知

---

[1] 选自 The Call of the Wild 一书中的第一章 "Into the primitive"。

类心理过程) a kindly greeting or a cheering word (Ph), ||and to sit down for a long talk with them (Tk) was (Pro: 自主识别类关系过程) as much his delight as theirs (Vl)]]. He (Posr) had (Pro: 自主拥有类关系过程) a way of taking Buck's head **roughly** between his hands, and resting his own head upon Buck's, of shaking him back and forth, the while calling him ill names [[that to Buck were love names]] (Posd). ||| Buck (Cog) knew (Pro: 自主认知类心理过程) (Ph)[[no **greater** joy than that rough embrace and the sound of murmured oaths]], ||and at each jerk back and forth **it seemed** [[**that** his heart (Af) would be shaken (Pro: 自主行动类动作过程) out of his body (PrEx)]]. |||And [[when, [[released (CR)]], he (Ag) sprang (Pro: 自主行动类动作过程) to his feet (PrEx), his mouth laughing (CR), his eyes eloquent (CR), his throat vibrant with unuttered sound (CR), ||and in that fashion remained without movement]], John Thornton (Comr) would **reverently** exclaim (Pro: 自主交流类心理过程), (Comd)[["God! you (Ag) **can** (do: Pro: 自主行动类动作过程) all (Af) but speak!"]] |||²

Para 3 ||||[[As he (Ag) held (Pro: 自主行动类动作过程) on]] he (Cog) became more and more conscious of (Pro: 自主认知类心理过程) the new stir in the land (Ph). ||| There was (Pro: 自主存在类关系过程) life (Ext) abroad in it (Loc) different from the life [[which (Ca) had been (Pro: 自主位置类关系过程) there (Loc) throughout the summer]]. ||| No longer was (Pro: 自主归属类关系过程) this fact (At) borne in upon him in some **subtle**, **mysterious** way (CR). |||The birds (Comr) talked (Pro: 自主交流类心理过程) of it (Comd), ||the squirrels (Comr) chattered (Pro: 自主交流类心理过程) about it (Comd), ||the very breeze (Comr) whispered (Pro: 自主交流类心理过程) of it (Comd).||| Several times he (Ag-Behr) stopped (Pro: 自主行动类动作过程) ||and drew (Pro: 自主行为类动作过程) in the **fresh** morning air (Af) in great sniffs (CR), [[reading a message [[which (Ag) made (Pro) (Af) him (Ag) leap (Pro: 自主行动类动作过程) on (PrEx) with greater speed (CR)]]]]...||<u>now</u> the call (Af) came (Pro: 自主发生类动作过程) to

---

2 选自 The Call of the Wild 一书中的第六章 "For the love of a man"。

Buck (Dir) in unmistakable accents (CR). He (Ag-Comr), too, sat (Pro: 自主行动类动作过程) down (PrEx) ||and howled (Pro: 自主交流类心理过程). |||This over||, he (Ca) came (Pro: 自主行动类动作过程) out (PrEx) of his angle (Dir) ||and the pack (Ag) crowded (Pro: 自主行动类动作过程) around him (CR), sniffing in **half-friendly, half-savage** manner (CR).||| The leaders (Ag) lifted (Pro: 自主行动类动作过程) the yelp of the pack and sprang (Pro: 自主存在类关系过程) away (PrEx) into the woods (CR). The wolves (Ag) swung (Pro: 自主行动类动作过程) in behind (CR), [[yelping (自主行为类动作过程) in chorus (CR)]]. |||And Buck (Ag) ran (Pro: 自主行动类动作过程) with them (CR), side by side with the wild brother (CR), [[yelping (自主行为类动作过程) as he ran (CR)]]. |||³

8.3.1 经验意义分析

对话语经验意义的生态性分析需要结合生态语言学视角下的过程类型、参与者角色以及环境角色三个系统，主要包括以下四个分析步骤：（1）对三个不同时期语段及物性进行逐句分析，标明参与者角色、过程类型及环境角色；（2）对语段的过程类型进行量化统计，其中，对每种过程类型在每段中的出现次数及所占比例的统计可以得出不同时期作者对于人与动物、动物与自然之间关系的不同表征；对每种过程类型在三个语段的出现总次数及其占比可以得出《野性的呼唤》这部作品整体上的表征特点；（3）在过程类型的统计基础上，对参与者角色以及环境角色的生态特征和生态属性进行归纳，继而得出作者在三个不同时期赋予参与者及环境的生态角色有何区别；（4）选取个例对其过程类型、参与者角色及环境角色进行成分的详细分析，以进一步说明作品的生态取向及表征方式上的特点。

---

3 选自 *The Call of the Wild* 一书中的第七章 "The sounding of the call"。

表 8-1 自然生态类语篇过程类型统计

段落	过程类型	在该段出现次数（次）	占该段过程类型比例（%）
Para 1	动作类过程	12	57.1
	心理类过程	4	19.1
	关系类过程	5	23.8
Para 2	动作类过程	4	30.8
	心理类过程	6	46.1
	关系类过程	3	23.1
Para 3	动作类过程	13	59.1
	心理类过程	5	22.7
	关系类过程	4	18.2

如表 8-1 所示，在段落 1 中，即 Buck 最初被贩卖时，作者使用动作类过程较多，数量约占该段过程类型总数的 57.1%；关系类过程其次，约占该段过程类型总数的 23.8%；心理类过程最少，约占比 19.1%。由此可见，在这一时期，人与动物的关系主要停留在"动作"与"动作"的交流上，由于二者针锋相对，人类甚至利用极端手段驯服 Buck，因此 Buck 的生存环境极其恶劣。在动作类过程中，drew、launched、charged 表征 Buck 为挣脱木箱、与人反抗所发出的动作，received、checked、brought、struck、came、broke、smashed 表征 Buck 所受到的击打等动作。此外，作者还用一些环境角色补充说明 Buck 在遭受击打及反抗过程中的姿态或状态等，例如 hair bristling、mouth foaming 等。值得注意的是，以上两类行动类动作过程的施事参与者角色多为 he，属于人类生命体属性的人称，表征作者将 Buck 看作与人类具有平等地位的生态角色。这种生态有益性参与者角色与前类动作过程相结合表征 Buck 具有较强的生命力和能动性，能够在面对不公正待遇时勇于反抗；但在后类动作过程中，贩卖者意图通过残暴的击打使 Buck 屈服并成为受其奴役的雪橇犬，这种人类渴望征服动物并使动物为其所用的动作过程违背了"多元和谐，交互共生"生态哲学观，作者又以受击打者、击打动作或击打工具为施事参与者角色，将击打动作的真正发出者置于较为模糊的地位，使得贩卖并虐待动物的人被边缘化，增强了话语的生态破坏性。综上，本段 Buck 受到的击打动作多于其反抗的动作，

第 8 章　生态话语分析理论与实践

因此生态破坏性程度相对较高。

　　在段落 2 中，即 Buck 遇到恩主 Thornton 后，作者使用心理类过程较多，数量约占该段过程类型总数的 46.1%；其次为动作类过程，约占该段过程类型总数的 30.8%；关系类过程最少，约占比 23.1%。由此可见，这一时期内人与动物的关系上升到心灵层面的交流，二者互相欣赏、互相喜爱，营造了一种良好、和谐的生存环境。在心理类过程中，Thornton、Buck 作为认知者、情感表现者、交流方交替出现，其中认知类心理过程表征 Thornton 与别人对待狗的不同认知，将 Buck 看作自己的孩子，以及 Buck 对其与 Thornton 相处方式愉快程度的认知；情感类心理过程表征 Thornton 对 Buck 的喜爱之情；交流类心理过程主要出现在 Thornton 对 Buck 的夸赞中，表征 Thornton 将 Buck 看作与人类一样能够正常交流的对象。此外，作者还用环境角色描述了 Buck 在受到 Thornton 抚摸后兴奋的状态，例如 his mouth laughing、his eyes eloquent 等。这种二者间的相互认知方式与积极的情感态度都表达了人与动物之间和谐共处的关系，属于生态有益性话语。

　　在段落 3 中，即 Buck 即将回归自然时及真正回归自然后，作者使用动作类过程较多，数量约占该段落过程类型总数的 59.1%；心理类过程与关系类过程数量相近，分别占该段类型总数的 22.7% 和 18.2%。随着 Thornton 对于 Buck 天性的放任以及 Thornton 一行人被害，这一时期相比之前两个时期少了人与动物之间互动的表征，更多集中于动物与其生存环境之间的互动，这里的生存环境既包括动物实际生存的地理环境，也包括动物与其同种、不同种生物之间的关系。在本段中，作者使用行动类动作过程主要表征 Buck 在释放天性的过程中越来越敏捷的动作，例如 held、leap 等，以及 Buck 先后与自然环境、狼群之间的相互接触，例如 drew、came、crowded 等；用行为类动作过程表征 Buck 与狼群互相接受后兴奋的表现，例如 yelping 等；上述动作过程的施动者多为 Buck，表现为 he 或 Buck，共出现 9 次；其次为狼群，表现为 the pack、the leaders、the wolves，共 3 次；最后为 the call，即野性的呼唤，共 1 次。由此可见，Buck、狼群及自然都被赋予主观能动性较强的角色，Buck 与狼群之间、Buck 与自然之间都存在主动的、双向的互动，都经历了从相互试探到相互接受的过程。这一点在环境角色的表征中也得到印证，从起初 Buck 自身感受的 in some subtle, mysterious way，到后来听到狼群叫声的 in unmistakable accents，再到最后与狼群汇合后的 around him、in behind、with them 等状态，都表明动物最终还是更适应、适合属于自己的族群与生存环境，由此才能实现其自身以及自然生态系统内部的良性发展，符合"多元和谐，交互共生"生态哲学观，属于生态有益性话语。

综上所述，针对主人公 Buck 的三个不同时期，作者主要用动作类过程表征在 Buck 被贩卖时期人与动物之间的冲突与恶劣关系，用心理类过程表征 Buck 在遇到恩主后人与动物之间和谐的相处方式与亲密关系，再用动作类过程表征 Buck 在回归自然后动物与其生存环境之间交互共生的和谐关系。

8.3.2 人际意义分析

在了解语篇经验意义生态取向的基础上，我们接着对语篇中三个不同时期所体现的人际意义的生态特征进行分析。从生态语言学视角下的语气系统来看，除段落 2 结尾处作者用感叹语气以及表达能力情态语势的 can 强调了 Thornton 对 Buck 反应能力的欣赏与称赞外，三个选段中的其余语句皆为传递信息的陈述语气。由于语篇的发出者固定为作者，且作者对言语角色及参与者角色皆赋予了平等、主观能动性强的生态特征，因此该语篇所表征的人际关系的生态取向主要依据言语目标物，也就是话语经验意义的生态特征来判断，这一点在上文及物性系统的分析中有所体现。从生态语言学视角下的评价系统来看，在段落 1 中，作者用确实语势词 truly 与鉴赏评价词 red-eyed devil 表达 Buck 被关在木箱中想要逃脱的激烈动作与强烈愤怒之情，其中 truly 在此处与上文中贩卖者对 Buck 的评价 " Now, you red-eyed devil." 相呼应，表达作者对这一命题的确定判断。此处作者既从"人本位"角度将内在语势与评价词汇结合对 Buck 进行消极评价，不利于人与动物之间建立和谐友好的人际关系，又从"自然本位"出发表达在受到不公正待遇时 Buck 主观能动性较强的反抗情绪，因此既不遵循也不违背生态哲学观，表达了生态模糊性人际意义。在段落 2 中，作者用 it seemed that 这一绝对引发借言方式，表明说话人自身立场中立、取向有所保留，并传递出 Buck 对于被 Thornton 摇晃身体这一亲昵动作的喜悦之情，为读者预留了想象空间及不同观点存在的可能性，建立了生态有益性人际关系。在段落 3 中，作者用 subtle、mysterious 表达对 Buck 感受到宽广生命方式的态势判断，这种方式存在于它的天性之中，是一种人类无法感受也无法说明的方式，表达了作者对于自然的尊重，属于生态有益性评价。

综上，对语篇人际意义的生态性判断需要在确定语气类别的基础上，选取表达内在语势与评价意义的词汇进行生态取向重点分析，看其对说话人与听话人、参与者角色之间人际关系的建立和维持产生了怎样的影响。

8.3.3 语篇意义分析

就主位选择而言，段落 1 的参与者角色主位多为 Buck 或 he（也指 Buck），即主要以 Buck 作为信息出发点对事件进行叙述，类别较为单一，并未体现主位选择的多元互动特征。段落 2 的参与者角色主位主要为 Thornton 和 Buck，分别属于人类个体参与者角色和非人类个体参与者角色，二者交替出现体现了人与动物之间的互动性。段落 3 选择 Buck 或 he、狼群、the call（指大自然的呼唤）为参与者角色主位，分别属于非人类个体参与者角色主位、非人类群体参与者角色主位和无生命物理性参与者角色主位，语篇视角从动物个体到动物群体再到大自然，主位选择多元化，增强了该时期话语的生态有益性程度。由此可见，三个段落的主位选择由单元、双元到多元，生态有益性程度逐渐增加。

从生态语言学视角下的衔接与连贯系统来看，段落 1 的衔接与连贯效果主要体现在以下两个手段：（1）及物性、连接，例如 and 将人与动物的动作过程进行连接，表达动作出现的先后顺序；（2）时态和语态，例如一般过去时与过去完成时的衔接，以及主动语态与被动语态的衔接。段落 2 的衔接与连贯效果主要体现在 Thornton 与 Buck 之间动作互动及心理互动的连接上，显性衔接与连贯的词汇手段较少，主要通过

"Thornton 视 Buck 为自己的孩子（认知）—Thornton 用亲密动作表达喜爱（动作）—Buck 感受到喜悦（情感）—Buck 用肢棒动作回应（动作）"这种内在语义关系实现连贯效果。段落 3 在临近 Buck 回归自然时期，用排比修辞手段，将三个小句并置，表达 Buck 是从自然环境中、从与多种生物的交互中感受到了"更为宽广的生命"，这种衔接与连贯手段表达了动物与其他生物之间、动物与自然环境之间的和谐共生关系，符合"多元和谐，交互共生"生态哲学观。在 Buck 与狼群相遇并回归自然时期，则主要通过双方动作的先后顺序实现连贯效果，体现了 Buck 与狼群从相互试探到彼此接受的过程。

8.3.4 逻辑关系分析

从生态语言学视角下的逻辑功能来看，段落 1 中扩展语义关系的复合小句较多，其中并列小句多为延展类逻辑语义关系，主要由 and 连接，表征 Buck 与贩卖者动作的接连发生，体现了 Buck 面对贩卖者一次又一次的击打都没有停止反抗的精神。其次，嵌入小句主要表达以下两种逻辑语义关系：（1）增强类，包括限制小句动作发生的时间范围，由 as 和 just as 引导，以及强调"Buck 意识到是棍棒在击打他，但暴怒中他也顾不了许多了"的心理状态转折，由 but 引导；（2）投射类，投射内容为 Buck 意识到击打他的是一个棍子，投射缘起是从 Buck 自身的认知出发，因此为"自然本位"，遵循"多元和谐，交互共生"生态哲学观，属于生态有益性投射。

段落 2 中依然是表达扩展语义关系的复合小句较多，其中有对 Thornton "属性"信息的延展，有对 Thornton 与其他人对待 Buck 的方式进行延展对比及例证阐述，有对 Buck 自身对 Thornton 的喜爱与喜悦进行的补充说明，还有对 Thornton 与 Buck 之间的互动动作进行的接续性延展。以上小句都是作者从"自然本位"出发，用积极的扩展语义取向对人与动物之间的和谐共处进行表征，符合生态哲学观，属于生态有益性扩展。此外，段落 2 中还有一个表示投射语义关系的小句，即对 Thornton 的言语内容进行报道。从投射小句来看，投射者为人类，投射标记 exclaim 为断言压缩类，表达 Thornton 对于投射内容的肯定，留给相反观点存在的可能性余地较小；从被投射小句来看，内容为 Thornton 在看到 Buck 反应后对其发出的感叹、称赞，但这一小句的取向有待考量：其既可以从"人本位"出发对 Buck 的能力表达肯定，这种能力可以为人类带来许多帮助，此时有"工具性"称赞的偏向，属于生态破坏性投射；还可以从"自然本位"出发，将 Buck 看作是与自己平等的角色，对其进行纯粹的赞赏，此时表达了人与动物之间真正和谐的关系，属于生态有益性投射。

在段落 3 中，Buck 临近回归自然时期主要通过扩展语义关系表征，其中包括 Buck 开始对"宽广生命"产生意识的时间信息以及对"宽广生命"出现时间的解释，表征 Buck 是在逐渐回归自然的过程中才慢慢发现自己身上的"狼性"特征以及更为广阔的自然生存环境，这是在之前与人类相处的过程中不曾出现过的。由此可见，作者表达的扩展语义关系缘起于 Buck 的自身感受，即从"自然本位"出发，属于生态有益性扩展。而 Buck 开始回归自然后则主要通过较多的简单小句来形容 Buck 与狼群相遇时双方的动作及状态。

综上所述，三个时期的段落都是使用扩展语义关系较多，投射语义关系较少，其生态取向的差异就取决于扩展类别、扩展内容、扩展取向及扩展缘起这四个维度上。

8.3.5 小结

通过对选段经验功能、人际功能、语篇功能及逻辑功能的生态取向进行分析，我们发现，作者对三个时期人与动物之间关系、动物自身发展状况以及动物与生存环境之间关系的表征方式确实存在差异。在最初 Buck 被贩卖时，作者多用带有冲突性、破坏性的动作过程对贩卖者与 Buck 之间对抗性的关系进行表征，且在一定程度上对施暴者进行隐性说明，对 Buck 在反抗中的状态进行消极评价，因此这一时期的语言偏生态破坏性。在 Buck 遇到恩主 Thornton 后，作者多用心理过程和积极评价来表征 Thornton 和 Buck 之间相互喜爱的情感、彼此欣赏的认知以及喜悦的情绪等，体现了二者间和谐友好的关系，因此这一时期的语言偏生态有益性。在最后 Buck 回归自然前后，作者主要用动作过程表征 Buck 与狼群及自然之间相互靠近、相互接纳的互动过程，用态势类评价词汇表征人类对自然、动物天性知之甚少，体现了动物自身生存状态、动物与其所属生态环境之间的关系都朝着"多元和谐，交互共生"的方向发展，因此这一时期的语言偏生态有益性。

8.4 社会生态话语分析

河北平乡：京菊花开致富路[4]

||||["一天（CR）**能**摘（Pro：自主行动类动作过程）100 斤左右（Af），|| 不出（Pro：自主方向类关系过程）村（So）|| 就**能轻轻松松**（CR）挣（Pro：自主行动类动作过程）七八十元（受事），|| 还不耽误（Pro：自主行动类动作过程）家务活（Af），|| 俺们的腰包（Ca）**越来越鼓**（Pro：自主归属类关系过程-At)，|| 日子（Ca）**越来越好**（Pro：自主归属类关系过程-At）了。"]](Comd)河北省平乡县北后村建档立卡贫困户逯月改（Ag）（Comr），在京菊示范基地里（CR）一边采摘（Pro：自主行动类动作过程）着（PrEx）菊花（Af）||一边**高兴地**（CR）说（Pro：自主交流类心理过程）。|||

||| 金秋时节（Ca），天高气爽（Pro：自主归属类关系过程-At）。||| 平乡县寻召乡北后村京菊示范基地里（CR），朵朵京菊（Af）在蓝天白云下（CR）开放（Pro：自主发生类动作过程），|| 十几位农民（Ag）（Comr）边摘（Pro：自主行动类动作过程）||边聊（Pro：自主交流类心理过程），|| 有说有笑（Pro：自主归属类关系过程），|| 一派**喜人**的丰收景象（Pro：自主归属类关系过程-At）。|||

||| "以前（CR）在外地（CR）打工（Pro：自主行动类动作过程），|| 见（Pro：自主感知类心理过程）了（PrEx）点世面（Ph），|| 有（Pro：自主拥有类关系过程）了（PrEx）点积蓄（Posd），|| 看到（Pro：自主感知类心理过程）[[家乡发展环境（Ca）**越来越好**（Pro：自主归属类关系过

---

4 选自《河北平乡：京菊花开致富路》，环球网新闻，2020 年 9 月 28 日。

第8章 生态话语分析理论与实践

程-At)]](Ph),‖ 就想 [[回（Pro：自主方向类关系过程）家（Des)]](CR) 自己（Ag）干（Pro：自主行动类动作过程）。"‖‖ 今年 38 岁的骆玉金（Tk）是（Pro：自主识别类关系过程）京菊示范种植基地负责人（Vl），‖2019 年 10 月（CR）以每亩 600 元的价格（CR）流转（Pro：自主行动类动作过程）了（PrEx）40 亩地（Af），‖ 走上（Pro：自主行动类动作过程）了（PrEx）[[依靠**特色**种植（CR）带领（Pro：影响类过程）(Af) [[群众（Ca）致富（Pro：归属类关系过程）]]]] 之路（Af）。‖‖

‖‖[[深入（CR）考察（Pro：自主认知类心理过程）市场（Ph）]] 之后（CR），骆玉金（Ag）在今年 4 月份（CR）种上（Pro：自主行动类动作过程）了（PrEx）红薯和京菊（Af）。‖‖"京菊（Ca）是（Pro：自主归属类关系过程）药食两用宿根草本植物（At），‖ 每亩（CR）栽种（Pro：自主行动类动作过程）4000—5000 株（Af），‖ 每棵苗最低成本（Tk)(Pro：自主识别类关系过程）5 分钱（Vl），‖ 投入（Ca）少（Pro：自主归属类关系过程-At），‖ 好管理（Pro：自主归属类关系过程-At），‖ 病虫害（Ca）**也很少**（Pro：自主归属类关系过程-At），‖ 生长期（CR）**只需浇**（Pro：自主行动类动作过程）上（PrEx）两三次（CR）水（Af），‖ 到 9 月份（CR）**就可以收**（Pro：自主行动类动作过程）了（PrEx）。"]]（Comd）骆玉金（Comr）说（Pro：自主交流类心理过程）。‖‖

‖‖ 北后村（Ca）地处（Pro：自主位置类关系过程）平乡、广宗、巨鹿三县交界（Loc），‖ 是（Pro：自主识别类关系过程）**远近闻名的**农业**特色**种植专业村（Vl）。‖‖[["北后村（Ca）位于（Pro：自主位置类关系过程）漳河西岸（Loc），‖ 土质水质（Ca）都**很好**（Pro：自主归属类关系过程-At），‖ 又毗邻（Pro：自主位置类关系过程）中药材批发市场（Loc），‖ **特别**（CR）适合（Pro：自主关联类关系过程）[[搞（Pro：自主行动类动作过程）中药材种植（Af）]](Cor2)。"]]（Comd）北后村党支部书记张爱民（Comr）说（Pro：自主交流类心理过程）。‖‖

‖‖ 建档立卡贫困户王兰珍（Tk）是（Pro：自主识别类关系过程）[[第一批（CR）在农场（CR）工作（Pro：自主行动类动作过程）]] 的农户（Vl）。‖‖[["栽（Pro：自主行动类动作过程）苗（Af）、‖ 浇（Pro：自主行动类动作过程）水（Af）、‖ 锄（Pro：自主行动类动作过程）草（Af）、‖ 采摘（Pro：自主行动类动作过程），‖ 地里（Loc）有（Pro：自

主存在类关系过程）啥活（Ext）||**就干**（Pro：自主行动类动作过程）啥活（Af），||俺们（Comr）在一起（CR）说说笑笑（Pro：自主交流类心理过程），||就把活儿（Af）干（Pro：自主行动类动作过程）完了（PrEx）！"]]（Comd）王兰珍（Comr）说（Pro：自主交流类心理过程），||采摘期（Af）从9月（CR）开始（Pro：自主发生类动作过程），||到10月底（CR）结束（Pro：自主发生类动作过程），||三五天（CR）摘（Pro：自主行动类动作过程）一茬（Af），||工费（Tk）每斤六七角（Pro：自主识别类关系过程-Vl）。|||

|||"每亩（CR）大约（CR）**能收**（Pro：自主行动类动作过程）湿花**2000斤**（Af），||[[烘干（Pro：自主行动类动作过程）后]]（CR）**能出**（Pro：自主创造类动作过程）干花**300斤**左右（Cre）。||| 按照现在每斤干花30元的价格（CR），亩收入（Tk）**1万元**左右（Pro：自主识别类关系过程-Vl）。"||| 骆玉金（Ag）扳（Pro：自主行动类动作过程）着（PrEx）手指（Af），||[[微笑（Pro：自主行为类动作过程）着（PrEx）]]（CR）估算（Pro：自主认知类心理过程）收成（Ph）。|||

||| 亩均收益（Tk）万元钱（Pro：自主识别类关系过程-Vl），||示范效应（Af）渐（CR）显现（Pro：自主发生类动作过程）。||| 北后村村民张士雷（Cog）了解（Pro：自主认知类心理过程）到（PrEx）[[京菊（Ca）[[不愁（Pro：自主情感类心理过程）销路（Ph）]]（Pro：自主归属类关系过程-At）||好管理（Pro：自主归属类关系过程-At）、||"钱景"（Ca）广阔（Pro：自主归属类关系过程-At）||投入（Ca）小（Pro：自主归属类关系过程-At）]]（Ph），||也萌生（Pro：自主创造类动作过程）了（PrEx）[[租（Pro：自主行动类动作过程）地（Af）||种（Pro：自主行动类动作过程）京菊（Af）]]的心思（Cre），||准备[[撸起（Pro：自主行动类动作过程）袖子（Af）]]（CR）大干（Pro：自主行动类动作过程）一场（PrEx）。||| 寻召乡封洪康村金银花种植大户李国立（Perc），听说（Pro：自主感知类心理过程）了（PrEx）[[骆玉金（Ca）[[种植（Pro：自主行动类动作过程）菊花（Af）]](CR)致富（Pro：自主归属类关系过程）]]的事情（Ph）后（CR），也开始计划（Pro：自主认知类心理过程）着（PrEx）[[把[[自己（Ag）承包（Pro：自主行动类动作过程）]]的50多亩地（Af）改种（Pro：自主行动类动作

第 8 章 生态话语分析理论与实践

过程）京菊（Af）]]（Ph）。|||

||||["乡亲们（Ag）想种（Pro：自主行动类动作过程）菊花（Af），|| 俺（Ca）现在（CR）也算是（Pro：自主归属类关系过程）半个技术员（At）了，|| 正好（CR）**可以帮帮**（Pro：自主行动类动作过程）他们（Af），|| 带领（Pro：影响类过程）（Af）[[大家（Ca）一起（CR）致富（Pro：归属类关系过程）]]。"]](Comd) 骆玉金（Comr）**信心满怀地**（CR）说（Pro：自主交流类心理过程），|| 目前（CR）正着手成立（Pro：自主创造类动作过程）种植合作社（Cre），|| 实行（Pro：自主行动类动作过程）"合作社＋基地＋农户"模式（Af），|| 让（Pro：影响类过程）（Af）[[小小京菊花（Tk）成为（Pro：识别类关系过程）群众脱贫致富奔小康的"**幸福花**"（Vl）]]。|||

8.4.1 经验意义分析

根据生态语言学视角下的及物性系统，对语篇经验功能的生态性分析首先需要标注并统计小句的过程类型、参与者角色及环境角色等，然后根据每种过程类型出现次数及其占比，以及其具体表征对语篇所体现经验意义的生态特征进行考量。本节所选语篇偏重经济发展与生态环境相结合，既关涉社会生态系统，例如脱贫致富过程中政府与人民之间的关系，农场种植时农民与农民之间的关系；又关涉自然生态系统，例如在京菊种植过程中人与自然之间的关系。因此，我们将从人与人、人与社会、人与自然的角度对语篇表征的生态性进行分析。

表 8-2 社会生态类语篇过程类型统计

过程类型	出现次数（次）	所占比例（%）
动作类过程	43	46.2
心理类过程	15	16.1
关系类过程	35	37.7

表 8-3 社会生态类语篇基本层过程类型统计

过程类型		出现次数（次）	基本层过程类型占其所在上层过程类型的比例（%）
上层	基本层		
动作类过程	发生类	4	9.3
	行动类	35	81.4
	创造类	3	7%
	行为类	1	2.3
心理类过程	情感类	1	6.7
	意愿类	0	0
	感知类	3	20
	认知类	4	26.7
	交流类	7	46.6
关系类过程	归属类	19	54.3
	识别类	8	22.8
	位置类	3	8.5
	方向类	2	5.7
	拥有类	1	2.9
	关联类	1	2.9
	存在类	1	2.9

如表 8-2、表 8-3 所示，语篇中动作类过程出现次数最多，数量约占三类过程类型总量的 46.2%；关系类过程其次，约占总量的 37.7%；心理类过程最少，约占总量的 16.1%。动作类过程多用来表征农民的京菊种植活动，其中行动类出现次数最多，约占动作类过程类型总量的 81.4%，其次分别是发生类 9.3%、创造类 7% 以及行为类 2.3%。在行动类动作过程中，"栽种""浇""锄""采摘""收""烘干"等表征农民在种植菊花过程中的具体行动，其相应的参与者角色多为农民、京菊相关，说明农民通过自己双手劳动进行发展，体现出平乡农民发展经济的能动性较强。发生类动作过程一方面表征京菊的生长，例如"开放""开始""结束"等；另一方面表征示范经济成效优势化的自然凸显，例如"显现"一词，结合环境角色"渐"更加突出京菊的扩大化种植态势趋好，体现出平乡县京菊种植对经济发展带来的良性作用。创造类动

第8章 生态话语分析理论与实践

作过程表征村民创业的行动,例如"出""萌生""成立"等,其中"萌生"所对应的创造物为"租地种京菊的心思","成立"所对应的创造物为"种植合作社",说明村民在种植京菊的过程中扩大规模从而带动全村经济发展,也是农民发展经济主动性高的表现。行为类动作过程"微笑"表征出农民骆玉金在估算收成时的行为,体现京菊种植为平乡县人民带来了富足的生活。

关系类过程多表征在发展经济过程中农民与社会、自然之间的关系,其中归属类出现次数最多,约占关系类过程类型总数的54.3%,其次分别为识别类22.8%、位置类8.5%、方向类5.7%以及拥有类、关联类、存在类各占比2.9%。在归属类和识别类关系过程中,作者主要对京菊种植对农民的影响进行归类。例如,通过自主类过程"(腰包)越来越鼓""(日子)越来越好""(收益)万元钱"等表征种植京菊为农民带来的收益情况,赋予经济收益积极属性,体现出农村经济的发展和农民生活质量的提升;再如,通过影响类过程"带领(大家一起)致富""让(小小京菊花)成为(群众脱贫致富奔小康的'幸福花')"等表征种植京菊的积极效果,其中发出影响过程的施事角色为京菊管理负责人,加之载体角色"大家"和价值角色中的"群众"为群体参与者角色,体现出平乡县农民以个体发展带领集体发展、互帮互助的优良发展思路。其余五类关系过程是对京菊种植条件的表征,比如位置类过程"地处""位于"等表征京菊种植的自然条件,拥有类过程"有(积蓄)"、方向类过程"回(家)""(不)出(家门)"表征农民种植京菊的社会条件,关联类过程"适合"表征京菊种植的自然环境和社会环境之间的交互关系,从环境条件角度凸显京菊种植的发展适宜性,从而使自然因素和社会因素相辅相成,提高经济发展效率。

心理类过程多表征农民种植京菊前后的心理状态以及与记者的交流。其中交流类出现次数最多,约占心理类过程类型总数的46.6%,其次分别为认知类26.7%、感知类20%以及情感类6.7%。交流类心理过程主要表征平乡县农民对记者讲述种植京菊的过程、心情等,如"说""聊"等,其中的交流方均为平乡县管理者或农民,交流内容主要讲述京菊种植过程或表达丰收后喜悦心情。作者将农民的感受通过交流类心理过程进行直接表征，体现出农民对扶贫致富方式的满意与支持。感知类、认知类心理过程用以表征平乡县农民在种植京菊前的深思熟虑以及种植过程中的学习改进，例如"看到""听说""考察""了解""估算"等，其感知者和认知者"负责人""种植大户""村民"等则体现出平乡县从政府到村民对京菊种植的重视以及平乡县脱贫致富的决心与态度。情感类心理过程则用来表征农民对京菊市场的信心与期待，体现出平乡县农民脱贫致富的积极心态。

综上所述，作者主要用动作类过程表征平乡县农民脱贫致富、种植京菊的实际行动，用关系类过程表征脱贫致富过程中人与社会、自然之间的和谐关系，用心理类过程表征平乡县农民对脱贫致富的积极态度。同时，参与者角色多为京菊示范基地管理者、京菊种植大户、贫困户农民等，既体现出平乡县人民齐心协力脱贫致富，也体现出政府对人民的积极引导和帮助。结合环境角色来看，文中多使用积极性评价词汇"喜人的""高兴地"等表述京菊丰收的积极影响。由此可见，平乡县政府与人民在保护生态环境的前提下加快经济建设步伐，有利于自然生态系统和社会生态系统的良好发展，符合"多元和谐，交互共生"生态哲学观，属于生态有益性话语。

8.4.2 人际意义分析

对语篇人际意义的生态性分析要从语气系统和评价系统来看，即在判别小句语气类别的基础上，分析其内在语势和评价词汇所表征的态度及判断呈现出何种生态取向，从而观察说话人与听话人及参与者角色之间建立了何种人际关系。

从生态语言学视角下的语气类别系统来看，本语篇中多为传递信息的陈述语气。说话人为新闻记者、平乡县和京菊种植基地相关负责人、农户等；听话人为新闻读者，二者身份为群体言语角色，地位平等，属于生态有益性言语角色。说话人给予听话人的信息有关农村脱贫致富、经济发展的示范事例，有利于我国社会生态系统的和谐与稳定，属于生态有益性信息。此外,语篇最后一小句使用祈使语气,说话人为京菊种植示范基地的负责人,具有较强的专业性,表达其对听话人提出的美好愿景,即继续发展经济,带领村民脱贫致富,符合生态哲学观,有利于社会生态系统的和谐发展,属于生态有益性祈使语气。因此,语篇中的语气类别均对社会生态系统的良性发展起到积极的推动作用,具有生态有益性特征。

从内在语势角度来看,语篇中多用"可以""能"等能力语势词表征京菊种植对经济发展的成效。例如"不出门就能轻轻松松挣七八十元"一句中的"能"表达说话人对"在当地基地里种植京菊为农民带来经济收入"这一命题实现能力的判断,该命题从农民的利益出发,即缘起于"义本位",符合生态哲学观,属于生态有益性内在语势。

从评价意义来看,其一,语篇作者分别摘引两位管理人员、两位农户的话语,具体内容涉及京菊种植与管理对发展当地经济的积极作用,表达了说话人对此生态有益性观点的承认,属于生态有益性介入。其二,语篇中多次出现有关"农民种植京菊获得收益"这一事件的积极情感和鉴赏评价词汇,如"高兴地""喜人的""信心满怀地""越来越好"等,也就是说,说话人从"义本位"出发对平乡县脱贫致富表达了积极肯定的态度,这有利于社会经济的发展,具有较强的生态有益性。其三,说话人用表示数量多少的语势级差"2000 斤""300 斤""1 万元"等词汇对京菊种植的效益之高进行表述,使听话人对京菊种植的收成更加具象化,从而加强对价值鉴赏方面的衡量,有利于传递更加积极的信息,推动整个社会经济生态系统的良性发展,属于生态有益性级差。

综上,说话人一方面传递有关京菊种植、脱贫致富这一事件的有益性信息,另一方面对此事件进行肯定的判断、积极的评价,有利于建立并维持人与人、人与社会之间的和谐关系,表达了生态有益性人际意义。

8.4.3 语篇意义分析

对语篇意义的生态性分析主要从主位系统和衔接与连贯系统两个方

面入手。就语篇整体的主位选择而言，作者多使用京菊种植者或京菊种植活动相关表述作为参与者角色主位，如"十几位农民""朵朵京菊"等，前者属于人类个体参与者角色，后者属于无生命物理性参与者角色主位。两类主位在语篇中穿插使用，体现各主位之间的多元性和交互性，说明语篇主位选择的生态性较强。结合经验意义可以看出，作者对京菊种植活动描述时使用人类个体参与者角色或无生命物理性参与者角色作为主位，表征人类在自然劳动中的主观能动性，也就是说，人类通过与自然的和谐相处以达到发展经济和社会生态系统的目的，体现语篇中社会与自然生态系统相辅相成的价值观，在经济社会发展的同时，生态环境也得到保护，符合生态哲学观，属于生态有益性主位。

从语篇衔接与连贯手段来看，作者在表征京菊种植过程时，主要使用"交流类心理过程-认知类心理过程-行动类动作过程"的及物性过程衔接链，即首先引用农民话语，然后讲述农民种植前对京菊和市场的考察与了解，最后对农民种植京菊的活动进行描述，体现京菊种植者在选择种植京菊前的慎重考量。同时，作者还使用修辞格手段将京菊市场评价为"'钱景'广阔"，其中"钱景"为双关修辞手段，一方面表征京菊未来带来的经济收益良好；另一方面表征京菊发展前景乐观，增强了语言的经济性和诙谐性。在表征通过京菊种植而得到经济发展时，作者主要使用"识别类/归属类关系过程-创造类动作过程-情感类心理过程-行动类动作过程"的及物性过程衔接链，具体表征为"阐述京菊对经济的具体影响-创建更多更大的种植基地-描述农民丰收的喜悦心情-带领更多人脱贫致富"，体现京菊种植为经济发展带来了积极影响，为脱贫致富开启了新思路。上述衔接与连贯手段反映出的人与人、人与社会以及人与自然的关系有利于整个生态系统的良性运转，符合生态哲学观，具有较强的生态有益性。

8.4.4 逻辑关系分析

对语篇逻辑关系的生态性分析要从逻辑配列关系系统和逻辑语义关系系统来看。就逻辑配列关系而言，整个语篇中显性表征方式使用较

第 8 章　生态话语分析理论与实践

少,隐性较多;小句间关系多使用并列关系,嵌入关系较少。在逻辑语义关系系统中,表达扩展逻辑语义关系的复合小句使用较多,其中并列小句多为延展类逻辑语义关系,主要由隐性方式表征;而嵌入小句多表达投射类逻辑语义关系,由隐性方式表征。

语篇中的延展类并列小句多表达增加和承接意义,关涉京菊的种植过程以及京菊为乡民们带来的效益。比如,在"栽苗、浇水、锄草、采摘,地里有啥活就干啥活,俺们在一起说说笑笑,就把活儿干完了。"中,前几小句使用隐性表征方式表达延展类增加意义,描述农民种植京菊的具体活动;最后一小句使用显性表征方式"就"表达延展类承接意义,描述农民种植京菊时的状态;此外,句中"栽苗""浇水""锄草""采摘""说说笑笑""干完了"等词汇体现出积极的扩展取向。作者通过增加意义列举京菊种植具体的活动以及"农民对京菊种植的积极性很高"的信息,同时通过承接意义对"农民种植京菊过程轻松愉快"这一信息进行简述,体现出京菊种植不仅可以帮助农民脱贫致富,还可以激发农民的积极性,促进人际关系的和谐发展,故其缘起于"义本位"的价值观。这样的逻辑语义关系一方面可以展现平乡县农民积极向上的劳动态度,另一方面也体现了平乡县脱贫致富方式的高效,有利于社会生态系统的稳定运行,符合生态哲学观,属于生态有益性扩展。

语篇中的投射类嵌入小句主要为引述京菊种植相关的负责人和农民的话语或思想活动,内容有关京菊种植的规划、过程等。比如,在"'乡亲们想种菊花,俺们现在也算是半个技术员了,正好可以帮帮他们,带领大家一起致富。'骆玉金信心满怀地说⋯⋯"中,嵌入小句单引号中引述的内容为被投射小句,剩余部分为级阶小句,也是投射小句,被投射小句依附于投射小句,投射类别为话语。该小句以非标记性投射方式对信息进行陈述,即"骆玉金愿用自己的经验帮助更多的农民种植京菊,带领大家脱贫致富"。从投射小句来看,投射来源"骆玉金"是平乡县京菊示范种植基地的负责人,属于人类个体参与者角色,话语以基地负责人的身份表达承认扩展性投射,增强了投射小句的权威性。从被投射小句来看,投射内容为"负责人带领乡亲一起脱贫致富",体现出投射者是从集体利益出发带领全县人民共同发展的,说明该投射内容缘起于"义本位",有利于整体社会生态系统的良性运行,符合生态哲学观，属于生态有益性投射。

综上所述，作者以"义本位"为缘起对语篇内小句间的逻辑关系进行表征，符合"多元和谐，交互共生"生态哲学观，表达了生态有益性逻辑意义。

8.4.5 小结

通过对所选语篇经验功能、人际功能、语篇功能以及逻辑功能的生态性分析，我们发现，语篇所表征的四个功能均具有较高的生态有益性，主要体现在以下两个方面：其一，从人与社会的角度来看，作者多用动作类过程表征京菊种植活动过程，用心理类过程以及积极的评价词汇来表征京菊种植社会性影响，表现了平乡县脱贫致富工作的成效，有利于社会生态系统的和谐与稳定；其二，从人与自然的角度来看，经济的发展不能以自然环境的破坏为条件，应注重把环境保护和社会发展放在同等重要的位置上，因此作者多用动作类和关系类过程以及表示自然的主位对京菊种植的自然性影响进行表征。京菊种植在发展经济的同时，也推进了生态环境保护工作，拉近了人与自然之间的关系，有利于人与自然的和谐相处。综上，该语篇背后的价值观体现出社会与自然之间的交互性，符合"多元和谐，交互共生"生态哲学观，具有较强的生态有益性，属于生态有益性语篇。

8.5 结语

话语经验意义的生态取向可以根据及物性过程类型、参与者角色及环境角色的生态特征得出，话语人际意义的生态取向可以根据语气类别、内在语势及评价资源的生态特征得出，话语逻辑意义的生态取向可以根据逻辑配列关系和逻辑语义关系的生态特征得出。经验意义、人际意义和逻辑意义的生态性最终融入话语语篇意义的生态性，由体现话语语篇意义生态性的及物性过程链、参与者角色链、环境角色链、语气类

第8章 生态话语分析理论与实践

别选择、内在语势词语选择、评价资源选择、主位选择、指称、替代和省略、重复和搭配、修辞格等词汇-语法手段来调节。本章通过对两个较长语篇的分析，验证了本书建构的生态话语分析理论体系在不同话语生态性分析上的适用性和可操作性。

第 9 章
总结与展望

9.1 引言

本书在生态语言学缘起、发展历程、研究现状及学科建设等研究背景下，以"多元和谐，交互共生"生态哲学观为指导思想，借鉴系统功能语言学理论，对新兴的"生态话语分析"模式进行了理论基础建构及实践应用。本书在对生态话语分析理论框架进行例证时主要采用定性分析，在生态话语实践研究中则采用定性与定量分析相结合的方法，且所选取的语料均涵盖了中英双语、自然生态和社会生态两种主题，语篇类型丰富，除 BCC、BNC、CCL 语料库中的语料之外，其余语料或为新闻报道、广告、宣传语等媒体话语，例如人民网、新浪网、*China Daily* 等；或为小说、诗歌、科普读物等文学话语，例如《狼图腾》、*Silent Spring*、*The Call of the Wild* 等；或为微博、推特等社交平台话语，例如华春莹的推特；或为规定性、权威性的法律法规或政府报告，例如美国刑法司法判决书、中国国家人权报告等。这种在语言种类、主题类型、语篇类型等方面都较为全面、丰富的语料选取特征使得生态话语分析理论的构建更有信服力，也为今后生态话语分析在学界的应用与发展创造了更多可能性。

生态话语分析与学界已熟知的批评话语分析、积极话语分析、多模态话语分析存在不同，为更好地说明生态话语分析模式的特点，本章在对比视角下概括生态话语分析与其他话语分析模式的异同；在此前提下，说明生态话语分析在新时代语境下的发展前景。

9.2 对比视角下的生态话语分析

"生态话语分析"范式是在生态哲学观指导下的,基于功能取向的语言学理论对话语的生态性,即生态有益性、生态模糊性、生态破坏性,进行分析的一种模式,目的是通过揭示语言对自然及社会环境的影响,提高人们的生态意识,改善人们的生态行为,促进生态系统的良性发展,最终达到人与自然、人与社会及人与自身的和谐共生。该范式缘起于生态语言学中的"韩礼德模式",是生态语言学的主要研究路径之一(Alexander & Stibbe,2014)。"韩礼德模式"最初关注英语语言系统中词汇-语法层次的非生态性特征,后经学界发展,聚焦语言的使用,即话语的生态取向分析。

在生态话语分析发展之初,研究者多采用批评话语分析(CDA)、积极话语分析(PDA)以及多模态话语分析(MDA)等已发展较为成熟的话语分析框架对有关生态环境的话语进行研究,这个阶段的"生态话语分析"大多局限于对生态(环境)话语的分析。

批评话语分析缘起于马克思主义的批评传统(苗兴伟、穆军芳,2016),旨在通过对话语的分析揭示背后的权力、价值观与意识形态,批判社会权力不对等、不公正等负面问题。Fairclough(1989)结合系统功能语言学理论,提出了CDA的三维分析框架——"描写-阐释-解释",即从文本的特征描写出发,对文本与话语实践的关系进行阐释,最终解释话语实践与社会语境之间的关系。也就是说,CDA重在探究语言在社会实践中的作用,其特点是:强调发掘话语的批判性特征,研究对象聚焦社会冲突话语;缺乏对话语的具体评判标准;在话语实践及社会实践层面尚未形成清晰、系统的分析框架。

积极话语分析缘起于学界为弥补批评话语分析仅关注社会负面现象这一不足的背景,主要关注语言在社会发展中的积极作用,意在重构社会的美好。PDA相较于CDA而言,研究的话语类型较为广泛,尽管不区分话语实践和社会实践层次,但对话语的解读与情景语境、文化语境结合起来。PDA与CDA的共性是:二者都主要关注语言本身;忽视声音、图像等意义体现方式;关注点主要是以人为中心的社会(黄国文、赵蕊华,2017),缺乏对自然生态系统和社会生态系统的全面关注。

第9章　总结与展望

多模态话语分析关注口头或书面交际中交际符号的多样性，通过对多种交际模态的分析整合意义的体现特点，包括声音、图像、距离、空间、建筑、色彩等。MDA 对符号意义的阐释主要结合文化语境进行，尚未形成解读模态价值的统一标准。

CDA、PDA、MDA 等话语分析范式虽为话语的生态取向研究提供了框架体系上的借鉴，但它们并不能作为生态话语分析（EDA）的最终范式。随着生态语言学研究的不断发展、生态语言学学科的逐渐成熟，"生态"概念不再局限于自然环境，而是转向更为广阔的人与环境之间、人与其他物种之间、人与人之间的生命可持续性关系。因此，生态话语分析中的"生态"已从对一种研究对象的类型特点概括，发展为一种研究视角和一种研究目的。从本质上讲，EDA 是基于"多元和谐，交互共生"生态哲学观，从语言学角度对话语进行生态取向的分析，目的是唤醒人们的生态意识，引导和培养人们对待生态关系、生态系统的正确方式及态度，改善人们的生态行为，从而建构一个生态文明的社会。

值得注意的是，CDA、PDA、MDA 虽然与 EDA 在研究缘起、研究目的、研究对象、研究内容、研究步骤等方面都不尽相同，但它们所运用的主要分析手段都是以功能为取向的语言学理论，比如系统功能语言学。系统功能语言学因其适用性，在各种话语分析模式中都发挥着重要的作用，在 EDA 中也是如此。本书正是在此背景及考量下，将系统功能语言学理论体系中的经验功能、人际功能、语篇功能及逻辑功能进行生态语言学视角下的拓展和延伸，使其适用于所有话语的生态取向分析。

综上所述，从对比视角来看，生态话语分析主要有以下五个特点：（1）具有更加长远、更加宏伟的目标及明确的指导思想；（2）具有更广泛的研究对象，可以囊括 CDA、PDA、MDA 关注的所有话语类型；（3）对话语分类较为明确，包括生态有益性话语、生态模糊性话语以及生态破坏性话语；（4）分析步骤更加明确，体现了"理论–分析–行动"三者的融合，在解决社会问题方面具有深刻的实践意义；（5）具有开放性的理论基础，其超学科属性能够凝聚社会各界力量促进整个生态系统的良性发展。有关 EDA 与其他话语分析模式的详细对比，请参见何伟、魏榕（2018b）。

9.3 生态话语分析前景

"生态话语分析"模式的提出和发展时间较短,目前学界对该模式的应用还主要集中于有关自然的文学话语及有关国际关系的媒体话语,其"生态"概念的广泛化以及话语类型的多样化还需要得到更多研究者的关注。随着社会不断发展,科技不断进步,全球化趋势在各方面都得以体现,人与自然、人与社会、人与人、群体/阶层/国家/国际组织内部、群体/阶层/国家/国际组织之间等任何能够产生相互作用的关系都牵连着整个生态系统的生存发展状况。而语言作为能够反映和建构现实的工具,是我们能够直接掌握并可以改善的。因此,语言学界应承担起相应的社会责任,尽可能多地关注语言对其他生态系统的影响,从而推动整个生态系统朝着"多元和谐,交互共生"的方向发展。比如:

(1)网络语言使用。随着互联网技术的不断发展与普及,网络逐渐成为人们日常生活交际的平台,网络语言正强有力地冲击着传统交流方式。由于网络平台的约束力与限制性较为模糊,因此话语发出者在该平台传递信息时通常较为随性,表现为对符号、数字、字母等现象的杂糅使用;网络语言暴力肆虐,如在微博、论坛等公共平台对他人进行语言上的辱骂、诋毁或攻击等。与传统交流方式相较,网络语言的受众更为广泛和隐蔽,涉及的生态关系范畴相应地更加广泛和隐蔽,从而对生态系统造成的影响也就更加普遍和强烈。因此,网络语言是一把双刃剑——生态有益性网络语言丰富人们的交流方式,推动生态系统的良性发展;生态破坏性网络语言则严重影响传统交流中主流语言的规范性和纯粹性,影响生态系统的和谐与稳定。

(2)外来词使用。随着我国改革开放的深入,大量外来词涌入。由于大部分人对外来词的起源及正确使用语境等并不十分了解,因此新闻媒体、书刊甚至政府文书中逐渐出现了滥用、错用外来词的问题,表现为未经翻译的外语词汇直接放在汉语中使用;滥用缩写、音译词等。外来词的滥用错用不仅会造成说话人本来想表达的经验意义、人际意义、语篇意义及逻辑意义发生变化,其生态取向也会随之变化;还给听话人带来了理解上的困难,不利于二者之间建立生态有益性人际关系。因此，对带有外来词的话语进行生态话语分析，可以对外来词的生态性特征进行合理的界定。

（3）语言景观推广。景区、街道等公共场合的广告牌、宣传标语等都是为传播正面、积极的信息而设置的，但其在表达中经常会出现词语误用、表达方式不当、逻辑不通等问题，有时反而阻碍正确生态意义与生态取向的表达。例如，"小草也会疼"与"禁止践踏草坪"表达相同的自然生态取向，但由于二者经验意义、人际意义等都有所差异，前者比后者更能与听话人建立良好的人际关系，更能引导听话人树立保护自然生态的意识。

（4）应急语言使用。应急语言指在自然灾害、事故灾难等突发事件发生时使用的语言资源。生态有益性应急语言能够鼓舞人心，团结民众；生态破坏性应急语言则会激化潜在矛盾，对灾害或灾难产生雪上加霜的作用。

（5）文学、文化作品、教材中的语言使用。文学、文化作品及教材能够从根本上培养人们的生态意识、提升人们的生态素养，读者可能会在交际过程中使用作品或教材中的词汇或语言表达方式，因此对该类教育性语言生态取向的分析及改善尤为重要。研究者可以从生态视角出发对文学、文化作品或教材中语言的经验意义、人际意义、语篇意义及逻辑意义进行分析，通过数量统计及个例分析对作品或教材进行生态性评估，判断其能否对培养读者的生态责任感产生积极作用。

（6）新闻媒体话语使用。媒体新闻所涉及的话语类型较为广泛，研究者可以选择热点话题对新闻报道或其他媒体言论进行生态话语分析，从而得出说话人对于该热点话题所展现的生态态度是否有利于该话语所涉及的生态系统的良性发展。

综上，"生态话语分析"模式在新时代背景下有着非常广阔的应用前景。除了以上几个方面，生态话语分析还可以应用于校园语言暴力的治理与防范、企业环境及社会责任话语生态性的提高，等等。此外，生态话语分析还可以在定性与定量研究的基础上吸收其他学科的分析方法，例如为了解决目前生态话语分析多靠研究者对语料进行手动分析的问题，可以建立生态话语分析数据库以便对目标语料的经验意义、人际意义、语篇意义及逻辑意义生成自动分析，并进一步生成有关话语生态取向的不同量值统计数据等。由此，生态话语分析在理论与应用研究上也能够遵循"多元和谐，交互共生"生态哲学观，以得到良性、长足的发展。

9.4 结语

通过对比生态话语分析与批评话语分析、积极话语分析、多模态话语分析在研究缘起、研究目的、研究对象、研究内容、研究步骤等方面的差异，可以看出，生态话语分析比其他话语分析范式有着更加宏大的研究目的、系统明确的指导思想、广泛的研究对象、明确的研究步骤以及开放性和融合性特征。构建具有普适性的生态哲学观，以及生态语言学视角下的及物性系统、语气系统、评价系统、主位系统及衔接与连贯系统、逻辑关系系统，明确话语生态取向的判断标准以及分析手段，增强生态话语分析范式的独立地位，可以使话语分析者在话语分析过程中更有指向性。我们相信，本书所构建的生态话语分析理论体系可以帮助人们通过语言发现生态问题，从而提高人们的生态意识，改善人们的生态行为，共同推动生态文明的建设进程。

参考文献

安乐哲，Tucker，M. E. 2008. 道教与生态. 南京：江苏教育出版社.
蔡晓明. 2001. 生态系统生态学. 北京：科学出版社.
常军芳，丛迎旭. 2018. 功能语言学视角下的生态话语分析模式建构——以中国环保部长报告为例. 北京科技大学学报（社会科学版），（4）：27–32.
车辚. 2016. 中国共产党执政生态系统的控制模式（1949—1978）分析. 执政党建设，（5）：58–60, 77.
陈大明. 2005. 老子"道法自然"及其时代价值. 学习论，（4）：62–64.
陈令君. 2007. 评价论对语言评价意义研究的启示. 求索，（11）：197–198.
陈令君，赵闯. 2016. 新闻语篇中的"中国梦"——评价理论态度视域下的话语分析. 天津外国语大学学报，（4）：34–39.
陈墀成，蔡虎堂. 2014. 马克思恩格斯生态哲学思想及其当代价值. 北京：中国社会科学出版社.
崔希亮. 2000. 人称代词及其称谓功能. 语言教学与研究，（1）：46–54.
戴桂玉，仇娟. 2012. 语言、环境、社会——生态酒店英文简介之生态批评性话语分析. 外语与外语教学，（1）：48–52.
戴维·德格拉齐亚. 2015. 动物权利. 杨通进，译. 北京：外语教学与研究出版社.
董晓峰，陈春宇，朱宽樊. 2014. 名人故居文化生态系统的保护利用研究——以北京市总布胡同梁林故居一带为例. 中国园，（4）：75–78.
恩格斯. 1925/1971. 自然辩证法. 中央编译局，译. 北京：人民出版社.
范国睿. 2000. 教育生态学. 北京：人民教育出版社.
范俊军. 2005. 生态语言学研究述评. 外语教学与研究，（2）：110–115.
范俊军. 2006. 语言活力与语言濒危的评估——联合国教科文组织文件《语言活力与语言濒危》述评. 现代外语，（2）：210–213.
范俊军. 2007. 语言多样性问题与大众传媒. 现代传播（中国传媒大学学报），（2）：71–73.
范俊军，宫齐，胡鸿雁. 2006. 语言活力与语言濒危. 民族语文，（3）：51–61.
范颖，周庆山. 2014. 移动互联网商业生态系统的竞争与更迭——基于"移动梦网"和"应用商店"的对比分析. 图书情报工作，（10）：24–28.
冯广艺. 2009. 生态文明建设与语言生态变异论. 中南民族大学学报（人文社会科学版），（4）：149–152.
冯广艺. 2012. 生态文明建设中的语言生态对策. 贵州社会科学，（6）：9–14.

冯广艺. 2013a. 论语言生态与语言国策. 中南民族师范大学学报（人文社会科学版），（3）：159–163.

冯广艺. 2013b. 语言生态学引论. 北京：人民出版社.

冯骥才. 1994. 逼来的春天. 中华散文，（3）：4–6.

付启元. 2015. 和平学视域中的中国传统和平思想. 南京社会科学，（3）：134–139，156.

福斯特. 2016. 马克思的生态学：唯物主义与自然. 北京：高等教育出版社.

郭纯洁. 2015. 现代语言学研究方法. 北京：科学出版社.

果戈里. 2016. 死魂灵. 鲁迅，译. 南京：意林出版社.

郭丽, 李成团. 2018. 基于语料库的医患交际语篇特征分析. 外语电化教学，（5）：76–82.

韩军. 2013. 中国生态语言学研究综述. 语言教学与研究，（4）：107–112.

韩子静. 2008. 信息生态系统初探. 图书情报工作，（2）：230–234.

郝欣, 秦书生. 2003. 复合生态系统的复杂性与可持续发展. 系统辩证学学报，（4）：23–26.

何伟. 2018. 关于生态语言学作为一门学科的几个重要问题. 中国外语，（4）：1，11–17.

何伟. 2021. "生态话语分析"：韩礼德模式的再发展. 外语教学，（1）：20–27.

何伟, 程铭. 2021. 生态语言学视角下的逻辑关系系统. 解放军外国语学院学报，（3）：51–59.

何伟, 高然. 2019. 生态语言学研究综观. 浙江外国语学院学报，（1）：1–12.

何伟, 高然. 2020. 生态语言学学科体系的融合与发展. 国外社会科学，（2）：127–135.

何伟, 高生文, 贾培培, 张娇, 邱靖娜. 2015a. 汉语功能句法分析. 北京：外语教学与研究出版社.

何伟, 耿芳. 2018. 英汉环境保护公益广告话语之生态性对比分析. 外语电化教学，（4）：57–63.

何伟, 郭笑甜. 2020. 语言系统的复杂性与语篇功能的体现方式. 当代修辞学，（1）：39–49.

何伟, 刘佳欢. 2019. 英汉语小句间逻辑语义关系及其表征方式对比研究. 北京科技大学学报（社会科学版），（2）：1–17.

何伟, 刘佳欢. 2020. 多元和谐，交互共生：生态哲学观的建构与发展. 山东外语教学，（1）：12–24.

何伟, 马宸. 2020a. 从名词的数量范畴看汉英语言的生态性. 外语研究，（1）：7–12.

何伟, 马宸. 2020b. 生态语言学视角下的主位系统. 中国外语，（4）：23–32.

何伟, 马宸. 2020c. 生态语言学视角下的衔接与连贯. 北京第二外国语学院学报，（2）：26–45.

何伟, 马子杰. 2019. 生态语言学视角下的澳大利亚主流媒体之十九大报道. 外国语文，（4）：1–9.

何伟，马子杰. 2020. 生态语言学视角下的评价系统. 外国语，（1）：51–62.

何伟，王连柱，耿芳，郭笑甜. 即将出版. 英汉语功能视角对比研究. 北京：中国社会科学出版社.

何伟，王敏辰. 2019. 英汉语小句结构对比研究. 上海交通大学学报（哲学社会科学版），（3）：116–137.

何伟，魏榕. 2017a. 国际生态话语之及物性分析模式构建. 现代外语，（5）：1–10.

何伟，魏榕. 2017b. 国际生态话语的内涵及研究路向. 外语研究，（5）：18–24.

何伟，魏榕. 2018a. 生态语言学：发展历程与学科属性. 国外社会科学，（4）：113–123.

何伟，魏榕. 2018b. 话语分析范式与生态话语分析的理论基础. 当代修辞学，（5）：63–73.

何伟，魏榕. 2018c. 多元和谐，交互共生——国际生态话语分析之生态哲学观建构. 外语学刊，（6）：28–35.

何伟，张存玉. 2016. 系统功能视角下时态的意义系统. 中国外语，（1）：25–30.

何伟，张敬源，贾培培，张娇，邱靖娜. 2015b. 英语功能句法分析. 北京：外语教学与研究出版社.

何伟，张瑞杰. 2017. 生态话语分析模式构建. 中国外语，（5）：56–64.

何伟，张瑞杰，淡晓虹，张帆，魏榕. 2017. 汉语功能语义分析. 北京：外语教学与研究出版社.

何中清. 2011. 评价理论中的"级差"范畴：发展与理论来源. 北京第二外国语学院学报，（6）：10–18.

贺阳. 1992. 试论汉语书面语的语气系统. 中国人民大学学报，（5）：59–66.

亨利·戴维·梭罗. 2009. 瓦尔登湖. 徐迟，译. 上海：上海译文出版社.

洪堡特. 1811/2001a. 普通语言学论纲. 姚小平，译. 洪堡特语言哲学文集. 长沙：湖南教育出版社.

洪堡特. 1829/2001b. 论人类语言结构的差异. 姚小平，译. 洪堡特语言哲学文集. 长沙：湖南教育出版社.

洪堡特. 1836/1999. 论人类语言结构的差异及其对人类精神发展的影响. 姚小平，译. 北京：商务印书馆.

胡庚申. 2008. 生态翻译学解读. 中国翻译，（6）：11–15，92.

胡开宝. 2019. 中国特色大国外交话语的构建研究：内涵与意义. 山东外语教学，（4）：11–20.

胡裕树. 1962. 现代汉语（增订本）. 上海：上海教育出版社.

胡壮麟. 1993. 语音系统在英语语篇中的衔接功能. 外语教学与研究，（2）：1–8.

胡壮麟. 1994. 语篇的衔接与连贯. 上海：上海外语教育出版社.

胡壮麟. 2009. 语篇的评价研究. 外语教学，（1）：1–6.

胡宗山，聂锐. 2019. "一带一路"倡议：成就、挑战与未来创新. 社会主义研究，（6）：162–170.

黄伯荣, 廖旭东. 1991. 现代汉语 (下册). 北京: 高等教育出版社.
黄国文. 1998. 形式是意义的体现——功能句法的特点之一. 外语与外语教学, (9): 4–7.
黄国文. 2016. 生态语言学的兴起与发展. 中国外语, (1): 1, 9–12.
黄国文. 2017a. 从系统功能语言学到生态语言学. 外语教学, (5): 1–7.
黄国文. 2017b. 论生态话语和行为分析的假定和原则. 外语教学与研究, (6): 880–889.
黄国文. 2018a. 从生态批评话语分析到和谐话语分析. 中国外语, (4): 39–46.
黄国文. 2018b. 自然诗歌中的元功能和语法隐喻分析——以狄金森的一首自然诗歌为例. 外语教学, (2): 61–66.
黄国文, 陈旸. 2017. 作为新兴学科的生态语言学. 中国外语, (5): 38–46.
黄国文, 赵蕊华. 2017. 生态话语分析的缘起、目标、原则与方法. 现代外语, (5): 1–11.
黄庆. 2012. 推动构建和谐世界, 谱写中国外交新篇章. 当代中国史研究, (5): 46–53, 126.
黄小淋, 李永先. 2018. 基于"知识生态系统"的高校图书馆协同创新模型研究. 上海高校图书情报工作研究, (2): 73–76.
霍尔姆斯·罗尔斯顿. 1986/2000. 哲学走向荒野. 刘耳, 叶平, 译. 长春: 吉林人民出版社.
贾培培, 张敬源. 2015. 时态的功能研究. 北京科技大学学报 (社会科学版), (3): 31–37.
蒋录全. 2003. 信息生态与社会可持续发展. 北京: 北京图书馆出版社.
姜戎. 2004. 狼图腾. 长沙: 长沙文艺出版社.
克洛德·海然热. 2012. 语言人: 论语言学对人文科学的贡献. 张祖建, 译. 北京: 北京大学出版社.
孔子. 1980. 论语译注. 杨伯峻, 译注. 北京: 中华书局.
老舍. 1931. 济南的冬天. 齐大月刊, (6).
老子. 2010. 道德经. 黎重, 编著. 北京: 中央编译出版社.
乐爱国. 2010. 道家生态伦理思想及其现代意义. 鄱阳湖学刊, (1): 93–97.
蕾切尔·卡森. 2008. 寂静的春天. 吕瑞兰, 李长生, 译. 上海: 上海译文出版社.
李博. 2000. 生态学. 北京: 高等教育出版社.
李国正. 1987. 生态语言系统说略. 语文导报, (10): 54–58.
李国正. 1991. 生态汉语学. 长春: 吉林教育出版社.
李晓华, 刘峰. 2013. 产业生态系统与战略性新兴产业发展. 中国工业经济, (3): 20–32.
李旭华. 2012. 马克思生态思想的全面考察——自然生态与人文生态的统一. 马克思主义研究, (9): 18–21.

李战子. 2004. 评价理论：在话语分析中的应用和问题. 外语与外语教学，（5）：1–6.
连佳欣. 2018. 我国生态语言学研究回顾与展望——基于2007—2016年期刊文献的分析. 内蒙古师范大学学报（教育科学版），（4）：79–81，92.
梁敬升. 2016. 基于黄河三角洲高效生态经济发展的生态经济价值观探析. 东岳论丛，（10）：150–156.
刘世生，刘立华. 2012. 评价研究视角下的话语分析. 清华大学学报（哲学社会科学版），（2）：134–141.
刘世铸. 2007. 评价的语言学特征. 山东外语教学，（3）：11–16.
刘世铸，韩金龙. 2004. 新闻话语的评价系统. 外语电化教学，（4）：17–21.
罗川，倪志安. 2016. 论马克思生态思想"实践的三重维度". 马克思主义研究，（1）：11–15.
罗顺元. 2015. 中国传统生态思想史略. 北京：中国社会科学出版社.
吕叔湘. 1956/1982. 中国文法要略. 北京：商务印书馆.
马克思. 1844/2000. 1844年经济学哲学手稿. 北京：人民出版社.
马克思，恩格斯. 1979. 马克思恩格斯全集：第46卷. 北京：人民出版社.
蒙培元. 2010. 生的哲学——中国哲学的基本特征. 北京大学学报（哲学社会科学版），（6）：5–13.
苗兴伟，穆军芳. 2016. 批评话语分析的马克思主义哲学观和方法论. 当代语言学，（4）：532–543.
倪代川. 2018. 数字档案馆生态系统主体培育研究. 档案信息化，（3）：89–94.
潘前颖. 2015. 英语对汉语语言生态的影响监测指标体系探索. 西安外国语大学学报，（1）：51–54.
潘世松. 2012. 异语文字符号夹杂现象的学科依据. 山西师大学报（社会科学版），（4）：136–140.
潘世松. 2014. 语言生态伦理的性质及原则. 南昌大学学报（人文社会科学版），（3）：151–156.
潘世松. 2017. 语言生态伦理的自律价值. 湖南师范大学社会科学学报，（6）：30–37.
彭宣维，刘玉洁，张冉冉，陈玉娟，谈仙芳，王玉英，杨晓军. 2015. 汉语评价意义分析手册——评价语料库的语料处理原则与研制方案. 北京：北京大学出版社.
齐沪扬. 2002a. 语气词与语气系统. 合肥：安徽教育出版社.
齐沪扬. 2002b. 论现代汉语语气系统的建立. 语言教学与研究，（1）：62–71.
乔清举. 2013. 儒家生态思想通论. 北京：北京大学出版社.
让·亨利·法布尔. 2017. 昆虫记. 陈筱卿，译. 长春：时代文艺出版社.
单桦. 2006. 从人类中心主义到生态中心主义的权利观转变. 理论研究，（9）：19–20.
王存刚. 2015. 论中国外交核心价值观. 世界经济与政治，（5）：4–20，156.
王馥芳. 2017. 生态语言学和认知语言学的相互借鉴. 中国外语，（5）：47–55.

王刚, 胡鑫, 陈彤睿, 陆世伟, 田焕明. 2018. 网络生态系统的结构建模与演化. 装甲兵工程学院学报, (1): 72–79.
王晋军. 2007. 生态语言学: 语言学研究的新视域. 天津外国语学院学报, (1): 53–57.
王明(编). 1960. 太平经合校. 北京: 中华书局.
王学渊, 李忠建. 2007. 市场经济生态之浅见. 特区经济, (1): 125–126.
王振华. 2001. 评价系统及其运作——系统功能语言学的新发展. 外国语, (6): 13–20.
魏榕, 何伟. 2019. 国际生态话语之介入系统分析模式建构. 解放军外国语学院学报, (6): 91–99.
文兰芳. 2016. 语言多样性的生态学意义. 外语学刊, (1): 28–31.
肖刚. 2006. "和谐世界": 中国"和"哲学与持久和平——以对道家、儒家、墨家"和"哲学的分析为中心. 国际论坛, (6): 48–54, 78.
肖自辉, 范俊军. 2011. 语言生态的监测与评估指标体系——生态语言学应用研究. 语言科学, (3): 270–280.
谢静. 2001. 美国刑法司法判决书的情态意义研究. 现代外语, (3): 311–316.
辛志英, 黄国文. 2013. 系统功能语言学与生态话语分析. 外语教学, (3): 7–10.
徐进. 2018. 新时代中国特色大国外交理念与原则问题初探. 现代国际关系, (3): 1–9.
徐世璇. 2002. 语言濒危原因探析——兼论语言转用的多种因素. 民族研究, (4): 56–64, 108.
徐世璇, 廖乔婧. 2003. 濒危语言问题研究综述. 当代语言学, (2): 133–148.
许余龙. 1989. 英汉远近称指示词的对译问题. 外国语, (4): 35–42.
杨才英. 2005. 论语篇人际意义的连贯. 中国海洋大学学报, (2): 72–77.
杨才英. 2006. 论英语语篇中的人际意义衔接. 西安外国语大学学报, (3): 1–5.
杨信彰. 2003. 语篇中的评价性手段. 外语与外语教学, (1): 11–14.
杨阳. 2018. 系统功能视角下新闻报道的生态话语分析. 北京第二外国语学院学报, (1): 33–45.
叶峻. 1999a. 社会生态经济协同发展论. 合肥: 安徽大学出版社.
叶峻. 1999b. 试析社会生态系统的平衡与最优化. 电子科技大学学报, (3): 72–77.
叶峻, 李梁美. 2016. 社会生态学与生态文明论. 上海: 上海三联书店.
尹静媛. 2016. 从生态语言学的视角解读《动物之神》. 外国语文, (6): 69–74.
殷祯岑, 祝克懿. 2015. 官场话语生态的形成过程考察. 湖南师范大学社会科学学报, (5): 12–19.
于善志, 王文斌. 2014. 英语时制中的时间关系及其语篇功能. 外语教学与研究, (3): 323–336.

袁颖. 2018. 媒体报道的生态取向：BBC 中国雾霾新闻标题的生态话语分析. 北京科技大学学报（社会科学版），（4）：33–41.

曾莉，李颖超. 2019. 隐性暴力言语行为的类型及情态意义. 南昌大学学报（人文社会科学版），（5）：117–124.

曾繁仁. 2002. 生态美学：后现代语境下崭新的生态存在论美学观. 陕西师范大学学报（哲学社会科学版），（3）：5–16.

张炳淳. 2005. 论生态整体主义对"人类中心主义"和"生物中心主义"的证伪效应. 科学进步与对策，（11）：40–43.

张德禄. 1997. 功能文体学. 济南：山东教育出版社.

张德禄. 2001. 论衔接. 外国语，（2）：23–28.

张德禄. 2002. 语篇跨类衔接研究. 解放军外国语学院学报，（6）：1–4.

张德禄. 2012. 语篇分析理论的发展及应用. 北京：外语教学与研究出版社.

张东辉. 2009. 生态语言学认识观与语言多样性. 前沿，（13）：103–104.

张曼. 2008. 摘要中情态承诺和情态责任的配置. 中国外语，（6）：74–78.

张茂泽. 2016. 儒家生态思想. 长安大学学报（社会科学版），（1）：83–89.

张壬午，张彤，计文瑛. 1996. 中国传统农业中的生态观及其在技术上的应用. 生态学报，（1）：100–106.

张瑞杰，何伟. 2018. 生态语言学视角下的人际意义系统. 外语与外语教学，（2）：99–108，150.

张谊生. 2000. 现代汉语副词的性质、范围与分类. 语言研究，（2）：51–63.

赵景柱. 1991. 复合生态系统持续发展的社会调控. 生态学杂志，（3）：53–57.

赵蕊华. 2016. 系统功能视角下生态话语分析的多层面模式——以生态报告中银无须鳕身份构建为例. 中国外语，（5）：84–91.

郑高花. 2011. 试论生态伦理——价值观. 前沿，（5）：192–195.

郑红莲，王馥芳. 2018. 环境话语研究进展与成果综述. 北京科技大学学报（社会科学版），（4）：9–16.

中华人民共和国国务院新闻办公室. 2011. 中国的和平发展（2011 年 9 月）. 北京：人民出版社.

周国文，李霜霜. 2013. 生态和谐：一个生态世界的构想. 鄱阳湖学刊，（3）：61–67.

祝克懿. 2013. 当下官场话语与生态文明建设. 湖南师范大学社会科学学报，（6）：17–20.

祝克懿，殷祯岑. 2014. 生态语言学视野下的官场话语分析. 南昌大学学报（人文社会科学版），（4）：137–143.

祝廷成，董厚德. 1993. 生态系统浅说. 北京：科学出版社.

邹冬生，高志强. 2013. 当代生态学概论. 北京：中国农业出版社.

Alexander, R. J. 2003. Resisting Imposed Metaphors of Value: Vandana Shiva's Role in Supporting Third World Agriculture. *Metaphorik. de*, (4): 6–29.

Alexander, R. J. 2009. *Framing Discourses on the Environment: A Critical Discourse Approach*. New York and London: Routledge.

Alexander, R. J. 2013. Shaping and Misrepresenting Public Perceptions of Ecological Catastrophes: The BP Gulf Oil Spill. *Critical Approaches to Discourse Analysis Across Disciplines*, 7(1): 1–18.

Alexander, R. J. 2018. Investigating Texts about Environmental Degradation Using Critical Discourse Analysis and Corpus Linguistic Techniques. In A. Fill & H. Penz (eds.). *The Routledge Handbook of Ecolinguistics*. New York and London: Routledge, 196–210.

Alexander, R. & Stibbe, A. 2014. From the Analysis of Ecological Discourse to the Ecological Analysis of Discourse. *Language Sciences*, 41: 104–110.

Alves, A. C. 2013. China's "Win-Win" Cooperation: Unpacking the Impact of Infrastructure for Resources Deals in Africa. *South African Journal of International Affairs*, 20(2): 207–226.

Babbie, E. R. 1975. *The Practice of Social Research*. Belmont: Wadsworth Cengage Learning.

Babbie, E. R. 2010. *The Practice of Social Research* (12th ed.). Belmont: Wadsworth Cengage Learning.

Baker, S. 2006. *Sustainable Development*. London and New York: Routledge.

Bartlett, T. 2012. *Hybrid Voices and Collaborative Change: Contextualising Positive Discourse Analysis*. New York and London: Routledge.

Bastardas-Boada, A. 2018. The Ecology of Language Contact: Minority and Majority Languages. In A. Fill & H. Penz (eds.). *The Routledge Handbook of Ecolinguistics*. New York and London: Routledge, 26–39.

Bednarek, M. & Caple, H. 2010. Playing with Environmental Stories in the News—Good or Bad Practice?. *Discourse & Communication*, 4(1): 5–31.

Berry, M. 1995. Thematic Options and Success in Writing. In M. Ghadessy (ed.). *Thematic Development in English Texts*. London: Pinter, 55–84.

Bible. 2010. *The Holy Bible*. Oxford and New York: Oxford University Press.

Bloor, T. & Bloor, M. 1995. *The Functional Analysis of English*. London: Arnold.

Bookchin, M. 1981. *The Ecology of Freedom: The Emergency and Dissolution of Hierarchy*. Palo Alto, California: Cheshire Books.

Brontë, C. 1983. *Jane Eyre*. New York: Penguin Random House.

Brown, T. M., Halliday, M. A. K., McIntosh, A. & Strevens, P. D. 1967. The Linguistic Sciences and Language Teaching. *The Modern Language Review*, 62(1): 106.

Carroll, L. 2012. *Alice's Adventure in Wonderland*. London: Penguin Books.

Carson, R. 1965. *Silent Spring*. London: Penguin Books.
Carvalho, A. 2005. Representing the Politics of the Greenhouse Effect. *Critical Discourse Studies*, 2(1): 1–29.
Chawla, S. 1991. Linguistic and Philosophical Roots of Our Environmental Crisis. *Environmental Ethics*, 13(3): 253–262. In A. Fill & P. Mühlhäusler (eds.). 2001. *The Ecolinguistics Reader: Language, Ecology, and Environment*. London and New York: Continuum, 109–114.
Chen, S. 2016. Language and Ecology: A Content Analysis of Ecolinguistics as an Emerging Research Field. *Ampersand*, 3: 108–116.
Cowley, S. 2017, August 26–27. *Ecolingusitics, the Bio-ecology and the Fragility of Knowing*. The 2nd International Symposium on Ecolinguistics & the 19th Symposium on Functional Linguistics and Discourse Analysis, Beijing.
Crane, D. 1972. *Invisible Colleges: Diffusion of Knowledge in Scientific Communities*. Chicago and London: University of Chicago Press.
Dension, N. 1982. A Linguistic Ecology for Europe?. *Folia Linguistica*, 16(1–4): 5–16. In A. Fill & H. Penz (eds.). 2001. *The Ecolinguistics Reader: Language, Ecology and Environment*. London and New York: Continuum, 75–82.
Dunayer, J. 2001. *Animal Equality: Language and Liberation*. Derwood, Maryland: Ryce Publishing.
Eliasson, S. 2015. The Birth of Language Ecology: Interdisciplinary Influences in Einar Haugen's "The Ecology of Language". *Language Sciences*, 50: 78–92.
Elton, C. 1927. *Animal Ecology*. New York: Macmillan.
Fairclough, N. 1989. *Language and Power*. London and New York: Longman.
Fairclough, N. 1995. *Critical Discourse Analysis: The Critical Study of Language*. London and New York: Longman.
Fawcett, R. P. 2000. *A Theory of Syntax for Systemic Functional Linguistics*. Amsterdam: Benjamins.
Fawcett, R. P. 2008. *Invitation to Systemic Functional Linguistics Through the Cardiff Grammar: An Extension and Simplification of Halliday's Systemic Functional Grammar*. London: Equinox.
Fawcett. R. P. 2011a. Problems and Solutions in Identifying Processes and Participant Roles in Discourse Analysis. Part 1: Introduction to a Systematic Procedure for Identifying Processes and Participant Roles. In G. W. Huang & C. G. Chang (eds.). *Annual Review of Functional Linguistics (Vol. 3)*. Beijing: Higher Education Press, 34–87.
Fawcett, R. P. 2011b. A Semantic System Network for MOOD in English [Unpublished manuscript]. "Work in progress" version available from fawcett@cardiff.ac.uk.

Fawcett. R. P. 2013. Problems and Solutions in Identifying Processes and Participant Roles in Discourse Analysis. Part 2: How to Handle Metaphor, Idiom and Six Other Problems. In G. W. Huang & C. G. Chang (eds.). *Annual Review of Functional Linguistics (Vol. 4)*. Beijing: Higher Education Press, 27–76.

Fawcett, R. P. 2017. From Meaning to Form in the Cardiff Model of Language and Its Use. In T. Bartlett & G. O'Grady (eds.). *The Routledge Handbook of Systemic Functional Linguistics*. London and New York: Routledge, 56–76.

Fawcett, R. P. forthcoming. *The Many Types of "Theme" in English: Their Syntax, Semantics and Discourse Functions*. London: Equinox.

Fill, A. 1987. *Wörter zu Pflugscharen: Versuch einer Ökologie der Sprache*. Wien and Köln: Böhlau.

Fill, A. 1993. *Ökolinguistik. Eine Einführung*. Tübingen: Gunter Narr.

Fill, A. 1998. Ecolinguistics: States of the Art. *Ass Arbeiten Aus Anglistik Und Amerikanistik*, 23(1): 3–16.

Fill, A. 2000. Language and Ecology: Ecolinguistics Perspectives for 2000 Beyond. In AILA Organizing Committee (eds.). *Selected Papers from AILA 1999 Tokyo*. Tokyo: Waesda University Press.

Fill, A. 2001. Ecolinguistics: States of the Art 1998. In A. Fill & P. Mühlhäusler (eds.). *The Ecolinguistics Reader: Language, Ecology and Environment*. London and New York: Continuum, 43–53.

Fill, A. & Mühlhäusler, P. (eds.). 2001. *The Ecolinguistics Reader: Language, Ecology and Environment*. London and New York: Continuum.

Fill, A. & Penz, H. (eds.). 2018a. *The Routledge Handbook of Ecolinguistics*. New York and London: Routledge.

Fill, A. & Penz. H. 2018b. Ecolinguistics in the 21st Century: New Orientations and Future Directions. In A. Fill & H. Penz (eds.). *The Routledge Handbook of Ecolinguistics*. New York and London: Routledge, 437–443.

Finke, P. 1983. Politizität Zum Verhältnis von Theoretischer Härte und Praktischer Relevanz in der Sprachwissenschaft. In P. Finke (ed.). *Sprache im politischen Kontext*. Tübingen: Niemeyer, 15–75.

Finke, P. 1996. Sprache Als Missing Link Zwischen Natürlichen und Kulturellen Ökosystemen. In A. Fill (ed.). *Sprachökologie und Ökolinguistik*. Tübingen: Stauffenburg, 27–48.

Flowerdew, J. & Richardson, J. E. (eds.). 2018. *The Routledge Handbook of Critical Discourse Studies*. London and New York: Routledge.

Gare, A. 1996. *Nihilism Inc.: Environmental Destruction and the Metaphysics of Sustainability*. Como, New South Wales: Eco-Logical Press.

Gerbig, A. 1993. The Representation of Agency and Control in Texts on the Environment. In R. J. Alexander, J. C. Bang & J. Døør (eds.). *Papers for the Symposium "Ecolinguistics: Problems, Theories and Methods" AILA 1993*. Odense: Odense University, 61–73.

Glenn, C. B. 2004. Constructing Consumables and Consent: A Critical Analysis of Factory Farm Industry Discourse. *Journal of Communication Inquiry*, 28(1): 63-81.

Goatly, A. 1996. Green Grammar and Grammatical Metaphor, or Language and the Myth of Power, Metaphors We Die By. *Journal of Pragmatics*, 25(4): 537–560.

Goatly, A. 2000. *Critical Reading and Writing: An Introductory Coursebook*. London and New York: Routledge.

Goatly, A. 2002. The Representation of Nature on the BBC World Service. *Text-Interdisciplinary Journal for the Study of Discourse*, 22(1): 1–27.

Goatly, A. 2007. *Washing the Brain: Metaphor and Hidden Ideology*. Amsterdam: Benjamins.

Goatly, A. 2018. Lexico-grammar and Ecoliguistics. In A. Fill & H. Penz (eds.). *The Routledge Handbook of Ecolinguistics*. New York and London: Routledge, 227–248.

Grundman, R. & Krishnamurthy, R. 2010. The Discourse of Climate Change: A Corpus-based Approach. *Critical Approaches to Discourse Analysis across Disciplines*, 4(2): 113–133.

Haarmann, H. 1980. *Multilingualismus 2*. Tübingen: Narr.

Haarmann, H. 1986. *Language in Ethnicity: A View of Basic Ecological Relations*. Berlin: Mouton de Gruyter.

Haeckel, E. 1866. *Generelle Morphologie der Organismen*. Berlin: Hansebooks.

Halliday, M. A. K. 1961. Categories of the Theory of Grammar. *Word*, 17(2): 241–292.

Halliday, M. A. K. 1967. Notes on Transitivity and Theme in English: Part 2. *Journal of Linguistics*, 3(2): 199–244.

Halliday, M. A. K. 1970. Language Structure and Language Function. In J. Lyons (ed.). *New Horizons in Linguistics*. Harmondsworth: Penguin. 140–165. Collected in M. A. K. Halliday. 2002/2007. *On Grammar*. J. Webster (ed.). London and New York: Continuum / Beijing: Peking University Press.

Halliday, M. A. K. 1985. *An Introduction to Functional Grammar*. London: Arnold.

Halliday, M. A. K. 1990. New Ways of Meaning: The Challenge to Applied Linguistics. *Journal of Applied Linguistics*, (6): 7–36.

Halliday, M. A. K. 1990. New Ways of Meaning: The Challenge to Applied Linguistics. *Journal of Applied Linguistics*, (6): 7–36. In A. Fill & P. Mühlhäusler (eds.). 2001. *The Ecolinguistics Reader: Language, Ecology, and Environment*. London and New York: Continuum, 175–202.

Halliday, M. A. K. 1994/2000. *An Introduction to Functional Grammar* (2nd ed.). London: Arnold / Beijing: Foreign Language Teaching and Research Press.

Halliday, M. A. K. & Hasan, R. 1976. *Cohesion in English*. London and New York: Longman.

Halliday, M. A. K. & Hasan, R. 1985. *Language, Context and Text: Aspects of Language in a Social-Semiotic Perspective*. Geelong, Victoria: Deakin University Press.

Halliday, M. A. K. & Matthiessen, C. M. I. M. 1999. *Construing Experience through Meaning: A Language-based Approach to Cognition*. London and New York: Continuum.

Halliday, M. A. K. & Matthiessen, C. M. I. M. 2004/2008. *An Introduction to Functional Grammar* (3rd ed.). London: Arnold / Beijing: Foreign Language Teaching and Research Press.

Halliday, M. A. K. & Matthiessen, C. M. I. M. 2014. *An Introduction to Functional Grammar* (4th ed.). London and New York: Routledge.

Haugen, E. 1970. *On the Ecology of Language*. Conference toward the Description of the Language of the World, Burg Wartenstein, Austria.

Haugen, E. 1972. The Ecology of Language. In A. S. Dil (ed.). *The Ecology of Language: Essays by Einar Haugen*. Stanford: Stanford University Press, 325–339.

He, W. 2017. "Subject-predicate Predicate Sentences" in Modern Mandarin Chinese: A Cardiff Grammar Approach. *Linguistics*, 55(4): 935–977.

He, W. forthcoming. Experience of the World and the Transitivity System of Chinese.

Hermans, T. 1999. *Translation in Systems: Descriptive and System-oriented Approaches Explained*. Manchester: St. Jerome Publishing.

Hood, S. & Martin, J. R. 2007. Invoking Attitude: The Play of Graduation in Appraising Discourse. In R. Hasan, C. M. I. M. Matthiessen & J. Webster (eds.). *Continuing Discourse on Language*. London: Equinox.

Hyland, K. 2010. Constructing Proximity: Relating to Readers in Popular and Professional Science. *Journal of English for Academic Purposes*, 9(2): 116–127.

Jacobs, G. M. & Goatly, A. 2000. The Treatment of Ecological Issues in ELT Coursebooks, *ELT Journal,* 54(3): 256–264.

Jiang, R. 2008. *Wolf Totem.* (H. Goldblatt, Trans.). New York: The Penguin Press.

Jönsson, C. & Hall, M. 2003. Communication: An Essential Aspect of Diplomacy. *International Studies Perspectives,* 4(2): 195–210.

Kahn, M. 2001. The Passive Voice of Science: Language Abuse in the Wildlife Profession. In A. Fill & P. Mühlhäusler (eds.). *The Ecolinguistics Reader: Language, Ecology and Environment.* London and New York: Continuum, 241–244.

Katz, R., Kornblet, S., Arnold, G., Lief, E. & Fischer, J. E. 2011. Defining Health Diplomacy: Changing Demands in the Era of Globalization. *Milbank Quarterly,* 89(3): 503–523.

Kress, G. & van Leeuwen, T. 1996. *Reading Images: The Grammar of Visual Design.* London and New York: Routledge.

Kress, G. & van Leeuwen, T. 2001. *Multimodal Discourse: The Modes and Media of Contemporary Communication.* London: Arnold.

Krier, F. 1996. Esquisse Écolinguistique du Galicien. In J. Aubé-Bourligueux, J.-P. Barre & P. Martinez-Vasseur (eds.). *Le Fait Culturel Régional.* Nantes: CRINI, 53–61.

Kuhn, T. S. 1962. *The Structure of Scientific Revolution.* London: University of Chicago Press.

Kuhn, T. S. 1970. *The Structure of Scientific Revolution* (2nd ed.). London: University of Chicago Press.

Kuhn, T. S. 1996. *The Structure of Scientific Revolution* (3rd ed.). London: University of Chicago Press.

Larson, B. 2011. *Metaphors for Environmental Sustainability: Redefining our Relationship with Nature.* New Haven, Connecticut: Yale University Press.

Li, E. 2003. *A Text-based Study of the Grammar of Chinese from a Systemic Functional Approach.* Sydney: Macquarie University.

Li, E. 2007. *A Systemic Functional Grammar of Chinese: A Text-based Analysis.* London and New York: Continuum.

Li, Z. X. 2010. Harmony and Chinese Diplomacy. *Procedia—Social and Behavioral Science,* 2(5): 6777–6779.

Lovelock, J. 1979. *Gaia: A New Look at Life on Earth.* Oxford: Oxford University Press.

Lovelock, J. 1988. *The Ages of Gaia.* Oxford: Oxford University Press.

Mackey, W. F. 1980. The Ecology of Language Shift. In P. H. Nelde (ed.). *Sprachkontakt und Sprachkonflikt*. Wiesbaden: Franz Steiner, 35–41.

Maier, C. D. 2011. Communicating Business Greening and Greenwashing in Global Media: A Multimodal Discourse Analysis of CNN's Greenwashing Video. *International Communication Gazette*, 73(1–2): 165–177.

Martin, J. R. 1999. Grace: The Logogenesis of Freedom. *Discourse Studies*, 1(1): 29–56.

Martin, J. R. 2000. Beyond Exchange. Appraisal System in English. In S. Hunston & G. Thompson (eds.). *Evaluation in Text: Authorial Stance and the Construction of Discourse*. Oxford: Oxford University Press.

Martin, J. R. 2004. Positive Discourse Analysis: Solidarity and Change. *Revista Cnaria de Estudios Ingleses*, 49: 179–202.

Martin, J. R. & Rose, D. 2003. *Working with Discourse: Meaning Beyond the Clause*. London and New York: Continuum.

Martin, J. R. & Rose, D. 2007. *Working with Discourse: Meaning Beyond the Clause* (2nd ed.). London and New York: Continuum.

Martin, J. R. & White, P. R. R. 2005. *The Language of Evaluation*. New York: Palgrave Macmillan.

Masamichi, S. 2004. Globalization and National Identity in Japan. *International Journal of Japanese Sociology*, 13(1): 69–87.

Matthiessen, C. M. I. M. 1995. *Lexicogrammatical Cartography: English Systems*. Tokyo: International Language Science.

Matthiessen, C. M. I. M. & Halliday, M. A. K. 2009. *Systemic Functional Grammar: A First Step into the Theory*. Beijing: Higher Education Press.

Mitchell, L. 2013. Farming: Animals or Machines?. *Southern African Linguistics and Applied Language Studies*, 31(3): 299–309.

Mowat, R. B. 1935. *Diplomacy and Peace*. London: Williams & Norgate.

Mühlhäusler, P. 1992. Preserving Languages or Language Ecologies? A Top-Down Approach to Language Survival. *Oceanic Linguistics*, 31(2): 163–180.

Mühlhäusler, P. 1995. *Linguistic Ecology: Language Change and Linguistic Imperialism in the Pacific Region*. London and New York: Routledge.

Mühlhäusler, P. 2001. Talking About Environmental Issues. In A. Fill & P. Mühlhäusler (eds.). *The Ecolinguistics Reader: Language, Ecology, and Environment*. London and New York: Continuum, 31–42.

Naess, A. 1973. The Shallow and the Deep, Long-Range Ecology Movement: A Summary. *Inquiry*, 16(1): 95–100.

Naess, A. 1989. *Ecology, Community and Lifestyle: Outline of an Ecology*. Cambridge: Cambridge University Press.

Naess, A. & Haukeland, P. I. 2002. *Life's Philosophy: Reason and Feeling in a Deeper World*. Athens and London: The University of Georgia Press.

Odum, E. P. 1953. *Fundamentals of Ecology*. Philadelphia: W. B. Saunders.

O'Halloran, K. L. 2004. *Multimodal Discourse Analysis: Systemic Functional Perspectives*. London and New York: Continuum.

O. Henry. 2008. *Strictly Business: More Stories of the Four Million*. Moscow: Dodo Press.

O'Toole, M. 1994. *The Language of Displayed Art*. London: Leicester University Press.

Plec, E. & Pettenger, M. 2012. Greenwashing Consumption: The Didactic Framing of ExxonMobil's Energy Solutions. *Environmental Communication*, 6(4): 459–476.

Poole, R. & Spangler, S. 2020. "Eco This and Recycle That": An Ecolinguistic Analysis of a Popular Digital Simulation Game. *Critical Discourse Studies*, 17(3): 344–357.

Ricklefs, R. E. 2007. *The Economy of Nature* (5th ed.). New York: W. H. Freeman & Company.

Sapir, E. 1912. Language and Environment. *American Anthropologist*, 14(2): 226–242.

Scannell, L. & Gifford, R. 2010. Defining Place Attachment: A Tripartite Organizing Framework. *Journal of Environmental Psychology*, 30(1): 1–10.

Schleppegrell, M. J. 1996. Abstraction and Agency in Middle School Environmental Education. In J. C. Bang, J. Døør, R. J. Alexander, A. Fill & F. Verhagen (eds.). *Language and Ecology: Eco-Linguistics. Problems, Theories and Methods*. Odense: Odense University, 27–42.

Schroll, M. A. 2013. From Ecopsychology to Transpersonal Ecosophy: Shamanism, Psychedelics and Transpersonal Psychology: An Autobiographical Reflection. *European Journal of Ecopsychology*, 4(1): 116–144.

Schultz, B. 2001. Language and the Natural Environment. In A. Fill & P. Mühlhäusler (eds.). *The Ecolinguistics Reader: Language, Ecology, and Environment*. London and New York: Continuum, 109–114.

Skutnabb-Kangas, T. & Phillipson, R. 1995. *Linguistic Human Rights: Overcoming Linguistic Discrimination*. Berlin: Mouton de Gruyter.

Slater, P. 2007. The Gadgeteer: Sex, Self and Consumerism in Stuff Magazine. *Language and Ecology*, 2(1): 1–8.

Stamou, A. G. & Paraskevopoulos, S. 2008. Representing Protection Action in an Ecotourism Setting: A Critical Discourse Analysis of Visitors' Books at a Greek Reserve. *Critical Discourse Studies*, 5(1): 35–54.

Stauffer, R. C. 1957. Haeckel, Darwin and Ecology. *The Quarterly Review of Biology*, 32(2): 138–144.

Steffensen, S. V. 2007. Language, Ecology and Society: An Introduction to Dialectical Linguistics. In J. C. Bang & J. Døør (eds.). *Language, Ecology and Society: A Dialectical Approach*. London and New York: Continuum, 3–31.

Steffensen, S. V. & A. Fill. 2014. Ecolinguistics: The State of the Art and Future Horizons. *Language Sciences*, 41: 6–25.

Stibbe, A. 2003. As Charming as a Pig: The Discursive Construction of the Relationship Between Pigs and Humans. *Society & Animals*, 11(4): 375–392.

Stibbe, A. 2004. Environmental Education Across Cultures: Beyond the Discourse of Shallow Environmentalism. *Language and Intercultural Communication*, 4(4): 242–260.

Stibbe, A. 2012. *Animals Erased: Discourse, Ecology, and Reconnection with the Natural World*. Middletown, Connecticut: Wesleyan University Press.

Stibbe, A. 2014. An Ecolinguistic Approach to Critical Discourse Studies. *Critical Discourse Studies*, 11(1): 117–128.

Stibbe, A. 2015. *Ecolinguistics: Language, Ecology, and the Stories We Live by*. London and New York: Routledge.

Stibbe, A. 2018a. Critical Discourse Analysis and Ecology. In J. Flowerdew & J. E. Richardson (eds.). *The Routledge Handbook of Critical Discourse Studies*. London and New York: Routledge, 497–509.

Stibbe, A. 2018b. Positive Discourse Analysis: Rethinking Human Ecological Relationships. In A. Fill & H. Penz (eds.). *The Routledge Handbook of Ecolinguistics*. New York and London: Routledge, 165–178.

Stibbe, A. & Zunino, F. 2008. Boyd's Forest Dragon or the Survival of Humanity: Discourse and the Social Construction of Biodiversity. In M. Döring, H. Penz & W. Trampe (eds.). *Language, Signs and Nature: Ecolinguistic Dimensions of Environmental Discourse*. Tübingen: Stauffenburg Verlag, 165–181.

Tansley, A. G. 1935. The Use and Abuse of Vegetational Terms and Concepts. *Ecology*, 16(3): 284–307.

Thompson, G. 1996. *Introducing Functional Grammar*. London: Arnold.

Thompson, G. 2004/2008. *Introducing Functional Grammar* (2nd ed.). London: Arnold / Beijing: Foreign Language Teaching and Research Press.

Thompson, G. 2014. *Introducing Functional Grammar* (3rd ed.). London and New York: Routledge.

Thoreau, H. D. 2013. *Walden*. Nanjing: Yilin Press.

Trampe, W. 1990. *Ökologische Linguistik, Grundlagen einer ökologischen Sprach- und Wissenschaftstheorie*. Wiesbaden: Westdeutscher Verlag.

Trampe, W. 2001. Language and Ecological Crisis (P. Mühlhäusler, Trans.). In A. Fill & P. Mühlhäusler (eds.). *The Ecolinguistics Reader: Language, Ecology and Environment*. London and New York: Continuum, 232–240.

van Dijk, T. A. 1993. Principles of Critical Discourse Analysis. *Discourse & Society*, 4(2): 249–283.

Voegelin, C. F. & Voegelin, F. M. 1964. Languages of the World: Native America Fascicle One. *Anthropological Linguistics*, 6(6): 2–45.

Voegelin, C. F., Voegelin, F. M., Schutz, Jr. & Noel, W. 1967. The Language Situation in Arizona as Part of the Southwest Culture Area. In D. H. Hymes & W. E. Bittle (eds.). *Studies in Southwestern Ethnolinguistics: Meaning and History in the Languages of the American Southwest*. The Hague and Paris: Mouton, 403–451.

WCED. 1987. *Our Common Future*. New York: Oxford University Press.

Weinrich, H. 2001. Economy and Ecology in Language (P. Mühlhäusler, Trans.). In A. Fill & P. Mühlhäusler (eds.). *The Ecolinguistics Reader: Language, Ecology and Environment*. London and New York: Continuum, 91–100.

Weiss, G. & Wodak, R. (eds.). 2003. *Critical Discourse Analysis: Theory and Interdisciplinarity*. New York: Palgrave Macmillan.

White, P. R. R. 2003. Beyond Modality and Hedging: A Dialogic View of the Language of Intersubjective Stance. *Text-Interdisciplinary Journal for the Study of Discourse*, 23(2): 259–284.

Wild, K., Church, A., McCarthy, D. & Burgess, J. 2013. Quantifying Lexical Usage: Vocabulary Pertaining to Ecosystems and the Environment. *Corpora*, 8(1): 53–79.

Xiong, T. 2014. Shallow Environmentalism: A Preliminary Eco-critical Discourse Analysis of Secondary School English as a Foreign Language (EFL) Texts in China. *The Journal of Environmental Education*, 45(4): 232–242.

附 录
态度系统词汇取向

附表 1　积极情感和消极情感（Martin & White，2005：51）

Affect	Positive	Negative
dis/inclination	miss, long for, yearn for	wary, fearful, terrorised
un/happiness	cheerful buoyant, jubilant; like, love, adore	sad, melancholy, despondent; cut-up, heart-broken... broken-hearted, heavy-hearted, sick at heart; sorrowful... grief-stricken, woebegone... dejected... dejected, joyless, dreary, cheerless, unhappy, sad; gloomy, despondent, ... downcast, low, down, down in the mouth, depressed...; weepy, wet-eyed, tearful, in tears...
in/security	together, confident, assured; comfortable, confident, trusting	uneasy, anxious, freaked out; startled, surprised, astonished
dis/satisfaction	involved, absorbed, engrossed; satisfied, pleased, chuffed/ impressed, charmed, thrilled	flat, stale, jaded; cross, angry, furious; bored with, sick of, fed up with

附表 2　积极社会评判和消极社会评判（Martin & White，2005：53）

SOCIAL ESTEEM	Positive [admire]	Negative [criticise]
normality "how special?"	lucky, fortunate, charmed...; normal, natural, familiar...; cool, stable, predictable...; in, fashionable, avant garde...; celebrated, unsung...	unlucky, hapless, star-crossed...; odd, peculiar, eccentric...; erratic, unpredictable...; dated, daggy, retrograde...; obscure, also-ran...
capacity "how capable?"	powerful, vigorous, robust...; sound, healthy, fit...; adult, mature, experienced...; witty, humorous, droll...; insightful, clever, gifted...; balanced, together, sane...; sensible, expert, shrewd...; literate, educated, learned...; competent, accomplished...; successful, productive ...	mild, weak, wimpy... unsound, sick, crippled...; immature, childish, helpless...; dull, dreary, grave...; slow, stupid, thick...; flaky, neurotic, insane...; naive, inexpert, foolish...; illiterate, uneducated, ignorant...; incompetent; unaccomplished...; unsuccessful, unproductive....
tenacity "how dependable?"	plucky, brave, heroic.... cautious, wary, patient...; careful, thorough, meticulous tireless, persevering, resolute...; reliable, dependable...; faithful, loyal, constant...; flexible, adaptable, accommodating...	timid, cowardly, gutless...; rash, impatient, impetuous...; hasty, capricious, reckless...; weak, distracted, despondent...; unreliable, undependable...; unfaithful, disloyal, inconstant...; stubborn, obstinate, wilful...

附表3　积极社会制约和消极社会制约（Martin & White，2005：53）

SOCIAL SANCTION "mortal"	Positive [praise]	Negative [condemn]
veracity [truth] "how honest?"	truthful, honest, credible...; frank, candid, direct...; discrete, tactful...	dishonest, deceitful, lying...; deceptive, manipulative, devious...; blunt, blabbermouth...
propriety [ethics] "how far beyond reproach?"	good, moral, ethical...; law abiding, fair, just...; sensitive, kind, caring...; unassuming, modest, humble...; polite, respectful, reverent...; altruistic, generous, charitable...	bad, immoral, evil...; corrupt, unfair, unjust...; insensitive, mean, cruel...; vain, snobby, arrogant...; rude, discourteous, irreverent...; selfish, greedy, avaricious...

附表4　积极鉴赏和消极鉴赏（Martin & White，2005：56）

	Positive	Negative
reaction: impact "did it grab me?"	arresting, captivating, engaging ...; fascinating, exciting, moving...; lively, dramatic, intense...; remarkable, notable, sensational...	dull, boring, tedious...; dry, ascetic, uninviting...; flat, predictable, monotonous...; unremarkable, pedestrian ...
reaction: quality "did I like it?"	okay, fine, good...; lovely, beautiful, splendid...; appealing, enchanting, welcome...	bad, yuk, nasty...; plain, ugly, grotesque...; repulsive, revolting, off-putting...

	Positive	Negative
composition: balance "did it hang together?"	balanced, harmonious, unified, symmetrical, proportioned ...; consistent, considered, logical ...; shapely, curvaceous, willowy ...	unbalanced, discordant, irregular, uneven, flawed ...; contradictory, disorganised ...; shapeless, amorphous, distorted ...
composition: complexity "was it hard to follow?"	simple, pure, elegant ...; lucid, clear, precise ...; intricate, rich, detailed, precise ...	ornate, extravagant, byzantine ...; arcane, unclear, woolly ...; plain, monolithic, simplistic ...
valuation "was it worthwhile?"	penetrating, profound, deep ...; innovative, original, creative ...; timely, long awaited, landmark ...; inimitable, exceptional, unique ...; authentic, real, genuine ...; valuable, priceless, worthwhile ...; appropriate, helpful, effective ...	shallow, reductive, insignificant ...; derivative, conventional, prosaic ...; dated, overdue, untimely ...; dime-a-dozen, everyday, common; fake, bogus, glitzy ...; worthless, shoddy, pricey ...; ineffective, useless, write-off ...

术　语　表

比较指称	comparative reference
标记	Token
标记性参与者角色主位	marked participant role Theme
参与者角色	Participant Role
参与者角色主位	participant role Theme
层次思想	stratification
阐述	elaboration
承认	acknowledge
抽象世界	abstract world
创造	creating
创造物	Created
词法环境	lexical environment
词汇-语法	lexico–grammar
次要小句	secondary clause
存在	existence
存在方	Existent
搭配	collocation
大型消费者生物	macroconsumer organisms
动词性替代	verbal substitution
独特性	specificity
对生态话语的分析	analysis of ecological discourse
多模态话语分析	Multimodal Discourse Analysis
多语社团	multilingual community
多重主位	multiple Theme

发生	happening
法律人格	legal personality
反应	reaction
反预期	counter
范式	paradigm
方向	Direction
方向	direction
非人类个体参与者角色主位	participant role Theme—individual nonhuman organism
非人类群体参与者角色主位	participant role Theme—group nonhuman organism
分解者	decomposer
否定	deny
腐养者生物	saprotrophic organisms
复合参与者角色	compound participant role
盖亚理论/假说	Gaia hypothesis
概括词/通用词	general word
概率	probability
感知	perception
感知者	Perceiver
个体	individual
给予	giving
根性生态语言学	Radical Ecolinguistics
共享知识	shared knowledge
构成	composition
关联	correlation
相关方1	Correlator1
相关方2	Correlator2
归属	attribution
归一度/极性	Polarity

过程	Process
过程延长成分	Process Extension
话题	topic
话语的生态分析	ecological analysis of discourse
环境	environment
环境角色	Circumstantial Role
环境语言学	écolinguistique
回指	anaphoric
积极话语分析	Positive Discourse Analysis
及物性系统	transitivity system
级差	graduation
价值	Value
（鉴赏）价值	value
简单主位／单项主位	simple Theme
鉴赏	appreciation
降低	down-scale
交换	exchange
交换角色	role in exchange
交流	communication
交流对象	Communicatee
交流方	Communicator
交流内容	Communicated
介入	engagement
借言	heterogloss
近义词	near synonym
经验功能	experiential metafunction
经验主位	experiential Theme
聚焦	focus

可靠性	Tenacity
扩展	expansion
来源	Source
连贯	coherence
连接	conjunction
连接词	linker
（情态）量值	value
陆地生态系统	terrestrial ecosystem
路径	Path
逻辑功能	logical metafunction
逻辑语义关系	logico-semantic relation
绿色语法	green grammar
名词化	nominalization
名词性替代	nominal substitution
命题	proposition
模糊性话语	ambivalent discourse
目的地	Destination
内在机制	deeper mechanism
内指	endophoric reference
能力性	Capacity
欧洲通用语	Standard Average European
判断	judgement
配列关系	interdependency
批评话语分析	Critical Discourse Analysis
批评生态语言学	critical ecolinguistics
频率	usuality
平等	equality
评价	appraisal

破坏性话语	destructive discourse
嵌入	embedding
强人类中心主义	strong anthropocentrism
情感	affect
情感	emotion
情感表现者	Emoter
情态	modality
情态承诺	modal commitment
情态化	modalization
情态责任	modal responsibility
取向	orientation
群落/社团/社区	community
人称指称	personal reference
人际功能	interpersonal metafunction
人际主位	interpersonal Theme
人类个体参与者角色主位	participant role Theme—individual
人类互动中心	Centre for Human Interactivity
人类群体参与者角色主位	participant role Theme—group
人类中心主义	anthropocentrism
认可	endorse
认知	cognition
认知生态/环境	cognitive ecology
认知者	Cognizant
柔化	soften
锐化	sharpen
上义词	superordinate
社会类世界经验	experience of the social world
社会评判	esteem

社会生态可持续性	socio-ecological sustainability
社会文化生态/环境	sociocultural ecology
社会性参与者角色主位	participant role Theme—social factor
社会制约	sanction
生产者	producer
生产者生物	producers organisms
生活哲学观	living
生态话语分析	Ecological Discourse Analysis
生态文体学	ecostylistics
生态系统	ecosystem
生态系统生态学	ecosystem ecology
生态学	Ecology
生态意义	ecological meaning
生态语言学	ecolinguistics
生态哲学观	ecosophy
省略	ellipsis
(语气结构)剩余部分	Residue
施事	Agent
时间关系	temporal
识别	identification
世界环境与发展委员会	World Commission on Environment and Development
首要小句	primary clause
受事	Affected
受压迫者	oppressed
疏远	distance
属性	Attribute
述位	Rheme
水域生态系统	water ecosystem

说话者	speaker
思想	idea
态度	attitude
态势性	Normality
特费噶斯汀生态哲学观	ecosophy Tvergastein
提升	up-scale
提议	proposal
体裁	genre
体现关系	realization
替代	substitution
替代性批评话语分析	alternative critical discourse analysis
听话者	addressee
同义词	synonym
统一的生态语言科学	unified ecological language science
投射	projection
投射层次	level of projection
投射的言语功能	speech function of projection
投射方式	mode of projection
外指	exophoric reference
位置	Location
位置	location
文理	texture
我们赖以生存的故事	the stories we live by
无标记性参与者角色主位	unmarked participant role Theme
无生命物质	abiotic substance
物理和社会环境	physical and social surroundings
物理性参与者角色主位	participant role Theme—physical factor
物品及服务	goods-&-services

下指	cataphoric
衔接	cohesion
衔接链	cohesive tie
现实世界	physical and social world
现象	Phenomenon
限定成分	Finite
象征性语言生态/环境	symbolic ecology of language
消费者	consumer
小句	clause
小句性替代	clausal substitution
协和语法	consonant grammar
心理生态观	psychological ecosophy
心理世界	mental world
信息	information
信息	message
行动	doing
行为	behaving
行为者	Behaver
宣布	pronounce
寻求	demanding
压迫者	oppressor
压缩	contraction
延展	extension
延展性生态假设	extended ecology hypothesis
言语	locution
义务	obligation
意态化	modulation
意愿	desideration

意愿	inclination
意愿表现者	Desiderator
因果关系	causal
影响类世界经验	influenced experience of the world
拥有	possession
拥有物	Possessed
拥有者	Possessor
有界的	bounded
有益性话语	beneficial discourse
语场	field
语篇功能	textual metafunction
语篇主位	textual Theme
语气	mood
语式	mode
语势	force
语言行为	languaging
语言经济	language economy
语言可持续性	linguistic sustainability
语言权利	language rights
语言人权	linguistic human rights
语言生态 / 语言生态学	ecology of language
语言生态	language ecology
语言生态	linguistic ecology
语言世界系统	language world system
语言转用	language shift
语域	register
语域一致性	register consistency
语旨	tenor

载体	Carrier
赞同	concur
增补关系	additive
增强	enhancement
粘合词	binder
哲学模式	philosophical model
真诚性	Veracity
正当性	Propriety
指称	reference
指示指称	demonstrative reference
种群	population
重复	reiteration
重商主义	commercialism
主位	Theme
主语	Subject
转折关系	adversative
自然类世界经验	experience of the natural world
自然生态/环境	natural ecology
自我实现	self-realisation
自言	monogloss
自主类世界经验	autonomous experience of the world

缩略语表

Af	Affected	受事
Ag	Agent	施事
At	Attribute	属性
Behr	Behaver	行为者
Ca	Carrier	载体
CDA	Critical Discourse Analysis	批评话语分析
Cog	Cognizant	认知者
Comd	Communicated	交流内容
Comee	Communicatee	交流对象
Comr	Communicator	交流方
Cor1	Correlator1	相关方1
Cor2	Correlator2	相关方2
CR	Circumstantial Role	环境角色
Cre	Created	创造物
Des	Destination	目的地
Desr	Desiderator	意愿表现者
Dir	Direction	方向
EDA	Ecological Discourse Analysis	生态话语分析
Em	Emoter	情感表现者
Ext	Existent	存在物
Loc	Location	位置
MDA	Multimodal Discourse Analysis	多模态话语分析
MT	marked participant role Theme	标记性参与者角色主位
Pa	Path	路径

PDA	Positive Discourse Analysis	积极话语分析
Perc	Perceiver	感知者
Ph	Phenomenon	现象
Posd	Possessed	拥有物
Posr	Possessor	拥有者
PR	Participant Role	参与者角色
PrEx	Process Extension	过程延长成分
Pro	Process	过程
PRT$_{grp}$	participant role Theme—group	人类群体参与者角色主位
PRT$_{grpnho}$	participant role Theme—group nonhuman organism	非人类群体参与者角色主位
PRT$_{ind}$	participant role Theme—individual	人类个体参与者角色主位
PRT$_{indnho}$	participant role Theme—individual nonhuman organism	非人类个体参与者角色主位
PRT$_{phy}$	participant role Theme—physical factor	物理性参与者角色主位
PRT$_{soc}$	participant role Theme—social factor	社会性参与者角色主位
SAE	Standard Average European	欧洲通用语
So	Source	来源
Tk	Token	标记
UT	unmarked participant role Theme	无标记性参与者角色主位
Vl	Value	价值
WCED	World Commission on Environment and Development	世界环境与发展委员会